suhrkamp taschenbuch
wissenschaft 1269

In einer durch beschleunigten Wandel bestimmten Lage der Weltpolitik fragen hier Philosophen, Juristen und Politikwissenschaftler nach vernünftigen Strukturen für eine politische Bewältigung der Aufgaben der internationalen Gemeinschaft. Ausgehend von Kants Schrift *Zum ewigen Frieden* und der Charta der Vereinten Nationen steht insbesondere die friedensstiftende Rolle des Rechts unter den aktuellen Bedingungen der Weltpolitik zur Diskussion. Wie muß ein neues internationales Recht aussehen, das den normativen Einsichten der politischen Philosophie Kants heute entspricht? Welches sind die demokratischen Strukturen einer Weltordnung? Welche Aufgaben kommen der Weltöffentlichkeit und den Zivilgesellschaften zu? Auf welche Weise lassen sich Zusammensetzung und Politik der Vereinten Nationen in den Prozeß einer Demokratisierung der Weltpolitik einbeziehen?

Matthias Lutz-Bachmann ist Professor für Philosophie an der Johann Wolfgang Goethe-Universität Frankfurt am Main; James Bohman ist Professor für Philosophie an der St. Louis University in St. Louis, USA.

Frieden durch Recht

Kants Friedensidee und das Problem einer neuen Weltordnung

Herausgegeben von
Matthias Lutz-Bachmann
und James Bohman

Suhrkamp

Aus Anlaß des zweihundertsten Jahrestages des Erscheinens von Kants Schrift *Zum ewigen Frieden* und des fünfzigsten Jahrestages der Charta der Vereinten Nationen fand in der Zeit vom 11. bis 13. Mai 1995 am Fachbereich Philosophie der Johann Wolfgang Goethe-Universität in Frankfurt am Main eine internationale Konferenz statt unter dem Titel: »Kants Friedensidee und das Problem einer internationalen Rechts- und Friedensordnung heute«.
Die in diesem Band versammelten Beiträge gehen auf die Vorträge dieser Konferenz zurück. Die Herausgeber danken den Autoren für ihre Mitarbeit sowie dem Präsidenten und dem Kanzler der Johann Wolfgang Goethe-Universität, der Deutschen Genossenschaftsbank, der Dresdner Bank, der Frankfurter Volksbank und der Frankfurter Sparkasse für die Ermöglichung der Konferenz.

Die Deutsche Bibliothek – CIP-Einheitsaufnahme
Frieden durch Recht :
Kants Friedensidee und das Problem
einer neuen Weltordnung /
hrsg. von Matthias Lutz-Bachmann
und James Bohman. –
1. Aufl. – Frankfurt am Main : Suhrkamp, 1996
(Suhrkamp-Taschenbuch Wissenschaft ; 1269)
ISBN 3-518-28869-5
NE: Lutz-Bachmann, Matthias [Hrsg.]; GT

suhrkamp taschenbuch wissenschaft 1269
Erste Auflage 1996

Druck: Wagner GmbH, Nördlingen
Printed in Germany
Umschlag nach Entwürfen von
Willy Fleckhaus und Rolf Staudt

1 2 3 4 5 6 – 01 00 99 98 97 96

Inhalt

Jürgen Habermas
Kants Idee des ewigen Friedens – aus dem historischen Abstand von zweihundert Jahren

Vor zweihundert Jahren hat Kant seine Schrift *Zum ewigen Frieden* veröffentlicht. Der ewige Friede ist für Kant ein Ideal, das der Idee des weltbürgerlichen Zustandes anschauliche Kraft verleihen soll. Damit führt Kant in die Rechtstheorie eine dritte Dimension ein: neben das staatliche Recht und an die Stelle des Völkerrechts tritt, und das ist die folgenreiche Innovation, das Recht der Weltbürger. Der innerstaatliche Rechtszustand soll in einem globalen Rechtszustande, der die Völker vereinigt und den Krieg abschafft, terminieren. Natürlich entwickelt Kant diese Idee in den Begriffen des Vernunftrechts und im Erfahrungshorizont seiner Zeit. Beides, sowohl die Begrifflichkeit wie der Zeitenabstand, trennt uns von Kant. Mit dem unverdienten Besserwissen der Nachgeborenen erkennen wir heute, daß die vorgeschlagene Konstruktion an begrifflichen Schwierigkeiten leidet und daß sie auch unseren historischen Erfahrungen nicht mehr angemessen ist. Ich werde deshalb zunächst an die Prämissen erinnern, von denen Kant ausgeht. Sie betreffen alle drei Schritte seines Gedankengangs – sowohl die Definition des Ziels, den ewigen Frieden, wie die Problembeschreibung, die rechtliche Form eines Völkerbundes, und die geschichtsphilosophische Lösung dieses Problems, die Verwirklichung der Idee des weltbürgerlichen Zustandes (I). Daran schließt sich die Frage an, wie sich die Kantische Idee im Lichte der Geschichte der letzten zweihundert Jahre darstellt (II) und wie diese Idee im Hinblick auf die heutige Weltlage reformuliert werden muß (III).

I

Kant bestimmt das Ziel des angestrebten »gesetzlichen Zustandes« zwischen den Völkern negativ als Abschaffung des Krieges: »Es soll kein Krieg sein«, dem »heillosen Kriegführen« soll ein

Ende gemacht werden (»Beschluß« der Rechtslehre, *Werke in sechs Bänden*, Bd. IV, S. 478). Die Wünschbarkeit eines solchen Friedens begründet Kant mit den Übeln jener Art von Krieg, den die Fürsten Europas damals mit Hilfe ihrer Söldnerheere führten. Unter diesen Übeln nennt er keineswegs an erster Stelle die Todesopfer, sondern die »Greuel der Gewalttätigkeit« und die »Verwüstungen«, vor allem die Ausplünderung und Verarmung des Landes infolge der erheblichen Kriegslasten und, als mögliche Kriegsfolgen, Unterjochung, Verlust der Freiheit, Fremdherrschaft. Kant dachte an räumlich begrenzte Konflikte zwischen einzelnen Staaten und Allianzen, noch nicht an Weltkriege. Er dachte an Kriege zwischen Kabinetten und Staaten, noch nicht an Bürgerkriege. Er dachte an technisch begrenzte Kriege, die die Unterscheidung zwischen kämpfender Truppe und Zivilbevölkerung erlauben, noch nicht an Partisanenkampf und Bombenterror. Er dachte an Kriege mit politisch begrenzten Zielen, noch nicht an ideologisch motivierte Vernichtungs- und Vertreibungskriege. Zwar erwähnt er in der Rechtslehre den »ungerechten Feind«; aber die Beispiele, die er nennt, beleuchten den akzidentellen Stellenwert dieser Denkfigur. Ein »Bestrafungskrieg« gegen ungerechte Feinde bleibt solange ein inkonsequenter Gedanke, wie wir mit uneingeschränkt souveränen Staaten rechnen. Unter der Prämisse des begrenzten Krieges erstreckt sich die völkerrechtliche Normierung auf Kriegführung und Friedensregelung. Das dem Recht »im Krieg« und »nach dem Krieg« vorgelagerte Recht »zum Krieg«, das sogenannte ius ad bellum, ist strenggenommen gar kein Recht, weil es nur die Willkürfreiheit zum Ausdruck bringt, die den Subjekten des Völkerrechts im Naturzustand, das heißt im gesetzlosen Zustand ihres Verkehrs untereinander zugestanden wird (*Werke*, Bd. VI, S. 212). Die einzigen Strafgesetze, die – wenn auch nur im Vollzug durch die Gerichte des kriegführenden Staates selber – in diesen gesetzlosen Zustand eingreifen, beziehen sich auf das Verhalten im Kriege. Kriegsverbrechen sind im Kriege begangene Verbrechen. Erst die inzwischen eingetretene Entgrenzung des Krieges, und die entsprechende Erweiterung des Friedensbegriffs, wird den Gedanken hervorrufen, daß der Krieg selber – in der Form des Angriffskrieges – ein Verbrechen ist, das geächtet und geahndet zu werden verdient. Für Kant gibt es noch kein Verbrechen des Krieges.

Worin besteht nun die Differenz zwischen Weltbürgerrecht und klassischem Völkerrecht? Während das Völkerrecht, wie alles Recht im Naturzustand, nur vorläufig gilt, würde das Weltbürgerrecht, wie das staatlich sanktionierte Recht, den Naturzustand definitiv beenden. Für den Übergang zum weltbürgerlichen Zustand bemüht Kant deshalb immer wieder die Analogie, zu jenem ersten Ausgang aus dem Naturzustand, der mit der Konstituierung eines bestimmten Staates den Bürgern dieses Landes ein Leben in gesetzlich gesicherter Freiheit ermöglicht. Wie durch den Gesellschaftsvertrag der Naturzustand zwischen den auf sich gestellten Individuen beendet worden ist, so soll nun auch der Naturzustand zwischen bellizistischen Staaten ein Ende nehmen. In einer zwei Jahre vor der Schrift *Zum ewigen Frieden* publizierten Abhandlung (*Über den Gemeinspruch*) zieht Kant noch zwischen diesen beiden Vorgängen eine strenge Parallele. Die Rede ist hier noch von einem »allgemeinen Völkerstaat, unter dessen Gewalt sich alle Staaten freiwillig bequemen sollen«. Aber bereits zwei Jahre später wird Kant sorgfältig zwischen »Völkerbund« und »Völkerstaat« unterscheiden.

Der fortan als »weltbürgerlich« ausgezeichnete Zustand soll sich vom innerstaatlichen Rechtszustand nämlich dadurch unterscheiden, daß sich die Staaten nicht wie die einzelnen Bürger den öffentlichen Zwangsgesetzen einer übergeordneten Gewalt unterwerfen, sondern ihre Souveränität behalten. Die vorgesehene Föderation freier Staaten, die im Verkehr untereinander auf das Mittel des Krieges ein für alle Mal verzichten, soll die Souveränität ihrer Mitglieder unangetastet lassen. Die auf Dauer assoziierten Staaten wahren ihre Kompetenz-Kompetenz und gehen nicht in einer mit staatlichen Qualitäten ausgestatteten Weltrepublik auf. An die Stelle »der positiven Idee einer Weltrepublik« tritt das »negative Surrogat eines den Krieg abwehrenden ... Bundes« (*Werke*, Bd. VI, S. 213). Dieser Bund soll aus den souveränen Willensakten völkerrechtlicher Verträge hervorgehen, die jetzt nicht mehr nach dem Modell des Gesellschaftsvertrages gedacht werden. Denn die Verträge begründen keine einklagbaren Rechtsansprüche der Mitglieder gegeneinander, sondern verbinden diese nur zu einer auf Dauer gestellten Allianz – zu »einer fortwährend-freien Assoziation«. Womit dieser Akt der Vereinigung zu einem Völkerbund über die schwache Bindungskraft des Völkerrechts hinausreicht, ist also nur das Merkmal der »Permanenz«. Kant vergleicht denn auch den Völkerbund mit einem »permanenten Staatenkongreß« (Rechtslehre, § 61).

Die Widersprüchlichkeit dieser Konstruktion liegt auf der Hand. Kant will einerseits mit dem Vorbehalt der Auflösbarkeit des Vertrages die Souveränität der Mitglieder wahren; das legt den Vergleich mit Kongressen und freiwilligen Assoziationen nahe. Andererseits soll sich die Föderation, die auf Dauer Frieden stiftet, von vorübergehenden Allianzen dadurch unterscheiden, daß sich die Mitglieder *verpflichtet* fühlen, gegebenenfalls die eigene Staatsraison dem erklärten gemeinsamen Ziel unterzuordnen, »ihre Streitigkeiten ... gleichsam durch einen Prozeß nicht ... durch Krieg zu entscheiden« . Ohne dieses Moment der moralischen Verpflichtung kann sich der Friedenskongreß der Staaten nicht zu einem »permanenten«, kann sich die freiwillige Assoziation nicht zu einer »fortwährenden« verstetigen, sondern bleibt unsteten Interessenkonstellationen verhaftet und wird – wie später der Genfer Völkerbund – zerfallen. Eine rechtliche Verpflichtung kann Kant nicht im Sinne haben, da sein Völkerbund nicht als eine Organisation gedacht wird, die mit gemeinsamen Organen eine staatliche Qualität und insoweit eine zwingende Autorität gewinnt. Er muß deshalb allein auf eine moralische Selbstbindung der Regierungen vertrauen; das ist andererseits mit Kants unverblümt realistischen Beschreibungen der zeitgenössischen Politik kaum in Einklang zu bringen.

Historisch betrachtet, war Kants Zurückhaltung gegenüber dem Projekt einer verfaßten Völkergemeinschaft gewiß realistisch. Der aus der Amerikanischen und Französischen Revolution soeben hervorgegangene demokratische Rechtsstaat war damals noch die Ausnahme, nicht die Regel. Das System der Mächte funktionierte unter der Voraussetzung, daß allein souveräne Staaten Subjekte des Völkerrechts sein können. Äußere Souveränität bedeutet die Fähigkeit eines Staates, in der internationalen Arena seine Unabhängigkeit, also die Integrität der Grenzen notfalls mit militärischer Gewalt zu behaupten; innere Souveränität bedeutet die auf das Gewaltmonopol gestützte Fähigkeit, im eigenen Lande mit Mitteln der administrativen Macht und des positiven Rechts Ruhe und Ordnung aufrechtzuerhalten. Die Staatsräson bestimmt sich nach Grundsätzen einer klugen, begrenzte Kriege einschließenden Machtpolitik, wobei die Innenpolitik unter dem Primat der Außenpolitik steht. Die klare Trennung zwischen Außen- und Innenpolitik beruht auf einem engen, politisch trennscharfen Begriff von Macht, der sich letztlich an der Verfolgung des Machthabers über die kasernierte Gewalt von Militär und Polizei bemißt.

Solange diese klassisch-moderne Staatenwelt den unüberschreitbaren begrifflichen Horizont bestimmt, muß jede Perspektive auf eine weltbürgerliche Verfassung, die die Souveränität der Staaten nicht respektiert, als unrealistisch erscheinen. Weil Kant diesen zeitgenössischen Erfahrungshorizont nicht überschreitet, fällt es freilich ebenso schwer, an eine moralische Motivation für die Stiftung und Aufrechterhaltung einer Föderation freier, auf Machtpolitik eingeschworener Staaten zu glauben. Für die *Lösung dieses Problems* entwirft Kant eine Geschichtsphilosophie in weltbürgerlicher Absicht, die die auf den ersten Blick unwahrscheinliche »Einhelligkeit der Politik mit der Moral« aus einer verborgenen »Absicht der Natur« plausibel machen soll.

II

Kant nennt im wesentlichen drei der Vernunft naturwüchsig entgegenkommende Tendenzen, die erklären, warum ein Völkerbund im aufgeklärten Selbstinteresse der Staaten liegen könnte: die friedliche Natur von Republiken (1), die vergemeinschaftende Kraft des Welthandels (2) und die Funktion der politischen Öffentlichkeit (3). Ein historischer Blick auf diese Argumente ist in doppelter Hinsicht lehrreich. Sie sind einerseits durch die Entwicklungen des neunzehnten und zwanzigsten Jahrhunderts dementiert worden. Andererseits beziehen sie sich auf historische Entwicklungen, die eine eigentümliche Dialektik verraten. Diese Entwicklungen zeigen nämlich einerseits, daß die Prämissen, die Kant seiner Theorie unter den wahrgenommenen Bedingungen des ausgehenden achtzehnten Jahrhunderts zugrunde legt, heute nicht mehr zutreffen; aber andererseits sprechen sie auch dafür, daß eine zeitgemäß reformulierte Konzeption des Weltbürgerrechts vielleicht doch auf eine entgegenkommende Konstellation der Kräfte treffen könnte.

(1) Das erste Argument besagt, daß die internationalen Beziehungen in dem Maße ihren bellizistischen Charakter verlieren,

wie sich innerhalb der Staaten die republikanische Regierungsart durchsetzt; denn die Bevölkerungen demokratischer Verfassungsstaaten halten ihre Regierungen aus eigenem Interesse zur Verfolgung friedlicher Politiken an. Diese optimistische Annahme ist durch die mobilisierende Kraft einer Idee, die Kant 1795 in ihrer Ambivalenz noch nicht erkennen konnte, widerlegt worden. Der Nationalismus war gewiß ein Vehikel für die erwünschte Transformation von Untertanen in aktive Bürger, die sich mit ihrem Staat identifizieren. Aber das hat den Nationalstaat nicht friedlicher gemacht als seinen Vorgänger, den dynastischen Obrigkeitsstaat.[1] Kant hat in den Söldnerheeren seiner Zeit nicht zu Unrecht Instrumente zum »Gebrauch von Menschen als bloßen Maschinen ... in der Hand eines anderen« gesehen und die Einrichtung von Milizen gefordert; aber er konnte nicht voraussehen, daß die massenhafte Mobilmachung von nationalistisch entflammten Wehrpflichtigen ein Zeitalter verheerender, ideologisch entgrenzter Freiheitskriege heraufführen würde.

Andererseits ist der Gedanke, daß ein demokratischer Zustand im Inneren ein pazifistisches Verhalten des Staates nach außen nahelegt, auch nicht ganz falsch. Historisch-statistische Forschungen zeigen nämlich, daß demokratisch verfaßte Staaten zwar nicht weniger Kriege führen als autoritäre Regime (der einen oder anderen Art); daß sie sich aber in ihren Beziehungen untereinander weniger bellizistisch verhalten. Dieses Ergebnis läßt eine interessante Lesart zu.[2] In dem Maße, wie die universalistischenWertorientierungen einer an freiheitliche Institutionen gewöhnten Bevölkerung auch die äußere Politik prägen, verhält sich ein republikanisches Gemeinwesen zwar nicht insgesamt friedlicher, aber die Kriege, die es führt, haben einen anderen Charakter. Mit den Motiven der Bürger verändert sich auch die Außenpolitik ihres Staates. Der Einsatz militärischer Gewalt ist nicht mehr ausschließlich durch eine wesentlich partikularistische Staatsraison bestimmt, sondern auch durch den Wunsch, die internationale Ausbreitung nicht-autoritärer Staats- und Regierungsformen zu fördern. Wenn sich aber die Wertpräferenzen, über die Wahrnehmung nationaler Interessen hinaus, zugunsten

1 H. Schulze, *Staat und Nation in der Europäischen Geschichte*, München 1994.

2 D. Archibugi und D. Held (Hg)., *Cosmopolitan Democracy*, Cambridge 1995, Einleitung, S. 10 ff.

der Durchsetzung von Demokratie und Menschenrechten erweitern, verändern sich die Bedingungen, unter denen das System der Mächte funktioniert.

(2) Auf eine ähnlich dialektische Weise ist die Geschichte, die wir inzwischen überblicken, mit dem zweiten Argument verfahren. Unmittelbar hat sich Kant geirrt, aber in indirekter Weise hat er auch recht behalten. Kant hat nämlich in der wachsenden, durch den Verkehr von Nachrichten, Personen und Waren geförderten Interdependenz der Gesellschaften (Rechtslehre § 62), inbesondere aber in der Ausdehnung des Handels eine Tendenz gesehen, die der friedlichen Vereinigung der Völker entgegenkommt. Die in der frühen Moderne sich ausdehnenden Handelsbeziehungen verdichten sich zu einem Weltmarkt, der nach seiner Auffassung »durch den wechselseitigen Eigennutz« ein Interesse an der Sicherung friedlicher Verhältnisse begründen sollte: »Es ist der Handelsgeist, der mit dem Kriege nicht zusammen bestehen kann« (*Werke*, Bd. VI, S. 226). Kant hatte freilich noch nicht – wie bald darauf Hegel aus seiner Lektüre der englischen Ökonomen[3] – gelernt, daß die kapitalistische Entwicklung zu einem Gegensatz sozialer Klassen führen würde, der den Frieden und die präsumtive Friedfertigkeit gerade der politisch liberalen Gesellschaften auf doppelte Weise bedroht. Kant hat nicht vorausgesehen, daß die sozialen Spannungen, die sich im Laufe einer beschleunigten kapitalistischen Industrialisierung zunächst verstärkten, die innere Politik mit Klassenkämpfen belasten und die äußere Politik in Bahnen eines kriegerischen Imperialismus lenken würden. Im Laufe des neunzehnten und der ersten Hälfte des zwanzigsten Jahrhunderts haben sich die europäischen Regierungen immer wieder der Schubkraft des Nationalismus bedient, um die sozialen Konflikte nach außen abzuleiten und durch außenpolitische Erfolge zu neutralisieren.

Erst nach den Katastrophen des Zweiten Weltkrieges, als die Energiequellen des integralen Nationalismus erschöpft sind, hat eine erfolgreiche sozialstaatliche Pazifizierung des Klassenantagonismus die innere Situation der entwickelten Gesellschaften so verändert, daß – jedenfalls innerhalb der OECD-Welt – die wechselseitige ökonomische Verflechtung der Volkswirtschaften zu jener Art von »Ökonomisierung der internationalen Politik«[4]

3 G. Lukács, *Der junge Hegel*, Zürich 1948.

4 D. Senghaas, »Internationale Politik im Lichte ihrer strukturellen Di-

führen konnte, von der sich Kant zu Recht eine pazifizierende Wirkung versprochen hatte. Diese Globalisierungsprozesse machen komplexe Gesellschaften mit ihrer technisch anfälligen Infrastruktur immer verwundbarer. Andererseits stellt die Globalisierung wesentliche Voraussetzungen des klassischen Völkerrechts in Frage – die Souveränität der Staaten und die scharfe Trennung zwischen Innen- und Außenpolitik.

Nichtstaatliche Aktoren wie transnationale Unternehmen und international einflußreiche Privatbanken höhlen die formal zugestandene nationalstaatliche Souveränität aus. Selbst die Regierungen der wirtschaftlich stärksten Länder spüren heute die Schere, die sich zwischen ihrem nationalstaatlich begrenzten Handlungsspielraum und den Imperativen nicht etwa des Welthandels, sondern der global vernetzten Produktionsverhältnisse öffnet. Souveräne Staaten können von ihren Ökonomien nur so lange profitieren, wie es sich um »Volkswirtschaften« handelt, auf die sie mit politischen Mitteln Einfluß nehmen können. Aber mit der Denationalisierung der Wirtschaft, insbesondere mit der weltweiten Vernetzung der Finanzmärkte und der industriellen Produktion selbst, verliert die nationale Politik die Herrschaft über die allgemeinen Produktionsbedingungen[5] – und damit den Hebel für die Aufrechterhaltung der erreichten sozialen Standards.

Gleichzeitig verschwimmt die für souveräne Staaten konstitutive Grenze zwischen Innen- und Außenpolitik. Das Bild der klassischen Machtpolitik wird nicht nur durch zusätzliche normative Gesichtspunkte der Demokratisierungs- und Menschenrechtspolitik verändert, sondern durch eine eigentümliche Diffusion der Macht selber. Mit dem Zwang zur Kooperation wächst die mehr oder weniger indirekte Einflußnahme auf die Strukturierung wahrgenommener Situationen, auf die Herstellung von Kontakten oder die Unterbrechung von Kommunikationsströmen, auf die Definition von Tagesordnungen und Problemen, kurz: auf die Rahmenbedingungen, unter denen andere Akteure ihre Entscheidungen fällen. Die indirekte Einflußnahme ist oft wichtiger als die direkte Durchsetzung eigener Ziele, die Aus-

lemmata«, in: ders., *Wohin driftet die Welt?*, Frankfurt am Main 1994, S. 121 ff., hier S. 132.

5 R. Knieper, *Nationale Souveränität*, Frankfurt am Main 1991.

übung administrativer Macht oder die Androhung von Gewalt.[6] »Soft power« verdrängt »hard power« und entzieht jenen Subjekten, auf die Kants Assoziation freier Staaten zugeschnitten war, die Basis ihrer Unabhängigkeit.

(3) Wiederum ähnlich verhält es sich mit dem dritten Argument, das Kant ins Spiel bringt. In einem republikanischen Gemeinwesen bilden die Prinzipien der Verfassung Maßstäbe, an denen sich die Politik öffentlich messen lassen muß. Solche Regierungen können es sich nicht leisten, »die Politik öffentlich bloß auf Handgriffe der Klugheit zu gründen« (*Werke*, Bd. VI, S. 238), selbst wenn sie das nur zum Lippendienst nötigt. Insofern kann die bürgerliche Öffentlichkeit die Ausführung »lichtscheuer« Absichten, die mit öffentlich vertretbaren Maximen unvereinbar sind, durch öffentliche Kritik verhindern. Nach Kants Auffassung soll sie aber auch eine programmatische Funktion insoweit gewinnen, wie die Philosophen in der Eigenschaft von öffentlichen Rechtslehrern oder Intellektuellen »frei und öffentlich über Maximen der Kriegführung und Friedensstiftung reden« und das Publikum der Staatsbürger von ihren Grundsätzen überzeugen dürfen. Wir wollen das Vertrauen in die Überzeugungskraft der Philosophie und die Redlichkeit der Philosophen nachsehen; die historistische Vernunftskepsis gehört dem neunzehnten Jahrhundert an, und erst in unserem Jahrhundert haben die Intellektuellen den großen Verrat begangen.

Was wichtiger ist: Kant rechnete natürlich noch mit der Transparenz einer überschaubaren, literarisch geprägten, Argumenten zugänglichen Öffentlichkeit, die vom Publikum einer vergleichsweise kleinen Schicht gebildeter Bürger getragen wird. Er konnte den Strukturwandel dieser bürgerlichen Öffentlichkeit zu einer von elektronischen Massenmedien beherrschten, semantisch degenerierten, von Bildern und virtuellen Realitäten besetzten Öffentlichkeit nicht voraussehen; er konnte nicht ahnen, daß dieses Milieu einer »sprechenden« Aufklärung sowohl für eine sprachlose Indoktrination wie für eine Täuschung mit der Sprache umfunktioniert werden würde. Wahrscheinlich erklärt dieser Schleier des Nichtwissens den Mut zu der weit vorgreifenden, wie sich heute herausstellt: durchaus hellsichtigen Antizipation einer weltweiten Öffentlichkeit. Denn diese Weltöffentlichkeit zeichnet sich erst heute, in der Folge globaler Kommunikation, ab:

6 J. S. Nye, »Soft Power«, in: *Foreign Policy* 80 (1990), S. 153-171.

»Da es nun mit der unter den Völkern der Erde (!) einmal durchgängig überhand genommenen ... Gemeinschaft so weit gekommen ist, daß die Rechtsverletzung an einem Platz der Erde an allen gefühlt wird; so ist die Idee eines Weltbürgerrechts keine phantastische und überspannte Vorstellungsart des Rechts mehr« (*Werke*, Bd. VI, S. 216 f.).

In jüngster Zeit hat die UNO in rascher Folge Konferenzen zu erdumspannenden Fragen der Ökologie (in Rio de Janeiro), zu Problemen des Bevölkerungswachstums (in Kairo), der Armut (in Kopenhagen) und des Klimas (in Berlin) organisiert. Wir können diese »Weltgipfel« als ebenso viele Versuche verstehen, durch die bloße Thematisierung überlebenswichtiger Probleme in einer weltweiten Öffentlichkeit, eben durch einen Appell an die Weltmeinung, wenigstens einen gewissen politischen Druck auf die Regierungen auszuüben. Freilich darf man nicht verkennen, daß diese temporär erzeugte, themenspezifische Aufmerksamkeit nach wie vor über Strukturen der eingespielten nationalen Öffentlichkeiten kanalisiert wird. Zur verstetigten Kommunikation zwischen räumlich entfernten Beteiligten, die zur gleichen Zeit zu gleichen Themen von gleicher Relevanz Beiträge austauschen, bedarf es tragender Strukturen. In diesem Sinne gibt es noch keine globale, nicht einmal die dringend notwendige europaweite Öffentlichkeit. Aber die zentrale Rolle, die Organisationen eines neuen Typs, nämlich nicht-staatliche Organisationen für die Herstellung und Mobilisierung übernationaler Öffentlichkeiten spielen, ist immerhin ein Anzeichen für einen publizistischen Einfluß von Aktoren, die den Staaten gleichsam aus einer international vernetzten Zivilgesellschaft entgegentreten.[7]

Die von Kant mit Recht hervorgehobene Rolle von Publizität und Öffentlichkeit lenkt übrigens den Blick auf den Zusammenhang der rechtlichen Verfassung mit der politischen Kultur eines Gemeinwesens.[8] Gewiß, auch Kant erwartet, daß sich der öffentliche Gebrauch kommunikativer Freiheiten in Aufklärungsprozesse umsetzt, die über die politische Sozialisation Einstellung und Denkungsart einer Bevölkerung affizieren. In diesem

7 Zum »Abschied von der Staatenwelt« vgl. E. O. Czempiel, *Weltpolitik im Umbruch*, München 1993, S. 105 ff.

8 Vgl. die Beiträge von Albrecht Wellmer und Axel Honneth zu: M. Brumlik und H. Brunkhorst (Hg.), *Gemeinschaft und Gerechtigkeit*, Frankfurt am Main 1993, S. 173 ff. und S. 260 ff.

Zusammenhang spricht er vom »Herzensanteil, den der aufgeklärte Mensch am Guten, das er vollkommen begreift, zu nehmen nicht vermeiden kann« (*Idee zu einer Allgemeinen Geschichte*, in: *Werke*, Bd. VI, S. 46 f.) Aber diese Bemerkungen gewinnen keine systematische Bedeutung, weil die dichotomische Begriffsbildung der Transzendentalphilosophie das Innere vom Äußeren, die Moralität von der Legalität trennt. Kant erkennt nicht den Zusammenhang, den eine liberale politische Kultur zwischen kluger Interessenwahrnehmung, moralischer Einsicht und Gewohnheit, zwischen Tradition einerseits und Kritik andererseits herstellt. Die Praktiken einer solchen Kultur vermitteln Moral, Recht und Politik und bilden zugleich den geeigneten Kontext für eine Öffentlichkeit, die politische Lernprozesse fördert.[9] Kant hätte nicht auf eine metaphysische Naturabsicht zurückgreifen müssen, um zu erklären, wie sich »eine pathologisch-abgedrungene Zusammenstimmung zu einer Gesellschaft endlich in ein moralisches Ganzes verwandeln kann« (ebd., S. 38).

Diese drei kritischen Überlegungen zeigen, daß Kants Idee des weltbürgerlichen Zustandes, wenn sie den Kontakt mit einer gründlich veränderten Weltlage nicht verlieren soll, reformuliert werden muß. Die fällige Revision des grundbegrifflichen Rahmens wird dadurch erleichtert, daß sozusagen die Idee selbst nicht stehengeblieben ist. Seit der Initiative von Präsident Wilson und der Gründung des Genfer Völkerbundes ist sie von der Politik aufgenommen und implementiert worden. Nach der Beendigung des Zweiten Weltkrieges hat die Idee des ewigen Friedens in den Institutionen, Erklärungen und Politiken der Vereinten Nationen (sowie anderer überstaatlicher Organisationen) eine handgreifliche Gestalt gewonnen. Die herausfordernde Kraft der unvergleichlichen Katastrophen des zwanzigsten Jahrhunderts hat der Idee einen Schub gegeben. Vor diesem düsteren Hintergrund hat der Weltgeist, wie Hegel sich ausgedrückt hätte, einen Ruck getan.

Der Erste Weltkrieg hat die europäischen Gesellschaften mit den Schrecken und Greueln eines räumlich und technologisch entgrenzten, der Zweite Weltkrieg mit den Massenverbrechen eines ideologisch entgrenzten Krieges konfrontiert. Hinter dem

9 Zum »Volk als lernendem Souverän« vgl. H. Brunkhorst, *Demokratie und Differenz*, Frankfurt am Main 1994, S. 199 ff.

Schleier des von Hitler angezettelten totalen Krieges hat sich ein Zivilisationsbruch vollzogen, der eine weltweite Erschütterung ausgelöst und den Übergang vom Völkerrecht zum Weltbürgerrecht beschleunigt hat. Zum einen wurde die bereits im Kellog-Pakt von 1928 ausgesprochene Ächtung des Krieges von den Militärtribunalen in Nürnberg und Tokyo in Straftatbestände umgesetzt. Diese beschränken sich nicht länger auf Verbrechen im Kriege, sondern inkriminieren den Krieg selbst als Verbrechen. Fortan kann »das Verbrechen *des* Krieges« verfolgt werden. Zum anderen wurden die Strafgesetze auf »Verbrechen gegen die Menschlichkeit« ausgedehnt – auf Verbrechen, die von Organen des Staates legal angeordnet und unter Beihilfe von ungezählten Organisationsmitgliedern, Funktionären, Beamten Geschäfts- und Privatleuten ausgeführt worden sind. Mit diesen beiden Neuerungen haben die staatlichen Subjekte des Völkerrechts zum ersten Mal die generelle Unschuldsvermutung eines supponierten Naturzustandes verloren.

III

Die fällige Revision des Kantischen Entwurfs betrifft (1) die äußere Souveränität der Staaten und den veränderten Charakter zwischenstaatlicher Beziehungen, (2) die innere Souveränität der Staaten und die normativen Beschänkungen der klassischen Machtpolitik, und (3) die Stratifikation der Weltgesellschaft und eine Globalisierung der Gefährdungen, die eine veränderte Konzeptualisierung dessen, was wir unter »Frieden« verstehen, nötig macht.

(1) Kants Begriff eines auf Dauer gestellten und gleichwohl die Souveränität der Staaten respektierenden Völkerbundes ist, wie gezeigt, nicht konsistent. Das Weltbürgerrecht muß so institutionalisiert werden, daß es die einzelnen Regierungen bindet. Die Völkergemeinschaft muß ihre Mitglieder unter Androhung von Sanktionen zu rechtmäßigem Verhalten mindestens anhalten können. Erst damit wird sich das instabile, auf wechselseitiger Bedrohung beruhende System sich selbst behauptender souveräner Staaten in eine Föderation mit gemeinsamen Institutionen verwandeln, die staatliche Funktionen übernehmen, nämlich den Verkehr ihrer Mitglieder untereinander rechtlich regeln und

die Einhaltung dieser Regeln kontrollieren. Das Außenverhältnis der vertraglich geregelten internationalen Beziehungen zwischen Staaten, die Umwelten füreinander bilden, wird dann durch ein auf Satzung oder Verfassung beruhendes Binnenverhältnis zwischen Organisationsmitgliedern modifiziert. Diesen Sinn hat die Charta der Vereinten Nationen, die (mit dem Gewaltverbot in Artikel 2, 4) Angriffskriege verbietet und (in Kapitel VII) den Sicherheitsrat ermächtigt, geeignete Maßnahmen, erforderlichenfalls militärische Aktionen zu ergreifen, wenn »eine Bedrohung oder ein Bruch des Friedens oder eine Angriffshandlung vorliegen«. Andererseits wird den Vereinten Nationen ein Eingreifen in die inneren Angelegenheiten eines Staates (in Artikel 2, 7) ausdrücklich untersagt. Jeder Staat behält das Recht auf militärische Selbstverteidigung.

Mit diesen zweideutigen Regelungen, die die einzelstaatliche Souveränität zugleich einschränken und garantieren, trägt die Charta einer Übergangslage Rechnung. Die Vereinten Nationen verfügen noch nicht über eigene Streitkräfte, auch nicht über solche, die sie unter eigenem Kommando einsetzen könnten, geschweige denn über ein Gewaltmonopol. Sie sind zur Durchsetzung ihrer Beschlüsse auf die freiwillige Kooperation handlungsfähiger Mitglieder angewiesen. Die fehlende Machtbasis sollte durch die Konstruktion eines Sicherheitsrates ausgeglichen werden, der die mit Vetorecht ausgestatteten großen Mächte als ständige Mitglieder in die Weltorganisation einbindet. Das hat bekanntlich dazu geführt, daß sich die Supermächte jahrzehntelang gegenseitig blockiert haben. Und soweit der Sicherheitsrat Initiativen ergreift, macht er von seinem Ermessensspielraum unter Mißachtung des Gleichbehandlungsgrundsatzes einen höchst selektiven Gebrauch.[10] Dieses Problem hat durch den Golfkrieg wiederum Aktualität erlangt.[11] Auch der Internationale Gerichtshof in Den Haag besitzt nur eine, wenn auch nicht ganz unwichtige, symbolische Bedeutung, da er nur auf Antrag tätig wird und die Regierungen mit seinen Urteilen (wie sich erneut im Fall Nicaragua vs. USA gezeigt hat) nicht binden kann.

(2) Weil Kant die Schranke staatlicher Souveränität für unüber-

10 Vgl. die Beispiele bei Chr. Greenwood, »Gibt es ein Recht auf humanitäre Intervention?«, in: *Europa-Archiv*, 4 (1993), S. 93-106, hier S. 94.

11 J. Habermas, *Vergangenheit als Zukunft*, München 1993, S. 10-44.

windlich hielt, hat er die weltbürgerliche Vereinigung als eine Föderation von Staaten, nicht von Weltbürgern konzipiert. Das war insofern inkonsequent, als er jeden – und nicht nur den innerstaatlichen – Rechtszustand auf das ursprüngliche Recht zurückführt, das jeder Person »als Menschen« zukommt. Jeder Einzelne hat ein Recht auf gleiche Freiheiten nach allgemeinen Gesetzen (»die alle über alle, mithin ein jeder über sich selbst beschließt«). Diese menschenrechtliche Fundierung von Recht überhaupt zeichnet die Individuen als Träger von Rechten aus und verleiht allen modernen Rechtsordnungen einen unveräußerlich individualistischen Zuschnitt.[12] Wenn aber Kant diese Freiheitsgewähr – »was der Mensch nach Freiheitsgesetzen tun soll« – für das »Wesentliche der Absicht auf den ewigen Frieden« hält, »und zwar nach allen drei Verhältnissen des öffentlichen Rechts, des Staats-, Völker- und weltbürgerlichen Rechts« (*Werke* VI, S. 223), dann darf er die Autonomie der Staatsbürger auch nicht durch die Souveränität ihrer Staaten mediatisieren lassen.

Die Pointe des Weltbürgerrechts besteht vielmehr darin, daß es über die Köpfe der kollektiven Völkerrechtssubjekte hinweg auf die Stellung der individuellen Rechtssubjekte durchgreift und für diese eine nicht-mediatisierte Mitgliedschaft in der Assoziation freier und gleicher Weltbürger begründet.

Auch in dieser Hinsicht ist die Entwicklung inzwischen über Kant hinausgegangen. Im Anschluß an die Atlantik-Charta vom August 1941 verpflichtet die Charta der Vereinten Nationen vom Juni 1945 die Mitgliedstaaten generell auf die Beachtung und Verwirklichung von Menschenrechten. Diese hat die Generalversammlung im Dezember 1948 mit ihrer »Allgemeinen Erklärung der Menschenrechte« vorbildlich präzisiert und bis heute in mehreren Resolutionen weiterentwickelt.[13] Die Vereinten Natio-

12 J. Habermas, »Anerkennungskämpfe im demokratischen Rechtsstaat«, in: Ch. Taylor, *Multikulturalismus*, Frankfurt am Main 1993, S. 147-196.

13 Zur Wiener Menschenrechtskonferenz vgl. R. Wolfrum, »Die Entwicklung des internationalen Menschenrechtsschutzes«, in: *Europa-Archiv* 23 (1993), S. 681-690; zum Status der umstrittenen Solidaritätsrechte W. Huber, Artikel »Menschenrechte/Menschenwürde«, in: *Theologische Realenzyklopädie*, Bd. XXII, Berlin/New York 1992, S. 577-602; sowie E. Riedel, »Menschenrechte der dritten Dimension«, in: *EuGRZ*, 1989, S. 9-21.

nen überlassen den Menschenrechtsschutz nicht allein dem nationalen Vollzug; sie verfügen über ein eigenes Instrumentarium zur Feststellung von Menschenrechtsverletzungen. Für die sozialen, wirtschaftlichen und kulturellen Grundrechte, die unter dem »Vorbehalt des Möglichen« stehen, hat die Menschenrechtskommission Überwachungsorgane und Berichtsverfahren, für die bürgerlichen und politischen Grundrechte darüber hinaus Beschwerdeverfahren eingerichtet. Theoretisch kommt der (allerdings nicht von allen Unterzeichnerstaaten anerkannten) Individualbeschwerde, die dem einzelnen Staatsbürger Rechtsmittel gegen die eigene Regierung in die Hand gibt, größere Bedeutung zu als der Staatsbeschwerde. Aber bisher fehlt ein Strafgerichtshof, der festgestellte Fälle von Menschenrechtsverletzungen prüft und entscheidet. Auch der Vorschlag zur Einsetzung eines Hochkommissars der Vereinten Nationen für Menschenrechte hat sich auf der Wiener Menschenrechtskonferenz noch nicht durchsetzen können. Ad hoc eingerichtete Kriegsverbrecher-Tribunale nach dem Muster der Internationalen Militärgerichtshöfe in Nürnberg und Tokyo sind bisher die Ausnahme.[14] Allerdings hat die Generalversammlung der Vereinten Nationen die Leitsätze, die den dort gefällten Urteilen zugrunde lagen, als »Prinzipien des Völkerrechts« anerkannt. Insoweit ist die Behauptung falsch, daß es sich bei diesen Prozessen gegen führende Militärs, Diplomaten, Ministerialbeamte, Mediziner, Bankiers und Großindustrielle des NS-Regimes um »einmalige« Vorgänge ohne rechtsfortbildende Präzedenzkraft gehandelt habe.[15]

Der wunde Punkt des globalen Menschenrechtsschutzes ist wiederum das Fehlen einer exekutiven Gewalt, die der Allgemeinen Menschenrechtserklärung erforderlichenfalls durch Eingriffe in die Hoheitsgewalt nationaler Staaten Nachachtung verschaffen könnte. Da die Menschenrechte in vielen Fällen gegen die nationalstaatlichen Regierungen durchgesetzt werden müß-

14 1993 hat der Sicherheitsrat ein solches Tribunal zur Verfolgung von Kriegs- und Humanitätsverbrechen im ehemaligen Jugoslawien eingesetzt. Der Prozeß muß freilich einstweilen in Abwesenheit der Angeklagten durchgeführt werden.

15 So H. Quaritsch in seinem Nachwort zu C. Schmitt, *Das internationale rechtliche Verbrechen des Angriffskrieges* (1945), Berlin 1994, S. 125-247, hier S. 236 ff.

ten, bedarf das völkerrechtliche Interventionsverbot der Revision. Allerdings hat die UNO während des Golfkrieges mit der Resolution 688 vom April 1991, wenn auch nicht in der rechtlichen Begründung, so doch faktisch einen neuen Weg beschritten. Das war den Alliierten sehr wohl bewußt, als sie Flugverbotszonen über dem irakischen Luftraum einrichteten und Bodenstreitkräfte im Nordirak einsetzten, um (die inzwischen von der Türkei mißbrauchten) »Zufluchthäfen« für kurdische Flüchtlinge zu schaffen, also Angehörige einer nationalen Minderheit gegen den eigenen Staat zu schützen.[16]

(3) Die Revision, die im Hinblick auf den veränderten Charakter zwischenstaatlicher Beziehungen und die normative Einschränkung des Handlungsspielraums souveräner Staaten nötig ist, bezieht sich auf die Konzeption von Völkerbund und weltbürgerlichem Zustand. Dem tragen die anspruchvollen Normen, die inzwischen bestehen, wenigstens teilweise Rechnung; aber nach wie vor besteht eine große Diskrepanz zwischen dem Buchstaben und dem Vollzug dieser Normen. Die gegenwärtige Weltlage läßt sich bestenfalls als Übergang vom Völkerrecht zum Weltbürgerrecht verstehen. Viele Anzeichen sprechen eher für einen Rückfall in Nationalismus. Die Beurteilung hängt in erster Linie davon ab, wie wir die Dynamik der »entgegenkommenden« Tendenzen einschätzen. Wir haben die Dialektik jener Entwicklungen verfolgt, deren Anfänge Kant seinerzeit unter den Stichworten der Friedlichkeit von Republiken, der vereinigenden Kraft globaler Märkte und des normativen Drucks liberaler Öffentlichkeiten ins Auge gefaßt hatte. Diese Tendenzen treffen heute auf eine unvorhergesehene Konstellation.

Kant hatte sich ja die Ausbreitung der Assoziation freier Staaten so vorgestellt, daß sich um den Kern einer Avantgarde friedlicher Republiken immer mehr demokratische Staaten kristallisieren. Tatsächlich vereingt aber die Weltorganisation heute *alle* Staaten unter ihrem Dach, und zwar unabhängig davon, ob sie bereits republikanisch verfaßt sind und die Menschenrechte respektieren oder nicht. Die politische Einheit der Welt findet ihren Ausdruck in der Generalversammlung der Vereinten Natio-

16 Greenwood (1993) kommt zu dem Schluß: »Die Idee, daß die Vereinten Nationen ihre Befugnisse gemäß der Charta nutzen könnten, um aus humanitären Gründen in einen Staat zu intervenieren, scheint jetzt sehr viel stärker etabliert.« Ebd., S. 104.

nen, in der alle Regierungen gleichberechtigt repräsentiert sind. Dabei abstrahiert die Weltorganisation nicht nur von den Legitimitätdifferenzen ihrer Mitglieder innerhalb der Staatengemeinschaft, sondern auch von deren Statusdifferenzen innerhalb einer stratifizierten Weltgesellschaft. Ich spreche von »Weltgesellschaft«, weil Kommunikationssysteme und Märkte einen globalen Zusammenhang gestiftet haben; aber von »stratifizierter« Weltgesellschaft muß die Rede sein, weil der Mechanismus des Weltmarktes fortschreitende Produktivität mit wachsender Verelendung, überhaupt Entwicklungs- mit Unterentwicklungsprozessen verkoppelt. Die Globalisierung spaltet die Welt und zwingt sie doch als Risikogemeinschaft zugleich zu kooperativem Handeln. Die Erste Welt definiert heute gleichsam den Meridian einer Gegenwart, an dem sich die politische Gleichzeitigkeit des ökonomisch und kulturell Ungleichzeitigen bemißt. Das hatte Kant, der als Sohn des achtzehnten Jahrhunderts noch unhistorisch dachte, ignoriert und dabei die reale Abstraktion übersehen, die die Organisation der Völkergemeinschaft vollziehen und der sie in ihren Politiken zugleich Rechnung tragen muß.

Die Politik der Vereinten Nationen kann diese Realabstraktion nur in der Weise berücksichtigen, daß sie auf die Überwindung der sozialen Spannungen und ökonomischen Ungleichgewichte hinarbeitet. Das wiederum kann nur gelingen, wenn sich trotz der Stratifikation der Weltgesellschaft ein Konsens in mindestens drei Hinsichten herausbildet: nämlich ein von allen Mitgliedern geteiltes historisches Bewußtsein von der Ungleichzeitigkeit der zeitgleich auf friedliche Koexistenz angewiesenen Gesellschaften; eine normative Übereinstimmung über Menschenrechte, deren Auslegung einstweilen zwischen Europäern einerseits, Asiaten und Afrikanern andererseits strittig ist[17]; schließlich ein Einverständnis über die Konzeption des angestrebten Friedenszustandes. Kant hatte sich mit einem negativen Begriff von Frieden begnügen können. Das ist nicht nur wegen der Entgrenzung der Kriegführung unbefriedigend, sondern vor allem wegen des Umstandes, daß die Entstehung von Kriegen gesellschaftliche Ursachen hat.

17 Einen vernünftigen Vorschlag zu einem Diskussionsrahmen macht T. Lindholm, *The Cross-Cultural Legitimacy of Human Rights*, Norwegian Institute of Human Right, Nr. 3, Oslo 1990.

Gemäß einem Vorschlag von Dieter und Eva Senghaas[18] erfordert die Komplexität der Kriegsursachen eine Konzeption, die den Frieden selbst als einen Prozeß versteht, der gewaltfrei abläuft, aber nicht nur auf die Verhütung von Gewalt abzielt, sondern auf die Erfüllung realer Voraussetzungen für ein entspanntes Zusammenleben von Gruppen und Völkern. Solche Strategien gewaltfreier Intervention zugunsten von Demokratisierungsprozessen[19] rechnen damit, daß die globalen Vernetzungen inzwischen *alle* Staaten von ihrer Umwelt abhängig und für die »weiche« Macht indirekter Einflußnahmen – bis hin zu explizit verhängten wirtschaftlichen Sanktionen – empfindlich gemacht haben.

Freilich wachsen auch die Schwierigkeiten, die die Führungsmächte davon abhalten, die Initiative zu ergreifen und die Kosten zu tragen. Die vier wichtigsten Umstände möchte ich zum Schluß wenigstens erwähnen: (1) die Zusammensetzung des Sicherheitsrates, der an einem Strang ziehen müßte; (2) die politische Kultur der Führungsmächte, deren Regierungen zu kurzfristig »selbstlosen« Politiken nur zu bewegen sind, wenn sie auf den normativen Druck mobilisierter Öffentlichkeiten reagieren müssen; (3) die Bildung von regionalen Regimen, die der Weltorganisation erst einen effektiven Unterbau verschaffen; schließlich die sanfte Nötigung zu einem weltweit koordinierten Handeln, die von der unverzerrten Wahrnehmung globaler Gefahren ausgehen müßte. Die Gefährdung durch ökologische Ungleichgewichte, durch Asymmetrien des Wohlstands und der wirtschaftlichen Macht, durch Großtechnologien, durch Waffenhandel, insbesondere die Verbreitung von ABC-Waffen, durch Terrorismus, Drogenkriminalität usw. liegt auf der Hand. Wer nicht a fortiori an der Lernfähigkeit des internationalen Systems verzweifelt, muß seine Hoffnung darauf setzen, daß die Globalisierung dieser Gefahren die Welt im ganzen längst objektiv zu einer unfreiwilligen Risikogemeinschaft zusammengeschlossen hat.

18 D. und E. Senghaas, »Si vis pacem, para pacem«, in: *Leviathan* (1992), S. 230-247.

19 E. O. Czempiel untersucht diese Strategien an verschiedenen Beispielen in: G. Schwarz, »Internationale Politik und der Wandel von Regimen«, in: Sonderheft der *Zeitschrift für Politik*, Zürich 1989, S. 55-75.

Matthias Lutz-Bachmann
Kants Friedensidee und das rechtsphilosophische Konzept einer Weltrepublik

Mit seiner 1795 veröffentlichten Schrift *Zum ewigen Frieden*[1] hat Immanuel Kant der politischen Philosophie eine Fassung gegeben, deren innovative Kraft für die internationale Politik bis heute noch nicht ausgeschöpft worden ist. Kant vermag die Gründe einsichtig zu machen, die ihn veranlassen, eine normativ gehaltvolle politische Philosophie vom Begriff des Friedens her zu entwickeln und in ihren Grundzügen als einen Teil der Rechtsphilosophie zu entfalten.[2] Zu den Einsichten seiner Schrift, die bis heute noch weitgehend als uneingelöst zu betrachten sind, zählen sein Plädoyer für ein nach den Prinzipien der praktischen Vernunft reformiertes Völkerrecht sowie sein Postulat einer weltweiten Friedensordnung, die das Verhältnis der Staaten zueinander rechtlich bindet und militärische Gewalt aus ihren äußeren Beziehungen ein für allemal verbannt. Mit guten Gründen kann in dieser Idee eines ›Friedensvölkerrechts‹, die eine zwischenstaatliche Rechtsgemeinschaft vorzeichnet, schon im Umriß der Plan für die Gründung einer Organisation von »Vereinten Nationen« erblickt werden – ein Plan, der, sieht man vom geschicht-

1 Kant, *Zum ewigen Frieden. Ein philosophischer Entwurf*, 1. Auflage 1795 (A), 2. Auflage 1796 (B) in: *Kant's Werke* (Akademie-Ausgabe), Bd.VIII, S. 341-386.

2 Zur neueren Literatur über Kants Friedensschrift vgl. H. Saner, *Kants Weg vom Krieg zum Frieden*, München 1967; vgl. H. Williams, *Kant's Political Philosophy*, Oxford 1983; G. Geismann, »Kants Rechtslehre vom Weltfrieden«, in: *ZfPF*, S. 37 (1983), S. 362-388; O. Höffe, *Kategorische Rechtsprinzipien*, Frankfurt am Main 1990, S. 249-284; G. Cavallar, *Pax Kantiana*, Wien/Köln/Weimar 1992; P. Laberge, »Das radikal Böse und der Völkerzustand«, in: F. Ricken/F. Marty (Hg.), *Kant über Religion*, Stuttgart 1992, S. 112-123; W. Kersting, »Kant und die politische Philosophie der Gegenwart«, in: *Wohlgeordnete Freiheit*, Frankfurt am Main 1993, S. 67-87; O. Höffe (Hg.), *Kant, Zum ewigen Frieden*, Berlin 1995; V. Gerhardt, *Immanuel Kants Entwurf ›Zum ewigen Frieden‹*, Darmstadt 1995.

lich gescheiterten Modell des Genfer Völkerbunds einmal ab, erst 150 Jahre nach dem Erscheinen der Kantischen Friedensschrift im Jahr 1945 mit der Verabschiedung der Charta der »Vereinten Nationen« ansatzweise in die Tat umgesetzt werden sollte.[3]

Im folgenden Beitrag will ich die Grundaussage der politischen Friedensschrift Kants, nämlich seine Idee eines Bundes freier Republiken, diskutieren. Hierzu stelle ich zuerst die *Präliminarartikel* des *Ersten Abschnitts* vor (1) und versuche Schwierigkeiten in Kants Ausführungen zu bezeichnen (2), die sich im *Zweiten Definitivartikel* seiner Schrift zu einem signifikanten Darstellungsproblem verdichten (3). Die zentrale politische Aussage seiner Schrift, daß zum Zweck der Herstellung friedlicher Verhältnisse zwischen den Völkern keine ›Weltrepublik‹, sondern ein ›Staatenbund‹ errichtet werden soll, erweist sich hierbei als eine These Kants, die Annahmen seiner eigenen Argumentation widerspricht und schon deshalb so nicht gehalten werden kann.

I

Kants politische Friedensschrift zählt gewiß nicht zu demjenigen Textbestand, auf den sich seine Anerkennung und herausragende Stellung in der neueren Philosophiegeschichte gründet. Es wäre jedoch eine Fehleinschätzung sondergleichen, seine Schrift *Zum ewigen Frieden* als eine Gelegenheitsschrift zu qualifizieren und ihr nur eine periphere Bedeutung zuzugestehen. Trotz ihrer programmatischen Kürze und ihrer im Vergleich mit vielen seinen anderen Texten leichten Lesbarkeit erweist sich gerade diese Schrift als bedeutsam, nicht zuletzt aufgrund der in ihr formulierten Konsequenzen für die internationale Politik. In ihr begegnet ein auch philosophisch bedeutsamer Text, da hier ein Autor mit genauen philosophischen Mitteln die Unbedingtheit einer internationalen Friedensordnung darzulegen versucht. Anders als in der Tradition der christlichen Friedensethik, die in der Spätantike durch Augustinus[4] und in der früheren Neuzeit durch

3 Zur rechtlichen Verfassung der 1945 gegründeten United Nations Organization vgl. unter anderem G. Unser (Hg.), *Die UNO, Aufgaben und Strukturen der Vereinten Nationen*, 5. Auflage, München 1992.

4 Vgl. Augustinus, *De Civitate Dei*, XIX 10-13, S. 26-28.

Erasmus von Rotterdam[5] grundgelegt wird, stellt Kant den Friedensimperativ nicht einfachhin als ein Gebot der biblischen Religion kritisch gegen die Realität der politischen Praxis der Staaten, sondern begründet ihn als ein Postulat der politischen Philosophie. Kant verzichtet dabei auch auf die Konstruktion eines utopisch-idealisierten Zustands harmonischer Beziehungen zwischen den Menschen[6] als einer zentralen Voraussetzung für das Gelingen des Völkerfriedens. Statt dessen geht Kant vom Faktum gegebener Konflikte aus und bindet seinen Friedensbegriff an die einzigartige Rolle der Friedensstiftung durch gerechtes Recht zurück: Allein das durch die Vernunft begründete, also legitime Recht stellt für Kant ein Verfahren bereit, die zwischen Menschen immer wieder aufbrechenden Konflikte unter Ausschluß von Gewalt zu lösen. So ist es auch kein dem Zufall geschuldeter Umstand, daß Kant seinen Beitrag zur Grundlegung von Frieden zwischen den Völkern in der literarischen Gestalt eines Vertragswerks vorlegt; ist es doch gerade die Form und das Verfahren des durch freie Zustimmung der Betroffenen geschlossenen Vertrags, in der sich für ihn nicht allein das Grundmodell eines vor der Vernunft legitimierten Rechts artikuliert, sondern in dem sich allgemein die reine praktische Vernunft als die normative Grundlage intersubjektiver Beziehungen manifestiert.

Eine Diskussion von Kants Friedenskonzept muß sich vor Augen halten, welche Art von Krieg Kant genauerhin meint, wenn er »die moralisch-praktische Vernunft in uns ihr unwiderstehliches Veto« aussprechen läßt: »Es soll kein Krieg sein.«[7] In der »Rechtslehre« der »Metaphysik der Sitten« bezieht Kant den auszuschließenden Kriegszustand auf die beiden Fälle: den Krieg »zwischen mir und dir im Naturzustande« und den Krieg »zwischen uns als Staaten, die, obzwar innerlich im gesetzlichen, doch äußerlich (in Verhältnis gegen einander) im gesetzlosen Zustande sind.«[8] Die »Friedensschrift« des Jahres 1795 diskutiert ihren Friedensbegriff im Blick auf den zweiten Fall, den Frieden zwi-

5 Vgl. Erasmus, *Dulce bellum inexpertis* (1515), übersetzt und hg. von B. Hannemann, München 1987, sowie ders., *Querela pacis undique gentium ejactae profligataeque* (1517).

6 A. Neusüss, *Utopie. Begriff und Phänomen des Utopischen*, 3. Auflage, Frankfurt/New York 1986, insbesondere S. 471-515.

7 Kant, *Metaphysik der Sitten*, in: *Werke*, a.a.O., Bd. VI, S. 354 (A 233).

8 Ebd.

schen den etablierten Staaten. Der innerstaatliche Friedensschluß dient Kant hier nur als ein Aufweis der vernunftrechtlichen Forderung, dem »Naturzustand«, der ihm zufolge ein Kriegszustand ist, zu entkommen, aber zugleich auch als ein Modell, an dem durch Analogieschluß die konstitutiven Momente des zwischenstaatlichen Friedensschlusses abgelesen werden können. Die dem Frieden zwischen den Staaten gewidmete Schrift unterstellt in ihrer Beschreibung der Ausgangsbedingungen die Realität der Kriegsführung des achtzehnten Jahrhunderts, und das heißt einer Zeit, in der souveräne Staaten, in aller Regel noch ohne republikanische Regierungsform, ihre territorial begrenzten Konflikte mit ihren aus heutiger Sicht beschränkten militärischen Mitteln austragen. Kriegsanlässe beschränken sich hier zumeist auf Konflikte von Regierungen der souveränen Einzelstaaten, die ihre Partikularinteressen nicht auf dem Weg von rechtsförmigen Verfahren, sondern durch einen zeitlichen wie räumlich begrenzten Einsatz von Gewalt durchzusetzen versuchen. Es ist klar, daß das Verständnis sowohl von Kriegsanlaß als auch von Kriegsführung und -verlauf, das diesem Kriegsbegriff bei Kant geschichtlich zugrunde liegt, nicht unmittelbar und ohne erhebliche Modifikationen auf die heutige Weltpolitik angewandt werden kann.

Auch wenn aber aufgrund unserer geschichtlichen Distanz zu Kant keine einfache Applikation seiner Begriffe und ihrer empirischen Beschreibung der politischen Wirklichkeit auf die Gegenwart gelingen kann[9], so verdient doch der normative Gehalt seiner Überlegungen und die systematische Konstruktion seiner Friedensidee unsere Aufmerksamkeit. So formulieren die sechs *Präliminarartikel*, die den *Ersten Abschnitt* seiner Schrift bilden, sechs notwendige Bedingungen, die nach Kant allererst praktisch eingelöst sein müssen, damit es überhaupt zu einem wirklichen Frieden unter den Staaten kommen kann. Diese Bedingungen definieren genauerhin die negativen Voraussetzungen, ohne die ein dauerhafter Friedensschluß undenkbar ist, und greifen damit schon auf eine positive Idee des Friedens voraus. Darin wird deutlich, daß »Friede« für Kant nicht nur die faktische Abwesen-

9 Eine ausführlichere Beschreibung der historischen Differenzen, die uns von Kants Kriegs- und Friedensbegriff trennen, enthält der Beitrag von Jürgen Habermas, »Kants Idee des ewigen Friedens – aus dem historischen Abstand von zweihundert Jahren«, in diesem Band, S. 7-24.

heit von Krieg, also das Schweigen der Waffen meint, sondern im strengen Sinn »das Ende aller Hostilitäten bedeutet«.[10] Daher wittert Kant sogar in dem von ihm selbst gewählten Titel seiner Schrift *Zum ewigen Frieden* einen »verdächtigen Pleonasmus« – »verdächtig« für ihn wohl deshalb, weil der übliche Sprachgebrauch leichtfertig dort schon von »Frieden« spricht, wo nur vorläufig die Waffen schweigen und in Wahrheit noch immer ein verdeckter Kriegszustand herrscht. Im Licht dieses Friedensbegriffs erscheinen alle Friedensschlüsse der Vergangenheit nur als ein »Aufschub der Feindseligkeiten«[11] und die bisherige Menschheitsgeschichte als ein nur durch Unterbrechungen gekennzeichneter Kriegszustand. Nun ist es die alles entscheidende Einsicht der moralisch-praktischen Vernunft in uns, daß dieser Zustand des Krieges nicht nur (wie in der Geschichtsphilosophie Hegels) ein menschliches Unglück bedeutet, sondern zugleich unbedingt beendet werden muß. Mit dem ohne Vorbehalt, also »unbedingt« geschlossenen Frieden, den der *1. Präliminarartikel* als Bedingung der Möglichkeit eines solchen von der Vernunft geforderten »ewigen Friedens unter Staaten« formuliert, verbindet Kant zugleich die Hoffnung, daß alle Ursachen für zukünftige Kriege überhaupt beseitigt sind, wenn er schreibt: »Die vorhandenen, obgleich jetzt vielleicht den Pazifizierenden selbst noch nicht bekannten, Ursachen zum künftigen Kriege sind durch den Friedensschluß« ohne jeden weiteren Vorbehalt »insgesamt vernichtet, sie mögen auch aus archivarischen Dokumenten mit noch so scharfsichtiger Aufspähungsgeschicklichkeit ausgeklaubt sein.«[12] So beinhaltet der den ewigen Frieden zwischen den Staaten allererst eröffnende bedingungslose Friedensschluß, den der *1. Präliminarartikel* fordert, die ehrliche Absicht aller Beteiligten und deren definitiven Verzicht auf »alle Ansprüche, die bis auf den Zeitpunkt ein Staat auf den andern haben konnte und die zu Feindseligkeiten Anlaß geben könnten.«[13]

Wie diese Auskunft Kants im Kommentar des *1. Präliminarartikels*, so sind auch die weiteren *Präliminarartikel* auf die politische Situation seiner Zeit bezogen; denn ihre Aufgabe besteht gerade darin, im Blick auf die gegebene zwischenstaatliche po-

10 Kant, *Zum ewigen Frieden*, a.a.O., S. 343 (BA 5).
11 Ebd.
12 Ebd., S. 343 f. (BA 5 f.).
13 Kant, Refl. 7837, in: *Werke*, a.a.O., Bd. XIX, S. 530.

litische Praxis der absolutistisch regierten Staaten einerseits die ohne Beachtung der näheren Umstände des Handelns unverzüglich zu befolgenden Bedingungen eines dauerhaften Friedens zu formulieren, andererseits aber auch solche ebenfalls unverzichtbaren Voraussetzungen des Friedens zu bezeichnen, deren praktische Umsetzung jedoch situationsbedingt einen gewissen zeitlichen Aufschub nicht von vornherein ausschließt. Kant spricht im Blick auf die erste Gruppe von »leges strictae« (strengen Gesetzen), im Blick auf die zweite Gruppe von »leges latae« (weiten Gesetzen). Zu der erstgenannten Gruppe der »strikten« Friedensbedingungen zählen bei Kant neben dem schon erwähnten *1. Präliminarartikel* das im *5. Präliminarartikel* formulierte Verbot einer »gewaltsamen« Einmischung des Staats »in die Verfassung und Regierung eines andern Staats«[14] sowie die im *6. Präliminarartikel* aufgeführten Verbote von bestimmten Kriegshandlungen, in deren Gefolge jenes Minimum an wechselseitigem Vertrauen zerstört würde, das der *1. Artikel* für den Beginn eines wahrhaften Friedensschlusses aber als unaufgebbar voraussetzt. Zu diesen verbotenen Kriegshandlungen zählt Kant, hierbei ganz auf der Linie des klassischen Völkerrechts und von dessen Lehre vom »Recht im Kriege« (»ius in bello«) argumentierend, den Ausrottungskrieg (»bellum internecinum«)[15] und den Bestrafungskrieg (»bellum punitivum«).[16] In der Rechtslehre der *Metaphysik der Sitten* fügt Kant dieser Aufzählung noch das weitere Verbot des Unterjochungskriegs (»bellum subiugatorium«)[17] hinzu. In der zweiten Gruppe der »weiten« Friedensvoraussetzungen führt Kant das im *2. Präliminarartikel* formulierte Verbot der Erwerbung von Staaten vermittels Erbschaft, Tausch, Kauf oder Schenkung durch andere Staaten auf; verboten sind diese für den Absolutismus nicht ungewöhnlichen Praktiken bei Kant, weil sie seiner Auffassung nach »der Idee des ursprünglichen Vertrags« und der vernunftrechtlichen Lehre vom Staat als einer »moralischen Person« widersprechen.[18] Ferner nennt Kant im *3. Präliminarartikel* die Forderung, daß die stehenden Söldnerheere (»miles perpetuus«) mit der Zeit ganz abgeschafft wer-

14 Kant, *Zum ewigen Frieden*, a.a.O., S. 346 (BA 11).
15 Ebd. (BA 12).
16 Ebd., S. 347 (BA 13).
17 Kant, *Metaphysik der Sitten*, ebd., S. 347 (A 222).
18 Kant, *Zum ewigen Frieden*, a.a.O., S. 344 (BA 7).

den müßten. Damit widerspricht Kant nicht nur explizit der seit Venetius geltenden Militärdoktrin: »Si vis pacem, para bellum« (»Wenn du Frieden willst, dann rüste zum Krieg«), sondern vor allem auch der Politik der absolutistischen Regierungen, Söldner anzuwerben: denn diese Praxis scheint, so Kant, »einen Gebrauch von Menschen als bloßen Maschinen und Werkzeugen in der Hand eines andern (des Staats) zu enthalten scheint, der sich nicht wohl mit dem Rechte der Menschheit in unserer eigenen Person vereinen läßt«.[19] Der *4. Präliminarartikel* schließlich verbietet die bei den Staaten weitverbreitete Praxis der Staatsverschuldung zum Zweck der Kriegsführung.

2

Die *Präliminarartikel* formulieren somit nicht nur diejenigen unverzichtbaren Voraussetzungen, ohne die ein Friedensschluß im zwischenstaatlichen Verhältnis praktisch scheitern müßte; sie enthalten auch einen Katalog von politischen Forderungen, die mehr oder weniger ausdrücklich die Politik der absolutistischen Staaten, insbesondere aber Preußens[20], scharf kritisieren. Doch unbeschadet der tagespolitischen Bedeutung von Kants Forderungen, von denen gewiß die meisten bis auf den heutigen Tag noch immer eine bemerkenswerte praktische Relevanz behalten haben, in der systematischen Anlage von Kants Argumentation fallen einige Ungenauigkeiten auf, die eine nähere Diskussion verdienen. Inwiefern sie als ein Hinweis auf spezifische Schwierigkeiten zu lesen sind, die Kants Friedensschrift insgesamt kennzeichnen, wird sich später erweisen. Grundsätzlich hat Kant mit einem Darstellungsproblem in seinen *Präliminarartikeln* zu kämpfen. Deren Funktion besteht nämlich darin, die notwendigen, aber negativen Bedingungen eines dauerhaften Friedensschlusses darzulegen. Um diese Aufgabe jedoch überzeugend bewältigen zu können, setzen die *Präliminarartikel* schon das ganze systematische Gewicht der Argumente voraus, die Kant erst im Hauptteil seiner Schrift, in den *Definitivartikeln* des *Zweiten Abschnittes*, präsentiert. Die *Definitivartikel* erfül-

19 Ebd., S. 345 (BA 8 f.).
20 Vgl. Hans Saner, »Die negativen Bedingungen des Friedens«, in: O. Höffe (Anm. 2), S. 53 sowie S. 61-66.

len selbst jedoch eine andere Aufgabe. Sie legen die allgemeinen rechtsphilosophischen Prinzipien dar, auf die sich das Kantische Friedenskonzept normativ stützt. Die Unschärfen in Kants *Präliminarartikeln*, von denen hier zu reden ist, lassen sich, zumindest zum Teil, aus ihrer Vermittlungsfunktion zwischen der Ebene einer philosophisch-normativen Konstruktion des vernunftrechtlich Gesollten in den *Definitivartikeln* und ihrer eigentlichen Aufgabe erklären, unter den Bedingungen des Kriegszustandes zwischen den Staaten Voraussetzungen zu bezeichnen, die beseitigt werden müssen, damit die normative Idee eines unbedingten Friedens praktische Gestalt annehmen kann, ohne dabei schon auf die volle Anerkennung der vernunftrechtlichen Prinzipien des Friedens zurückgreifen zu können. Dies bringt Kant in eine Argumentationslage, in der er unvermittelt und nebeneinander auf verschiedene Systeme des Rechts, auf Prinzipien des Naturrechts, des Völkerrechts oder des Vernunftrechts zurückgreift.

Die Schwierigkeiten dieser Vermittlungsleistung der *Präliminarartikel* belegen etwa Kants Erläuterungen, zu den Artikeln 2 und 5. Kant wiederholt in diesen Artikeln nicht nur die von Bodin[21] bis zu Vattel[22] tradierte völkerrechtliche Lehre von der unantastbaren »Souveränität« der Staaten als der Subjekte des international geltenden Rechts; er bemüht sogar auch die rechtsphilosophische Idee eines »ursprünglichen Vertrages«[23], die systematisch jedoch erst im *1. Definitivartikel*[24] eingeführt wird. Doch während die Idee des ursprünglichen Vertrages dort gerade als das entscheidende Kriterium für die Grundlegung eines republikanischen Gemeinwesens bezeichnet wird, das den wahrhaften Rechtsstaat von den despotisch regierten Staaten unterscheidet, benutzt sie Kant im Kontext der Darstellung der *Präliminarartikel* zur Begründung für die inhaltlich anderslautende These, nämlich für die unbedingt zu achtende Souveränität *aller* Staaten. Diese Forderung schließt aber gerade auch die despotisch regierten Staaten ein, die durch die Idee des »contractus originarius« von der Teilhabe an den Prinzipien des die Freiheit sichernden Vernunftrechts ausgeschlossen werden sollten.

21 Vgl. J. Bodin, *Les six livres de la république* (1583), vol. I, cap. IX.
22 Vgl. E. de Vattel, *Le droit des gens* (1758) I, Ch. I § 4.
23 Kant, *Zum ewigen Frieden*, a.a.O., S. 344 (BA 7).
24 Vgl. ebd., S. 350 (BA 20).

So wird die »Idee des ursprünglichen Vertrags« im Zusammenhang der *Präliminarartikel* zur Begründung einer These herangezogen, wofür sie, auf dem Hintergrund der Kantischen Theorie des Staatsbürgerrechts, dem sie entstammt, betrachtet, systematisch gerade nicht geeignet ist. Damit ist aber wiederum nicht gesagt, daß es nicht doch andere gute Gründe geben könnte, etwa solche der politischen Klugheit oder der Anerkennung des überlieferten Völkerrechts, um den Aussagen des *2.* oder *5. Präliminarartikels* inhaltlich zuzustimmen, nur kann Kants Versuch der Begründung, wie er hier vorliegt, nicht überzeugen. Dieser Begründungsversuch hat aber eine bedenkliche Konsequenz, daß nämlich die These von der unbedingt zu achtenden »Souveränität« aller Staaten schon als Staaten den Anschein einer Forderung des Vernunftrechts erhält, die ihr so systematisch bei Kant aber nicht zukommen kann. Wir werden in der weiteren Diskussion der Friedensschrift noch sehen, daß genau mit dieser Unklarheit in Kants eigener Argumentation die Ambivalenzen zusammenhängen, die in seinem Text gegenüber der Forderung zur Gründung einer den Frieden sichernden Weltrepublik auftreten.

Eine weitere, mit der genannten Schwierigkeit in Kants Argumentation zusammenhängende Problematik begegnet im *6. Präliminarartikel*, der das völkerrechtliche Theorem vom »Recht im Kriege« aufnimmt. In der Rechtslehre der »Metaphysik der Sitten« bezeichnet Kant selbst dieses Recht als Teilstück »im Völkerrecht, wobei die meiste Schwierigkeit ist, um sich auch nur einen Begriff davon zu machen«.[25] Die von Kant also selbst empfundene Problematik begegnet beim Versuch der Beantwortung der Frage, wie ohne Selbstwiderspruch »ein Gesetz in diesem gesetzlosen Zustande zu denken«[26] möglich sein soll, wenn zugleich der Satz gilt: »inter arma silent leges«; denn der Kriegszustand ist für Kant gerade dadurch definiert, daß in ihm jene Grundlagen für ein Recht fehlen, die erst ein vor der Vernunft verbindliches Gesetz hervorbringen könnten. Kant bietet als Ausweg in dieser theoretischen Problematik eine praktische Maxime an. Sie besagt, daß der Krieg, wenn er schon nicht verhindert werden kann, wenigstens nach solchen Grundsätzen geführt werden soll, die es als möglich erscheinen lassen, »aus jenem Naturzustande der Staaten (im äußeren Verhältnis gegen

25 Kant, *Metaphysik der Sitten*, a.a.O., S. 347 (A 221).
26 Ebd.

einander) herauszugehen, und in einen rechtlichen zu treten«.[27] Auch in der »Friedensschrift« verfolgt Kant eine praktische Auflösung dieser theoretischen Aporie. Sie entsteht der Sache nach aus der schroffen und idealisierenden Trennung, die Kant zwischen Naturzustand einerseits und Rechtsordnung andererseits, zwischen Krieg und Frieden als zwei nicht nur getrennten, sondern einander auch entgegengesetzten Geltungssphären vornimmt. Infolgedessen kann er den vom überlieferten Völkerrecht tradierten Begriff eines »Rechts im Krieg« (»ius in bello«) nicht zulassen. Dennoch soll zugleich auch im Kriegszustand nicht völlig auf einen schwächeren Begriff von Rechtsgeltung verzichtet werden; denn es zeigt sich, daß der unbestreitbar pazifizierende Wirkungen mit sich führende Beitrag des Völkerrechts bei der Domestizierung und Zurückdrängung von Krieg und Kriegsfolgen nicht einfach abgewiesen werden kann.[28] Die Gründe aber, die für eine Einschränkung von Kriegshandlungen sprechen, können für Kant nicht rechtlicher Natur sein; denn sie können weder einer positiven Rechtsordnung entnommen werden, da der Kriegszustand ja diese seiner eigenen Definition nach ausschließt, noch können sie einem wie auch immer gearteten Naturrecht entnommen werden, da dieses Ausdruck des Naturzustands zwischen den Menschen, nicht aber eines aus vernünftiger Setzung hervorgegangenen gemeinschaftlichen Willens ist, entsprechend der systematischen Auskunft Kants, daß als Recht »der Inbegriff der Bedingungen« verstanden werden muß, »unter denen die Willkür des einen mit der Willkür des andern nach einem allgemeinen Gesetze der Freiheit zusammen vereinigt werden kann«.[29] Die Einsicht in die Notwendigkeit der Einschränkung von erlaubten Kriegshandlungen muß der praktischen Vernunfteinsicht selbst entnommen werden. Es ist aufschlußreich, daß Kant an dieser Stelle nicht auf ein Argument zurückgreift, das er schon zuvor in der Erläuterung des dritten *Präliminarartikels* benutzt hatte, nämlich auf die praktische Vernunfteinsicht,

27 Ebd.

28 Volker Gerhardt ist uneingeschränkt zuzustimmen, wenn er Carl Schmitts gefährliche und dummdreiste Rede von der »Hegung« des Kriegs durch das Völkerrecht (in: *Der Nomos der Erde im Völkerrecht des Jus Publicum Europaeum*) scharf zurückweist, vgl. Gerhardt, ebd. (Anm. 2), S. 65 f.

29 Kant, *Metaphysik der Sitten*, a.a.O., S. 230 (A 33).

daß es verboten sei, Menschen als bloßes Mittel für die eigenen strategischen Ziele zu instrumentalisieren.[30] Offensichtlich denkt Kant den Krieg noch nicht als einen Handlungszusammenhang, der als solcher, zumindest aber in der Form eines jeden Angriffskrieges, die Würde und Rechte der von ihm betroffenen Menschen prinzipiell verletzt und daher unbedingt verboten ist. Auf die Ebene einer moralischen Betrachtung der Bedeutung von Einzelpersonen bzw. einer rechtlichen Erwägung des Rechtsverhältnisses von Staaten zu Einzelpersonen greift aber Kant an dieser Stelle nicht zurück. Er verbleibt vielmehr gemäß der systematischen Anlage seiner Argumentationen konsequent in der Betrachtung der zwischenstaatlichen Verhältnisbeziehungen und vertritt entsprechend der höchsten moralischen Vernunfteinsicht, daß zwischen Staaten kein Krieg sein soll, die praktische Maxime, daß auch im Naturzustand des Kriegs solche feindseligen Handlungen nicht gestattet sind, die »das wechselseitige Zutrauen in künftigen Frieden unmöglich machen«.[31]

Für den mit Hilfe dieser Maxime verbotenen Fall des »Ausrottungskriegs«[32] (»bellum internecinum«) kann Kant jedoch noch ein Ausschlußargument präsentieren, das uns mit einem weiteren Problem in Kants Position konfrontiert. Der »Ausrottungskrieg«, den Kant hier verboten sehen will, ist als derjenige Kriegsfall zu verstehen, bei dem nicht die Bevölkerung wie bei einem Genozid, sondern der Staat als rechtlich-politisches Gemeinwesen vernichtet werden soll. Es ist nicht auszuschließen, daß Kant als aktuelles Beispiel für diesen Fall die Aufteilung Polens unter Preußen, Rußland und Österreich vor Augen hat, die im Jahr 1795, also im Jahr der Erstauflage seiner Schrift, mit der dritten Teilung Polens zu einem vorläufigen Abschluß gekommen ist. Wie dem auch immer gewesen sei, Kant verweist auf den Umstand, und das ist nun der Kern seines Arguments, daß mit der Vernichtung eines Staatswesens eben auch »alles Recht« verschwindet, das in diesem politischen Gemeinwesen durch Menschen verwirklicht worden war. So schreibt er: »Woraus denn folgt: daß ein Ausrottungskrieg, wo die Vertilgung bei-

30 Kant, *Zum ewigen Frieden*, a.a.O., S. 345 (BA 8); vgl. hierzu *Grundlegung zur Metaphysik der Sitten*, in: *Werke*, a.a.O., Bd. IV, S. 429 (BA 66 f.).

31 Kant, *Zum ewigen Frieden*, a.a.O., S. 346 (BA 12).

32 Ebd.

de Teile zugleich und mit dieser auch alles Recht treffen kann, den ewigen Frieden nur auf dem großen Kirchhofe der Menschengattung stattfinden lassen würde. Ein solcher Krieg also, mithin auch der Gebrauch der Mittel, die dahin führen, muß schlechterdings unerlaubt sein.«[33] So überzeugend diese Überlegungen Kants prima facie auch sein mögen, sie führen uns auf zwei Schwierigkeiten in seiner Argumentation: Erstens scheint Kant in seinem Argument zu unterstellen, daß mit einem jeden Staat schon als solchem auch ein System des Rechts gegeben ist, das vor der Vernunft eine unbedingte Anerkennung und einen Bestand verlangt, jedenfalls nicht von außen mit den Mitteln eines Kriegs aufgehoben werden darf. Damit treten analoge Schwierigkeiten auf, wie wir sie schon zuvor im Blick auf Kants Intention einer unbedingten Anerkennung der Souveränität eines jeden Staates gemäß der Tradition des Völkerrechts gesehen hatten. Da Kant die Rechtsanerkennung hier, wie der Text zeigt, nicht auf den Fall der freien Republiken beschränkt, so scheint er gewillt zu sein, zumindest als Grenzfall seiner Theorie auch despotischen Staaten nicht nur den Schutz vor einer gewalttätigen Verletzung ihrer Souveränität, sondern auch die Anerkennung eines Minimums von unbedingt zu achtender Rechtsstaatlichkeit zubilligen zu wollen. Diese Konsequenz überrascht, da man sie eher bei Hobbes als bei Kant vermutet hätte. Jedenfalls zeigt sie Kant als einen pragmatisch eingestellten Denker, der den größeren Schaden einer grundsätzlichen Nichtanerkennung der Souveränität despotischer Staaten durch republikanische Staatswesen im Blick auf den herzustellenden Frieden erkennt. Zweitens aber wird deutlich, daß Kant alle Staaten, die im Kriegszustand mit anderen Staaten stehen, real zwei Ordnungen zurechnen muß, die sich jedoch geltungstheoretisch ausschließen sollen: Nach innen erkennt ihnen Kant, wie wir gesehen hatten, zumindest ein Minimum an Rechtsstaatlichkeit zu, in ihren Beziehungen nach außen stehen sie aber im »Naturzustand«, den sie verlassen sollen. Spätestens hier wird deutlich, daß Kants idealisierende Vorstellung von zwei geltungstheoretisch scharf getrennten Ordnungen, denen jeder Staat zugleich angehören soll, in Darstellungsnöte gerät; denn diese Vorstellung kann nur gehalten werden, wenn es zugleich gelingen kann, die Bereiche der Innen- und Außenpolitik, zumindest in den entscheidenden

33 Ebd., S. 347 (BA 13).

Grundzügen, analytisch sauber voneinander abzutrennen. Davon kann realpolitisch kaum die Rede sein. Doch selbst auch Kant scheint nicht gewillt zu sein, im Blick auf die politische Realität der internationalen Staatenwelt seiner Zeit diese Trennung durchzuhalten. Die *Präliminarartikel* belegen es nämlich, daß er selbst sehr genau sieht, daß sich Innen- und Außenpolitik der Staaten beständig durchdringen und unablässig aufeinander einwirken, so daß ein und dasselbe staatliche Handeln zwei geltungstheoretisch getrennten Bereichen zugleich zugerechnet werden muß. Damit wird die rechtsphilosophische Fiktion von zwei scharf getrennten Geltungsordnungen, die Kant mit gewissem Recht und Erfolg für die Grundlegung eines freiheitlichen Rechtsstaats unterstellt, in ihrer Ausweitung auch auf den Bereich der internationalen Politik ausgesprochen problematisch.

3

Im Zentrum seiner Friedensschrift, den *Definitivartikeln zum ewigen Frieden unter Staaten*, stoßen wir auf Kants Forderung, daß der zwischenstaatliche Frieden durch ein neu begründetes Völkerrecht gesichert werden soll. Dieses neue Friedensrecht zwischen den Staaten soll die klassische Völkerrechtslehre bei »Hugo Grotius, Pufendorf, Vattel u.a.m. (lauter leidige Tröster)«[34] ablösen; denn sie haben für Kant mit ihrer Lehre von einem den souveränen Staaten zukommenden Recht auf Krieg (»ius ad bellum«) nur den Kriegszustand zwischen den Staaten verlängert und den Konfliktparteien Rechtfertigungsgründe für immer neue Angriffskriege an die Hand gegeben. Demgegenüber geht das neue Völkerrecht von der praktischen Einsicht der Vernunft aus, die »vom Throne der höchsten moralisch gesetzgebenden Gewalt herab, den Krieg als Rechtsgang schlechterdings verdammt, den Friedenszustand dagegen zur unmittelbaren Pflicht macht«.[35] Analog dem innerstaatlichen Friedensschluß zwischen den Menschen durch die Konstitution eines republikanischen Staatswesens bedarf auch dieser Friede zwischen den Staaten eines »Vertrags der Völker«[36] unter sich; diesem Vertrag kommt

34 Ebd., S. 355 (BA 33).
35 Ebd., S. 356 (BA 34).
36 Ebd. (BA 35).

die Aufgabe zu, wie ein *contractus originarius* zwischen den Staaten das neue Völkerfriedensrecht zu begründen. Der von Kant geforderte Vertrag soll aber, anders als der *contractus originarius* zwischen Individuen, nicht eine Republik der Völker, also einen »Völkerstaat« begründen, sondern nur einen »Bund« zwischen ihnen, »den man den Friedensbund (foedus pacificum) nennen kann, der vom Friedensvertrag (pactum pacis) darin unterschieden sein würde, daß dieser bloß *einen* Krieg, jener aber *alle* Kriege auf immer endigen suchte«.[37] Kant schließt für diesen Bundesvertrag somit ausdrücklich aus, daß mit ihm die Konstitution eines neuen Staatswesens verbunden ist; seine bescheidenere Funktion geht »lediglich auf Erhaltung und Sicherung der Freiheit eines Staats, für sich selbst und zugleich anderer verbündeter Staaten.«[38] Jede legislative, exekutive oder judikative Gewalt spricht Kant diesem Bundesschluß ab; kein dem Bund beitretender Staat dürfe sich nach Kant mit seinem Beitritt zugleich »öffentlichen Gesetzen, und einem Zwang unter denselben, unterwerfen«.[39] Für die Mitgliedschaft in diesem Staatenbund kommen nach Kant aber nur Republiken, das heißt also allein Staaten in Frage, die nach innen rechtsstaatlich organisiert und durch eine bürgerliche Verfassung die Freiheit und Gleichheit ihrer Bürger vor dem Gesetz gewährleisten können. Dieses politische Programm einer Föderation freier Republiken, die nicht auf die Souveränität als Staaten, wohl aber auf das fragwürdige Recht auf Kriegsführung gegeneinander verzichten, das ihnen das klassische Völkerrecht zugestanden hatte, verfolgt Kant, wenn er zu Beginn seines *2. Definitivartikels* postuliert: »Das [neue – LB] Völkerrecht soll auf einen Föderalismus freier Staaten gegründet sein«.[40]

So klar mit diesen Aussagen das politische Leitziel seiner Friedensschrift auch umrissen ist, bei der Begründung für sein Programm verwickelt sich Kant in Schwierigkeiten und Widersprüche, die die Konsistenz seines vorgeschlagenen internationalen Friedensmodells in Frage stellen. Das zentrale Argument nämlich, das Kant zugunsten seines Vorschlags eines Bundes souveräner Staaten und zu Lasten der Idee einer Weltrepublik vorbringt,

37 Ebd. (BA 35).
38 Ebd. (BA 35).
39 Ebd. (BA 35).
40 Ebd., S. 354 (BA 30).

begründet nicht, was es begründen soll. So benutzt Kant für den Aufweis der Vernunftkonformität seines Vorschlags ein Analogieargument: wie die einzelnen Menschen entsprechend der Forderung der Vernunft (»exeundum ex statu naturali«) durch den *contractus originarius* den kriegerischen Naturzustand verlassen und einen Rechtsstaat bilden sollen, in dem sie ihre individuelle Freiheit in Übereinstimmung mit der Freiheit aller anderen Mitbürger verwirklichen können, so sollen offenbar auch für Kant die Staaten durch einen Vertrag in ein Rechtsverhältnis miteinander eintreten, das den Kriegszustand zwischen ihnen ein für allemal beenden kann. Doch Kants Rückgriff auf die Idee des »ursprünglichen Vertrags«, aus dem der Rechtsstaat seine legitimatorische Kraft beziehen soll, überrascht; denn der von ihm selbst bemühten Analogie zum Staatsrecht entspräche im Übertrag auf den Fall des neuen Völkerfriedensrechts einzig und allein die Forderung, daß die vertragschließenden Staaten ein neues ihnen gemeinsames Staatswesen mit einem Minimum von konstitutioneller Gewaltenteilung konstituieren sollen. Für dessen rechtliche Verfassung müßte allerdings sichergestellt sein, daß in ihm analog dem republikanischen Staatswesen jetzt die freien Einzelstaaten ihre Freiheit, das heißt ihre Selbstbestimmung als Staat, in Übereinstimmung mit der Freiheit aller anderen Staaten verwirklichen können. Dieses Kriterium, das sich aus der Analogie mit der Staatsrechtslehre ergibt, hätte für die Idee des »Völkerstaats« zur Folge, daß hier nur nach Maßgabe (zumindest der Möglichkeit) einer freien Zustimmung aller betroffenen Staaten ein gemeinsamer Beschluß Gesetzeskraft und so allgemeine Verbindlichkeit gewinnen kann. Doch diese Konsequenz zieht Kant nicht, obgleich sie sich aufgrund der von ihm selbst gewählten Analogie zur friedenssichernden Rolle der Republik aufdrängt. Statt dessen weist er, wie wir gesehen hatten, die Idee einer ›Staatenrepublik‹ ausdrücklich zurück und favorisiert statt dessen die Idee eines ›Bundes freier Staaten‹, dem genau jenes Moment von Staatlichkeit fehlen soll, nämlich das System des innerstaatlichen Rechts, das im Falle seiner Staatsrechtslehre allererst den Frieden zwischen den Individuen sichern kann. Welche überzeugenden Gründe führt Kant für dieses Abweichen von der Anlage seiner eigenen Argumentation an? Im Text des *2. Definitivartikels* legt Kant drei Argumente vor, die sein Plädoyer für den Friedensbund und gegen die ›Staatenrepublik‹ stützen sollen.

Ein erstes Argument hebt auf einen »Widerspruch« ab, der im Vorschlag einer ›Staatenrepublik‹ (Kant spricht an dieser Stelle selbst vom »Völkerstaat«) enthalten sei: »Darin aber«, so führt er aus, »wäre ein Widerspruch; weil ein jeder Staat das Verhältnis eines Oberen (Gesetzgebenden) zu einem Unteren (Gehorchenden, nämlich das Volk) enthält, viele Völker aber in einem Staate nur ein Volk ausmachen würden, welches (da wir hier das Recht der Völker gegen einander zu erwägen haben, so fern sie so viel verschiedene Staaten ausmachen, und nicht in einem Staat zusammenschmelzen sollen) der Voraussetzung widerspricht«.[41] Die von Kant im Anschluß an diese These zur näheren Begründung angeführte Erläuterung läßt jedoch deutlich werden, daß er nicht einen Selbstwiderspruch im Begriff des »Völkerstaats« aufdekken kann, sondern daß nur ein Widerspruch zwischen der Aufgabe des Völkerrechts, das »Recht der Völker gegen einander« grundzulegen, einerseits und dem Vorschlag des »Völkerstaats« bzw. einer ›Staatenrepublik‹ andererseits bestehen soll. Unter der Voraussetzung, daß eine ›Staatenrepublik‹ tatsächlich alle bisherigen Rechtsbeziehungen zwischen den Staaten, aus denen sie hervorgegangen ist, restlos aufhebt und in innerstaatliches Recht auf Weltebene transformiert, wäre der Einwand Kants gegen eine ›Staatenrepublik‹ oder einen »Völkerstaat« berechtigt. Doch ist diese Voraussetzung nicht zwingend. Sie unterstellt nämlich erstens, daß tatsächlich alle Staaten der Welt dieser ›Staatenrepublik‹ beigetreten sind, nachdem sie sich zuvor in ihrem Innern zu rechtsstaatlichen Republiken reformiert hatten, und zweitens, daß die republikanischen Einzelstaaten so miteinander fusionieren, daß ein neues Weltstaatsbürgerrecht alle überlieferten Rechtsbeziehungen restlos aufhebt und sich an seine Stelle setzt. Der damit entstehende ›Welteinheitsstaat‹ würde in der Tat alle souveränen Freiheitsrechte der überlieferten Einzelstaaten in ihren Außen- und Innenverhältnissen auflösen. Doch ein solcher ›Welteinheitsstaat‹ steht gemäß den von Kant gewählten Ausgangsbedingungen gar nicht zur Debatte; er kann nämlich aus der Analogie zwischen dem »contractus originarius«, wodurch die Menschen als Individuen einen Rechtsstaat bilden, und dem Vertrag zwischen den freien Republiken nicht abgeleitet werden, da er der zentralen Bedingung widerstreitet, die Kant in der Staatsrechtslehre für die Rechtsstaatlichkeit der Einzelrepubli-

41 Ebd. (BA 30 f.).

ken herausgestellt hatte, nämlich die Freiheit ihrer Mitglieder nicht zu beeinträchtigen oder gar zu beseitigen. Aus dieser Bedingung für den einzelnen Rechtsstaat ist gemäß korrekter Analogiebildung für die ›Staatenrepublik‹ zu verlangen, daß auch sie nicht im Widerspruch zu den Freiheits- und Gleichheitsrechten ihrer Mitglieder organisiert ist. Das würde etwa praktisch beinhalten, daß die ›Staatenrepublik‹ nur in den Politikbereichen ein Handlungsmandat erhält, die die einzelnen Staaten für sich jeweils alleine nicht regeln können. Offenbar lehnt Kant Folgerungen aus der staatskonstitutiven Aufgabe und Funktion der Idee eines Vertrags zwischen den Staaten ab, die sich aus dem Analogieargument jedoch so nicht ableiten lassen.

Ein zweiter Einwand gegen den Vorschlag einer ›Staatenrepublik‹ zielt nicht auf die Folgen, sondern auf das Analogieargument selbst. So kann nach Kant »von Staaten, nach dem Völkerrecht, nicht eben das gelten ..., was von Menschen im gesetzlosen Zustande nach dem Naturrecht gilt, aus diesem Zustand herausgehen zu sollen«.[42] Daß sich Kant mit dieser Auskunft in einem Widerspruch zu seiner eigenen vorausgehenden Argumentation begibt, erhellt sich daraus, daß er erst kurz zuvor die Analogie zwischen Staaten und Menschen bemüht hatte, wenn er schrieb: »Völker, als Staaten, können sich in ihrem Naturzustand (d. i. in der Unabhängigkeit von äußeren Gesetzen) schon durch ihr Nebeneinandersein lädieren, und deren jeder, um seiner Sicherheit willen, von dem andern fordern kann und soll, mit ihm in eine, der bürgerlichen ähnliche, Verfassung zu treten, wo jedem sein Recht gesichert werden kann.«[43] Wie begründet Kant den Unterschied, der seiner Meinung nach offenbar zwischen dem kriegerischen (d. i. rechtlosen) Verhältnis der Staaten zueinander einerseits und dem kriegerischen (d. i. rechtlosen) Verhältnis der Menschen zueinander andererseits besteht und der den Grund in sich enthalten soll, weshalb die zuvor gesuchte Analogie nicht weiter verfolgt werden darf? Der für Kant so folgenschwere Unterschied liegt darin begründet, daß die Staaten, jedenfalls die republikanischen Gemeinwesen, »innerlich schon eine rechtliche Verfassung haben«[44], die den menschlichen Individuen als solche in ihrem Innern durchaus fehlt. Entscheidend ist für Kant ferner

42 Ebd., S. 355 (BA 34).
43 Ebd., S. 354 (BA 30).
44 Ebd., S. 355 (BA 34).

der Umstand, daß sich die Menschen im Naturzustand unter Bedingungen der Freiheit noch ohne allgemeine Gesetze vorfinden, die Staaten jedoch neben ihrer rechtlichen Verfassung im Innern auch immer schon Bedingungen »nach dem Völkerrecht« unterstehen, das ihnen unantastbare Souveränität zuspricht; daher kann Kant sagen, daß die Staaten »dem Zwange anderer, sie nach ihren Rechtsbegriffen unter eine erweiterte gesetzliche Verfassung zu bringen, entwachsen sind«.[45] Während den Menschen also kraft Natur Freiheit zukommt, ist »Souveränität« ein Rechtstitel, der den Staaten durch das Völkerrecht zuerkannt ist. Innere Rechtmäßigkeit, zumindest im Falle der republikanische Staaten, und völkerrechtlich approbierte Souveränität unterscheiden die Staaten somit Kant zufolge von den Menschen; daher müsse, so scheint er zu schließen, auch der von beiden durch die Vernunft geforderte Vertragsschluß verschieden ausfallen.

Nun kann nicht bestritten werden, daß es sich bei der von Kant ursprünglich gewählten Analogie um einen Vergleich handelt, dessen Glieder selbst zwar höchst verschiedener Natur sind, die aber unter einer besonderen Rücksicht betrachtet eine Übereinstimmung aufweisen. Worin besteht aber im Falle der zugegebenermaßen an sich selbst betrachtet höchst verschiedenen Größen »Rechtsstaaten« und »Menschen« das Gemeinsame, das eine Analogie gestatten könnte? Es kann nicht in deren Eigenschaften ›an sich selbst betrachtet‹ ausgewiesen werden. Es ist vielmehr darin begründet, daß beide so gedacht werden können, daß sie in der Lage sind, durch einen gemeinsamen Willensakt eine Sphäre neuer Rechtsgeltung zu begründen, auf die sie durch freien Vertragsschluß Rechte übertragen, die ihnen zuvor jeweils nur einzeln und unabhängig von den anderen zukamen. Das auf diesem Weg neu geschaffene Recht ist, so Kant in seiner Staatsrechtslehre, dadurch als legitim ausgezeichnet, daß es die Freiheit seiner Konstituenten weder einschränkt noch zerstört. Was Kant im Falle der Idee des ursprünglichen Vertrags zur Begründung der Republik als möglich und vernunftrechtlich gefordert zugesteht, ist auf den anderen Fall der ›Staatenrepublik‹ oder des »Völkerstaats« analog anzuwenden: Durch den Übertrag von Rechtstiteln wird die den Republiken jeweils einzeln und unabhängig von den anderen zukommende ursprüngliche Freiheit (oder Sou-

45 Ebd., S. 355 f. (BA 34).

veränität) und Rechtsstaatlichkeit nicht zwingend aufgehoben, sondern sie wird, wenn bestimmte Prinzipien beachtet werden, gerade bestätigt und durch das Schaffen neuen Rechts souverän vollzogen. Der so neu entstehende Rechtsbereich der ›Staatenrepublik‹ muß aber, wie das republikanische Staatswesen gegenüber seinen Konstituenten auch, die ursprünglichen Freiheits- und Selbstbestimmungsrechte seiner Mitglieder durch Grundrechte und demokratische Verfahrensregeln, also durch geordnete und gleichberechtigende Mitbestimmungsrechte, sicherstellen. Damit sind der ›Staatenrepublik‹ verfassungsrechtliche Regeln für ihren inneren Aufbau normativ verpflichtend vorgegeben.

Ein drittes Argument in Kants Friedensschrift beleuchtet deutlich sein Schwanken in der Frage der Legitimität der ›Staatenrepublik‹. So plädiert Kant am Ende des 2. *Definitivartikels* erneut zugunsten des föderalen Staatenbundes, doch kennzeichnet er ihn zugleich als ein »negatives Surrogat«, das »an die Stelle der positiven Idee einer Weltrepublik«[46] treten muß, weil die bestehenden Staaten innerhalb der Grenzen des bestehenden Völkerrechts verharren und faktisch nicht bereit sind, in Wahrnehmung ihrer Souveränität ein neues, die *civitas gentium* begründendes Recht zu schaffen. Da die real existierenden Staaten in der politischen Praxis die ›Staatenrepublik‹ (oder den »Völkerstaat«) »aber nach ihrer Idee vom Völkerrecht durchaus nicht wollen, mithin, was in thesi richtig ist, in hypothesi verwerfen«[47], deshalb muß, so argumentiert Kant, statt der »Weltrepublik« zur Sicherung des Friedens (»wenn nicht alles verloren werden soll«[48]) der föderale Bund freier Staaten geschaffen werden. Mit diesem Argument zieht Kant nicht nur seine zuvor gemachten grundsätzlichen Einwände gegen die vernunftrechtliche Plausibilität der ›Staatenrepublik‹ wieder zurück, sondern er verläßt auch die Ebene der Begründung einer Vertragsidee und rekurriert auf Argumente der tatsächlichen Erwartbarkeit von Handlungen. Dieser Begründungsabbruch läßt sein Argument gegen den »Völkerstaat« wenig plausibel erscheinen. Zugleich zeigt sich Kant jedoch auch von einer anderen Seite: Mit seiner Argumentation weist er durchaus der politischen Praxis einen Weg. An ihr wird es nämlich liegen, ob es gelingen kann, ein der Idee nach als vernünftig

46 Ebd., S. 357 (BA 38).
47 Ebd.
48 Ebd.

ausgewiesenes Friedenskonzept schrittweise zu realisieren. Der föderale Friedensbund erweist sich in seiner Sichtweise nun als die Forderung der Vernunft im Blick auf die gegebene Realität der Staaten und ihrer faktischen Neigungen, keine Souveränitätsrechte abgeben zu wollen. Doch werden die Republiken und ihr neu zu begründender Staatenbund von Kant infolge der hier aufgezeigten Möglichkeiten, die Idee einer ›Staatenrepublik‹ aus der Analogie zu der Idee des Rechtsstaats heraus plausibel zu begründen, aufgefordert, an der Herstellung von Verhältnissen zu arbeiten, die immer mehr der vernunftrechtlich geforderten ›Staatenrepublik‹ bzw. »der positiven Idee einer Weltrepublik« entsprechen. An dieser Stelle seiner Schrift münden Kants politische Erwägungen in eine geschichtsphilosophische Perspektive ein, die die Idee eines ursprünglichen Friedensvertrags der Völker als eine verpflichtende Norm kosmopolitischen Handelns eines jeden Staatsvolks erweist.

Was folgt aus diesen Überlegungen zu den Grundaussagen von Kants Friedensschrift? Offensichtlich kann Kant nicht in Anspruch genommen werden, wenn es darum geht, im Blick auf die heute mehr denn je diskutierte Frage einer neuen weltpolitischen Ordnung das Konzept einer ›Weltrepublik‹ bzw. neu zu schaffender kosmopolitischer Strukturen zurückzuweisen. Wir konnten feststellen, daß die von Kant benutzten Argumente gegen den »Völkerstaat« nicht überzeugen und zudem mit den vernunftrechtlichen Prämissen seines eigenen Ansatzes kollidieren. Aus diesen könnten statt dessen Einsichten abgeleitet werden, die in Applikation auf die gegenwärtige Lage der Weltpolitik ohne Zweifel helfen können, Bedingungen zu formulieren, die zur Errichtung neuer kosmopolitischer Strukturen und eines sie tragenden Rechts führen. Ein neues Weltbürgerrecht sollte die rechtlichen Prinzipien, die der »Charta der Vereinten Nationen« zugrunde liegen und die Ausdruck der überlieferten zwischenstaatlichen Rechtsordnung sind, in die Richtung einer republikanischen Weltverfassung mit stärkeren legislativen, exekutiven und judikativen Elementen weiterentwickeln, als sie derzeit den »Vereinten Nationen« und den ihnen zugeordneten Organisationen wie etwa dem »Internationalen Gerichtshof« zur Verfügung stehen.

Martha C. Nussbaum
Kant und stoisches Weltbürgertum

»Da es nun mit der unter den Völkern der Erde einmal durchgängig überhand genommenen (engeren oder weiteren) Gemeinschaft so weit gekommen ist, daß die Rechtsverletzung an einem Platz der Erde an allen gefühlt wird: so ist die Idee eines Weltbürgerrechts keine phantastische und überspannte Vorstellungsart des Rechts, sondern eine notwendige Ergänzung des ungeschriebenen Kodex, sowohl des Staats- als Völkerrechts zum öffentlichen Menschenrechte überhaupt, und so zum ewigen Frieden, zu dem man sich in der kontinuierlichen Annäherung zu befinden nur unter dieser Bedingung schmeicheln darf.«

Kant, *Zum ewigen Frieden*[1]

»Zwei Staatswesen wollen wir uns im Geiste vorstellen: das eine groß und wirklich allgemein, das Götter und Menschen umfaßt, darin nicht auf diesen Winkel achten oder jenen, sondern die Grenzen unseres Staates mit der Sonne ausmessen; das andere, dem uns als Bürger zugeordnet hat die Bedingung der Geburt.«

Seneca, *De otio*[2]

I

In den letzten Jahren ist es unter Philosophen in Mode gekommen, als Alternative zur Aufklärung und ihrer Idee eines auf Vernunft gegründeten politischen Lebens den Blick auf die antiken Griechen zu richten. Unter dem Einfluß Nietzsches haben hervorragende Denker verschiedenster Richtung Unzufrieden-

1 Immanuel Kant, *Zum ewigen Frieden*, zitiert nach der Ausgabe von Wilhelm Weischedel, *Werke in sechs Bänden*, Bd. 6, Darmstadt: Wissenschaftliche Buchgesellschaft 1983, BA 46.

2 Seneca, *De otio*, 3, IV, 1.

heit an einer auf Vernunftgründen beruhenden Politik verspürt. Sie haben geglaubt, wir könnten in der antiken Polis der Griechen ein alternatives Paradigma für unser eigenes politisches Leben finden, eines, das weniger auf Vernunft und mehr auf gemeinsamer Solidarität, weniger auf Prinzipien und mehr auf Zugehörigkeit, weniger auf Fortschrittsoptimismus als auf einer nüchternen Anerkennung menschlicher Endlichkeit und Sterblichkeit basiert. Denker in dieser nietzscheschen Tradition äußern verschiedene Ansichten darüber, welche Griechen sie zu den guten Griechen zählen – da die Ansicht gilt, die Vernunft habe von einem bestimmten Zeitpunkt an die Herrschaft übernommen und dadurch gute Entwicklungen erstickt. Für Nietzsche begannen die schlechten Zeiten mit Euripides. Für Heidegger gar noch früher, nämlich mit dem Tod von Parmenides oder Heraklit, wer auch immer der erste gewesen ist. Nach Bernard Williams[3] entwickelten sich die Dinge bis Platon gar nicht so schlecht, aber dann sei ein rapider Verfall erkennbar. Und für Alasdair MacIntyre[4] halten die guten Zeiten zumindest während der Lebenszeit von Aristoteles und seiner mittelalterlichen Nachfolger an und schlagen erst mit Hume und Kant ins Furchtbare um.

Auch herrscht unter den Denkern dieser Tradition keine Einigkeit über das, was bei den Griechen als gut und bei ihren Nachfolgern in der Aufklärung als schlecht zu gelten habe. Für Nietzsche und für Bernard Williams, der Nietzsche in dieser Gruppe am nächsten steht, bestand das Positive darin, Politik auf die Erkenntnis zu gründen, daß die Welt schrecklich und grundsätzlich unvernünftig beschaffen sei; das Negative bestand in der Annahme, daß sie eine verstehbare rationale Struktur habe. Williams hat in einem an sein Buch[5] anschließenden Aufsatz mehr oder weniger alle westliche politische Philosophie kritisiert, weil sie uns »gute Neuigkeiten« bringe, und er hat die sophoklei-

3 Bernard Williams, *Shame and Necessity*, Berkeley und Los Angeles, University of California Press, 1993.

4 Alasdair MacIntyre, *Der Verlust der Tugend*, Frankfurt/New York: Campus 1987, und *Whose Justice? Which Rationality?*, Notre Dame: Notre Dame University Press 1987.

5 Bernard Williams, »The Ending of Sophocles' ›Trachiniai‹«, in: R. Louden (Hg.), *The Greeks and Us: Essays in Honor of Arthur W. H. Adkins*, Chicago: University of Chicago Press 1996.

sche Tragödie gerühmt, weil sie uns anweist, »über die Schrecken nachzudenken«. Für McIntyre wie auch für Heidegger – und es gibt sicher auch Elemente dieser Position bei Williams – ist das Gute, daß wir in einer gut geordneten Gemeinschaft unsere Aufgaben ohne Reflexion ausführen; das Schlechte, daß jeder politische Akt eine rationale Rechtfertigung haben muß. Für Heidegger wiederum ist es gut, im Grunde passiv auf die Enthüllung des Seins zu warten, und zwar in der Art, wie ein Dichter auf die Stimme der Inspiration wartet oder der Gläubige auf die Stimme Gottes. Schlecht hingegen ist es, daß wir Angelegenheiten in unsere eigenen Hände nehmen, die Politik so gestalten, daß sie unseren eigenen Absichten entspricht. Alle sind sich jedenfalls einig in ihrer Opposition gegen eine hoffnungsvolle, aktive und vernunftorientierte Politik, die auf der Idee der Ehrfurcht vor vernünftiger Menschlichkeit gründet, wo immer wir sie finden.

Es ist nicht meine Absicht, mit diesen Denkern über ihre Interpretation der griechischen Polis zu streiten – doch glaube ich wirklich, daß sie in großem Maße die Wichtigkeit rationaler Rechtfertigung und rationaler Argumente für die Polis und die Tragödie des fünften Jahrhunderts und daher auch die Wechselbezüge zwischen der Polis und ihren Philosophen unterschätzen.[6] Ich sympathisiere in dieser Hinsicht mehr mit der Ansicht von G. E. R. Lloyd, der im Laufe seiner Forschungen scharfsinnig auf die Veränderungen hingewiesen hat, die ein rationaler Stil im politischen Leben für die Entfaltung von Wissenschaft und Philosophie im antiken Griechenland bewirkt hat.[7] Es ist auch nicht meine Absicht, direkt über die Lehren zu streiten, die diese Denker von den Griechen übernommen und ins moderne Leben übertragen haben – obwohl zuweilen deutlich werden wird, wie meine Haltung zu ihnen zu verstehen ist.

Vielmehr ist es meine Absicht in diesem Aufsatz, ein neues Kapitel in der Geschichte des klassischen Erbes zu schreiben, eines, von dem ich denke, daß wir daraus Lehren von unmittelbarem politischen Wert ziehen können. Für all die nietzscheani-

6 Vgl. meinen Aufsatz »Aristotle on Human Nature and the Foundations of Ethics«, in: *World, Mind, and Ethics: Essays on the Ethical Philosophy of Bernard Williams*, hg. von J. E. G. Altham und R. Harrison, Cambridge: Cambridge University Press 1995, S. 86-131.

7 Vgl. vor allem G. E. R. Lloyd, *Magic, Reason, and Experience*, Cambridge: Cambridge University Press 1981.

schen Denker, die ich genannt habe, ist Immanuel Kant wahrscheinlich der Erzfeind.[8] Kant, einflußreicher als irgendein anderer Denker der Aufklärung, verteidigte eine Politik, die auf Vernunft statt auf Patriotismus oder dem Gefühl einer Gruppe basierte, eine Politik, die wahrhaft universal statt auf eine Bevölkerungsgruppe begrenzt war, eine Politik, die aktiv, reformerisch und optimistisch gewesen ist, statt sich in die Schrecken zu versenken oder auf den Ruf des Seins zu warten. Der Kampf zwischen Kantianern und Nietzscheanern ist im heutigen Deutschland dort noch lebendig, wo das kantianische politische Programm von Habermas im Widerstreit mit dem Erbe Heideggers liegt. Der gleiche Kampf wird in der anglo-amerikanischen Welt vorgetragen, da die kantianische Politik von John Rawls zunehmend in Gegensatz gerät zu Formen politisch-kommunitarischer Denkweise, wie sie von Williams, MacIntyre und anderen favorisiert wird. In diesem Jahr gibt es einen besonderen Grund, Kants politisches Erbe zu überdenken, da wir den zweihundertsten Jahrestag des Erscheines der Schrift *Zum ewigen Frieden* feiern, worin er ein ehrgeiziges Programm zur Beherrschung globaler Aggression und der Förderung universeller Anerkennung der Würde des Menschen entwirft. Mein Ziel in diesem Aufsatz wird es sein zu zeigen, was Kant dem klassisch stoischen Kosmopolitismus verdankt. Ich behaupte, daß Kant und über ihn hinaus Seneca, Marc Aurel und Cicero eine Herausforderung präsentieren, die gleichermaßen achtbar und praktikabel ist. Es ist also weit sinnvoller zu versuchen, diese Herausforderung anzunehmen als auf den Ruf des Seins zu warten oder uns in die Schrecken zu versenken, obgleich sicher einige davon bedenkenswert sind.

II

Kants *Ewiger Friede* ist eine profunde Verteidigung weltbürgerlicher Werte. Der Begriff »weltbürgerlich« erscheint häufig in Kants politischen Schriften, häufig in enger Verbindung mit klas-

8 Williams' Angriff auf die »guten Neuigkeiten« teilt seine Energien zwischen Kant und Hegel auf; MacIntyre konzentriert sich auf den britischen Liberalismus, aber seine Attacke richtet sich generell gegen das Ganze der liberalistischen Aufklärung.

sischen Zitaten und Verweisen.[9] Dennoch erwächst seine eigene Version des Weltbürgertums aus der unverkennbaren Tradition des achtzehnten Jahrhunderts; beides, die Tradition und Kants eigene Annäherung an diese, sind durchsetzt von antiken Ideen und besonders vom römischen Stoizismus, wo der Gedanke des *kosmou politês* oder des »Weltbürgertums« seine erste philosophische Ausprägung erfahren hat.[10] Obwohl Kant bezeichnenderweise stoische Gedanken nur kurz und allgemein erörtert, ohne präzise auf Details in den Texten einzugehen, scheint er doch entscheidend geprägt zu sein durch sie oder zumindest später mit der Entwicklung seiner eigenen Vorstellung über weltbürgerliche Humanität ihre tiefe Affinität hierzu entdeckt zu haben. Beispielsweise wissen wir, daß Ciceros *De officiis*, ein zentraler

9 Zu den in den politischen Schriften vorkommenden antiken Autoren gehören Epikur, Lukrez, Virgil, Horaz, Cicero, Seneca, Marc Aurel, Persius. Außer Epikur und Marc Aurel handelt es sich hier um lateinische Autoren, und Kant hat sie offenbar im Original gelesen. Epikur scheint er hauptsächlich durch Lukrez zu kennen, der zu seinen Lieblingsautoren zählte; Marc Aurel erwähnt er, ohne deutlich zu zeigen, daß er seine Texte kennt. Das Wissen über den Stoizismus entnimmt Kant vorwiegend Seneca, Cicero und wahrscheinlich Übersetzungen des Epiktet und Marc Aurel. Bezüglich des Weltbürgertums sind seine wichtigsten Quellen Ciceros *De officiis*, Senecas *Epistulae morales* und, soweit er ihn gelesen hat, Marc Aurel. (Ich nehme bei diesen historischen Fakten gerne Hilfe entgegen – wer mehr über Kants klassische Bildung und die vorhandenen griechischen Übersetzungen zu sagen weiß, möge mir bitte weiterhelfen.)

10 Der Terminus *kosmou politês* stammt offenkundig von den Kynikern: Diogenes der Kyniker, gefragt, woher er komme, antwortete: »Ich bin *kosmopolitês*.« Diogenes meinte anscheinend, daß lokale Zugehörigkeiten weniger wichtig seien als ursprüngliche Anbindungen an Humanität; aber er hat offenbar ein wenig entwickeltes philosophisches Bewußtsein, bestimmt jedoch keinerlei politisches Denken. Sein Leben verlief entschieden *unpolitisch* und dreist gegenüber jeder irdischen Autorität. Dieser Hintergrund der Kyniker ist historisch wichtig für die Stoiker, sowohl für die griechischen als auch für die römischen (vgl. Miriam Griffin, *Les Cyniques et les romains: attraction ou répulsion?*). Jedoch werden wir dies hier unberücksichtigt lassen, da es keine sicheren Hinweise gibt, daß Kant sich mit den Kynikern ernsthaft auseinandergesetzt hat, und weil es die stoischen Vorstellungen und deren entwickeltere Ideen waren, die sein Denken prägten.

Text in der Moralphilosophie jener Epoche, besonders wichtig für Kant wurde, als er die Grundlegung schrieb und spätere ethische/politische Arbeiten. Klaus Reich hat eingehend gezeigt, daß die Argumentation der Grundlegung sich eng an Cicero anlehnt, besonders dort, wo Kant das universelle Gesetz der Natur mit der Idee der Anerkennung der Humanität miteinander verbindet.[11] Auch Seneca war offenbar wichtig in dieser Epoche. Der Einfluß von Marc Aurel dürfte wohl weniger direkt gewesen sein, aber seine Präsenz ist spürbar, besonders in Kants Vorliebe für den Begriff vom »Weltbürger«.[12]

Die Annäherung ist streckenweise interessant wegen der Ähnlichkeiten, die sich zeigen; weit faszinierender jedoch sind tiefgreifende Unterschiede, die das Ziel und die philosophische Substanz betreffen. Wenn wir sehen, wo Kant von verbündeten Denkern im Hinblick auf das doppelte Ziel der Unterdrückung der Aggression und der Förderung der Humanität abweicht, hilft uns das nicht im geringsten, sein politisches Projekt zu verstehen. Deshalb will ich zuerst schematisch die Grundlinien des stoischen Weltbürgertums, wie Kant es wahrgenommen hat, entwikkeln. Dabei werde ich – wie Kant – die Beiträge verschiedener Denker, einschließlich Cicero, Seneca und Marc Aurel, miteinander verbinden, und anschließend das Ausmaß der Affinität Kants zu diesen Gedanken aufzeigen. Schließlich werde ich zwei wichtige Unterschiede zwischen der Kantischen und stoischen Absicht hinsichtlich der Aggresion, des Krieges und des Friedens im Bereich der Teleologie und der Theorie der Leidenschaften herausstellen.

III

Gefragt, woher er käme, antwortete Diogenes der Kyniker: »Ich bin Bürger der Welt.« Damit wollte er wohl deutlich machen, daß er sich nicht durch seine lokale Herkunft und Zugehörigkeit auszeichne, die so wesentlich für das Selbstverständnis eines durchschnittlichen griechischen Mannes war. Er bestand darauf,

11 Klaus Reich, »Kant and Greek Philosophy«, englische Übersetzung in: *Mind* 1939.

12 Vgl. Kant, *Anthropologie in pragmatischer Hinsicht*, in: *Werke*, Bd. VI, S.395-690.

daß er sich in erster Linie durch universelle Ziele und Anliegen bestimme. Diese Anliegen zentrieren sich offenbar um den Wert von Vernunft und den von moralischen Absichten beim Festlegen des eigenen Menschenverständnisses. Klassenzugehörigkeit, Rang, Status, nationale Herkunft und Ortszugehörigkeit, ja sogar das Geschlecht werden bei den Kynikern als zweitrangige und moralisch irrelevante Attribute verstanden. Die erste Art moralischer Zugehörigkeit sollte für einen Bürger die Verbundenheit mit der vernunftgemäßen Humanität sein. Von daher sollten sich vor allem anderen die Zwecke des Handelns ableiten.[13]

Wir wissen relativ wenig darüber, was die Kyniker weiterhin aus diesen Ideen gemacht haben, trotzdem ist es unverkennbar, daß sie einen bedeutenden Einfluß auf das spätere griechisch-römische Denken ausübten. Die Stoiker, die ihrer Leitung folgten, haben die Vorstellung des *kosmopolitês* oder Weltbürgers weiterentwickelt, indem sie sagten, daß jeder von uns in zwei Gemeinschaften lebt – der Gemeinschaft der lokalen Herkunft oder des Ortes der Geburt und der Gemeinschaft der menschlichen Kommunikation sowie ihrer Hoffnungen, wie es in den Worten Senecas heißt: »wahrhaft groß und wahrhaft gemeinschaftlich, in der wir weder nach der einen noch nach der anderen Ecke schauen, sondern die Grenze unserer Nation an der Sonne messen.« Die Stoiker behaupteten, daß diese Grenze die Quelle der fundamentalsten Moral und sozialen Verpflichtung sei. Plutarch etwa bringt das auf den Punkt:

»Die so bewunderte Republik Zenons ist auf das eine Hauptziel hin ausgerichtet, daß alle Bewohner der Welt ihr tägliches Leben nicht um die Stadt oder das Volk organisieren sollen, das abgetrennt ist von anderen durch lokale Schemata des Rechts, sondern wir sollen alle menschlichen Individuen so betrachten, als gehörten sie einem Volk an und als seien sie unsere Mitbürger. Es sollte nur eine Lebensart geben und nur eine Ordnung, gerade so wie eine Herde, die sich gemeinsam ernährt und sich eine gemeinsame Natur und ein gemeinsames Recht teilt.«[14]

Es ist nicht klar, ob die griechischen Stoiker wirklich den Welt-

13 Vgl. M. Griffin, *Les Cyniques et les romains*; Bracht Branham (Hg.)., *The Cynics* (im Erscheinen); Döring, Goulet-Cazé, etc.

14 Plutarch, *Über das Schicksal des Alexander*, zitiert und übersetzt nach *Plutarch's Moralia in fifteen Volumes*, Bd. IV, London/Cambridge, MA: Loeb Classical Library 1962, S. 396 f.

staat als einen ganzen gründen wollten. Zeno stellte sich zwar eine ideale Stadt vor, doch wissen wir kaum etwas über deren institutionelle Struktur.[15] Weit wichtiger ist es, daß die Stoiker eine bestimmte Art des Lebens in einer moralischen und sozialen Welt fordern. Danach sollten wir uns mit der Menschheit als einem Ganzen grundsätzlich tief verbunden fühlen und bei unseren persönlichen und politischen Überlegungen Sorge tragen für das Wohl der gesamten Spezies. Diese Idee ist verwandt mit der Erhaltung lokaler Formen politischer Organisation. Natürlich konnte die direkte politische Seite des Kosmopolitismus in der römischen Welt auf ihre eigene praktische Weise wirksam werden. Cicero, der Panaitios folgte, wendet stoische Prinzipien auf die Behandlung von Angelegenheiten der römischen Republik an. Seneca war Regent des Herrschers unter Nero; Marc Aurel war Herrscher auf der Höhe des römischen Imperiums. Beide verbanden ihre philosophischen Bemühungen eng mit ihren politischen.[16] Auch während der römischen Periode lieferte der Stoizismus Impulse für einige republikanische antiimperialistische Bewegungen, solche wie die Verschwörung des Thrasea Paetus und des Piso unter der Herrschaft des Nero (Seneca ließ sein Leben bei den Verwicklungen in der zuletzt genannten).

Den Stoikern zufolge gründet die menschliche Gemeinschaft im Wert der Vernunft und dem eines jeden menschlichen Wesens. Die Vernunft ist aus der Sicht der Stoiker ein Teil des Göttlichen in jedem von uns. Und jeder einzelne Mensch hat wegen seiner Fähigkeit zur Vernunft und Moral einen unbegrenzten Wert (für die Stoiker ist Vernunft vor allem die Möglichkeit zur rationalen Wahl). Mann oder Frau, Sklave oder Freier, König oder Bauer, alle sind gleich im Hinblick auf ihren moralischen Wert, und der Rang der Vernunft ist, wo immer sie auftritt, zu respektieren. Diese Vernunft macht uns nach Ansicht der Stoiker zu Staatsbürgern. Zeno, so scheint es, sprach schon von rationaler Menschlichkeit als Grundlage einer gemeinsamen Idee des Rechts. Ähnlich behauptet Cicero in *De officiis*, daß jedem Menschen von

15 Vgl. Malcolm Schofield, *The Stoic Ideal of the City*, Cambridge, Cambridge University Press 1991.

16 Vgl. M. Griffin, *Seneca: A Philosopher in Politics*, Oxford: Clarendon Press 1976; vgl. auch ihren Beitrag »Philosophy, Politics, and Politicians in Rome«, in: M. Griffin und J. Barnes (Hg.), *Philosophia Togata*, Oxford: Clarendon Press 1989, S. 1-37.

Natur aus bestimmt sei, das Gute in jedem anderen Menschen zu befördern, weil es menschlich ist: »Wenn dies so ist, stehen wir alle unter ein und demselben Naturgesetz, und wenn eben dies so ist, werden wir sicher durch das Gesetz der Natur gehindert den anderen zu verletzen.«[17] Marc Aurel entwickelt diesen Gedanken weiter:

»Wenn das Geistige uns gemein ist, so ist auch die Vernunft, kraft deren wir vernünftig sind, gemeinsam; gilt dies, so ist auch die Vernunft, die, was zu tun ist und nicht zu tun ist, vorschreibt, gemeinsam; gilt dies, so ist auch das Gesetz gemeinsam; gilt dies, so sind wir Staatsbürger; gilt dies, so haben wir Anteil an einem Staatswesen; gilt dies, so ist die Welt gleichsam ein Stadtstaat.«[18]

Unter dieser Voraussetzung fordern die stoischen Weltbürger, daß wir Probleme als allgemein menschliche, aber in konkreten Situationen betrachten sollen, nicht aber als Probleme, die aus einer nationalen Identität erwachsen, wodurch unsere moralischen Ziele eingeschränkt würden. Der zufällige Ort der Geburt ist eben nichts weiter als ein Zufall; jeder Mensch hätte auch in jeder anderen Nation geboren werden können. Marc Aurel formuliert dies anschaulich, »es macht nichts aus: dort oder hier, wenn man überall wie in einer Stadt in der Welt lebt.«[19] Indem wir dies erkennen, sollten wir Unterschiede der Nationalität, der Klasse oder ethnischen Zugehörigkeit oder sogar die des Geschlechts, als Barriere zwischen uns und unseren Mitmenschen nicht zulassen. Wir sollten Menschlichkeit erkennen, wo immer sie uns begegnet, und wir sollten ihren fundamentalen Inhalten – Vernunft und moralisches Vermögen – unseren Respekt und unser Entgegenkommen zeigen.

17 Cicero, *Von rechten Handeln*, hg. und übersetzt von Karl Büchner, München und Zürich 1987, S. 239. Obwohl Cicero im dritten Buch nahe an die Behauptung herankommt, daß unsere Verpflichtung zur Humanität Vorrang vor allen anderen Obligationen hat, ist er dort weit weniger zuversichtlich als im Ersten Buch und macht weit mehr Zugeständnisse an lokale Anbindungen als andere stoische Denker. Über seine verschiedenen Sichtweisen auf unsere Verpflichtungen vgl. Christopher Gill, *The Four Personae in Cicero's De Officiis*, Oxford: Studies in Ancient Philosophy.

18 Kaiser Marc Aurel, *Wege zu sich selbst*, hg. und übertragen von Willy Theiler, Zürich und München 1984, S. 77.

19 Ebd., S. 239.

Sogar in seiner römischen Ausprägung ist dieser Vorschlag nicht grundsätzlich ein Vorschlag für einen Weltstaat. Der Aspekt ist weit radikaler: wir sollten überhaupt unsere primäre moralische Verbundenheit weder einer bloßen Regierungsform noch einer vorübergehenden Macht zusagen. Wir sollten sie statt dessen jener moralischen Gemeinschaft geben, die aus der Humanität aller Menschen entsteht. Man sollte sich immer so verhalten, daß jedem mit gleichem Respekt die Würde der Vernunft und der moralischen Entscheidung gleichermaßen eingeräumt wird. Dies wird, wie Marc Aurel sagt, sowohl moralische als auch rechtliche Verpflichtungen mit sich bringen.

Die Haltung des Weltbürgers ist auch in strategischer Hinsicht für sein soziales Leben von Bedeutung. Wir sind in der Lage, Probleme leichter zu lösen, wenn wir sie im Sinne von Staatsbürgern betrachten, die sich gegenseitig respektieren. Kein Thema ist bewegender im Stoizismus als der Schaden, der durch Splittergruppen und weitreichende lokale Gegebenheiten im politischen Leben entsteht. Marc Aurel schreibt über dieses Thema mit besonderer Beredsamkeit, wobei er feststellt, daß das römische politische Leben dazu tendiert, von Uneinigkeit und verschiedensten Parteiungen – von der Klassentrennung und der Frage der ethnischen Herkunft bis zur Uneinigkeit bei öffentlichen Spielen und Gladiatorenkämpfen – beherrscht zu werden. (Teil seiner eigenen stoischen Erziehung ist es, so schreibt er, »kein grüner oder blauer Partisan beim Wettkampf zu sein oder von leicht oder schwer bewaffneten Gladiatoren im Zirkus unterstützt zu sein.«) Gemäß dem stoischen Denken gehört es zum Stil des politischen Lebens, diejenige moralisch-rationale Gemeinschaft zugrunde zu legen, die einen vernünftigen Stil politischer Überlegungen und Problemlösungen verspricht, selbst wenn unsere Institutionen noch immer auf nationaler Trennung beruhen.

Weiterhin ist die politische Haltung des Weltbürgers an sich wertvoll: sie schätzt dasjenige im Menschen, was von grundlegender Bedeutung ist: Anerkennung und Würde. Dieser Aspekt mag weniger glänzend sein als einige der auffallenden, aber moralisch irrelevanten Attribute der Tradition, der Identität und der Gruppenzugehörigkeit; selbst dann, wenn er, wie die Stoiker meinen, sowohl tiefgründiger als auch schöner ist.[20] Seneca ist

20 Vgl. auch Cicero, *De officiis*, I, S. 107: Wir sind von Natur aus gleichsam mit zwei Rollen betraut worden, von denen einer universell ist

besonders schlagfertig, wenn er die Schönheit der moralischen Substanz des Humanen jeder einzelnen Person beschreibt, und in seiner quasi-religiösen Ehrfurcht, von der er bei seinen Gedanken über die rationalen und moralischen Ziele des Menschen inspiriert wird. In einer Passage, die Kant stark beeinflußt hat, schreibt er:

»Gott, mit dir ist er, in dir ist er. ... Wenn du findest einen von alten und über die übliche Größe hinausgewachsenen Bäumen bestandenen Hain, den Anblick des Himmels durch den Wuchs einer den anderen verdekkender Zweige verhindernd – diese Erhabenheit des Waldes, das Geheimnisvolle des Ortes und die Verwunderung über den in einer offenen Landschaft so dichten und ununterbrochenen Schatten wird in dir den Glauben an göttliches Walten wecken. ... Wenn du einen Menschen siehst, nicht zu schrecken von Gefahren, unberührt von Begierden, im Unglück glücklich, mitten in stürmischen Zeiten gelassen, ... wird dich nicht Ehrfurcht vor ihm ankommen? ... Lobe an ihm, was weder entrissen werden kann noch gegeben, was Eigentum des Menschen ist. Du fragst, was das sei? Die Seele und die Vernunft, in der Seele zur Reife gekommen. Ein vernunftbegabtes Wesen ist der Mensch: vollendet wird daher sein Vorzug, wenn er das erfüllt hat, wozu er geboren wird.«[21]

Stoiker betonen, daß ein Weltbürger seine lokalen Identifikationen und Verbindungen, die häufig eine Quelle des Reichtums im Leben sein können, nicht aufzugeben braucht. Hirocles, ein Stoiker des ersten Jahrhunderts nach Christus, meint (wobei er eine alte Metapher benutzt, die sich in Ciceros *De officiis* findet), wir sollten uns nicht als losgelöstes Individuum verstehen, sondern umgeben von einer Reihe konzentrischer Kreise. Der erste wird um das Ich gezogen; der nächste schließt die unmittelbare Familie ein; dann folgt die weitere Familie; darauf folgen die Nachbarn oder örtliche Gruppen, die Mitbürger der Stadt, die Einwohner des Landes. Außerhalb dieser Kreise ist der größte Kreis derjenige der Humanität als einer Ganzheit. Unsere Aufgabe als Bürger dieser Welt wird es sein, die »Kreise irgendwie um ein gemeinsames Zentrum zu zeichnen«, wobei wir alle Menschen zu Mitbürgern werden lassen, und so weiter.[22] Im allgemeinen sollten wir

und aus unserer Rationalität entspringt, der andere aber individuell und unseren partikularen Talenten und Fähigkeiten angemessen bleibt.

21 Seneca, *Epistulae moraliae*, Darmstadt 1974, S. 325-327.

22 Zum Hirokles-Fragment vgl. A. A. Long und David Sedley, *The*

niemanden als Fremden betrachten, der sich außerhalb unseres Bereichs der Sorge und Verpflichtung befindet. Cicero entlehnt hier die berühmten Zeilen des Terenz: »Homo sum: humani nihil a me alienum puto« (»Mensch bin ich, nichts Menschliches achte ich mir als fremd«).[23]

Mit anderen Worten, wir mögen dem, was uns nahesteht, unsere besondere Aufmerksamkeit und Bemühung zukommen lassen. Zuerst aber sollten wir daran denken, daß die Kennzeichen der Zuordnung zufällig sind und daß unser grundlegendes Bündnis dem Menschlichen gilt. Dann sollten wir bedenken, daß sogar die besondere Aufmerksamkeit, die wir uns selbst zukommen lassen, nicht durch irgendeine Hierarchie in der näheren Umgebung gerechtfertigt ist, sondern durch die vorrangigen Anforderungen der Humanität. Um dies deutlich zu machen, betrachten wir das Erziehen der Kinder. Die römischen Stoiker widersprechen Platon und seinen griechischen Vorfahren in seiner Ablehnung der Kernfamilie entschieden.[24] Die römischen Stoiker gehen offenbar nicht davon aus, eine gute Erziehung der Kinder durch die Übertragung einer gemeinsamen Sorge aller Eltern für die Kinder zu erreichen. Jeder Elternteil sollte sich intensiv um seine oder ihre Kinder kümmern und nicht versuchen, elterliche Fürsorge noch weiter auszudehnen. Auf der anderen Seite sollte die Fürsorge nicht durch den Gedanken motiviert sein, die eigenen Kinder seien mehr Wert als die fremden, sondern aus dem Bewußtsein, daß die menschliche Gemeinschaft dann am besten geordnet ist, wenn jeder seine Pflicht dort tut, wo er hingehört. So sollte auch nach Ansicht der Stoiker nationales und religiöses Bewußtsein beschaffen sein, und auf diesen Weg könnte es gefördert und unterstützt werden, ohne das vorrangige Ziel der Humanität zu unterminieren. Stoische Weltbürger sind sich bewußt, daß Politik die Menschen trennt und sie ermutigt, andere Gruppen als feindlich und fremd zu betrachten. Deshalb beharren sie auf einem Prozeß des einfühlenden Verständ-

Hellenistic Philosophers, Cambridge 1987, S. 349. Zu Ciceros Verwendung der Kreis-Metapher vgl. *De officiis*, 1, S. 50 ff.

23 Terenz, *Heautontimoroumenos*, paraphrasiert in Cicero, *De officiis*, 1, S. 30. Zu der Komplexität der Sichtweise Ciceros auf unsere verschiedenen Verpflichtungen und Rollen vgl. Gill, *The Four Personae in Cicero's De Officiis*, a.a.O.

24 Vgl. Malcolm Schofield, *The Stoic Idea of the City*, Cambridge 1991.

nisses, in dessen Verlauf wir dahin gelangen sollten, sogar die Menschlichkeit unserer politischen Feinde zu respektieren. Dazu betrachten wir uns als zum gemeinsamen Arbeiten geboren und durch ein gemeinsames Ziel inspiriert. Nach Marc Aurel, der diese Idee besonders weiterentwickelt hat, sollten wir »in den Geist [des anderen] eindringen«, soweit dies möglich ist, und das Handeln des anderen mit Verständnis interpretieren.

Eine vordringliche Aufgabe im Prozeß des zu befördernden Weltdenkens ist die Wahrnehmung der gesamten Menschenwelt als eines einzigen Körpers, an dem die vielen einzelnen die zahlreichen Glieder eines Körpers darstellen. In bezug auf die Tatsache, daß es im Griechischen nur des Wechselns eines Buchstabens bedarf, um aus dem Wort »Glied« (*melos*) das Wort »alleinstehendes Teil« (*meros*) zu machen, schlußfolgert Marc Aurel:

»Wenn du dich aber mittels des Buchstabens r mereos – Teil – nennst, dann liebst du noch nicht von Herzen die Menschen, noch nicht erfreut dich das Wohltun endgültig. Ebenfalls, wenn du es rein als geziemend tust, noch nicht, weil du dir selbst damit Gutes tust.«[25]

Dieses Bild vom Organismus braucht keine Mißachtung der Individualität der Personen und der Wichtigkeit politischer Freiheit mit sich zu bringen: Die Stoiker haben sich sehr intensiv um beides bemüht und haben nie angenommen, Zufriedenheit verschiedener Personen mit einem einzigen System erreichen zu können. Wir sollten jedoch immer darüber nachdenken, in welcher Weise unser Wohl mit dem Wohl der anderen verwoben ist, und natürlich gemeinsame Ziele und Projekte ins Augen fassen.

Tatsächlich liegt für die Stoiker in diesem Gedanken einer der stärksten Antriebe zur Abwehr von Feindseligkeit und Aggression. Wie ich später noch weiter ausführen werde, betrachten Stoiker als ein zentrales Ziel des Weltbürgers die vollkommene Ausrottung des Zornes sowohl in uns selbst als auch in der uns umgebenden Gesellschaft. Aber es ist schwierig sich selbst zu belehren und über Beschimpfungen und Beleidigungen hinwegzusehen, besonders wenn man sich bewußt ist, daß die politische Welt boshaft und unmoralisch ist. Marc Aurel spricht zu sich als einer Person, die sehr anfällig ist für Ressentiments und Indigniertheit. Er gibt sich den folgenden weltbürgerlichen Hinweis:

25 Marc Aurel, *Wege zu sich selbst*, a.a.O., S. 115.

»Am Morgen sich vorsagen: zusammentreffen werde ich mit einem taktlosen, undankbaren, unverträglichen Menschen. ... Insofern ich ... die Natur ... des Schlechten ... mit mir verwandt ist, nicht weil es gleiches Blut und gleichen Samen, sondern gleichen Geist und göttlichen Anteil mit mir gemein hat, kann ich weder von einem dieser Menschen geschädigt werden – denn in Häßliches wird mich keiner verwickeln –, noch kann ich mit dem Verwandten Zürnen oder mich mit ihm verfeinden. Sind wir doch zum Zusammenwirken geboren, wie die Füße, die Hände, die Augenbrauen, die Reihen der oberen und unteren Zähne. Einander entgegenzuhandeln ist also naturwidrig; zum Entgegenhandeln aber gehört, Unwillen zu empfinden und sich abzuwenden.«[26]

Der kosmopolitische Gedanke der Verbundenheit und des gemeinsamen Ziels eröffnet Marc Aurel einen neuen Blick auf seine politischen Feinde. Diese humane Sicht erlaubt es ihm, seine eigene Humanität ihnen gegenüber zu kultivieren und unbeirrt die Ziele des Weltbürgertums weiterzuverfolgen, anstatt zurückzufallen in eine Politik der Splittergruppen, die er ja gerade zu vermeiden sucht. Weil er andere als Mitmenschen betrachtet, die Absichten und Ziele mit ihm teilen, kann er sie als Zwecke und nicht als Hindernisse auf dem Weg seiner Politik achten.

Stoiker sind sich bewußt, daß das Leben des Weltbürgers ebenso wie die Sorge des Kosmopoliten um die Weltkooperation und den Respekt vor der Person den Bürgern nicht leicht zu vermitteln ist, die an lokalen Gruppenloyalitäten mit farbenfrohen Slogans und den psychologischen Versprechungen, die diese suggerieren, festhalten. Das Leben des Weltbürgers ist, wie Diogenes der Zyniker bereits sagte, eine Art Exil – fern der Behaglichkeit der lokalen Wahrheiten, dem warmen Nestgefühl der lokalen Loyalitäten, dem absorbierenden Drama des Stolzes auf sich selbst und seine eigene Gruppe. Besonders in den Schriften des Marc Aurel fühlt man manchmal eine grenzenlose Einsamkeit, als ob das Entfernen von Requisiten der Gewohnheit und lokalen Begrenzungen das Leben jeglicher Art von Wärme und Sicherheit beraubt hätte. Wir wünschen das Leben des Kindes zurück, das seine Eltern liebt und ihnen vertraut, wenn wir später Staatsbürgerschaft auf die gleiche Weise rekonstruieren wollen, wie man eine idealisierte Vorstellung einer Gruppe oder Nation als Surrogat-Eltern findet, die das Denken für die anderen übernehmen.[27] Kosmopolitismus braucht im Gegensatz dazu eine Na-

26 Ebd., S. 41.

27 Zu dieser Frage vgl. die exzellente Diskussion in Hinrich Fink-Eitel,

tion von Erwachsenen, die keine kindliche Abhängigkeiten von omnipotenten Elternfiguren suchen.[28]

Welche Form politische Institutionen auch annehmen mögen, sie sollten auf der reifen Erkenntnis der Gleichheit aufbauen. Cicero, der darin Panaitios folgt, meint, daß dies bestimmte Pflichten der Gastfreundschaft gegenüber Feinden und anderen mit sich bringt.[29] Marc Aurel betont die Pflicht, sich im Hinblick auf politische Weltangelegenheiten zu erziehen und sich aktiv für diese Angelegenheiten zu engagieren, und zwar auf eine Art und Weise, die für alle Weltbürger Sorge trägt. Stoiker verstanden allesamt Kosmopolitismus als etwas, das bestimmte internationale Beschränkungen hinsichtlich des Krieges erfordert – ganz allgemein, den Verzicht auf Aggression und den Ausweg in die Gewalt nur zur Selbstverteidigung, nachdem alle Gespräche nutzlos sein würden.[30] Auch die menschliche Behandlung der Besiegten, einschließlich, sofern möglich, des Zugeständnisses gleicher Bürgerrechte in der eigenen Nation.[31] Überhaupt müßten alle Vergeltungen gegenüber Übeltätern sowohl von einzelnen als auch von Gruppen den Respekt vor der Würde der Menschlichkeit berücksichtigen.[32] Kriege, die durch Gruppenhaß motiviert sind, und Kriege der Auslöschung erfahren eine besonders harte Verurteilung.

»Gemeinschaft als Macht: Zur Kritik des Kommunitarismus«, in: *Gemeinschaft und Gerechtigkeit*, hg. von M. Brumlik und H. Brunkhorst, Frankfurt am Main: Fischer 1993, S. 306-332, besonders S. 315: »Die Gemeinschaftsliebe ist eine notwendigerweise zielgehemmte, libidinöse Beziehung, und darin besteht ... ihre dauerhaft bindende Kraft. Die gehemmte Libido führt ersatzweise zur Regression der frühesten Gefühlsbindung der Identifizierung mit einem idealisierten Elternteil (zumeist dem Vater), dessen bewundertes Vorbild man sich als Ichideal einst narzißtisch zu eigen gemacht hatte.«

28 Vgl. dazu die Diskussion der »Abhängigkeit von Erwachsenen« und deren Verbindung mit Kosmopolitismus in: W. R. D. Fairbairn, *Psychoanalytic Studies of Personality,* London 1951.

29 Vgl. Cicero, *De officiis*, I., S. 34 ff.

30 Ebd, I, S, 34.

31 Ebd., I, S. 35.

32 Ebd., I, S. 89.

IV

Kants Anleihen beim stoischen Weltbürgertum können nicht ausreichend verstanden werden, wenn wir die Diskussion auf die politische Sphäre und seine politischen Schriften beschränken. Aus diesem Grund habe ich, indem ich meine eigene Charakteristik des Stoizismus zugrunde legte, mit dem moralischen Kern der Gedanken über Vernunft und Personalität begonnen. Es ist dies der tiefere Kern, den Kant sich zu eigen macht, nämlich die Idee der Monarchie mit freien, vernünftigen, in ihrer Humanität gleichgestellten Wesen. Jeder von ihnen wird behandelt als Zweck, egal wo in der Welt er lebt. Wie auch im Stoizismus ist diese Idee weniger ein praktisch politischer Vorschlag als ein regulatives Prinzip, das sowohl praktischen als auch politischen Überlegungen zugrunde gelegt werden sollte und das uns im politischen Handeln einschränkt. Diese Idee beherrscht die Grundlegung, und es ist leicht zu sehen, so Reich, wie Kant durch die Verbindung der Begründung des universellen Rechts mit der Begründung der Humanität das Argument aus *De officiis*, Buch III, in eine nicht-teleologische Form umgestaltet. Cicero hatte dort die stoische Idee des Lebens in Übereinstimmung mit der Natur interpretiert, die einen universalen Respekt vor der Humanität mit sich bringt.[33] Auch die zweite Kritik läßt eine grundlegende stoische Idee erkennen. Sie bezieht sich auf die berühmte Formulierung von der Ehrfurcht des Geistes vor dem bestirnten Himmel über uns und dem moralischen Gesetz in uns. Es spiegelt sich darin das Bild aus Senecas Brief 41 wieder, worin von der Göttlichkeit in uns die Rede ist. Ein weiterer wichtiger Bezug zum stoischen Gedanken des Weltbürgertums findet sich in der Anthropologie, wo Kant offensichtlich Marc Aurel folgt, oder zumindest in dessen Geist davon schreibt, daß wir es anderen Menschen schuldig sind, ihre Denkweise zu verstehen, da nur diese Haltung damit im Einklang ist, jemanden selbst als »Weltbürger« zu betrachten.[34] Diese Kernaussagen über Humanität und Weltbürgertum finden sich auch in seinen politischen Schriften, vor allem in der Schrift *Zum ewigen Frieden*.

33 Ebd, III, S. 26 f.

34 Immanuel Kant, *Anthropologie in pragmatischer Hinsicht*, in: *Werke*, a.a.O., Bd. VI, S. 400.

Wie vor ihm Marc Aurel und Cicero betont auch Kant, daß die auf Vernunft gegründete Gemeinschaft aller Menschen mit einer gemeinsamen Beteiligung am Gesetz verbunden ist und wegen unserer rationalen Existenz auch eine gemeinsame Beteiligung an einer vorgestellten politischen Ordnung, einer »Kosmopolis«, die eine Struktur von Verpflichtungen und Ansprüchen enthält und die darauf achtet, ob und wo sich eine konkrete Organisation herausbildet, die sie zu fördern und rechtfertigen bemüht ist. Wenn er sich auf die »Idee eines Weltbürgerrechts«[35] bezieht und behauptet, daß dieses Recht »eine notwendige Ergänzung des ungeschriebenen Kodex, sowohl des Staats- als des Völkerrechts«[36] ist, dann folgt er damit den Analysen von Cicero und Marc Aurel. Ebenso auch dort, wo er sich auf die organische Verbindung aller unserer Handlungen beruft: »Da es mit der unter den Völkern der Erde einmal durchgängig überhand genommenen (engeren und weiteren) Gemeinschaft so weit gekommen ist, daß die Rechtsverhältnisse an einem Platz der Erde an allen gefühlt wird.«[37]

Gehen wir auf die Details in Kants politischen Vorschlägen ein, dann zeigt sich mit Deutlichkeit, was Kant – wie in der Grundlegung – Ciceros *De officiis* verdankt. Kants Darlegung des Verhältnisses zwischen Moralität und Politik im Ersten Zusatz steht im engsten Zusammenhang mit Ciceros Beschreibung der Verknüpfung von Moralität und Zweckmäßigkeit.[38] Beide Denker beharren auf der großen Bedeutung der Gerechtigkeit bei der Führung des politischen Lebens, sie geben gleiche Gründe für ihre Ablehnung, daß Moral abgewogen werden sollte gegen die Nützlichkeit. Auch gibt es enge Parallelen beider Denker hinsichtlich des Rechts der Hospitalität[39] und ihrer hohen Bewertung angemessener moralischer Haltung während eines Krieges und besonders der Gerechtigkeit gegenüber Feinden.[40] Beide betonen die große Bedeutung der Wahrhaftigkeit und der Einhaltung von Versprechen, sogar im Krieg; beide verurteilen Greueltaten und Vernichtungskriege; beide wenden sich entschieden

35 In: Kant, *Werke*, Bd. VI, a.a.O., BA 46.
36 Ebd.
37 Ebd.
38 Vgl. Cicero, *De officiis*,II, S. 83 und III, S. 16 ff.
39 Cicero, II, S. 65, Kant, BA 40 ff.
40 Cicero, I, S. 38 ff. und Kant BA 33 ff.

gegen verräterisches Betragen, auch gegenüber dem Feind. Kant befindet sich auch dort in der Nähe der stoischen Analysen, wo er vom Recht aller Menschen auf »gemeinschaftlichen Besitz der Oberfläche der Erde«[41] spricht und von der Möglichkeit, daß »entfernte Weltteile mit einander friedlich in Verhältnisse kommen, die zuletzt öffentlich gesetzlich werden, und so das menschliche Geschlecht endlich einer weltbürgerlichen Verfassung immer näher bringen können«.

Besonders faszinierend ist die Art, wie Kant sich Ciceros Idee von der Pflicht des Philosophen, der frei für das öffentliche Wohl zu sprechen habe, annähert. Im Zusatz mit dem Titel »Geheimer Artikel zum ewigen Frieden« teilt er seinen Lesern mit, daß die Eindämmung der Aggression eine Bedingung voraussetzt, von der die Regierungen ihr Volk nicht gerne wissen lassen und die daher auch nicht in ihren öffentlichen Dokumenten niedergeschrieben wird. Der »Geheime Artikel« will sagen, daß die gesetzgebende Autorität des Staates bei dieser Arbeit der Mithilfe der Philosophen bedürfen:

»Es scheint aber für die gesetzgebende Autorität eines Staats, dem man natürlicherweise die größte Weisheit beilegen muß, verkleinerlich zu sein, über die Grundsätze seines Verhaltens gegen andere Staaten bei Untertanen (den Philosophen) Belehrung zu suchen; gleichwohl aber sehr ratsam, es zu tun. Also wird der Staat die letztere stillschweigend (also, indem er ein Geheimnis daraus macht) dazu auffordern, welches soviel heißt, als: er wird sie frei und öffentlich über die allgemeine Maximen der Kriegsführung und Friedensstiftung reden lassen (denn das werden sie schon von selbst tun, wenn man es ihnen nur nicht verbietet).«[42]

Es bleiben allerdings einige wichtige Differenzen zwischen den römischen Stoikern und Kant. Zum Beispiel konnten die Stoiker keine Folgerungen anstellen über Folgen der Kolonialpolitik und deren moralische Unannehmbarkeit.[43] Seneca jedenfalls hätte solche Gefühle nicht ausgesprochen, sofern er sie gehabt hätte; und Marc Aurel konzentriert sich darauf, ein bestehendes Reich so weise und gerecht wie möglich zu lenken, statt sich der Frage zu widmen, ob er es nicht besser plündern sollte. Uns interessiert hier vornehmlich die Tatsache, daß Kant ausdrücklich den Kolonialismus als eine unterdrückende und brutale Behandlung der

41 Kant, BA 41 f.
42 Ebd., BA 67 f.
43 Ebd., BA 106 f.

Einwohner ablehnt[44] und ihn nicht Regeln unterwirft. Auf der anderen Seite war es Marc Aurel, der auf dem Sterbebett ganz plausibel betont, daß er sein Reich eher mit politischer Überzeugungskraft und Liebe als mit Furcht regiert: »Kein Reichtum, sei er noch so groß, ist ausreichend, um die Tyrannei abzuschaffen, kein Leibwächter könnte den Herrscher vor der Gefahr beschützen, solange er sich nicht auf das Wohlwollen seiner Untertanen stützen könnte.«[45] Ungeachtet der verschiedenen Lebenswelten der beiden Philosophen können wir behaupten, daß sie das Ziel des Kosmopolitismus auf parallelen Wegen zu erreichen suchten. Jeder von ihnen nahm die Aufgabe des Weltbürgertums so gut er konnte in den Bereich seines Lebens und seiner Arbeit auf.

Also haben beide – die Stoiker und Kant – unbelichtete Stellen, aber nicht immer am selben Fleck. Kants Kosmopolitismus erlaubt es ihm, abzuweichen von den griechischen und sogar den römischen Stoikern im Hinblick auf die Gleichgestelltheit der Person und der Würde der Frauen, während uns besonders Senecas generelle Tendenz schockiert, die Institution der Sklaverei zu akzeptieren, wenn nicht sogar all diejenigen damit verbundenen Praktiken.[46] Beide, Stoiker und Kant, neigen zuweilen dazu, durch den moralischen Imperativ den politischen außer Kraft zu setzen, wobei die Achtung für die Würde zuweilen den Platz einnimmt, der eher der Veränderung der äußeren Umstände des menschlichen Lebens gebührte. Beiden ist der gute Wille der Maßstab auch für Ungleichheiten, die durch diese Umstände auferlegt sind. Aber man darf den Rahmen nicht überdehnen, in dem sowohl die Stoiker als auch Kant für politische Veränderungen unempfindlich sind. Beide halten fest daran, daß es unsere Pflicht ist, die Glückseligkeit anderer zu befördern, und beide gehen davon aus, daß damit produktives Engagement im politischen Leben verbunden ist.

Allgemein können wir sagen, daß Kants Konzept einer Weltpolitik, worin Normen zur Achtung der Humanität die Aggression

44 Ebd., BA 42.

45 »Die Reden des Marc Aurel« zitiert und übersetzt nach *The Communications with himself of Marcus Aurelius Antonius*, London/Cambridge, MA: Loeb Classical Library 1961, S. 356 f.

46 Über die Gleichheit der Frauen im Ideal der stoischen Gemeinschaft vgl. Schofield, *The Stoic Idea of the City*, a.a.O.

eindämmen und wechselseitige Solidarität befördern sollen, eine unmittelbare Übertragung von Ciceros stoischem Ideal auf die praktischen Probleme seiner eigenen Gegenwart darstellt.

V

Aber es gibt zwei tiefe philosophische Unterschiede zwischen Kant und seinen stoischen Vorfahren, die entscheidende Auswirkungen auf den Gedankengang der Schrift *Zum ewigen Frieden* haben. Diese Unterschiede beziehen sich auf die Teleologie und auf die Auffassung der Leidenschaften.

(1) Teleologie. Für die Kantische Moralphilosophie ist es fundamental, und es steht im Zentrum seiner Kritik an den griechischen Moraltheorien, die sein gesamtes Werk durchzieht, daß praktische Begründungen sich nicht aus einem metaphysischen Bild der Natur herleiten lassen. Sie können daher a fortiori nicht angesehen werden als ein Bild von der Natur, das teleologisch von einer wohlwollenden und weisen Gottheit, mit der Absicht des universellen Wohls ersonnen wurde. Das ist es aber, worauf genaugenommen das Bild der stoischen Ethik beruht – obgleich die Bedeutung dieser Idee für die Begründung der Moral bei den stoischen Denkern hervorgehoben worden ist, obwohl dies in unterschiedlichem Grade selbst für die Stoiker von Bedeutung ist.[47]

In Kants politischen Schriften liegen die Dinge vielschichtiger. Obwohl sich die Idee der Providenz von selbst einfügt in eine

47 Julia Annas, *The Morality of Happiness*, New York: Oxford University Press 1993, behauptet, daß die meisten moralischen Schlüsse des Stoizismus logisch unabhängig sind von ihrer Teleologie. Grundsätzlich stimme ich mit ihr überein. Auf der anderen Seite vgl. John Cooper in seiner Überprüfung der Thesen von Annas in: *The Philosophical Review* (1994). Es sollte außerdem festgehalten werden, denke ich, daß die römischen Stoiker möglicherweise weniger überzeugt von der Natur-Teleologie waren als die ursprünglich griechischen. Epiktet kümmert sich wenig wenn überhaupt nicht um eine solche Naturansicht; in seinem Musonius Rufus ... Senecas eigene Sicht der Natur (in seinen *Naturales Quaestiones*) zeigt ein komplexes Verhältnis zur stoischen Sichtweise. Da die römischen Autoren Kant weit mehr als die griechischen beeinflußt haben, ist dieser Unterschied bezeichnend für unsere Absicht.

Art stoische Form, zögert Kant, seine Anhängerschaft zuzugeben. In der Schrift *Über den Gemeinspruch: Das mag in der Theorie richtig sein, taugt aber nicht für die Praxis* macht Kant Gebrauch von der stoischen Bezeichnung der vorsehentlich entworfenen Natur, während er den Fortschritt im internationalen Recht von einem universellen, einem weltbürgerlichen Standpunkt aus betrachtet:

»Fragen wir nun: durch welche Mittel dieser immerwährende Fortschritt zum Besseren dürfte erhalten, und auch wohl beschleunigt werden? so sieht man bald, daß ... von dem, was die menschliche Natur ... oder vielmehr (weil höchste Weisheit zu Vollendung dieses Zwecks erfordert wird) von der Vorsehung allein, ... wir einen Erfolg erwarten [können], der aufs Ganze und von da auf die Teile geht.«[48]

Dieser Appell an die Vorsehung wiederholt sich im ewigen Frieden mit besonders faszinierender Zweideutigkeit in dem Teil, der überschrieben ist mit »Erster Zusatz – Von der Garantie des ewigen Friedens«:

»Das, was diese Gewähr (Garantie) leistet, ist nichts Geringeres, als die große Künstlerin Natur (natura daedala rerum), aus deren mechanischem Laufe sichtbarlich Zweckmäßigkeit hervorleuchtet, durch die Zwietracht der Menschen Eintracht selbst wider ihren Willen emporkommen zu lassen, und darum, gleich als Nötigung einer ihren Wirkungsgesetzen nach uns unbekannten Ursache, Schicksal, bei Erwägung aber ihrer Zweckmäßigkeit im Laufe der Welt, als tiefliegende Weisheit einer höheren, auf den objektiven Endzweck des menschlichen Geschlechts gerichteten, und diesen Weltlauf prädeterminierenden Ursache Vorsehung genannt wird, die wir zwar eigentlich nicht an diesen Kunstanstalten der Natur erkennen, oder auch nur daraus auf sie schließen, sondern (wie in aller Beziehung der Form der Dinge auf Zwecke überhaupt) nur hinzudenken können und müssen, um uns von ihrer Möglichkeit, nach der Analogie menschlicher Kunsthandlungen, einen Begriff zu machen, ... Der Gebrauch des Worts Natur ist auch, wenn es, wie hier, bloß um Theorie (nicht um Religion) zu tun ist, schicklicher für die Schranken der menschlichen Vernunft (als die sich in Ansehung des Vernunftverhältnisses der Wirkungen zu ihren Ursachen, innerhalb den Grenzen möglicher Erfahrung halten muß), und bescheidener, als der Ausdruck einer für uns erkennbaren Vorsehung, mit dem man sich vermessenerweise ikarische Flügel ansetzt, um dem Geheimnis ihrer unergründlichen Absicht näher zu kommen.«[49]

48 Kant, *Über den Gemeinspruch: Das mag in der Theorie richtig sein, taugt aber nicht für die Praxis*, in: *Werke*, Bd. VI, a.a.O., A 279.

49 Kant, *Zum ewigen Frieden*, a.a.O., BA 48 f.

In diesem verwirrenden Artikel (der mit einer noch verwirrenderen und obskuren Fußnote die verschiedenen Arten der Vorsehung auseinanderlegt) stellt Kant zuversichtlich fest, daß der ewige Friede in der Verfaßtheit der Natur angelegt ist. Er folgt darin den Stoikern und gibt dieser Verfaßtheit den Doppelnamen »Schicksal« und »Vorsehung«. Schon hier tritt die Verwirrung auf – denn die lateinischen Sätze, die die Natur charakterisieren, sind aus Lukrez' *De rerum natura* entnommen, einer Arbeit, die Kant besonders liebte, die aber entschieden jede teleologische Absicht aus den Vorgängen der Natur verbannt.[50] Kant fährt nun fort und bestätigt diese Unbestimmtheit, indem er seine Leser daran erinnert, daß wir nicht mit Zuversichtlichkeit von Vorsehung sprechen sollten, denn das bedeutete einen Versuch, die Grenzen der menschlichen Natur zu überschreiten. Mit anderen Worten: Er verwirft die stoische Annahme, die auf einer Begründung des Kosmopolitismus mit sicheren teleologischen Behauptungen beruht.

Im folgenden Artikel geht Kant dann zurück auf das stoische Bild, als habe sich keine genauere Beschreibung ergeben: »Wir [werden] nun diese Gewährleistung näher bestimmen«, sagt er und fährt fort: Die »provisorische Veranstaltung [der Natur] besteht darin ...«[51] Es ist für diesen Klassiker besonders faszinierend, daß Kant die weiteren Ausführungen als Beweis dafür nimmt, daß die befremdliche Beziehung auf Lukrez kein Zufall ist. Kant folgt einerseits der Lukrezschen Ablehnung der nach einer Vorsehung verfaßten Natur, aber Kant betont andererseits an jeder Stelle das genaue Gegenteil. So behauptet Lukrez, daß mehr als die Hälfte der Erde wegen des Klimas unbewohnbar und der Rest wegen der wilden Tiere extrem unfreundlich gegenüber Menschen sei. Kant betont, ohne eine Begründung anzufügen, daß die Natur »für die Menschen in allen Erdgegenden gesorgt hat, daselbst leben zu können.«[52] Lukrez führt an, daß der Krieg als ein Teil der Vorsehung der Natur bewirkt hat, daß die Menschen sich verteilen und »sogar die unfreundlichsten Regio-

50 Über die Möglichkeiten, Lukrez zu lesen und dabei die Kraft seiner anti-religiösen und anti-teleologischen Ideen zu verneinen vgl. Nussbaum, *The Therapy of Desire*, Princeton: Princeton University Press 1994, Kapitel 4.

51 Kant, *Zum ewigen Frieden*, a.a.O., BA 51.

52 Ebd.

nen« bewohnen. Während Lukrez die rechtlichen Verhältnisse daraus hervorgehen läßt, daß Menschen sich in einem vollkommen ungeordneten Universum entschieden haben, sich auf selbstgeschaffene Ordnungen zu verständigen, läßt Kant umgekehrt in seinem nächsten Satz die Rechtsverhältnisse aus dem Hader resultieren, der von der Vorsehung der Natur eingerichtet worden ist.

Es scheint kein Zweifel, daß Kant sich gegen die anti-teleologische Sicht der Natur bei Lukrez sträubt und daß er sich deshalb mit der stoischen Religion der Vorsehung verbündet. Mit Absicht setzt er sich in Opposition zum Epikurischen Atheismus und Materialismus und schlägt sich auf die Seite der Vorsehung der stoischen Religion. Seine Gedanken tragen reichlich Zeichen dieser internen Debatte: beispielsweise in einer seltsamen Fußnote, in der er einen hypothetischen Einwand überlegt, der sich auf die Siedler der arktischen Länder bezieht, die eines Tages kein Treibholz mehr finden werden, und er kommt zu dem Ergebnis, daß die Siedler es durch Tausch erwerben können, indem sie »dafür die Produkte aus dem Tierreich, woran das Meer an den Eisküsten so reich ist, einhandeln«.[53] Dies ist natürlich kein Einwand gegen die Teleologie, wie sie sich bei Lukrez findet, aber es ist genau der von Lukrez hervorgehobene Punkt und genau das, was wir im achtzehnten Jahrhundert als epikureisches Denken erwarten können.[54] Kant scheint sich als enthusiastischer Anhänger der stoischen Ansicht zu verstehen, ungeachtet der Zurückhaltung die seine offizielle Sicht sich auferlegte.[55]

Zwischen Kant und den Stoikern bleiben große Unterschiede bestehen – oder zumindest zwischen Kants Anspruch an die Gesamtheit der menschlichen Wesen und dem, was Stoiker unter weise und klug zu sein verstehen. (Im Hinblick auf die Unklug-

53 Ebd., BA 57.

54 Ist diese Stimme der Epikureer im Text von Kant seine eigene Phantasie oder bezieht er sich auf eine zeitgenössischen Debatte zwischen Epikureern und Stoikern? Jemand mit größeren Kenntnissen über den Kontext im achtzehnten Jahrhundert als ich könnte diese Frage klären.

55 Vgl. auch die anti-epikureische Erklärung in der *Idee zu einer allgemeinen Geschichte* (A 401), wo Kant die Hypothese von Lukrez erwähnt, daß die Weltordnung erzeugt wurde durch die zufällige Abweichung der Atome.

keit ist es schwer, die stoische Sichtweise von derjenigen Kants zu unterscheiden.) Der stoische Weise kennt mit Sicherheit den Plan des Universums in all seinen Gestaltungen, und er weiß, daß alles vorherbestimmt war. Er weiß dies wie Zeus, mit der einzigen Ausnahme, daß ihm das Wissen über die einzelnen künftigen Kontingenzen fehlt. Der Mensch im kantischen Sinn dagegen hofft auf die Vorsehung und stützt seine Begründungen auf diese, doch hält er es für unangemessen, ihre gegenwärtige Wirkung erfassen oder sich gar an das Geheimnis ihrer Absichten annähern zu wollen – wie sehr Kant auch immer zuweilen genau dies zu tun scheint. Vorsehung ist ein »praktisches Postulat«, eine zuversichtlich angenommene praktische Hoffnung.

Wie bedeutsam ist diese Hoffnung für Kants Kosmopolitismus? Offensichtlich ist sie von besonderer Wichtigkeit für unser Thema, weil dasjenige, was Kant in der Hauptsache an der stoischen Version des Kosmopolitismus anzieht, der Versuch ist, den moralischen Kern ihres Standpunktes zu übernehmen, ohne ihn an eine Teleologie zu binden, an die kaum einer von uns noch glauben kann. Hier stimme ich mit Bernard Williams überein[56]: wenn die angenehme Neuigkeit, die Kants Stoizismus uns bringt, untrennbar ist von einer rationalen Absicht, die dem Universum selbst innewohnt, dann sind wir weniger geneigt, sie zu akzeptieren.

Die Hoffnung auf Vorsehung ist ganz klar persönlich wichtig für Kant, und er erwartet, daß Kosmopolitaner fähig sind, diese Haltung mit ihm zu teilen. Daher ist seine sprachliche Annäherung an diese Hoffnung im ewigen Frieden auffälliger als anderswo. Doch glaube ich, daß der moralische Kern der kantischen Argumentation klar von seiner Art des »wishful thinking« zu trennen ist. Auch glaube ich, daß man seinen moralischen Kern zu Recht mit Stoizismus vergleichen kann, ohne auf dessen Teleologie eines weisen Plans eingehen zu müssen. Kant belehrt uns, daß unsere moralischen Handlungen ihren Sinn aus dem gleichen humanitären Wert aller Personen nehmen muß, seien sie nah oder fern, und daß diese moralische Haltung die Politik in eine kosmopolitische Richtung wendet. Wir werden auch belehrt darüber, daß Moralität das Höchste über der Politik sein soll und sie beschränken sowie leiten muß. Indem er sich Cicero

56 Vgl. *The Ending of the Trachiniai* in Williams' Kritik an Hegel.

anschließt, konzentriert sich Kant auf den moralischen Imperativ und dessen Ursprung in der Achtung vor der Humanität. Er fügt dem die Berufung auf die Vorsehung nur als eine Art Rückversicherung für die Ängstlichen hinzu.

Müssen wir Kant folgen in seiner Hinwendung zur Vorsehung als zumindest einem praktischen Postulat, einer vernünftigen Hoffnung, wenn wir entweder Kosmopolitaner werden wollen oder andere davon überzeugen wollen, daß sie sich selbst mit kosmopolitischen Zielen und Vorstellungen zu identifizieren haben? Ich glaube, wir müssen das nicht. Humanität kann immer unsere Achtung erwecken, gleichgültig ob wir denken, das Universum sei im Inneren vollkommen geordnet, oder ob wir mit Lukrez annehmen, daß die Dinge enorm zufällig und unbeabsichtigt sind. Wie auch immer Humanität zustande kommt, mit Absicht oder zufällig, sie ist, was sie ist, und sie erzwingt unsere Hochachtung.[57] In einem bestimmten Sinn liegt die besondere Würde und Freiheit in der Entscheidung, unsere Gemeinschaft als universell und moralisch zu begründen, angesichts der Ungeordnetheit und Feindseligkeit des Universums – dann aber folgen wir nur unserem eigenen Imperativ.

VI

(2) Die Leidenschaften. Wir erreichen jetzt wohl den zentralen Unterschied zwischen Kant und den Stoikern. Für Kant erfordert das Bestreben zum Frieden eine beständige Wachsamkeit gegenüber der menschlichen Aggression, die in Kants Augen als angeboren und unausrottbar in der Natur des Menschen gründet und die als mehr oder weniger roh und unbezähmbar angesehen

57 Hiermit soll dem nicht widersprochen werden, daß der Wechsel von einer vorhergesehenen zu einer evolutionären Perspektive einige moralische Gehalte auf diesem Gebiet ablösen könnte – beispielsweise unser Verständnis und unser Verhältnis zu anderen Tieren und der moralischen Pflicht, die wir ihnen schulden. In dieser Frage schließt sich Kant unreflektiert dem Stoizismus an, indem er die Menschen zur einzigartigen moralischen Bedeutung heraushebt, obwohl er nicht den Anspruch erhebt, die stoischen Gründe dafür zu bemühen. Über diesen Zusammenhang vgl. James Rachels *Created for Animals*, New York 1990.

werden muß. »Der Krieg«, schreibt er, »bedarf keines besonderen Bewegungsgrundes, sondern scheint auf die menschliche Natur gepfropft zu sein«.[58] Wenn wir nur eine einzige Nation betrachten, könnten wir ausschließen, daß die Übel von einer »inneren Bosheit herrührten, die in der menschlichen Natur« gründet, und ihr statt dessen die Unzulänglichkeiten ihrer noch unentwickelten Kultur (ihre Barbarei) vorwerfen. Aber Kant folgert, daß die Tatsache, daß alle Staaten, gleich welchen Entwicklungsstandes, sich schlecht in ihren Beziehungen nach außen verhalten, ein unwiderlegbares Zeugnis ihrer inneren Bosheit gibt. Ebenso behauptet er in der Idee zu einer allgemeinen Geschichte, wenn einer die menschlichen Handlungen betrachtet, sieht er, daß »doch endlich alles im großen aus Torheit, kindischer Eitelkeit, oft auch aus kindischer Bosheit zusammengewebt«[59] ist. Von Augustinischem Christentum und von der Romantik gleichermaßen beeinflußt, mit seiner strikten Trennung von Leidenschaften und Kultur, versteht Kant offenbar über sein gesamtes Schaffen hinweg die Leidenschaften, einschließlich der Aggression, als natürlich und vorkulturell, sie könnten nicht von der menschlichen Natur abgesondert werden.

Für die Stoiker aber ist keine der Leidenschaften in der Natur des Menschen angelegt. Freilich haben körperliche Triebe eine angeborene körperliche Basis. Aber die Leidenschaften selber – Kummer, Angst, Liebe, Haß, Neid, Eifersucht, Wut – erfordern nicht nur Belehrung und Glauben, sondern sind auch für die Stoiker jeweils mit einem bestimmten wertenden Urteil verbunden, also mit einer Zustimmung zu einer bestimmten wertbeladenen Sichtweise auf die Beschaffenheit der Dinge. Die gewöhnliche Charakterisierung dieser wertbeladenen Sichtweisen ist die, daß sie von beachtlicher Wichtigkeit seien, gegenüber dem Leben der eigenen Person, zu den Dingen außerhalb des Ichs, die von der Person nicht beeinflußt werden.[60] All dies beinhaltet eine Art Passivität gegenüber der Natur, eine Form des Lebens, worin einer sich selbst in die Rolle des Gnadenempfängers der Welt setzt, indem er das eigene Wohl von außerhalb der Grenzen seiner Einflußnahme bestimmt sieht. Für einen Stoiker ist ein sol-

58 Kant, *Zum ewigen Frieden*, a.a.O., BA 57.

59 Kant, *Idee zu einer allgemeinen Geschichte*, a.a.O., A 388.

60 Vgl. meine Diskussion in *The Therapy of Desire: Theory and Practice in Hellenistic Ethics*, Princeton: Princeton University Press 1994.

cher Lebensstil irrational, weil er immer zu Instabilitäten und zum Schmerz führt, auch weil er – durch vergeltende Aggression – andere in Notlagen bringen kann. Es steht immer in unserer Macht, der Einwilligung in diese Sicht der Wichtigkeit externer Dinge zu widerstehen, ganz gleich wie überredend sie in unserer Gesellschaft auftreten, und zu beurteilen, daß der eigene Verdienst ausreicht für jemandes Wohlergehen.

Aus dieser Sichtweise ergibt sich die folgende Konsequenz: Leidenschaften wie Wut und Haß, auch Begierde nach Vergeltung existieren nicht, solange es keine törichte Anlehnung an äußere Substanzen und Personen gibt. Die stoische Diagnose besagt, daß Wut nicht aus einem angeborenen Instinkt zur Aggression in der menschlichen Natur entspringt. Sie kennt keinen Grund, einen solchen Instinkt vorauszusetzen, aber reichlich Grund, im frühen Verhalten des Kindes einen solchen zu bezweifeln.[61]

Die Stoiker meinen nicht, daß das Ende der Wut auch das Ende des Krieges bedeuten würde, da sie sich wie Kant vorstellen, einige Kriege seien angemessene Antworten auf die Aggression anderer. Aber sie glauben, wie wir betont haben, daß die Menschen geboren sind zur gegenseitigen Hilfe und gegenseitigen Eintracht und daß die Beseitigung von Wut auch rachsüchtige und destruktive Elemente des Krieges beseitigen würde und dadurch das Gesamtmaß an Konflikten in der Welt beträchtlich herabsetzen würde.

Besonders interessant ist es zu sehen, wie die Stoiker das Ziel der Weltbürgerschaft an das Ziel der Aufklärung über die Affekte anbinden. Kurz gesagt ist es ihre Methode, daß Liebe zur Humanität als solche unsere grundsätzliche affektive Einstellung sein sollte.[62] Hiermit ist nicht Leidenschaft in einem technischen Sinn

61 Diese Schlußfolgerung wird inzwischen weithin akzeptiert in der Entwicklungspsychologie und in der Anthropologie. Vgl. hierzu John Bowlby, *Attachment*, New York: Basic Books 1973; W. R. D. Fairbairn, *Psychological Papers,* Edinburgh 1952; Jean Briggs, *Never in Anger*, Cambridge, MA: Harvard University Press 1980, und andere.

62 Dies ist natürlich auch die göttliche Liebe. Über die Komplexität der stoischen Haltung zur Liebe und ihre Ausrichtung auf das Individuum vgl. Nussbaum, »Eros and the Wise: the Stoic Response to a Cultural Dilemma«, in: *Oxford Studies in Ancient Philosophy* (1995), S. 231-267.

gemeint, wobei Leidenschaft mit Umwälzung und Instabilität verbunden wäre, es bedeutet vielmehr eine verläßliche Motivation, die uns in der Welt leitet und uns Freude bereitet.

Die Leidenschaften aufzuklären bedeutet nicht unmittelbar, sie abzuschaffen, obwohl dies das Ziel ist, das sich die Stoiker letztlich zu eigen machen. Eine andere Art kognitiver Theoretiker der Leidenschaften, etwa ein Aristoteliker, könnte behaupten, daß die Leidenschaften dadurch aufgeklärt würden, daß sie in einigen Fällen immer noch vorhanden wären, dann aber bezogen auf ausgewählte angemessene Objekte – so daß beispielsweise Wut sich selbst manifestiert in Richtung eines ausgewählten Objekts zur ausgewählten Zeit. (Für einen Stoiker ist kein solches Ziel angemessen, aber für Aristoteles ist es rechtens, erbost über bestimmte erlittene körperliche Schädigungen, oder solche von Angehörigen oder Mitbürgern zu sein.) Diese aristotelische Auffassung der Leidenschaften ist in der Geschichte weit verbreitet. (Beispielsweise ist sie die dominierende Sicht der Emotionen der anglo-amerikanischen Common-law-Tradition des Kriminalrechts und ist verantwortlich für Standarddefinitionen von Begriffen wie dem der »reasonable provocation« und der Härte.) Es ist also wichtig festzustellen, daß wir das stoische Ziel der Aufklärung der Leidenschaften ohne den spezifischen Gehalt, den sie mit dieser Notion verbinden, übernehmen können, der eine radikale Abtrennung von einigen Ansätzen, die wir als vernünftig erachten, zu fördern, sogar in einer kosmopolitischen Gemeinschaft.

Im Gegensatz dazu kann Kant das Ziel für die persönliche Aufklärung nicht gleichermaßen hoch ansetzen. Seine der gerade beschriebenen verwandte Version der sozialen Aufklärung muß daher als Unterdrückung von bösen Mächten im Menschen definiert werden und nicht als Bildung. Es ist mehr als merkwürdig, wie mir scheint, daß Kant trotz seiner Vertrautheit mit der stoischen Philosophie, einschließlich ihrer Theorie der Passionen[63], nicht ernsthaft die stoische Sichtweise erwogen hat. Diese Tatsache ist um so merkwürdiger unter der Voraussetzung, daß Spinoza stoische Vorstellungen und deren Bedeutung für die Aufklärung mehr oder weniger verändert hat, statt einen wesentlichen

63 Vgl. die Diskussion des Mitleids in der *Tugendlehre*, die sich ausdrücklich auf die stoische Konzeption bezieht.

Teil von ihnen seinem eigenen System einzuverleiben. Es scheint mir klar, daß Kant die stoisch-spinozistische Theorie der Passionen ohne gravierende Änderungen in seine politische und moralische Sichtweise[64] hätte übernehmen können, denn sie stand ihm weit näher als diejenige, auf der seine Theorie letztlich fußt. Die pessimistische Auffassung vom menschlichen Bösen, die mit der Anerkennung eines angeborenen Bösen verbunden ist, war ihm immer ein Problem. Er mußte sich dagegenstellen, um für seinen charakteristischen politischen Optimismus Raum zu gewinnen, und diesen Optimismus teilt er mit Spinoza und Rousseau. In *Theorie und Praxis* beispielsweise beginnt er den Abschnitt über internationales Recht mit der Frage: »Ist das menschliche Geschlecht im ganzen zu lieben; oder ist es ein Gegenstand, den man mit Unwillen betrachten muß?«[65] Dann erklärt er kurz, daß ein Glaube an das unveränderbare natürliche Böse uns veranlassen könnte, unseren Mitbürgern wie auch uns selbst den Rücken zuzukehren:

»Denn was böse ist und bleibt, vornehmlich das in vorsetzlicher wechselseitiger Verletzung der heiligsten Menschenrechte, das kann man – auch bei der größten Bemühung, Liebe in sich zu erzwingen – doch nicht vermeiden zu hassen: nicht gerade um Menschen Übels zuzufügen, aber doch so wenig wie möglich mit ihnen zu tun zu haben.«[66]

Senecas Gründe gegen die Annahme einer eingeborenen Aggression würden Kant gewichtige Gegenargumente zu seinem eigenen Pessimismus geliefert haben und würden einen Ausblick auf eine Aufklärung eröffnet haben, die der Hoffnung auf Weltbürgertum neue Substanz gegeben hätte.

Angenommen, wir würden die stoische Sicht der Leidenschaften durch diejenige Kants ersetzen und von daher die Möglichkeit der menschlichen Aufklärung erörtern. Wieviel Hoffnung gibt uns die stoische Perspektive im Hinblick auf die Zügelung von Ärger und Aggression in unserer Welt? Nicht viel, solange nicht einige radikale Änderungen in der moralischen Bildung vorgenommen würden, so daß die Menschen sich zunehmend

64 Vgl. hierzu Nancy Sherman, *Kant and Aristotle*, im Erscheinen.
65 Kant, *Über den Gemeinspruch: Das mag in der Theorie richtig sein, taugt aber nicht für die Praxis*, in: *Werke*, Bd. VI, a.a.O., A 271.
66 Ebd.

über Vernunft und Charakter definieren, statt über Ehre, Status, Macht, Gewalt und andere Dinge, die als allgemeine Gelegenheiten gelten, jemanden durch Mißachtung und Schädigung zu begegnen, wozu auch der verlagerte Zorn gehört.

Es muß allerdings zugegeben werden, daß gegenwärtig auch kein Anlaß für einen Triumph des Kosmopolitismus in den Vereinigten Staaten gegeben ist. Amerikaner verhalten sich zunehmend gleichgültig gegenüber den kosmopolitischen Intentionen, und sie gehen mehr und mehr zu einem politischen Stil über, der sich nicht auf die Wahrnehmung der Menschenrechte konzentriert. Sie verhalten sich auch zunehmend feindselig den Intellektuellen gegenüber, was in den Augen von Kant bereits als tödlich für das Projekt der Aufklärung angesehen würde. Könnte nur einer von ihnen – Kant, Cicero oder Marc Aurel – einen Blick auf Amerika werfen, würde er großes Mißfallen an dieser Nation finden: nicht nur die Dominanz von Wut und Aggression, auch die Gleichgültigkeit gegenüber dem Wohlergehen der Welt als ganzem würde ihm Amerika wie ein abgeschnittenes Organ des Weltkörpers erscheinen lassen, gerade so wie Marc Aurel es in seiner beißend-ätzenden Sprache beschreibt.[67]

Aber es ist nicht nur Amerika, wo Kosmopolitismus in größter Gefahr schwebt. Der Zustand in vielen Teilen der Welt gibt Anlaß zum Pessimismus: Wenn zweihundert Jahre nach der Publikation der hoffnungsvollen Schrift von Kant zahlreiche Regionen ethnischen, religiösen und rassistischen Konflikten zum Opfer fallen; wenn teuersten Werte der Gleichheit, Persönlichkeit und der Menschenrechte, die Kant verteidigt hatte, und sogar die Aufklärung selbst aus einigen Winkeln eher als ethnozentrische Überreste des westlichen Imperialismus verspottet werden; wenn wir überhaupt so viel mehr Haß und Aggression um uns herum wahrnehmen als Achtung und Liebe.

Und daher stimmen wir auch hier mit Kant überein: bestimmte

67 Vgl. beispielsweise Marc Aurel, a.a.O., VIII, S. 34: »Wenn du einmal eine abgehauene Hand sahst oder einen Fuß oder einen abgeschnittenen Kopf, der getrennt wo immer von dem übrigen Körper dalag – zu einem solchen macht sich, soweit an ihm liegt, wer das ihm Begegnende nicht will und sich abspaltet, oder wer eine gemeinschaftswidrige Handlung begeht. Da liegst du, wo immer von der naturgemäßen Einigung weggerissen. Denn du warst als ein Teil gewachsen; nun aber hast du dich abgehauen.«

Postulate der praktischen Vernunft und somit auch bestimmte Hoffnungen auf begrenzten und stückweisen Fortschritt – obwohl sie nicht hinreichend getragen sind von dem, was wir beobachten können – sollten nicht aufgegeben werden, da sie notwendig sind für die Vervollkommnung der Humanität, für unser konstruktives Engagement im politischen Leben. Bezüglich dieser Hoffnung schreibt Kant:

»Es mögen nun auch noch so viele Zweifel gegen meine Hoffnungen aus der Geschichte gemacht werden, die, wenn sie beweisend wären, mich bewegen könnten, von einer dem Anschein nach vergeblichen Arbeit abzulassen ...
Diese Hoffnung besserer Zeiten, ohne welche eine ernstliche Begierde, etwas dem allgemeinen Wohl Ersprießliches zu tun, nie das menschliche Herz erwärmt hätte, hat auch jederzeit auf die Bearbeitung der Wohldenkenden Einfluß gehabt.«[68]

Diese Hoffnung gründet in Vernunft und auf sie. Wenn wir uns als Geisteswissenschaftler zur klassischen Antike wenden, um uns deren Reichtum in unsere eigene politische Welt einzubringen, täten wir wohl besser, so denke ich, uns gemäß der stoisch-kantischen Tradition des vorsichtigen rationalen Optimismus zu verhalten, statt im antiken Athen nach einem Paradigma für eine Politik zu suchen, das uns unkompliziert lenkt, wie Bernard Williams sich ausdrückt, um uns in unsere eigenen Schrecken zu vertiefen. Es gibt immer zu viel Schreckliches, und es ist immer leicht, sich ihnen bloß gedanklich zu nähern. Aber, wie Kant und seine stoischen Mentoren wußten, es ist immer auch möglich, mit dem bloßen Anschauen aufzuhören und sich aktiv für das öffentliche Wohl einzusetzen.

Übersetzt von Karin Bergmann und Klaus-Jürgen Grün

68 Kant, *Über den Gemeinspruch: Das mag in der Theorie richtig sein, taugt aber nicht für die Praxis*, a.a.O., A 276 f.

Hans Michael Baumgartner
Dreimal »Ewiger Friede«
Über Struktur und Kontexte der Kantischen Rede vom »ewigen Frieden«

Wenn über Kants Rede vom »ewigen Frieden« gesprochen wird, denkt man zumeist nur an den Kontext der politischen Philosophie. Es fällt aber auf, daß in seinem Werk in verschiedenen Kontexten insgesamt dreimal vom »ewigen Frieden« die Rede ist. So spricht Kant charakteristisch vom »ewigen Frieden« im Hinblick auf die Philosophie selbst, insbesondere auf die durch ihn selbst begründete kritische Philosophie. Er spricht vom »ewigen Frieden«, wie angedeutet, in den entsprechenden geschichts- und rechtsphilosophischen sowie politischen Texten, so in der Schrift *Idee zu einer allgemeinen Geschichte in weltbürgerlicher Absicht* (1784), des weiteren natürlich in der Schrift *Zum ewigen Frieden* (1795) selbst, wobei ich hier ein Rufzeichen an das »Zum« machen möchte, sie heißt nicht: »Vom« ewigen Frieden; speziell äußert er sich auch in *Die Metaphysik der Sitten* (1797), nämlich in den ›Metaphysischen Anfangsgründen der Rechtslehre‹. Schließlich spricht Kant vom »ewigen Frieden« aber auch in der Religionsschrift: *Die Religion innerhalb der Grenzen der bloßen Vernunft* (1793).

Offensichtlich ist das Thema »ewiger Friede« für Kant von Anfang an ein so umfassendes Thema gewesen, daß er selber nur Andeutungen gibt, schließlich aber über das Verhältnis der drei typischen Redeweisen vom »ewigen Frieden« nicht eigens veröffentlicht hat. Die Fragestellung einführender Art lautet demnach zunächst so:

1. Was heißt »ewiger Friede« in der Philosophie?
2. Was heißt »ewiger Friede« im politischen Zusammenhang von Völkerbund, Weltstaat, Weltrepublik oder Föderalismus? Und:
3. Was heißt »ewiger Friede« im Hinblick auf das notwendig geforderte »ethische gemeine Wesen«? Hat dieser »ewige Friede« in den drei verschiedenen Kontexten eine gemeinsame Struktur? Was ist seine philosophische Begründung? Wie wird er hervorgebracht?; und schließlich die Frage: Bedarf es für dessen Hervor-

bringung einer Teleologie der Natur oder nicht? Die Schlußbemerkung wird der speziellen Frage nachgehen, ob nicht der »ewige Frieden«, der in der Religionsschrift gemeint und angezielt ist, das heißt durch ein »ethisches gemeines Wesen« als möglich gedacht werden kann, eine besondere Bedeutung gerade für den politischen »ewigen Frieden« haben könnte. Näherhin: ob nicht erst vermittelst einer auf den Weg zu bringenden universalen Kirche, die sich der Vernunftreligion des guten Lebenswandels verdankt und zunächst hinreichend allgemein sein muß, um den historischen Kirchenglauben durch einen Vernunftglauben ersetzen zu können, auch der Föderalismus der Staaten (der *foedus pacificum*) – weltweit – die nötige Motivation erlangen könnte, nicht bloß einen möglichen Friedensbund unter anderen zu bezeichnen, sondern ein aus dem Wesen des Menschen her begründeter und zu erstrebender Friedensbund zu sein.

1. Was heißt »ewiger Friede« in der Philosophie?

Hinsichtlich des »ewigen Friedens« in der Philosophie hat Kant 1796 die *Verkündigung des nahen Abschlusses eines Traktats zum ewigen Frieden in der Philosophie* vorgelegt, in der er zunächst von den physischen Ursachen der Philosophie im Menschen spricht. Gegenüber der allgemeinen, den Menschen auszeichnenden Eigenschaft des Selbstbewußtseins, das ihn zu einem vernünftigen Tier macht, spricht Kant speziell von einem Hang dieses vernünftigen Tiers, »sich dieses Vermögens zum *Vernünfteln* zu bedienen, nach gerade methodisch, und zwar durch bloße Begriffe zu vernünfteln, d. i. zu *philosophieren*; darauf sich auch polemisch mit seiner Philosophie an anderen zu reiben, d. i. zu *disputieren*, und, weil das nicht leicht ohne Affekt geschieht, zu Gunsten seiner Philosophie zu zanken, zuletzt in Masse gegeneinander (Schule gegen Schule als Heer gegen Heer) vereinigt offenen *Krieg zu führen*; – dieser Hang, [...], oder vielmehr *Drang*, wird als eine von den wohltätigen und weisen Veranstaltungen der Natur angesehen werden müssen, wodurch sie das große Unglück, lebendigen Leibes zu verfaulen von den Menschen abzuwenden sucht« (Bd. III, S. 406).[1]

1 Quellenangaben beziehen sich auf: Immanuel Kant, *Werke in sechs Bänden*, hg. von Wilhelm Weischedel, Wiesbaden: Insel 1958.

Demnach ist die Philosophie und der mit ihr verbundene Streit der Philosophen als ein Instrument der Natur anzusehen, ›nicht lebendigen Leibes zu verfaulen‹, sondern seinem Vernunftcharakter entsprechende Kräfte und Eigenschaften zu entwikkeln. Kant erörtert sodann die Frage, ob denn die Philosophie von daher überhaupt in einem beharrlichen Friedenszustand, mit dem sie dem ersten Anschein nach wohl unvereinbar ist, gedacht werden kann, und bejaht schließlich die Frage nach einer Vereinbarkeit der kritischen Philosophie mit einem Friedenszustand der Philosophie durch eine Argumentation aus der Geschichte der Philosophie selbst, näherhin aus der Geschichte der Vernunft. In den Notizen *über die von der Königl. Akademie der Wissenschaften zu Berlin für das Jahr 1791 ausgesetzte Preisfrage: Welches sind die wirklichen Fortschritte, die die Metaphysik seit Leibnizens und Wolf's Zeiten in Deutschland gemacht hat*, formuliert Kant eine philosophische Geschichte der Philosophie, die selber nicht historisch oder empirisch, sondern rational, das heißt a priori möglich ist; denn obgleich sie Fakta der Vernunft aufstellt, entlehnt sie solche doch nicht von der Geschichtserzählung, sondern zieht sie gleichsam als philosophische Archäologie aus der Natur der menschlichen Vernunft. Der Weg der philosophierenden Vernunft in ihrer Geschichte, deren Skizze Kant an dieser Stelle (Einleitung, Erste Handschrift, Bd. III, S. 592-595) im Blick auf die Fortschritte der Metaphysik entwirft, verläuft über die aus der *Kritik der reinen Vernunft* bekannten drei Schritte: Dogmatismus, Skeptizismus und schließlich Kritizismus. Die ersten Schritte in der Metaphysik sind dogmatisch. Der Grund hierfür liegt in einem übermäßigen Vertrauen der Vernunft zu sich selbst, nachdem es ihr in der Mathematik gelungen war, die Gegenstände derselben a priori zu erkennen, nämlich durch eine apriorische Darstellung in der Anschauung. Davon geleitet schloß man, so Kant, auf die Möglichkeit derselben apriorischen Philosophie.

»Dieser Hang der Dogmatiker von noch älterer Zeit, als der des Plato und Aristoteles, selbst die eines Leibniz und Wolff mit eingeschlossen, ist, wenn gleich nicht der rechte, doch der natürlichste nach dem Zweck der Vernunft und der scheinbaren Überredung, daß alles, was die Vernunft nach der Analogie ihres Verfahrens, womit es ihr gelang [Mathematik], vornimmt, ihr [der Metaphysik] eben sowohl gelingen müsse« (Bd. III, S. 593).

Der zweite Schritt in der Metaphysik, der fast ebenso alt sein muß wie der erste, war der des Skeptizismus. Er stellt sich in bezug auf den Dogmatismus als ein Rückgang dar.

»Dieser, alle ferneren Anschläge vernichtende Rückgang gründete sich auf das gänzliche *Mißlingen* aller Versuche in der Metaphysik« (ebd.).

Die *Kritik der reinen Vernunft* ist schließlich für Kant der dritte und neueste Schritt in der Vernunftgeschichte, und zwar in Ansehung ihres Vermögens, die menschliche Erkenntnis überhaupt, sei es in Ansehung des Sinnlichen oder aber des Übersinnlichen, a priori zu erweitern. Die Selbstkritik der Vernunft erscheint so in theoretischer Hinsicht als das Mittel, zu einem dauernden Friedenszustand zu gelangen:

»Durch eine Kritik ihres Vermögens selbst aber würde sie in einem beharrlichen Zustand, nicht allein des Äußern, sondern auch des Innern, fernerhin weder einer Vermehrung noch Verminderung bedürftig, oder auch nur fähig zu sein, versetzt werden« (Bd. III, S. 595).

In diesen Zusammenhang gehört die vielfach wiederkehrende juristische Terminologie Kants in der *Kritik der reinen Vernunft*, vor allem das Bild der Vernunft als Gerichtshof. In der ›Methodenlehre‹, 2. Abschnitt: ›Die Disziplin der reinen Vernunft in Ansehung ihres polemischen Gebrauchs‹ heißt es:

»Man kann die Kritik der reinen Vernunft als den wahren Gerichtshof für alle Streitigkeiten derselben ansehen; denn sie ist in die letzteren, als welche auf Objekte unmittelbar gehen, nicht mit verwickelt, sondern ist dazu gesetzt, die Rechtsame der Vernunft überhaupt nach den Grundsätzen ihrer ersten Institution zu bestimmen und zu beurteilen. Ohne dieselbe ist die Vernunft gleichsam im Stande der Natur, und kann ihre Behauptungen und Ansprüche nicht anders geltend machen, oder sichern, als durch *Krieg*. Die Kritik dagegen, welche alle Entscheidungen aus den Grundregeln ihrer eigenen Einsetzung hernimmt, deren Ansehen keiner bezweifeln kann, verschafft uns die Ruhe eines gesetzlichen Zustandes, in welchem wir unsere Streitigkeiten nicht anders führen sollen, als durch *Prozeß*. Was die Händel in dem ersten Zustande [der aus der Natur herstammt] endigt, ist ein Sieg, dessen sich beide Teile rühmen, auf den mehrenteils ein nur unsicherer Friede folgt, den die Obrigkeit stiftet, welche sich ins Mittel legt, im zweiten [Zustand] aber die *Sentenz*, die, weil sie hier die Quelle der Streitigkeiten selbst trifft, einen *ewigen Frieden* [kursiviert vom Verf.] gewähren muß. Auch nötigen die endlosen Streitigkeiten einer bloß dogmatischen Vernunft, endlich in irgend einer Kritik dieser Vernunft selbst, und in einer Gesetzgebung, die sich auf sie gründet, Ruhe zu suchen«;

es folgt hier der bezeichnende Hinweis:

»so wie Hobbes behauptet: der Stand der Natur sei ein Stand des Unrechts und der Gewalttätigkeit, und man müsse ihn notwendig verlassen, um sich dem gesetzlichen Zwange zu unterwerfen, der allein unsere Freiheit dahin einschränkt, daß sie mit jedes anderen Freiheit und eben dadurch mit dem gemeinen Besten zusammen bestehen könne« (*Kritik der reinen Vernunft*, B 779 f.; Bd. II, S. 639 f.)

Es ist hier festzuhalten, daß die Metaphysik bzw. das Symbol des »ewigen Friedens« auch – und hier primär im Philosophieren – in einem Verhältnis des Naturzustandes, der durch Vernunft zu bewältigen ist, in Richtung auf eine gesetzmäßige Bestimmung der menschlichen Freiheit angesiedelt wird. Nicht zu Krieg, sondern zu Prozeß und Sentenz führt die (Selbst-) Kritik der Vernunft, und darin besteht der »ewige Friede«. Das heißt, ein »ewiger Friede« ist nicht mit dem Friedhofsfrieden zu verwechseln, auf den Kant in der Schrift *Zum ewigen Frieden* anspielt und sich in einer »clausula salvatoria« gegen ein solches (Miß-) Verständnis verwahrt wissen will; sondern er ist ein – wenn man sich so ausdrücken will – streitbarer Friede, der im einzelnen gar nicht friedvoll ist, aber Friede bedeutet. Dieser Friede trägt zur Lebendigkeit bei und gibt der Freiheit des Menschen auch im Denken den nötigen Hintergrund. Diese Momente kehren, so wird sich zeigen, in allen anderen Verwendungen des Ausdrucks »ewiger Friede« wieder.

2. Was heißt »ewiger Friede« im politischen Zusammenhang von Völkerbund, Weltstaat, Weltrepublik oder Föderalismus?

Auf die zugrundeliegenden Schriften in diesem Zusammenhang war eingangs hingewiesen worden. Die Schrift *Zum ewigen Frieden* selbst führt, nach insgesamt sechs Präliminarartikeln drei Definitivartikel aus: 1. Die bürgerliche Verfassung in jedem Staate soll republikanisch sein (Bd. VI, S. 204); 2. Das Völkerrecht soll auf einen *Föderalism* freier Staaten gegründet sein (Bd. VI, S. 208); 3. Das *Weltbürgerrecht* soll auf Bedingungen der allgemeinen *Hospitalität* eingeschränkt sein (Bd. VI, S. 219). Die Artikel sind systematisch aufgebaut und schreiten vom Frieden in einem republikanischen Staatswesen über den Völkerfrieden zu einem kosmopolitischen Frieden durch das Weltbürgerrecht der Hospitalität fort. Von Interesse für unseren Gesamtkontext ist, daß auch hier der Friedenszustand im Gegenzug zu einem naturhaften, naturwüchsigen Zustand, in dem Willkür gegen Willkür auftritt, gesehen wird, der durch Reflexion zu einem gesetzmäßigen Zustand gebracht werden muß. Kant ist hier gegenüber Th. Hobbes sehr viel weniger voraussetzungsreich, er braucht dazu keine umfassende Anthropologie, etwa eine mechanistische Anthropologie, sondern er braucht nur zwei Elemente, auf die hier aufmerksam gemacht werden soll. Das eine Element ist der Sachverhalt, daß Menschen, wenn sie geboren werden, ein Stück Erde in Besitz nehmen bzw. auf sie fallen, das heißt Raum verdrängen. Das zweite Element besteht darin, daß diese Raumverdrängung in bezug auf andere natürlich aggressiv ist und daß die einzelnen Wesen, sofern sie denn dann schon ihre eigene Freiheit als Willkür benutzen können, diese Willkür im Hinblick auf andere auch ausüben. Das zweite Element ist also das der Willkür, wobei Kant betont, daß es nicht darauf ankommt, was jeder im einzelnen will, sondern daß es nur darauf ankommt, daß er gegenüber anderen überhaupt will und seinen Willen durchzusetzen versucht. Aus beiden Elementen konstruiert Kant nun durch die Vernunft die eine und grundlegende Idee der Gesetzmäßigkeit. Sie ist das Prinzip eines gesetzmäßigen Zustands, der die Form der Willkür betrifft, so daß die Willkür jedes einzelnen mit der eines jeden anderen nach einem gemeinsamen Gesetz zusammen bestehen kann, weil nur so das Problem der (wechselseitigen) räumlichen Behinderung bei knappen Ressourcen, das heißt der Raumnot der Erde, bewältigt werden kann.

Als ein wesentliches Strukturmoment der Kantischen Lehre ist im folgenden für einen Friedenszustand zu berücksichtigen, daß dafür auch eine Art Garantie gefunden werden muß, so daß dieser nicht etwa als bloße Idee einer gesetzgebenden Vernunft aufzufassen sei. Die Gewähr dafür muß in einer Verfassung der Natur gesucht werden, die in gewissem Sinne als teleologisch beurteilt werden darf. Kant fällt dabei nicht, wie manche der Interpreten sagen, wieder in eine dogmatische Naturphilosophie zurück, sondern liefert ein Theorie der Urteilskraft, der Beurteilung der Natur als einer auf den Menschen hin orientierten Größe, in der der Mensch als letzter Zweck der Natur und (weil moralisches Wesen) als Endzweck auftritt. Diese in der *Kritik der Urteilskraft* ausgeführte Theorie ist hier von Bedeutung: in ihrer Konsequenz liegt, daß die Natur selber eine weise Veranstaltung im Hinblick auf das Auftreten der Vernunft sowie für ihre Entwicklung zu einer Ordnung der gesetzmäßigen Freiheit getroffen hat und trifft. Dies nennt Kant eine Art von Vorsehung. Hierzu muß man sich nur den achten Satz aus der Schrift *Idee zu einer allgemeinen Geschichte in weltbürgerlicher Absicht* in Erinnerung rufen:

»Man kann die Geschichte der Menschgattung im Großen als die Vollziehung eines verborgenen Plans der Natur ansehen um eine innerlich und, zu diesem Zwecke, auch äußerlich vollkommene Staatsverfassung zu Stande zu bringen, als den einzigen Zustand, in welchem sie [die Natur] alle ihre Anlagen in der Menschheit völlig entwickeln kann« (Bd. VI, S. 45 im Original gesperrt).

Die Entwicklung und vollständige Ausfaltung der menschlichen Naturanlagen, was hier sozusagen als Rahmenbegriff fungiert, ist nur durch ein republikanisches Staatswesen möglich. Und dieses Staatswesen wiederum ist nur möglich in einer Gemeinschaft von der Art eines republikanischen Staatenvölkerbundes. Hierbei muß man darauf aufmerksam machen, daß Kant den Staatenbund 1784 – im Vergleich zu später, 1793 bzw. 1795 – noch mehr im Sinne einer Weltrepublik, als einen gleichsam sich erweiternden gesetzmäßigen Zusammenhang von Staaten denkt, der zugleich exekutive Gewalt haben soll. Dieser Gedanke wird später mit den Argumenten, die Herr Lutz-Bachmann in seinem Beitrag schon angedeutet hat, revoziert. Demnach ist der Aufbau der Schrift *Zum ewigen Frieden*, schon in der Schrift *Idee zu einer allgemeinen Geschichte in weltbürgerlicher Absicht* präformiert, als eine systematische Erweiterung erkennbar: (1) von einem Staatswesen, das republikanisch verfaßt sein muß, damit die Freiheit der Willkür unter Gesetzen möglich ist, (2) zu einem Staatensystem, das diesen einzelnen republikanischen Staat nach außen schützt und nach innen in seiner freiheitlichen Selbstentfaltung fördert, das heißt nicht behindert, und schließlich (3) zu dem dadurch möglichen Frieden der Menschen, die frei sind, das ihnen Eigentümliche, soweit sie dazu veranlagt sind, und damit an ihrer Stelle die Menschheit im Ganzen in der Entwicklung all ihrer Anlagen zu befördern. Im ersten Zusatz (der 2. Auflage) unter dem Titel ›Von der Garantie des ewigen Friedens‹ verweist Kant ausdrücklich auf »die große Künstlerin *Natur*« (Bd. VI, S. 227).

3. Was heißt »ewiger Friede« im Hinblick auf das notwendig geforderte ethische allgemeine Wesen?

Der »ewige Friede« in Zusammenhang mit der Religionsschrift betrifft die »Philosophische Vorstellung des Sieges des guten Prinzips über das Böse unter Gründung eines Reichs Gottes auf Erden« (Bd. IV, S. 753), so der Titel des dritten Stücks, erste Abteilung, der *Religionsschrift*. Das Grundproblem besteht in der Frage, wie denn ein solcher Sieg des guten Prinzips überhaupt möglich sei, da sich die Menschen, selbst wenn sie alle als einzelne moralisch sind, einfach dadurch, daß sie da sind, gegenseitig auch als sittliche Wesen ständig in ihrer Moralität hindern und in Frage stellen. Es handelt sich dabei ersichtlich um ein völlig analoges Argument wie bei der Staatsrechtsbegründung.

»Der Neid, die Herrschsucht, die Habsucht und die damit verbundenen feindseligen Neigungen bestürmen alsbald seine an sich genügsame Natur, *wenn er unter Menschen ist*, und es ist nicht einmal nötig, daß diese schon als im Bösen versunken und als verleitende Beispiele vorausgesetzt werden; es ist genug, daß sie da sind, daß sie ihn umgeben, und daß sie Menschen sind, um einander wechselseitig in ihrer moralischen Anlage zu verderben, und sich einander böse zu machen« (Bd. IV, S. 751 f.).

Das Mittel, um dies zu verhindern, besteht in einem ethisch bürgerlichen bzw. ethisch gemeinen Wesen, in Abgrenzung zu einem juridisch gemeinen Wesen. Diesem ethischen gemeinen Wesen wird wiederum ein ethischer Naturzustand vorausgedacht, der nur durch ein Gemeinwesen unter öffentlichen Gesetzen überwunden werden kann. Da es sich um ein ethisches gemeines Wesen handelt, dürfen diese Gesetze keine Zwangsgesetze, sondern müssen vielmehr Tugendgesetze sein. In diesem Zusammenhang wird für Kant die Existenz Gottes eine notwendige Voraussetzung einer solchen zu errichtenden universalen Kirche. Von Bedeutung für das Thema ist, daß hier wiederum der Struktur nach dasselbe beigebracht wird wie in den anderen beiden Kontexten: daß es einen Naturzustand gibt, der zu verändern ist, aus dem die

Menschen herausgehen, um ihre Willkür unter Gesetzen zu vereinbaren. Dies folgt wiederum nach Maßgabe der bestimmenden Urteilskraft einerseits und der reflektierenden andererseits; die reflektierende fügt gemäß der Teleologie der Natur noch hinzu, daß es eine gute Aussicht darauf gibt, eine Gewähr, eine Art Vorsehung, daß dies Unternehmen auch gelingen wird. Die Textpassage, in deren Zusammenhang sich in der Religionsschrift der Ausdruck »ewiger Friede« findet, lautet:

»Man kann aber mit Grunde sagen, ›daß das Reich Gottes zu uns gekommen sei‹, wenn auch nur das Prinzip des allmählichen Überganges des Kirchenglaubens zur allgemeinen Vernunftreligion, und so zu einem (göttlichen) ethischen Staat auf Erden, allgemein, und irgendwo auch *öffentlich* Wurzeln gefaßt hat: obgleich die wirkliche Errichtung desselben noch in unendlicher Weite von uns entfernt liegt. Denn, weil dieses Prinzip den Grund einer kontinuierlichen Annäherung zu dieser Vollkommenheit enthält, so liegt in ihm als in einem sich entwickelnden, und in der Folge wiederum besamenden Keime das Ganze (unsichtbarer Weise), welches dereinst die Welt erleuchten und beherrschen soll. Das Wahre und Gute aber [...] ermangelt nicht, wenn es einmal öffentlich geworden [...], sich durchgängig mitzuteilen. Die Hemmung durch politische bürgerliche Ursachen, die seiner Ausbreitung von Zeit zu Zeit zustoßen mögen, dienen eher dazu, die Vereinigung der Gemüter zum Guten [...] noch desto inniglicher zu machen« (Bd. IV, S. 186 f.).

Und jetzt der entscheidende, diesen Passus beschließende Satz:

»Das ist also die, menschlichen Augen unbemerkte, aber beständig fortgehende Bearbeitung des guten Prinzips, sich im menschlichen Geschlecht, als einem gemeinen Wesen nach Tugendgesetzen, eine Macht und ein Reich zu errichten, welches den Sieg über das Böse behauptet, und unter seiner Herrschaft der Welt einen *ewigen Frieden* [kursiviert vom Verf.] zusichert« (Bd. IV, S. 788).

4. Schlußbemerkung

Es ließ sich in allen drei an der Oberfläche zunächst wesentlich voneinander verschiedenen Kontexten der Kantischen Rede vom »ewigen Frieden« immer dieselbe Begründungsfigur und Struktur finden: eine rationale Begründung der Notwendigkeit eines solchen Friedens sowie eine durch Teleologie (der Natur) gegründete Aussicht auf seine letztlich gelingende Realisierung.

Die Strukturmomente lauten, wie dargelegt: Naturzustand einerseits und Status unter öffentlichen Gesetzen andererseits: seien es Zwangsgesetze (juridisch-bürgerlicher) oder Tugendgesetze (ethisch-bürgerlicher Zustand). In den drei skizzierten Perspektiven handelt es sich um den Status eines republikanischen Rechtsstaates (noch nicht des Völkerbundes), den Status eines ethischen gemeinen Wesens und in der Philosophie schließlich um den Status einer streitbaren Gelehrtenrepublik unter dem Gesetz der Vernunft selbst. Kant begründet seine Friedenslehre demnach durchgängig rechtsphilosophisch. Dies ist das erste Strukturmoment. Das zweite Moment im Blick auf den Naturzustand besteht darin, daß eine in der Kritik der Urteilskraft begründete teleologische Betrachtung der Natur es uns sinnvoll erscheinen läßt, Zutrauen zu unserer Vernunftkonstruktion eines gemeinsamen Rechtes, eines gemeinen Wesens, sei es Staat oder Kirche, zu haben.

Zusammengefaßt lassen sich noch einmal folgende Gesichtspunkte hervorheben. Die Begründung geschieht in der praktischen Philosophie in einer Selbstreflexion der Vernunft: als Antwort auf die Problemfrage, wie und unter welchen Bedingungen freie Willkür miteinander zusammen existieren kann angesichts einer Situation des Mangels an Raum und angesichts der Tatsache, daß der Mensch – nach seiner Minimaldefinition – seine Willkür durchsetzen will gegenüber allem, was ihm in den Weg tritt. Darüber hinaus wird eine Reflexion auf die mögliche Gewähr, bis hin zur Verwendung des Ausdrucks Schicksal bzw. unter religiöser Perspektive: des Begriffs Vorsehung, geltend gemacht. Diese Teleologie der Natur ist zum einen die Teleologie der Natur der Vernunft im Blick auf die transzendentale Idee der Zweckmäßigkeit, zum anderen die Teleologie der Natur gemäß dem allem konkreten Antagonismus vorhergehenden Prinzip der »geselligen Ungeselligkeit« und drittens die Teleologie der Natur der Leidenschaften der Menschen und der Hang zum Bösen, der die Menschen einfach dadurch, daß sie nebeneinander leben, selbst wenn sie für sich selber genügsam und moralisch sind, im Hinblick auf die Realisierung des Guten inhibiert.

Abschließend sei eine Vermutung geäußert, sie sich auf die Bestimmung des Völkerbundes in der Rechtsphilosophie und in der Schrift *Zum ewigen Frieden* bezieht, wonach der Völkerbund eben nur ein Friedensbund, ein *foedus pacificum*, nicht aber ein

Weltstaat, eine Weltrepublik sein kann. Nimmt man an, Kant hätte recht, daß ein Weltstaat nicht sinnvoll ist, entweder weil er die Interessen und die Freiheit der einzelnen Staaten und in ihnen nicht zureichend sichern kann oder weil er – noch grundsätzlicher – das Prinzip der Rechtsstaatlichkeit der einzelnen Staaten verletzen würde: dann könnte das Problem eines machtlosen, nicht mit exekutiver Gewalt ausgestatteten Völkerbundes von Kant her – obgleich er selber dies nicht ausgeführt hat – folgendermaßen gedacht werden: daß die fortschreitende, über die Staaten hinausgreifende weltweite Ausbreitung eines ethischen gemeinen Wesens, das heißt einer religiösen, auf einer Vernunftreligion der Sittlichkeit des guten Lebenswandels gegründeten Gemeinschaft, einer allgemeinen Kirche (als eines Volkes Gottes auf Erden) eine wesentliche Voraussetzung dafür sein könnte, daß der Völkerbund dasjenige, was er als exekutiver Weltstaat nicht verwirklichen kann, als nicht-exekutiver Friedensbund zu realisieren vermöchte: den Zustand eines ewigen Friedens in der Welt. Welchen Ort der ewige Friede in der Philosophie dabei einnimmt, bleibt bei Kant allerdings offen.

James Bohman
Die Öffentlichkeit des Weltbürgers: Über Kants »negatives Surrogat«

Im *Ewigen Frieden* vertritt Kant klar die Auffassung, daß eine weltbürgerliche Ordnung zwischen den Völkern ein erreichbares Ziel ist; die Rechtfertigung dieser Forderung fällt jedoch überraschend indirekt und bescheiden aus. Wenn ein Staat nach reinen Rechtsprinzipien eingerichtet ist, werde er schließlich, so Kant, auch im Verhältnis »mit andern benachbarten oder auch entfernten Staaten zu einer (einem allgemeinen Staat analogischen) gesetzlichen Ausgleichung ihrer Streitigkeiten«[1] tendieren. Gleichzeitig räumt Kant ein, daß verschiedene empirische Bedingungen dem Erreichen dieses Ideals des Friedens auf globaler und internationaler Ebene entgegenwirken. Diese sozialen und historischen Tatsachen umfassen die gesamte Spannweite jener globalen Verhältnisse, welche die notwendigen Bedingungen einer republikanischen Verfassung untergraben: die natürliche Uneinigkeit zwischen Völkern, die von beharrlichen sprachlichen, kulturellen und religiösen Differenzen herrührt; die Tendenz der »zivilisierten« Völker, unzivilisierte Völker in »moralisch verwerflicher« Weise zu behandeln, und schließlich der bloße Mangel an Wille unter den Staaten, sich selbst und ihr Recht auf Kriegsführung im Rahmen eines bindenden Systems des internationalen Rechts zu beschränken.

Zusammengenommen vereiteln diese hartnäckigen Bedingungen die einleuchtendste Möglichkeit für einen rechtsverbindlichen Frieden: ein republikanisch verfaßter Universalstaat, der als institutionelle Basis des Weltbürgerrechts dienen könnte, erscheint unmöglich. Dennoch fordert Kant, daß das Weltbürgerrecht eine gewisse institutionelle Basis haben müsse, wenn es als erreichbares Ideal und nicht als reine moralische Fiktion angesehen werden soll. Zum Teil ist es die Aufgabe politisch Handeln-

1 Immanuel Kant, *Zum ewigen Frieden*. Seitenangaben beziehen sich auf *Kant's Gesammelte Schriften*, hg. von der Königlich Preußischen Akademie der Wissenschaften, Berlin, Bd. VIII, S. 379.

der, die moralisch motiviert sind, innerhalb ihrer jeweiligen Republik günstigere Bedingungen für Frieden zu schaffen. Aus diesem Grund schlägt Kant ein bescheideneres »negatives Surrogat« anstelle der positiven, aber unrealisierbaren Idee einer Weltrepublik vor, das die Gestalt »eines den Krieg abwehrenden, bestehenden und sich immer ausbreitenden Bundes« (S. 357) besitzt. Als negatives Surrogat ist dieser Bund keine regulative Idee, wie die Idee eines Weltstaates; sie ist überhaupt keine Vernunftidee im Kantischen Sinne, sondern ein reines Mittel, das die *öffentlichen* Bedingungen für Frieden herbeiführen soll; dieses Mittel wird wirksam, wenn verschiedene Nationen auf eine ähnliche Weise organisiert und regiert werden. Anstatt alle rechtlichen Ordnungen und politischen Autoritäten in der Idee einer höchsten Autorität zu vereinen, akzeptiert Kants zweitbeste Lösung die Tatsache ihrer Pluralität.[2] Durchaus überraschend setzt Kant nicht eine letzte Konvergenz der politischen Zwecke als Friedensbedingung voraus, so wie es ihm Hegel und andere Kritiker unterstellt haben. Er läßt vielmehr den bestehenden politischen und rechtlichen Pluralismus unangetastet zusammen mit seinem zugrundeliegenden Konfliktpotential widerstreitender politischer Werte und Prinzipien. Föderalismus erlaubt eine pluralistische politische Ordnung. Aber muß das Weltbürgerrecht, der vielfältigste und potentiell konfliktgeladenste politische Kontext nicht noch mehr Pluralismus berücksichtigen?

Was kann dieses anscheinend schwache »Surrogat« der Idee der

2 Richard Falk fordert, daß neue Formen der »Schaffung und Anwendung von Recht« aus der internationalen bürgerlichen Gesellschaft erwachsen sollten. Diese Forderung kann nicht erfüllt werden, wenn das gegenwärtige System der Nationalstaaten unverändert bleibt, während eine neue Ebene der Rechtssetzung, die sowohl kosmopolitisch als auch demokratisch ist, einfach darüber gelegt würde. Während neue Formen des Rechts zukünftig immer möglich sind, müssen sie hartnäckige Probleme der Durchsetzung auf internationaler Ebene lösen. In dieser Hinsicht stimme ich mit Kant darin überein, daß ein Weltbund alles ist, was wir erwarten können; dennoch kann die föderale Einheit selbst schwach oder stark sein in Abhängigkeit von der Stärke der Verbindungen innerhalb der internationalen bürgerlichen Gesellschaft. Siehe Richard Falk, »The World Order Between Inter-State Law and the Law of Humanity: the Role of Civil Society Institutions«, in: *Cosmopolitan Democracy*, hg. von D. Archibugi und D. Held, Cambridge: Polity Press 1994, S. 162-179.

Föderalität bewirken, um die Bedingungen für Frieden hervorzubringen? Es ist die These dieses Aufsatzes, daß seine Hauptaufgabe in der Erzeugung der institutionellen Bedingungen besteht, die für eine weltbürgerliche Öffentlichkeit und für eine internationale bürgerliche Gesellschaft notwendig sind. In der Tat ist es in erster Linie die Kraft der Überzeugungen der Weltbürger, welche, wie die Überzeugungen der republikanischen Bürger im Staat, die für den Frieden notwendigen Beschränkungen der militärischen Macht herbeiführen. Die Aussicht auf ein einheitliches internationales Recht, das aus dem gegenwärtigen Naturzustand zwischen den Staaten hervorginge, liegt in weiter Ferne. Dieser Sachverhalt bedeutet für Kant, daß ein Staatenbund erforderlich ist und daß der Pluralismus einer wahrhaft föderalistischen Assoziation keine wirkliche Analogie zur republikanischen Form der Regierung besitzt. Auf der kosmopolitischen Ebene wird die höchste Zwangsgewalt des öffentlichen Rechts durch die anfänglich äußerst schwache Macht der öffentlichen Meinung der Weltbürger ersetzt, also durch die Macht einer kritischen Öffentlichkeit. Sogar unter den Bedingungen des politischen Pluralismus besitzt das formale Prinzip der Öffentlichkeit mindestens indirekt eine einschränkende Wirkung gegenüber bereits konstituierten Formen politischer Macht und ziviler Autorität. Ich werde darlegen, daß diese Föderation die Bedingungen erzeugt für eine internationale bürgerliche Gesellschaft von nichtstaatlichen Organisationen und eine kosmopolitische Öffentlichkeit; beide sind in der Lage, die bestehenden republikanischen Institutionen und politischen Identitäten zu formen und zu guter Letzt neu zu gestalten.

Während Föderalismus das negative Surrogat einer Weltrepublik darstellt, reicht ein Staatenbund allein nicht aus, um Frieden zu garantieren. Diese Aufgabe wird durch etwas bewältigt, das innerhalb eines solchen Bundes entsteht: die kosmopolitische Öffentlichkeit. In ihr können die öffentlichen Äußerungen der Weltbürger auf eine solche Weise verbreitet und zur Kenntnis genommen werden, daß sogar die höchsten politischen Autoritäten des Staates nicht umhinkönnen, sie anzuerkennen. Diese Hypothese Kants wird durch die gegenwärtige Wirklichkeit der politischen Ordnung auf eine Weise gestützt, die er nicht voraussehen konnte. Bis hin zu der Tatsache, daß bereits bestehende Staaten nicht länger homogen sind, ist Kants implizites Prinzip

»ein Volk, ein Staat« schon historisch unzutreffend geworden. Der kulturelle Pluralismus der meisten gegenwärtigen Nationalstaaten zwingt diese intern, sich immer mehr Föderationen anzugleichen, die im Inneren Sphären kosmopolitischer Öffentlichkeit besitzen. Durch diese föderalen Assoziationen und durch viele andere Verpflichtungen, durch die heutzutage nationale Institutionen und deren jeweilige Öffentlichkeiten gebunden sind, entsteht »weltbürgerliches Recht«, weil der politische Pluralismus Konflikte und deren öffentliche Reflexion hervorruft. In heutiger Begrifflichkeit ausgedrückt, funktioniert Kants »negatives Surrogat« genau deshalb, weil pluralistische Öffentlichkeiten den Frieden befördern können, indem sie die politischen Institutionen in Übereinstimmung mit weltbürgerlichem Recht umformen. In einigen Fällen schaffen sie sogar neue internationale Institutionen, basierend auf dem Prinzip des Föderalismus und der Souveränität der Weltbürger, die von ihnen stets verändert werden können.

Die weltbürgerliche Öffentlichkeit als »negatives Surrogat«

Die Öffentlichkeit ist als ein Surrogat für die einschränkenden Wirkungen des bürgerlichen Zwangsrechtes gegenüber der »gesetzlosen Freiheit« gedacht; dies reicht bis zu der Fähigkeit der kosmopolitischen Öffentlichkeit, die gesetzlosen Bedingungen des fortwährenden Krieges und der politischen Gewalt einzuschränken. Eine wirksame Form des internationalen Rechts würde daher das funktionale Äquivalent des bürgerlichen Rechts darstellen, bis zu dem Grad, daß die politischen Ziele der Nationen durch die Zwangsgewalt einer höheren Rechtsautorität begrenzt würden. Genau auf diese Weise werden nämlich die strategischen Ziele der Bürger durch das überwältigende Zwangsrecht des republikanischen Staates begrenzt. Warum sucht Kant nach einem »negativen Surrogat«? Überraschenderweise scheitert das internationale Recht genau an der Aufgabe seiner Durchsetzung. Von daher bricht die Analogie zwischen bürgerlichem Staat und internationalem Recht zusammen, und es erwächst das Bedürfnis nach einer Autorität, die höher, zwingender und noch einheitlicher ist als jene Staatsgewalt, die in der Lage war, uns aus dem

Verhältnis des Naturzustandes zu befreien, in dem wir uns zu unseren unmittelbaren Nachbarn befanden.

Wegen dieser Nichtentsprechung zum Naturzustand ist Kant gezwungen, nur von einem »ungeschriebenen Kodex« (S. 360) zu sprechen, der in der weltweiten, universalen Gemeinschaft wirkt, ein Kodex, der bewirkt, »daß die Rechtsverletzung an einem Platz der Erde an allen gefühlt werde« (ebd.). Mit diesem »ungeschriebenen Kodex« kann Kant nur meinen, daß ein informelles und öffentlich bekanntes Äquivalent des internationalen Rechts durch nicht-formale Mechanismen der öffentlichen Weltmeinung entsteht. Es liegt in der Ausübung der öffentlichen Vernunft unter den Bürgern mächtigerer und zivilisierterer Nationen begründet, daß »ungeschriebene«, aber nichtsdestoweniger universale Rechte zu einer öffentlichen und politischen Realität werden, wie etwa im Falle der Kritik, die de las Casas an der unmenschlichen Behandlung der Ureinwohner Mexikos durch die spanischen Eroberer geübt hat. Der Föderalismus stellt den Weltbürgern die institutionellen Mittel bereit, mit denen sowohl die bürgerliche Gesellschaft international ausgeweitet als auch eine wirksame öffentliche Meinung gefördert werden kann. Zumindest wird ein öffentliches Forum der Nationen benötigt, damit solche Verletzungen öffentlich wahrgenommen und die Rechte und Forderungen der Vertriebenen anerkannt und verteidigt werden können.

Es muß außerdem berücksichtigt werden, daß Kant seine Erörterung von Öffentlichkeit als eines Surrogates des Zwangsrechts nicht immer auf die moralische Überzeugung der Autorität beschränkt. Öffentlichkeit übt eine begrenzende Wirkung auf alle strategischen Handlungen aus, sowohl im inner- als auch im zwischenstaatlichen Bereich. Im »Anhang« zum *Ewigen Frieden* unterwirft Kant politische Strategien verschiedenen Tests reiner Öffentlichkeit: zahlreiche ausgeklügelte politische Maximen können nicht verwirklicht werden, wenn sie erst einmal öffentliche Aufmerksamkeit erfahren haben. Angesichts der Tatsache, daß Publizität als ausschließendes Kriterium für internationale strategische Grundsätze fungiert, verhindert eine wirksame Weltöffentlichkeit, daß Nationen von Strategien Gebrauch machen, die Verschwiegenheit verlangen.[3] Aber Kant geht so-

3 Kant überschätzt hier eindeutig die Wirkung der Publizität. Es muß berücksichtigt werden, daß Strategien wie die wechselseitige militäri-

gar noch weiter. Unter weltbürgerlichen Bedingungen würde der Erfolg politischer Handlungen von der öffentlichen Akzeptanz abhängen. Kant gibt daher dem ausschließenden Test eine positive Fassung: während einige Maximen nicht erfolgreich umgesetzt werden könnten, wenn sie öffentlich würden, verlangen andere Handlungen gerade, daß ihre Maximen öffentlich werden, damit die Handelnden ihre Ziele erreichen können. Es handelt sich dabei um solche Ziele, die nur durch kooperativ eingesetzte Mittel erreicht werden können, durch die Übereinstimmung verschiedener institutioneller Zwecke mit denen eines größeren Publikums, im vorliegenden Fall der Weltöffentlichkeit, die aus den Bürgern aller Nationen besteht. Wenn diese positive Bedingung erfüllt ist, dann kann auch eingesehen werden, warum Kant der Überzeugung ist, daß sein negatives Surrogat ein funktionales Äquivalent hervorbringen könnte für die allumfassende Gemeinschaft der gesamten Menschheit, in der Macht durch die Norm der Öffentlichkeit sowohl beschränkt als auch erzeugt würde. Um diese Funktion zu erfüllen, müssen einige institutionelle und nichtinstitutionelle Rahmenbedingungen geschaffen sein, damit um gemeinschaftliche Lösungen gemeinsamer Probleme gerungen werden kann.

Eine solche Diskussion der Wirkungen öffentlicher Meinung macht in diesem Zusammenhang nur Sinn, wenn die Norm der »Öffentlichkeit« in Kants eigentümlichem Sinn interpretiert wird. Öffentlichkeit bezeichnet hier eine allgemeine Verständlichkeit und Einsichtigkeit als Eigenschaften von Kommunikation. Eine Öffentlichkeit ist ein potentielles Publikum einer gelungenen Kommunikation, die in ihren Annahmen nicht eingegrenzt ist; die kosmopolitische Öffentlichkeit ist sicher das größtmögliche Publikum. Hier zeigt sich, daß Kants sonderbarer Gebrauch der Unterscheidung zwischen privat und öffentlich in »Was ist Aufklärung?« verknüpft ist mit Kommunikationsformen, die auf diese Weise unterschieden werden können. »Private« Kommunikation zielt nach Kant auf ein spezielles und abgegrenztes Publikum.[4] Berufungen auf nicht allgemeine religiöse

sche Abschreckung nicht nur mit ihrer öffentlichen Kenntnisnahme vereinbar sind, sondern geradezu Öffentlichkeit verlangen, um erfolgreich sein zu können.

4 Kant, »Beantwortung der Frage: Was ist Aufklärung?«, a.a.O., Bd. VIII, S. 33 ff.

Überzeugungen oder politische Autoritäten sind nur für jene überzeugend, die diese Ansprüche bereits akzeptiert haben; aus diesem Grund werden religiöse Ansprüche oft nichtöffentlich erhoben, nicht nur wegen metaphysischer Bindungen oder Wertüberzeugungen, die zwischen verschiedenen religiösen Gruppen umstritten sind. Eine solche Art der Kommunikation kann scheitern, wenn sie sich nicht an ein abgegrenztes Publikum richtet.[5] Es ist zu beachten, daß Öffentlichkeit nicht verlangt, daß wir unsere tiefsten Bindungen aufgeben, wenn wir in dieser Weise kommunizieren; Weltbürger praktizieren nicht das, was Joseph Raz »epistemische Abstinenz« genannt hat, sondern vielmehr kommunikative Verantwortlichkeit: sie müssen ihre Gründe für andere öffentlich zugänglich und beantwortbar machen, besonders gegenüber jenen, die ihre Meinungen und Einschätzungen nicht teilen.[6] Ein solcher Pluralismus muß daher in jeden öffentlichen Standpunkt eingebaut sein, der dem kosmopolitischen Ideal entspricht. Pluralismus schließt ein, daß wir vollkommene Übereinstimmung als unmittelbares Nahziel politischer Vereinigung aufgeben, auch wenn die Konvergenz aller Öffentlichkeiten ein regulatives Ideal des weltbürgerlichen Rechts bleibt.

Kant schlägt den öffentlichen Gebrauch der Vernunft als Alternative zu den durch Autorität gesetzten Grenzen vor. Wie Onora O'Neill es sagt: »eine Kommunikation, die eine andere Autorität als die der Vernunft unterstellt, kann daran scheitern mit anderen zu kommunizieren, die dieser Autorität nicht unterworfen sind; sie können sie, wenn überhaupt, nur unter der hypothetischen Unterstellung eines Anspruches interpretieren, den sie zurückweisen«.[7] Öffentlichkeit ist daher eine Bedingung kommunikativen Erfolgs, ohne die Voraussetzung eines Publikums, das bereits gemeinsame Annahmen darüber besitzt, wer überhaupt dazu berechtigt ist, Ansprüche zu erheben. Anstatt sich auf der Grundlage solch eingeschränkter Voraussetzungen zu verständigen, erlaubt der »öffentliche Gebrauch der Vernunft«, uns an die »ganze

5 Für eine vollständige Ausführung dieser Interpretation der Kantischen Publizität und ihrer grundlegenden Rolle in der Kritik der Vernunft siehe Onora O'Neill, *Constructions of Reason*, Cambridge: Cambridge University Press 1989, S. 42-48.

6 Joseph Raz, »Facing Diversity: The Case for Epistemic Abstinence«, in: *Philosophy and Public Affairs* 19 (1990), S. 3-46.

7 O'Neill, *Constructions of Reason*, a. a. O., S. 34.

Welt« zu wenden und Rechtfertigungen zu entwickeln, die möglicherweise jeder akzeptieren kann. Auf diesem Weg kann sogar jene Vernunft, die zunächst auf der Basis willkürlicher Appelle an Autoritäten vorangetrieben wurde, in eine öffentliche, und damit möglicherweise akzeptable Vernunft transformiert werden. Öffentlichkeit bezieht sich hier auf die Voraussetzungen der Kommunikation und nicht auf ihre aktuelle Reichweite; eine Konversation unter Freunden kann genauso öffentlich und offen sein wie eine wohldurchdachte Untersuchung in der Wissenschaftsgemeinschaft. Gründe sind nur dann öffentlich, wenn das Publikum, an das sie gerichtet werden, nicht willkürlich eingegrenzt ist. Ein solches Publikum ist eher mehr als weniger pluralistisch und vielfältig in seinen Ansichten.

«Öffentliche« Gründe überzeugen nach dieser Darstellung genau deshalb, weil sie in einem zweifachen Sinn uneingeschränkt sind. Zunächst einmal richten sie sich an ein uneingeschränktes und daher alle einschließendes Publikum. Solche Gründe müssen nicht nur verständlich formuliert werden, sondern auch so, daß sie allen Bürgern erlauben, ihre Urteilskraft »ungehindert«, wie Kant sagt, zu gebrauchen. Noch wichtiger ist, daß solche Gründe nur überzeugen, wenn keine Einschränkung in der Kommunikation zwischen Hörern und Sprechern besteht, wenn der Dialog, in dem Zustimmung und Ablehnung von freien und gleichen Teilnehmern geäußert wird, ungehindert erfolgt. Der öffentliche Gebrauch der Vernunft in diesem stärkeren Sinn ist daher nicht nur dialogisch, sondern auch reflexiv; sein Gebrauch ermöglicht, innerhalb der Kommunikation Begrenzungen und Einschränkungen sowohl der Gründe als auch des Begründungsprozesses selbst aufzudecken. Aus diesem Grund war Kant der Überzeugung, daß Öffentlichkeit und Aufklärung intern verknüpft sind. Die Abwesenheit kommunikativer Beschränkungen erlaubt dem politischen Dialog selbstkritisch zu sein. Diejenigen, die sich in weltbürgerlicher Absicht an Entscheidungsprozessen beteiligen, sehen sich damit neuen Möglichkeiten gegenüber: sie können alternative Standpunkte und Gründe erwägen; sie können voraussichtlich akzeptierte Gründe und sogar gesamte Formen der Rechtfertigung verwerfen; oder sie werden möglicherweise in die Lage versetzt, die versteckten Wirkungen von Engstirnigkeit und Autorität auf ihre eigene öffentliche Kommunikation und ihren politischen Diskurs wahrzunehmen.

In bezug auf die Urteilskraft beschreibt Kant die öffentliche Vernunft in Begriffen der Leistungsfähigkeit, als Vermögen zu konsequentem und »erweitertem« Denken oder für eine »vorurteilsfreie Denkungsart«, die allesamt von der Fähigkeit abhängen, »an der Stelle jedes andern denken« und die eigenen Urteile entsprechend überprüfen zu können.[8] In der Ausübung dieser Vermögen in öffentlichen Prozessen der Beurteilung kann ein stärkerer Maßstab von Öffentlichkeit in Form von allgemeinen Regeln oder Grundsätzen formuliert werden, die einen solchen Prozeß leiten. Jede der Kantischen »Maximen des gemeinen Menschenverstandes« erfaßt eine notwendige Bedingung für den öffentlichen Gebrauch der Vernunft: daß jede Person von ihrem oder seinem Standpunkt abstrahiert und die Perspektive von anderen einnimmt; daß alle konsistent denken, indem sie gemeinsame Überzeugungen im Licht von neu angebotenen Gründen revidieren.[9] Gründe, die in reflektierten Beurteilungen dargelegt werden und Maximen solcher Art verwenden, sind in dem Maße überzeugend wie jeder Teilnehmende seinen oder ihren Grund darlegt, während gleichzeitig jeder Sprecher oder jede Sprecherin das Ergebnis des Gesamtprozesses vorwegnimmt.

Eine Weltöffentlichkeit setzt genau jene Form unbegrenzter Kommunikation voraus, die Kants Ideal des gemeinen Menschenverstandes verlangt. Sie ist allerdings auch mit Problemen behaftet, die Kant nicht bedacht hat, Problemen, die so schwerwiegend sind wie diejenigen, welche die Verwirklichung des positiven Ideals der Weltrepublik verhindern. Die kosmopolitische

8 Kants Maximen in der *Kritik der Urteilskraft*, § 40. Eine klare Erörterung der politischen Implikationen von Kants Begriff des Urteils aus einem allgemeinen Standpunkt s. Hannah Arendt, *Lectures on Kant's Political Philosophy*, Chicago: Chicago University Press 1982.

9 Kant, *Kritik der Urteilskraft*, § 40. Seyla Benhabib vertritt die Auffassung, daß das Vermögen der erweiterten Denkungsart für eine intersubjektivistische Interpretation Kants zentral ist; aber die Maxime, Dinge »an der Stelle jedes andern« zu sehen, ist nicht notwendigerweise intersubjektiv. Sie ist überdies kein Begriff der Urteilskraft (aber die Grundlage für gewisse Urteile des gemeinschaftlichen Sinnes) und von daher nur indirekt mit Prozessen der Entscheidungsfindung verknüpft. Vgl. Benhabib, *Situating the Self*, London: Routledge 1992, S. 136 ff. (deutsch: *Selbst im Kontext. Kommunikative Ethik im Spannungsfeld von Feminismus, Kommunitarismus und Postmoderne*, Frankfurt am Main: Suhrkamp 1995, S. 143 ff.)

Öffentlichkeit wird nicht nur ihrer Ausdehnung nach die weiteste sein, sondern ebenso die pluralistischste und vielfältigste. Diese Art von radikalem Pluralismus wird auch bei nationalen Öffentlichkeiten immer häufiger gegeben sein, in dem Maße, in dem Nationalstaaten multiethnisch und kulturell verschiedenartig werden. Weltbürgerschaft sollte nicht in der schlichten Tatsache bestehen, daß alle Völker der Welt letztlich genügend gemeinsame Überzeugungen und Ziele besitzen, um eine gemeinsame Republik zu gründen; sie sollte vielmehr in der Erfüllung der Voraussetzungen bestehen, unter denen die Vielheit der Personen Raum in einer gemeinsamen Öffentlichkeit findet. Das internationale Recht erzeugt die extremste Fassung dieses grundsätzlichen Problems; es kann dabei weder auf eine quasi-natürliche Grundlage von Gemeinschaft noch auf vorangegangene Vereinbarungen unter den Weltbürgern zurückgreifen.

Ein öffentlicher Raum kann nur erhalten werden, wenn er offenbleibt für viele verschiedene Perspektiven und unterschiedliche Standpunkte. Aus diesen Bedingungen folgt, daß wir Kants Vorstellungen des Denkens vom Standpunkt eines jeden anderen so reformulieren müssen, daß sie mit einem solchen Pluralismus übereinstimmen. Mit dem erweiterten Vermögen des Denkens werden die Weltöffentlichkeit und die in ihr geäußerten Auffassungen »mannigfaltig«.[10] Unparteilichkeit besteht nicht nur in der abstrakten Einnahme eines gemeinsamen Standpunktes, sondern vielmehr in dem Vermögen, politische Urteile fällen zu können, die jene Mehrdimensionalität reflektieren. Unparteilich Handelnde stimmen außerdem nicht notwendig hinsichtlich einzelner vernünftiger Auffassungen überein; sie machen vielmehr Gebrauch von dem mannigfaltigen Gemeinsinn, der aus der Interaktion der verschiedenen Bürger in der kosmopolitischen Öffentlichkeit erwächst. In dieser Öffentlichkeit besitzen alle Bürger das Recht des gleichen Zugangs; ihre Argumente und Absichten werden hier in dem Maße anerkannt, als sie selbst mit der Norm der Publizität übereinstimmen. Überdies eröffnet Kants »Recht der Hospitalität«, das Fremden und Nichtbürgern zukommt, jedem den Zugang zu nationalen Öffentlichkei-

10 Neben Arendts »Vorlesungen über Kants politische Philosophie«, wo diese Art der Urteilskraft das Hauptthema bildet, ist ebenso ihre Arbeit zu berücksichtigen: *Life of the Mind: Willing*, Bd. II, New York: Harcourt Brace Jovanovich 1978, S. 242 ff. und S. 255 ff.

ten und erlaubt nationenübergreifende Verbindungen, da Bürger anderer Staaten wenigstens in einem minimalen Umfang erwarten können, zivilisiert behandelt zu werden, insofern sie auf friedliche Weise von ihrer öffentlichen Vernunft Gebrauch machen. Auf der Grundlage dieser entstehenden Weltbürgergesellschaft oder, in Kants Worten, eines »ganzen gemeinen Wesens«, bildet sich in jeder Republik eine kosmopolitische Öffentlichkeit mit internationalen Bindungen.

Was werden die Weltbürger in der kosmopolitischen Öffentlichkeit tun, um Frieden zu schaffen? Sie werden sicherlich die bestehenden Formen der Macht kritisieren, worin Kant zufolge genau die Rolle des Philosophen besteht. Diese können den Staat und seine Autorität kritisieren, bleiben dabei aber der »Rottierung und Klubbenverbündung unfähig« (S. 368). Der sonderbare und offensichtlich zum Zweck der Selbstrechtfertigung verfaßte »Geheime Artikel zum ewigen Frieden« formuliert die stillschweigende Erlaubnis der staatlichen Autorität, ihre Handlungen und Politik zu kritisieren. Die Macht der Kritik reicht über bestehende Gesetze hinaus und sucht diese zu verbessern. Die staatliche Autorität muß Kritik wenigstens hören, auch wenn sie der so geäußerten allgemeinen Vernunft nicht immer den Vorzug gibt. Die Philosophen ihrerseits scheinen unfähig, gegenüber dem Staat Parteien zu bilden, denn sie sprechen zu einem allgemeinen Publikum; nach Kants Auffassung im *Ewigen Frieden* ist es nämlich der Philosoph, der die Handlungen und Einstellungen des Weltbürgers repräsentiert. Auch die Bürger werden durch Kants berühmt-berüchtigten Grundsatz aus »Was ist Aufklärung« geleitet: »räsonniert, aber gehorcht«. Dieser Grundsatz soll jeder Art von Autorität versichern, daß die Öffentlichkeit die institutionellen Grundlagen der Macht nicht in Zweifel zieht. Überdies verlangt Kant, daß der Diskurs so verfaßt sei, daß nur »Gebildete« an ihm teilhaben können. Dies stellt eine weitere Einschränkung der Kontroverse dar, weil dieses Publikum integriert und privilegiert genug ist, um nicht auf eine Weise von seiner öffentlichen Vernunft Gebrauch zu machen, die gefährlich oder radikal verändernd ist. Nach wie vor können die Bürger ihre Vernunft jedoch kritisch gebrauchen, um die Gesetze des Staates im Einklang mit der Norm der Publizität zu reformieren.

Wie auch immer, die Kritik bestehender Gesetze und Autoritäten kann nicht das einzige Ziel der Bürger in der Weltöffentlichkeit sein. Sie müssen mehr leisten, besonders wenn sie die extreme Verschiedenheit und Pluralität jeder Art weltweiter Föderation ernst nehmen. Aus diesem Grund müssen Weltbürger also, so scheint mir, fähig sein, auf eine solche Weise zu debattieren, zu diskutieren und zu entscheiden, daß sie öffentliche Übereinstimmungen herstellen können, die »an der Stelle jedes andern« annehmbar sind. Sie müssen einen »pluralistischen Konsens« herstellen oder plurale Übereinstimmungen von der Art, die sich mit der Integrität verschiedener politischer Gemeinschaften, Kulturen und Lebensformen vertragen, welche die Institutionen des Föderalismus nicht nur zulassen, sondern begünstigen. Die Öffentlichkeit der Weltbürger würde nicht nur kritisieren, sie wäre ebenso dynamisch genug, dem System der bestehenden politischen Institutionen eine Form zu geben. Wenn Kant recht hat, würde die Tatsache, daß die Bürger von Republiken sich ebenso als Bürger der Welt betrachten, bereits die notwendigen Bedingungen für eine neue Art kosmopolitischer Politik schaffen. Bei Kant ist jedoch – abgesehen von der Teleologie der Natur – nicht die Rede von einem Mechanismus, der auf überzeugende Weise gastfreundliche bürgerliche Gesellschaften und kosmopolitische Öffentlichkeiten in jeder Republik hervorbringen könnte. Ich möchte eine Alternative vorschlagen, ein im weiten Sinn immer noch Kantianisches Modell, das einen solchen Mechanismus bereitstellen könnte: das Potential einer kosmopolitischen Öffentlichkeit, demokratische Institutionen zu verändern und hervorzubringen. Ich behaupte, daß ein solcher Mechanismus einleuchtend ist, selbst wenn das Problem der Ausdehnung und Komplexität der Weltgesellschaft berücksichtigt wird, das nach wie vor das Haupthindernis für die Plausibilität der Vorstellung bildet, daß Frieden durch das Mittel der Öffentlichkeit geschaffen werden kann. Diese Probleme können durch die Kombination sowohl von formal-institutionellen als auch von informell-öffentlichen Mechanismen gelöst werden.

Die kosmopolitische Öffentlichkeit, Zivilgesellschaft und politische Institutionen

Um zu zeigen, wie diese Öffentlichkeit in einem kosmopolitischen Maßstab möglich ist, möchte ich eine Alternative zu Kants Republik vorschlagen: eine wohlgeordnete und pluralistische Demokratie bietet die institutionelle Basis für eine weitaus anspruchsvollere und möglicherweise verändernde kosmopolitische Öffentlichkeit. In einer dynamischen Öffentlichkeit müssen die Bürger in der Lage sein, mehr zu tun als die Angelegenheiten des Tages zu erörtern und in zur Entscheidung anstehenden Angelegenheiten eine öffentliche Meinung zu bilden. Sie müssen ebenso fähig sein, von Zeit zu Zeit die institutionelle Struktur selbst zu ändern, in der Entscheidungsprozesse organisiert werden. Solche Perioden des Wandels ereignen sich, wenn neue Öffentlichkeiten entstehen, die im Gegenzug wiederum das Verhältnis der Bürger zu den demokratischen Institutionen verändern. Hierin liegt die Herausforderung, zu verstehen, wie das »gesellschaftliche Gemeinwesen« im Sinne Parsons, also der Kern der bürgerlichen Gesellschaft, in dem ein reflexives Bewußtsein des Institutionalisierungsprozesses selbst erlangt wird, offenbleiben kann für neue Formen der Vergesellschaftung, die im Alltagsleben entstehen und die kulturelle Basis institutionellen Wandels bereiten. Ein internationales »gesellschaftliches Gemeinwesen« fügt dem möglicherweise eine weitere Herausforderung hinzu, nämlich die Frage, wie eine kosmopolitische Öffentlichkeit organisiert werden kann ohne die zentralisierte und organisierende Fähigkeit großformatiger, hierarchischer Zwangsinstitutionen.

Diese Wechselwirkung zwischen Institutionen und Öffentlichkeit kann Bürger in entgegengesetzte Richtungen treiben: während Institutionen und ihre Prozeduren die öffentliche Diskussion einschränken, um rechtzeitige und effektive Entscheidungen zu gewährleisten, besitzt die Sphäre der Öffentlichkeit die Funktion, Debatten offenzuhalten und bereits gefällte Entscheidungen zu revidieren. Diese Spannung zwischen der Öffentlichkeit und ihren organisierenden Institutionen ist konstitutiv für eine lebendige Demokratie; sie ist für ihre Stabilität wie für ihre Fähigkeit zur Innovation unentbehrlich. Gewiß kann jeder Staat die notwendigen Bedingungen einer gut funktionierenden

Öffentlichkeit befördern. Aber sogar unter der Voraussetzung wohlgeordneter demokratischer Institutionen kann eine Öffentlichkeit immer noch daran scheitern, angemessene Entscheidungen zu treffen; ihre Bürger können schlicht nicht in der Lage sein, öffentlich annehmbare Lösungen für die problematischen Situation zu finden, durch die diese Entscheidungsprozesse ausgelöst werden. Solche kognitiven Fehlschläge können auf institutionelle Defekte zurückgeführt werden; daher hat Kant darauf bestanden, daß das Weltbürgerrecht zur Reform einiger republikanischer Verfassungen führen müsse. Dennoch sind es letztlich die Bürger selbst, die den demokratischen Charakter ihrer politischen Kommunikation aufrechterhalten müssen. Die Öffentlichkeit selbst wird, als Teil dieses Prozesses, sehr oft Boden und Ziel dieser politischen Entscheidungsprozesse sein. Die Sorge der Öffentlichkeit um sich selbst wird kosmopolitisch, wenn das Netzwerk und das Publikum der Kommunikation ethnische und politische Grenzen überschreitet.

Verschiedene historische Analysen haben gezeigt, daß öffentliche Selbstreflexivität bei der historischen Entstehung der Öffentlichkeit in der bürgerlichen Gesellschaft eine zentrale Rolle spielte. Öffentlichkeit stellt nicht bloß eine Sammlung von Räumen und Foren wie Salons, Clubs, Theatern, Gewerkschaftshäusern oder anderen Versammlungsorten dar; sie besteht auch nicht aus einer Reihe bloß formaler Verfahren oder institutioneller Regeln. Der ständige Kampf gegen staatliche Zensur und andere Beschränkungen der Meinungsfreiheit zeigt, daß die Sorge der Öffentlichkeit um ihren offenen und alle einschließenden Charakter eines der sich durchhaltenden historischen Merkmale darstellt. Selbst die kleinen Salons teilten historisch dieses Anliegen, indem sie sich an einem Publikum orientierten, das größer war als ihr eigener Zirkel. Die Teilnehmer des Gesprächs hielten sich nicht selbst für *das* Publikum schlechthin oder für eine exklusive Elite ästhetischer Experten: »denn stets schon verstand und befand es sich inmitten eines größeren Publikums all der Privatleute«.[11]

11 Jürgen Habermas, *Strukturwandel der Öffentlichkeit. Untersuchungen zu einer Kategorie der bürgerlichen Gesellschaft*, Frankfurt am Main: Suhrkamp 1990, S. 98. Eine ähnliche Analyse in bezug auf die nordamerikanischen Verhältnisse (wo soziale Gleichheit in der Öffentlichkeit im geringeren Maße eine bloß kontrafaktische Unterstel-

Dieses Selbstverständnis und Selbstverhältnis betrifft die Struktur der Diskussion innerhalb der Öffentlichkeit: die erörterten Angelegenheiten waren »alltäglich« oder allgemein, sowohl im Hinblick auf das ihnen entgegengebrachte Interesse als auch hinsichtlich ihrer Bedeutung und ihrer Zugänglichkeit. Die Teilnehmer dieses Publikums diskutierten auch ausführlich über das Publikum selbst: ihr Thema war häufig die öffentliche Rezeption von Kunstwerken, wie etwa das Publikumsverhalten im Theater, genauso wie die Frage, was zur Zeit als modisch und populär für das Lese-, Konzert- und Theaterpublikum gelte. Dies bedeutete, daß Angehörige der Öffentlichkeit über sich selbst schrieben; in den Kaffeehäusern lasen sie über sich selbst, über ihre Geschmacksvorlieben – und über die großen Themen des Tages. Sowohl in den Vereinigten Staaten als auch in Europa erlebten Nachrichtenblätter über öffentliche Ansichten und Kontroversen eine Blüte; in ihnen wurden auch Mitteilungen an das gesamte Publikum gerichtet, über das, was einzelne Mitglieder dachten, ihre Vorlieben und Abneigungen. Diese »öffentlichen« Angelegenheiten schlossen Probleme der Toleranz, der bürgerlichen Tugend und der öffentlichen Moral ein; die Mitteilungen und Artikel waren vorrangig selbstkritisch genauso wie die Besprechungen kultureller Ereignisse; sie zielten darauf, »schlecht-informiertes Urteil«, dogmatische und modische Haltungen zu überwinden. Das Publikum, »das derlei liest und bespricht, hat sich darin selbst zum Thema«, nicht nur seine Ansichten, sondern sich selbst als eine praktisch argumentierende Öffentlichkeit.[12]

Diese Selbstreflexivität hat eine weitergehende Funktion, als bloß die Öffentlichkeit innerhalb jener Grenzen zu erhalten, die ihr in einem bestimmten historischen Zeitabschnitt gesetzt sind. Öffentliches Handeln, das die Quelle von Neuerung und Veränderung darstellt, beginnt mit grundsätzlich selbstkritischer Reflexion und Auseinandersetzung. Um selbstkritisch zu sein, muß dieses Handeln Teil eines umfassenderen und dynamischen öffentlichen Prozesses sein, der die Bildung und Prüfung der Gewohnheiten und Überzeugungen der Öffentlichkeit selbst ein-

lung war als in Europa) findet sich bei Michael Warner, *The Letters of the Republic*, Cambridge: Harvard University Press 1990.

12 Habermas, *Strukturwandel der Öffentlichkeit*, a.a.O., S. 107.

schließt. Sich an diese Art von Selbsterforschung und -prüfung zu gewöhnen ist ein entscheidendes Moment der öffentlichen Kultur von Demokratien. Wenn Vorurteile, die die gesamte Gemeinschaft durchziehen, die Reichweite solcher Selbstuntersuchungen einschränken – dies geschieht normalerweise dadurch, daß relevante Probleme erst gar nicht auf die Tagesordnung der öffentlichen Diskussion gesetzt werden –, entsteht eine neue Öffentlichkeit, die Druck ausübt, um öffentliche Selbstuntersuchungen und zuzeiten neue Regeln und Institutionen zu erzwingen. Auf der Grundlage des Politikmodells, das ich hier entwickle, ist es gerade dieser Prozeß, der paradigmatisch erscheint für den öffentlichen Gebrauch der Vernunft. Die Bürgerrechtsbewegung bietet viel eher als das Verfassungsgericht das Beispiel für einen öffentlichen Gebrauch der Vernunft, der auf kosmopolitische Verhältnisse ausgeweitet werden kann.[13]

Dieses Vermögen für Innovation und Wandel innnerhalb des gesellschaftlichen Gemeinwesens ist ein Anzeichen für die wirksame Funktion der Öffentlichkeit; es steht in einem direkten Gegensatz zur Funktionsweise der gegenwärtigen Institutionen. Politische Institutionen, die nun einmal auf einen problemlösenden und -verarbeitenden öffentlichen Input ausgerichtet sind, sind aus eigenen Kräften nicht in der Lage, Flexibilität und Innovation sicherzustellen, vor allem nicht in Form der nötigen kulturellen Neuerungen und Lernprozesse. Beratung innerhalb von Institutionen zielt gewöhnlich darauf, bestehende Probleme und Konflikte zu beheben, und behandelt daher bereits existierende Inhalte. Sicherlich, Absprachen und die meisten Formen von Kompromissen mögen auch dazu führen, daß man sich »auf halbem Weg entgegenkommt«; solche Ergebnisse führen häufiger dazu, daß die verfügbare Menge umsetzbarer Alternativen neu arrangiert als daß sie wirklich verändert wird. In ähnlicher Weise besitzen bürokratische Institutionen eine eingebaute Tendenz, keine Entscheidungen zu fällen; sie bevorzugen Problemlösungen, die weder eine Veränderung des Ressourcengebrauchs der Institution noch eine ausdrückliche Übereinkunft durch Beratung verlangen.

13 Für den Fall des Supreme Court, des nordamerikanischen Verfassungsgerichtes, als eines solchen Beispiels innerhalb einer wohlgeordneten demokratischen Gesellschaft s. John Rawls, *Political Liberalism,* New York: Columbia University Press 1993, S. 231 ff.

Im Gegensatz dazu erwägt die Öffentlichkeit nicht nach diesem Zweck-Mittel-Schema. Die Öffentlichkeit denkt und handelt selbstreferentiell; sie verändert die Bedingungen politischer Überlegung, indem sie sich selbst ändert. Die Öffentlichkeit verändert ihre Institutionen indirekt, wie Dewey es in *The Public and Its Problems* formuliert, indem sie eine neue Öffentlichkeit bildet, mit der die Institutionen interagieren müssen.[14] Innerhalb des Prozesses verändern sich die Institutionen auf vielfache Weise: in ihren Anliegen, in der von ihnen vorgenommenen Deutung von Regeln und Verfahren, in ihren vorherrschenden Problemlösungsstrategien und so weiter. Demokratische Erneuerung hängt vom Prozeß der Erzeugung neuer Öffentlichkeiten ab, die dann die neuen Institutionen der Entscheidungsfindung, die sie einsetzen und hervorbringen, organisieren und durch sie organisiert werden. Eine entstehende kosmopolitische Öffentlichkeit leistet dies auf zweifache Weise: erstens durch die pluralistischen Öffentlichkeiten in jedem Staat und zweitens durch das informelle Netzwerk der Kommunikation zwischen den Organisationen und Vereinigungen, welche die internationale bürgerliche Gesellschaft konstituieren.

Wie Kant in seinen pessimistischeren Momenten gesehen hat, besteht eines der Hauptprobleme darin, daß Neuerungen durch die zeitgenössischen politischen Institutionen blockiert oder gehemmt werden können, besonders wenn sie durch starke Interessen einer speziellen und eingeschränkten Öffentlichkeit geleitet und bestimmt werden. Es besteht ein zeitlicher Abstand zwischen den neu entstehenden Öffentlichkeiten, die danach streben, Institutionen organisatorisch zu verändern, und den bereits bestehenden Öffentlichkeiten, welche das gegenwärtige System von Institutionen geformt haben. So spiegelten beispielsweise die verhältnismäßig schwachen staatlichen Institutionen, die nach der amerikanischen Revolution entstanden, ihre zerstreute und dezentralisierte Öffentlichkeit. Selbstverständlich sichern mi-

14 John Dewey, *The Public and Its Problems*, in: *The Later Works of John Dewey*, 1925-1953, Bd. 2, Carbondale: Southern Illinois University Press 1984, S. 245 f. Eine ausgezeichnete Abhandlung über Deweys Begriff der Beziehung von Öffentlichkeiten zu den Institutionen, die sie organisieren, bietet Robert Westbrook, *John Dewey and American Democracy*, Ithaca: Cornell University Press 1991, S. 302 ff.

nimale demokratische Institutionen eine gewisse Stabilität und Kontinuität; wenn jedoch der bestehende Staat die Verbindung zur dynamischen Öffentlichkeit komplexer Gesellschaften verliert, so ist er nicht länger in der Lage, deren Bedürfnisse zu erfüllen oder zu artikulieren. Dewey sah in dieser Spannung zwischen Stabilität und Neuerung die treibende Kraft hinter der Bildung jeder neuen Öffentlichkeit und neuen politischen Form. Es ist ein schwieriger Prozeß: »Um sich selbst zu bilden, muß die Öffentlichkeit die bestehenden politischen Formen zerbrechen; dies ist nur mit Mühe zu verwirklichen, denn diese Formen sind selbst die üblichen Mittel, um Veränderung in Gang zu setzen.«[15] Die neue Öffentlichkeit muß nicht nur sich selbst als Öffentlichkeit formieren, sie muß ebenso die Gestalt der bestehenden Institutionen verändern, wie etwa ihre bestehenden Wege für öffentliche Eingaben und Prozesse der Entscheidungsfindung. Solche Veränderungen mögen eine Revolution erfordern, weil, wie Dewey bemerkt, ein »angemessen flexibler und empfänglicher politischer und rechtlicher Mechanismus so weit jenseits menschlicher Weisheit liegt«. Institutionen, die nicht empfänglich bleiben für neue Öffentlichkeiten, verlieren ihre Legitimität; im Fall politischer Institutionen kann sich dies im Hinblick auf ihre wachsenden pluralistischen und kosmopolitischen Öffentlichkeiten bewahrheiten.

Diese entstehenden Öffentlichkeiten schaffen neue institutionelle Verflechtungen, die oft radikal und innovativ genug sind, um innerhalb des Nationalstaates neue »verfassungsmäßige Regierungsformen« einzurichten. Solche Wandlungen verändern die Möglichkeiten »normaler Politik«, so wie die oben angesprochenen wissenschaftlichen Revolutionen die Bedingungen normaler Wissenschaft verändert haben. Im Fall solcher politischer Veränderungen besteht die Quelle vieler außergewöhnlicher Epochen demokratischer Rechtssetzung darin, daß sich die Volkssouveränität gegen den Widerstand starrer Formen der Institutionalisierung und verhärteter Machtverhältnisse wieder behaupten kann. Bruce Ackerman hat gezeigt, daß sich mindestens drei solcher »Revolutionen« in der Geschichte der Vereinigten Staaten ereignet haben und daß sie sich um paradigmatische historische Erfahrungen kristallisiert haben, wie die Gründung der

15 Dewey, *The Public and Its Problems*, S. 255.

Republik selbst, die große Depression und die Politik des New Deal. Diese »Revolutionen« oder demokratischen Erneuerungen waren zum großen Teil deshalb erfolgreich, weil öffentlich Handelnde die richtige politische Rhetorik und den richtigen politischen Diskurs entdeckten, um eine die gesamte Gemeinschaft umfassende Auseinandersetzung über entscheidende Ereignisse und historische Erfahrungen in Gang zu setzen. In diesen Fällen beginnt ein Wettbewerb öffentlicher Meinungen, wie an den ungeheuren Kämpfen und Konflikten gesehen werden kann, die stets vor einer solchen Transformation stattfinden. Wenn die öffentliche Meinung einmal in Frage gestellt wird, eröffnen sich Möglichkeiten für öffentliche Auseinandersetzungen außerhalb der normalen Wege der Institutionen. In einer stark bewegten Öffentlichkeit mit einer internationalen bürgerlichen Gesellschaft werden diese Wege oft kosmopolitisch sein. Es ist nicht ungewöhnlich für solche Perioden, die Ackerman »Verfassungspolitik« (*constitutional politics*) genannt hat, daß sie durch moralische Appelle charakterisiert werden, die dem bestehenden Recht gegenüber als etwas »Höheres« bezeichnet werden und welche die Aufmerksamkeit auf bestehendes Unrecht lenken. In diesem Fall behauptet die Öffentlichkeit ihre Souveränität nicht einfach dadurch, daß sie die bestehenden Institutionen beeinflußt, sondern indem sie neue Zusammenhänge schafft, in denen sie sich selbst organisiert. Menschenrechtsverletzungen öffentlich zu machen stellt genau einen solchen moralischen Appell dar, der die Legitimität und Souveränität gegenwärtiger Institutionen in Frage stellt. In dieser Terminologie ausgedrückt, fordert Kant so etwas wie Phasen »kosmopolitischer Politik« unter den aufgeklärten Öffentlichkeiten jeder Republik. Aber im Gegensatz zu Kants Sicht stellt eine solche Politik die Souveränität der Nationalstaaten in Frage, auch wenn eine solche Politik die Souveränität der Bürger, hier der Weltbürger, bekräftigt.

Wenn die Öffentlichkeit ihre innovative Rolle erfüllen soll, dann muß sie in einer gesunden bürgerlichen Gesellschaft verwurzelt sein, in einer solchen, in der freiwillig eingegangene Verbindungen den Individuen einen Raum zum Experimentieren eröffnen und für ein potentielles Publikum sorgen, vor dem sie beginnen können, ihre Erfahrungen und Bedürfnisse zu artikulieren. Experimente in der weiteren Form internationaler Verbindung verlangen sowohl eine Vielzahl von miteinander verbundenen Öffentlichkeiten als auch eine bürgerliche Öffentlichkeit, die sie alle umfaßt. Nachdem die Weltbürger ihre Sicht der Probleme innerhalb ihrer freiwillig eingegangenen Vereinigungen formuliert haben, können sie sich nun an die kosmopolitische Öffentlichkeit richten, dem größtmöglichen Forum für den Austausch von Argumenten und Perspektiven. Dieser Austausch unter Öffentlichkeiten und Institutionen bedeutet, daß die öffentliche Diskussion verhältnismäßig frei sein muß von Vorurteilen, welche die gesamte Gemeinschaft umfassen, und von ernsten Behinderungen der Kommunikation. Die kosmopolitische Öffentlichkeit, die in der Weltbürgergesellschaft organisiert ist, muß sich selbst als Bewahrerin dieser Offenheit und Allumfassendheit der Kommunikation verstehen; es muß möglich sein, daß neue Öffentlichkeiten entstehen, daß neue Themen und Anliegen auf die öffentliche Tagesordnung gesetzt werden können und daß das gegenwärtige öffentliche Verständnis herausgefordert wird. Was legt dieses Verständnis der Interaktion zwischen Öffentlichkeit und politischen Institutionen nahe in bezug auf die kosmopolitische Öffentlichkeit? Ist die Öffentlichkeit der Weltbürger nicht zu weit und zu starr um diese innovativen Funktionen zu erfüllen? Das Hauptproblem besteht darin, daß wir die Konzeption der Öffentlichkeit noch nicht von dem intern begrenzten Modell einer Gemeindeversammlung befreit haben.

Kosmopolitische Öffentlichkeit: Das »Phantom« einer Weltöffentlichkeit?

In den komplexen Großgesellschaften haben die Massenmedien den Platz des Lesepublikums des achtzehnten Jahrhunderts eingenommen. In einem stärkeren Maße als die Schriftsteller, die sich an ein gebildetes, lesendes Publikum wenden, spielen nun die neuen Medien eine zentrale Rolle in Verbreitung von Themen und Information. Aber auch mit diesen effektiven Mitteln zur Erreichung eines großen Publikums bleibt die Vorstellung einer kosmopolitischen Demokratie, basierend auf weltweiter Telekommunikation, ein technologisches Luftschloß. Trotzdem ist es von entscheidender Bedeutung für die Bildung einer weltbürgerlichen Öffentlichkeit, daß die Medien nicht durch mächtige gesellschaftliche Interessen kontrolliert oder beschränkt werden, damit die größere Öffentlichkeit in ihren Diskussionen nicht weniger empfänglich wird für die innovativen Anregungen, die von den neuen Herausforderungen ausgehen, die innerhalb der bürgerlichen Gesellschaften der verschiedenen Staaten auftreten. Die bürgerliche Öffentlichkeit und die mit ihr verbundenen formalen Institutionen der Entscheidungsfindung hängen daher von der Neuerung durch kleinere Assoziationen ab, die sich angesichts allgemein wahrgenommener Problemsituationen bilden und die um die Interpretation entscheidender Ereignisse streiten. Bürger geben ihr gegenwärtiges Verständnis auf, wenn kollektiv Handelnde, wie etwa soziale Bewegungen, zu einer herausfordernden Größe werden, die die dominierenden Problemsichten bestreiten und ein Publikum schaffen, das ihnen zuhört. Diese neuen Verständnisweisen definieren umgekehrt ein neues Publikum mit einer neuen Rangfolge von Betroffenheiten und angemessenen kollektiven Handlungsformen. Unter gewissen Bedingungen können diese Öffentlichkeiten bestehende institutionelle Grenzen überqueren und kosmopolitisch werden.

Ich habe dargelegt, daß in Demokratien eine pluralistische Öffentlichkeit eine entscheidende Rolle in Prozessen der Entscheidungsfindung spielt, besonders als Quelle von Wandel und Erneuerung. Ihr Bestehen ist ein normatives Postulat des öffentlichen Diskurses: es ist die undefinierte und unsichtbare Galerie, an die man seine Kommunikation richtet. Diese Öffentlichkeit ist der kollektive Körper aller Bürger, aber es besteht kein Grund, warum sie nicht genausogut Kants »ganzes gemeine Wesen« sein könnte, welche die »Stelle jedes anderen« umfaßt. In diesem Sinne können wir von einer öffentlichen Weltmeinung sprechen und von verschiedenen Wegen, auf denen diese größte aller Öffentlichkeiten politisch organisiert werden könnte. Aber was ist diese Öffentlichkeit in ihrer Gesamtheit? In komplexen Gesellschaften mag es schwierig sein, in dieser Öffentlichkeit etwas anders zu sehen als eine Abstraktion, ein Stellvertreter, ein vorübergehendes Ereignis, wie Hannah Arendt dachte, oder sogar ein »Phantom«, wie es Walter Lippman ausdrückte. In der Tat, Habermas hat kürzlich vorgebracht, daß sie nur die »Struktur der Kommunikation« sei, ein anonymes und subjektloses Netzwerk von Kommunikation und Diskurs.

Sicherlich kann die Öffentlichkeit in ihrer Gesamtheit selbst zu einer Mehrheit innerhalb der bestehenden institutionellen Vereinbarungen werden. Aber die Öffentlichkeit spielt in ihrer Gesamtheit ebenso eine funktionale Rolle im beständigen Austausch zwischen großen Institutionen, etwa zwischen Staat und souveränen Bürgern; dies ist ein Wechselspiel, das Veränderungen der politischen Formen hervorgebracht hat wie etwa das allgemeine Wahlrecht. Wenn die bürgerliche Öffentlichkeit als »Phantom« erscheint, dann deshalb, weil wir in bezug auf die Öffentlichkeit substantialistische Denkweisen übernommen haben, die großen Nationalstaaten nicht mehr angemessen sind. Unsere Vorstellungen von Demokratie sind vielmehr, wie Dewey bemerkt, zu oft beschränkt auf »lokale Gemeindeversammlungen und Praktiken«. Für Dewey scheint Öffentlichkeit heutzutage »amorph, unartikuliert ... und unsicher über ihren eigenen Ort, so wie Philosophen seit Hume über die Lokalisierung und Zusammensetzung des Selbst unsicher sind«.[16] Anstelle einer großen und nicht zu leitenden Versammlung faßt Dewey die demokratische Öffentlichkeit als eine Folge lokaler Gemeinschaften innerhalb eines größeren gesellschaftlichen Gemeinwesens auf. So sollten wir uns auch die kosmopolitische Öffentlichkeit vorstellen, zusammen mit einer ausreichenden institutionellen Struktur, die internationale bürgerliche Gesellschaft um Themen von allgemeinem Interesse herum zu organisieren und zu zentrieren vermag.

Das Problem, die Öffentlichkeit in einem großen Umfang neu zu denken, enthält den scheinbaren Widerspruch zwischen einer Diskussion, welche die Offenheit einer Gemeindeversammlung besitzt, und dem geschlossenen und unzugänglichen Charakter großer Institutionen. Das Problem besteht darin, daß globale Institutionen international sind, aber nicht kosmopolitisch; sie gründen auf Interessensabsprachen zwischen Nationalstaaten und ihren Repräsentanten; dies macht sie für demokratische Initiativen nur indirekt zugänglich. In solchen Metainstitutionen bilden nicht die Bürger den Souverän, sondern die Staaten. Aber nicht alle transnationalen Institutionen müssen diesem Modell entsprechen. Das Europaparlament umgeht bereits Staaten, indem es seinen Abgeordneten politische Entscheidungen überträgt. Nach den verbreiteten Vorstellungen einer europäischen Einheit kann dieses Parlament außerdem selbst Entscheidungen treffen und Politik festlegen. Dieses Parlament, das weit

16 Ebd., S. 308.

mehr ist als eine unzugängliche Bürokratie, kann zum zentralen Punkt für den Bau der europäischen bürgerlichen Gesellschaft werden. Wenn das Parlament etwa über Landwirtschaftspolitik debattiert, kann sich die bürgerliche Gesellschaft, die von diesen Themen betroffen ist (Bauernverbände, ökologische Gruppen usw.), um solche Debatten herum organisieren und versuchen, nicht nur die Paralamentsabgeordneten, sondern auch die Bürgerschaft, die sie wählt, zu beeinflussen. An einem solchen Fall kann gesehen werden, wie eine kosmopolitische Öffentlichkeit sich zu organisieren beginnt und wie sie umgekehrt eine Institution reorganisiert, in der Beratungs- und Entscheidungsprozesse stattfinden.

Die internationale bürgerliche Gesellschaft reicht nicht aus; sie ist zu punktuell und räumlich wie zeitlich zu sehr geteilt, um Entscheidungen beeinflussen zu können. Allein die kosmopolitische Öffentlichkeit kann zu demjenigen Ort werden, an dem die internationale Zivilgesellschaft einen öffentlichen Gebrauch von der Vernunft machen kann. Die Öffentlichkeit beeinflußt die Entscheidungsfindungen in bestehenden Institutionen; aber solche Institutionen mögen zum jetzigen Zeitpunkt noch nicht existieren oder wenn sie bestehen, dann möglicherweise nicht in einer Gestalt, welche die öffentliche Meinung international organisieren kann. In diesem Fall ist es Aufgabe der internationalen Vereinigungen, sich in der transnationalen Politik des Aufbaus kosmopolitischer Institutionen zu engagieren, so wie regionale Gruppen, die etwa genauso vielfältig sind, sich selbst in Öffentlichkeiten entstehender Nationen verwandelt haben. Wenn sie einmal um internationale Institutionen der Entscheidungsfindung herum organisiert ist, kann eine Öffentlichkeit aus demokratisch organisierten internationalen Vereinigungen den Ort der Souveränität im internationalen Bereich von den Nationen auf die Bürger zurückverlagern. Diese Bürger würden Weltbürger sein.

In komplexen Gesellschaften wird die öffentliche Auseinandersetzung nicht nur durch die mächtigen Institutionen des Staates vermittelt, sondern ebensosehr durch die Massenmedien, die die Fähigkeit besitzen, ein großes und unbeschränktes Publikum zu erreichen. So schwierig es ist, die Idee der demokratischen Partizipation vom Modell der Gemeindeversammlung zu trennen, so schwierig ist es, sich Öffentlichkeit vorzustellen, ohne sie nach dem Muster der Verbreitung von Gedrucktem zu bilden.[17] Es scheint ein geringes Maß an Interaktion zwischen Publikum und Medien zu geben, die jener ähnelt, welche die Verfassung zwischen Öffentlichkeit und staatlichen Institutionen garantiert. Gewiß besteht weniger Verantwortlichkeit der Bürger gegenüber den Bedeutungssystemen und Wirkungen, welche die Medien verkörpern. Dieser Mangel an öffentlicher Verantwortlichkeit bildet eine Drohung für Kants negatives Surrogat, die er unmöglich in Betracht ziehen konnte: das Problem besteht darin, daß Medieninstitutionen die einzigen Instrumente sind, die stark genug sind, eine kosmopolitische Öffentlichkeit zustande zu bringen, obwohl sie ihr gegenwärtig nicht angehören. Mit einigen Ausnahmen kümmern sich diese Institutionen weder um ihre kosmopolitische öffentliche Wirkung, noch halten sie sich selbst für einen Teil der internationalen bürgerlichen Gesellschaft. Nichtsdestoweniger können diese Medien als Kanäle gedacht werden, durch die an ein unbegrenzt großes Publikum appelliert werden kann und soziale Bewegungen für ihre gemeinsamen Probleme eine internationale öffentliche Aufmerksamkeit erlangen und formen können.

Worin besteht nun die Antwort auf Lippmans Frage; wo befindet sich die »Phantom«-Öffentlichkeit in komplexen, pluralistischen und kosmopolitischen Gesellschaften? Es ist sicherlich der Fall, daß die bürgerliche Öffentlichkeit durch die politischen Institutionen zum Zweck von Entscheidungen organisiert wird. Transnationale Institutionen müssen so konstruiert sein, daß sie eine solche Funktion für die internationale Zivilgesellschaft übernehmen können. Die kosmopolitische Weltöffentlichkeit ist nicht bloß eine Struktur, sondern ein fortlaufender Prozeß; es ist der Prozeß, durch den neu entstehende kollektive Aktoren sich an die Zuschauergalerie des Weltpublikums wenden können, um auf diese Weise zugleich die Institutionen zu verändern, welche Öffentlichkeit als Mehrheit organisieren. Weltbürgerliche Gesellschaftskritiker und internationale kollektive Aktoren mögen an der Entstehung neuer Öffentlichkeiten teilhaben; sie halten so die Demokratie lebendig und ihre beschlußfassenden Einrichtungen flexibel. Die enge Verbindung zwischen der Entstehung neuer Öffentlichkeiten und Veränderungsprozessen sollte

17 Habermas, *Strukturwandel der Öffentlichkeit*, Kapitel II: »Soziale Strukturen der Öffentlichkeit«, a a.O., S. 86 ff.

nicht überraschen. Um demokratisch und offen für aus dem Volk kommende Erneuerung zu sein, benötigen komplexe Großgesellschaften institutionelles Lernen in offenen, dynamischen und pluralistischen Formen der Entscheidungsfindung. Auch wenn Neuerungen innerhalb internationaler nichtstaatlicher Organisationen und freiwillig gebildeter Vereinigungen beginnen, schaffen sie dennoch das kommunikative Netzwerk, das für eine Weltöffentlichkeit notwendig ist, in der alle Bürger an globaler Planung und Selbstregierung teilnehmen können. Solche Planung ist möglicherweise der einzige Weg, um kooperative Vereinbarungen für die drängenden wirtschaftlichen und ökonomischen Probleme zu erreichen, deren wechselseitige Abhängigkeiten es unmöglich machen, daß sie von einer bestimmten Gruppe von Institutionen allein gelöst werden könnten. Diese Vereinbarungen werden in dem Maße geschmiedet, wie die vielen Öffentlichkeiten der kosmopolitischen Bürger in Momenten transnationaler, gleichwohl demokratischer Souveränität verbunden werden.

Schluß

Eine der Haupteinsichten des »Ewigen Friedens« besteht darin, daß nicht-intentionale, aber öffentlich wirkende Mechanismen die Entstehung einer internationalen institutionellen Verflechtung unvermeidbar machen. Die Analyse, die ich gerade entfaltet habe, setzt soziale und historische Prozesse der Globalisierung an die Stelle von Kants Naturteleologie, Prozesse, die bereits eine Form von Weltbürgerrecht zum notwendigen Bestandteil multiethnischer und multikultureller Staaten erheben. Zwei Hauptprobleme müssen von den Bürgern einer solchen Öffentlichkeit noch gelöst werden. Das erste Problem liegt in dem Konfliktpotential, das eine unvermeidliche Folge des kulturellen Pluralismus darstellt. In solchen Öffentlichkeiten kritisieren Bürger nicht bloß die bestehenden Macht- und Herrschaftsverhältnisse, sondern sie versuchen einander zu verstehen und anzuerkennen; und sie erarbeiten friedlich Lösungen ihrer Konflikte. Solche Lösungen müssen zwei wesentliche Bedingungen erfüllen: sie müssen die Verschiedenheit und Pluralität erhalten, die für eine kosmopolitische Ordnung nötig ist, während sie zur gleichen Zeit auf der Grundlage von Öffentlichkeit gemeinsames Bürgerrecht und übergreifende Übereinstimmungen zwischen verschiedenen Gruppen ermöglichen müssen. Auf diesem Weg kann das Weltbürgerrecht das Problem des Konfliktes lösen, zumindest so weit, als sich ein Raum eröffnet, in dem Bürger dazu kommen können, einander zu verstehen, ihre Unterschiede herauszuarbeiten und neue Institutionen zu schaffen, deren Entscheidungen durch die vielen Öffentlichkeiten der internationalen Zivilgesellschaft beeinflußt werden können.

Das zweite Problem ist möglicherweise schwerer zu lösen: wie demokratische Souveränität im kosmopolitischen Maßstab durchgesetzt und dann praktiziert werden kann. Es scheint, daß solche Institutionen durch Mächte eingesetzt werden müßten, die noch größer als Nationalstaaten wären, wenn sie internationale Probleme lösen sollen, wie die gegenwärtigen ökologischen und ökonomischen Krisen. Die hauptsächliche Verantwortung von föderalen Institutionen liegt darin, Bedingungen einer Weltöffentlichkeit zu schaffen und der internationalen bürgerlichen Gesellschaft zu gestatten, sich zu entfalten. Die kosmopolitische Öffentlichkeit wird ebenso der Ort sein, politische Formen der Kooperation zu erarbeiten, die benötigt werden, um solche Probleme zu lösen und um Mechanismen zur Begrenzung mächtiger Institutionen zu entwickeln, die internationale Probleme nur erfolgreich lösen könnten um den Preis, daß sie gegenwärtige Formen demokratischer Souveränität erdrückten. Mein Argument lautet, daß das Problem demokratischer Souveränität gelöst werden kann durch internationale kollektive Akteure, die aus der bürgerlichen Gesellschaft erwachsen und die die Aufmerksamkeit der kosmopolitischen Öffentlichkeit erlangen können.

Ahistorisch betrachtet scheinen die Problem der Etablierung der erforderlichen Reihe internationaler Institutionen und einer freien und offenen Weltöffentlichkeit kaum zu bewältigen und übermäßig komplex. Diese Probleme erscheinen jedoch weniger erdrückend angesichts der Tatsache, daß eine Weltöffentlichkeit bereits existiert. Auf einer bestimmten Stufe und als Folge eines bestimmten historischen Prozesses der Globalisierung werden alle Öffentlichkeiten schließlich so pluralistisch, daß sie in der Tat schon kosmopolitisch sind. Das »negative Surrogat«, das Kant vorschlägt, kann dann seine Funktion in der Erhaltung des Friedens erfüllen, wenn jede bürgerliche Öffentlichkeit sich selbst als Teil der untereinander verbundenen Öffentlichkeiten der gesamten Menschheit ansieht und beginnt, sich selbst und ihre Institutionen entsprechend umzuformen. Der Föderalismus, der Frieden ermöglicht, ist der Bund der internationalen gesellschaftlichen Gemeinschaften innerhalb der kosmopolitischen Öffentlichkeit. Auf diese Weise ist weltbürgerliche Demokratie kein bloßes Ideal. Sie ist ebenso ein praktischer Weg zur Lösung von Problemen internationaler Kooperation, der zugleich die Dilemmata von Universalität und Partikularität vermeidet, die für so viele der gängigen Debatten über internationales Recht und Menschenrechte typisch sind. Wie Kants Vorschläge im *Ewigen Frieden*, so ist der strukturelle Rahmen für diese gegenwärtigen Institutionen durch diese Dilemmata stark beeinträchtigt worden, hauptsächlich, weil diese Institutionen niemals wirklich versucht haben, demokratische Legitimität als Basisprinzip des Weltbürgerrechts zu verankern. Es gibt aber keinen anderen Maßstab für Legitimität, der den Test der Öffentlichkeit bestehen kann. Eine solche demokratische Grundlage der internationalen Politik zu erreichen bleibt die Aufgabe der Weltbürger.

Übersetzt von Thomas M. Schmidt

Alfred Schmidt
Kants Geschichtsphilosophie und der neukantianische Sozialismus

I

Die Vernunftansicht der Weltgeschichte, betont Hegel, besteht darin, in ihrem Verlauf einen »allgemeinen Zweck« aufzusuchen, der zugleich der »Endzweck der Welt« ist; ihn muß unsere Vernunft erfassen, »die keinen besonderen endlichen Zweck zu ihrem Interesse machen kann, sondern nur den absoluten«. Daß »absolute Vernunft« die »Begebenheiten der Völker« durchherrscht, ist für Hegel onto-theologisch verbürgt. Diese »Wahrheit«, die er der *Wissenschaft der Logik* entnimmt, wird von ihm vorausgesetzt; »ihr Beweis ist die Abhandlung der Weltgeschichte selbst: sie ist das Bild und die Tat der Vernunft«[1], die allem Seienden Wert verleiht. Hegels Konstruktion schildert eine Geschichte, die auf jeder Stufe von der ewigen Gegenwart göttlichen Geistes zeugt und in der »das Wahre« zugleich das »schlechthin Mächtige«[2] ist.

Demgegenüber sehen wir uns am Ende des zwanzigsten Jahrhunderts, wie es in Horkheimers späten *Notizen* heißt, zurückverwiesen »auf allgemeine Formulierungen« etwa Kants vom »Endziel der weltbürgerlichen Geschichte«.[3] Damit werde das »richtige Denken ... wieder philosophischer, utopischer, nur diesmal als Rückgang«.[4] Angesichts der offenkundigen Ungewißheit, ob »das Absolute mit dem Ziel der Sehnsucht aller Wesen, das Gute mit der Utopie zusammenstimme«, erscheint es Horkheimer ratsam, auf Kants »unendliche Aufgabe« zu rekurrieren, und er fragt, ob nicht, da Hegels größere Folgerichtig-

1 G. W. F. Hegel, *Philosophie der Weltgeschichte*, Bd. I, hg. von Georg Lasson, Leipzig ³1944, S. 5.
2 Ebd.
3 Max Horkheimer, *Notizen 1950 bis 1969 und Dämmerung. Notizen in Deutschland*, herausgegeben von Werner Brede, Einleitung von Alfred Schmidt, Frankfurt am Main 1974, S. 79.
4 Ebd.

keit auf einem theologischen Gewaltstreich beruhe, »am Ende das ehrliche ›Postulat‹ und die regulative Idee unserer Lage angemessenere Ausdrücke wären, als der mit sich versöhnte Begriff«.[5]

Horkheimers Vorbehalte gegenüber geschichtsphilosophischer Selbstgewißheit, für die vorentschieden ist, was sich als immer fragwürdiger erweist: der gute Ausgang, belegen die Tendenz seines Spätwerks, von Hegel zu Kant zurückzukehren, dessen Lehre ihn schon zu Beginn seiner akademischen Laufbahn beschäftigt hatte. Geht Hegel, worauf es Horkheimer ankommt, vom »christlichen Gottesbegriff« aus, das heißt von der »Hypothese ..., daß die Versöhnung gewiß sei«, so ist der »theologische Charakter der Geschichte« auch bei Marx, seinem materialistischen Gegner, unübersehbar, bildet doch, wie Horkheimer hinzufügt, die »Einheit von theoretischer Einsicht und ihrer politischen ... Anwendbarkeit« das »Apriori seines Denkens«.[6] Aus den Prämissen beider Philosophen ergibt sich die unumstößliche Notwendigkeit der historischen Stufenfolge. Horkheimer dagegen erinnert angesichts der Erfahrungen des Jahrhunderts an die bescheideneren Erwägungen der Kantischen Geschichtsphilosophie. Für ihn ist Dialektik »kein Spiel, dessen Ausganges wir sicher wären«.[7]

Der späte Horkheimer verabschiedet sich nicht vom humanistischen Impuls seines Lebenswerks, wohl aber vom Glauben an die Möglichkeit eines weltgeschichtlichen Totalwissens. Ungewollt nimmt sein Rekurs auf Kant ein Motiv auf, das bereits in der Programm-Debatte der deutschen Sozialdemokraten zwischen der Jahrhundertwende und dem Ausbruch des Ersten Weltkriegs eine entscheidende Rolle gespielt hat; den philosophischen Kern der damals die Arbeiterbewegung in zwei Lager spaltenden Streitfrage: Reform oder Revolution? bildete die Alternative: Kant oder Hegel? Dabei ging es in erster Linie nicht um fachphilosophische Subtilitäten, sondern um die Einschätzung der gesellschaftlichen Situation, wie sie seit der Jahrhundertwende entstanden war. Am Geschichtsverlauf selbst ließ sich ablesen, daß »Wirklichkeit« und »Vernunft«, »Sein« und »Sollen« oder, politisch formuliert, »Bewegung« und »Endziel« des Sozia-

5 Ebd., S. 17.
6 Ebd.
7 Ebd.

lismus divergierten. Kautsky, der international anerkannte Lehrmeister, hatte im Erfurter Programm (1891) die Marxsche Konzeption zur theoretischen Grundlage der deutschen Sozialdemokratie erklärt und damit eine Orthodoxie begründet, die sich zunehmend als fragwürdig erwies. Die »mit eherner Notwendigkeit wirkenden und sich durchsetzenden Tendenzen«[8], die Marx zufolge den baldigen Untergang der kapitalistischen Produktionsweise herbeiführen sollten, widersprachen dem tatsächlichen Befund. Von einer wissenschaftlich nachweisbaren »Naturnotwendigkeit des endlichen Sieges des Proletariats«[9], wie Kautsky sie verkündete, konnte keine Rede sein. In dieser Situation mußte Bernsteins Auftreten, das von orthodoxer Seite als Klassenverrat gebrandmarkt wurde, eine ebenso heftige wie prinzipielle Debatte auslösen. Diese wurde, wie in der neueren Literatur dargetan wird, gerade von jenen, die sich auf die Wissenschaftlichkeit des Sozialismus beriefen, »nicht argumentativ als wissenschaftlicher Meinungsstreit geführt, sondern als Glaubenskrieg zwischen antagonistischen Klassen und deren Ideologien«.[10] Die »fundamentalistischen« Aspekte des Marxismus der Vorkriegszeit sind heute offensichtlich.[11]

Nach dem Zusammenbruch der kommunistischen Staatenwelt, der auch die Epoche des weltanschaulich kanonisierten Marxismus beendet hat[12], stellt sich die (schon vor 1914 unabweisbare)

8 Karl Marx / Friedrich Engels, *Ausgewählte Schriften,* Bd. I, Berlin 1964, S. 420.

9 Karl Kautsky, *Das Erfurter Programm in seinem grundsätzlichen Teil erläutert*, Stuttgart 1910, S. 228. – Freilich beruhen Kautskys zuversichtliche Formulierungen keineswegs bloß auf einer vergröbernden Interpretation der Marx-Engelsschen Geschichtsauffassung. Marx betrachtet im *Kapital* die »Entwicklung der ökonomischen Gesellschaftsformation« als »naturgeschichtlichen Prozeß« (*Ausgewählte Schriften*, Bd. I, a.a.O., S. 422), und Engels betont, Marx behandle die ökonomischen Verhältnisse nach einer »ganz neuen, materialistischen, naturgeschichtlichen Methode« (Marx/Engels, *Werke*, Bd. 16, Berlin 1962, S. 226).

10 Horst Heimann, »Marxismus als Fundamentalismus?«, in: *Fundamentalismus in der modernen Welt*, hg. von Thomas Meyer, Frankfurt am Main 1989, S. 218.

11 Vgl. hierzu Susanne Miller, »Fundamentalistische Tendenzen in der frühen Arbeiterbewegung«, in: ebd., S. 198.

12 Vgl. zu Ort und Funktion dieses sich monolithisch darstellenden

Frage *neu*, ob es tragfähig bleibende, bewahrenswerte Elemente der Gesellschaftslehre von Marx und Engels gibt. Schon deshalb erscheint es angebracht, die erkenntniskritischen, in der Bernstein-Debatte erörterten Gesichtspunkte nochmals zu überprüfen. Die moralischen Defizite, die beim Zerfall der polizeistaatlich abgesicherten Rechtgläubigkeit auf erschreckende Weise zutage getreten sind, werfen zudem die Frage nach der Möglichkeit (oder Notwendigkeit) eines nicht nur *wissenschaftlich*, sondern auch *ethisch begründeten* Sozialismus neu auf.[13]

Die Kernpunkte des Revisionismusstreits haben die sozialdemokratischen Programmdebatten lange beherrscht.[14] Seine Aktualität auch nach der »Wende« ergibt sich aus der bedenkenswert bleibenden Kritik Bernsteins am *objektivistischen* Modell der gesellschaftlichen Entwicklung. Sie verwarf ebenso die »idealistisch-dialektische, in Wahrheit utopisch-messianische Geschichtstheorie«[15] des klassischen Marxismus wie dessen flach-evolutionistische Interpretation durch Kautsky und seine Anhänger. Bernsteins neukantianische »Revision« des seinerzeit geltenden Lehrbestands erfolgte unter erkenntnistheoretischem und moralischem Aspekt. Sein noch immer lesenswertes Buch *Die Voraussetzungen des Sozialismus und die Aufgaben der Sozialdemokratie* (1899) zielte darauf ab, »durch Bekämpfung der Reste utopistischer Denkweise in der sozialistischen Theorie das realistische wie das idealistische Element in der sozialistischen Bewegung gleichmäßig zu stärken«.[16] Das »geschichtliche *Recht* und *Ziel*« des proletarischen Kampfes ergab sich Bernstein zufolge nicht aus fertigen Formeln, sondern aus den »ge-

Lehrgebäudes den Sammelband *Der Marxismus in seinem Zeitalter*, hg. von Helmut Fleischer, Leipzig 1994.

13 Über den jüngsten Stand der Diskussion dieser Frage unterrichtet der von Helmut Holzhey herausgegebene Sammelband *Ethischer Sozialismus. Zur politischen Philosophie des Neukantianismus*, Frankfurt am Main 1994.

14 Die noch immer instruktivste Darstellung der verwickelten philosophie- und parteigeschichtlichen Zusammenhänge bietet das Werk von Karl Vorländer, *Kant und Marx*, Tübingen ²1926.

15 Max Horkheimer, *Zur Kritik der instrumentellen Vernunft*, hg. von Alfred Schmidt, Frankfurt am Main 1967, S. 221.

16 Eduard Bernstein, *Die Voraussetzungen des Sozialismus und die Aufgaben der Sozialdemokratie*, Reinbek bei Hamburg 1969, S. 14.

schichtlichen Daseinsbedingungen« der Arbeiterklasse. Diese hatte »*Ideale, aber keine Doktrinen* zu verwirklichen«.[17] Sozialdemokratische Politik – darin bestand das »A und O« des Bernsteinschen Buches – hatte mit einer »längeren Lebensdauer« und »stärkeren Elastizität«[18] der bürgerlichen Gesellschaftsordnung zu rechnen, als die »Katastrophentheorie«[19] des *Kommunistischen Manifests* anzunehmen bereit gewesen war.

II

Ehe wir Bernsteins Kritik am dogmatisch verhärteten Sozialismus näher betrachten, scheint es geboten, einen Blick auf jene Motive der Kantischen Geschichtsphilosophie zu werfen, auf die sich die Revisionisten bei ihrer Neuorientierung beriefen. In Kants Aufsatz *Idee zu einer allgemeinen Geschichte in weltbürgerlicher Absicht* (1784), behauptet etwa Conrad Schmidt, seien die »entscheidenden Züge« des am Hegel-Marxschen Geschichtsdenken Bewahrenswerten bereits »viel einfacher und klarer ... herausgearbeitet und merkwürdig frei von aller Einmischung schwärmender Ideologie begründet worden«.[20] Weniger günstig urteilt Vorländer über Kants Aufsatz. Störend sei dessen (für das deutsche achtzehnte Jahrhundert kennzeichnende) »Verquickung« der »geschichtlich-kausalen« Betrachtungsweise mit »moralisch-teleologischen, ja mitunter selbst theologischen Gesichtspunkten«.[21] Wohl hüte sich Kant, ein willkürliches Eingreifen Gottes in den Ablauf der menschlichen Dinge vorauszusetzen. Aber er spreche von der »Vorsehung«, von einem »verborgenen Plan« der Natur, von ihrer »Absicht« und »Weisheit«. Kants »moralische Teleologie« (Medicus) erhebe die Frage des moralischen Fortschritts der Menschheit zur metaphysischen Frage nach dem »Sinn« der Geschichte.[22] Andererseits unter-

17 Ebd., S. 26.
18 Ebd.
19 Ebd., S. 9.
20 Conrad Schmidt, »Über die geschichtsphilosophischen Ansichten Kants«, in: *Sozialistische Monatshefte* 2 (1903), S. 684.
21 Vorländer, *Kant und Marx,* a.a.O., S. 7.
22 Vgl. ebd. – Vorländer geht es, wie Holzhey hervorhebt, gerade unter Kantischen Voraussetzungen, um eine klare Unterscheidung von

streicht Vorländer, daß Kant selbst zugibt, daß die moralische Idee, »wie der Weltlauf gehen müßte, wenn er gewissen vernünftigen Zwecken angemessen sein sollte«, zu romanhafter Phantasterei führen würde, wenn sie die »Bearbeitung der eigentlichen bloß *empirisch* abgefaßten Historie verdrängen wollte«.[23] Kant hält die übliche Art, Geschichte zu studieren, keineswegs für entbehrlich. Ihm geht es um eine zusätzliche Möglichkeit, einen neuen »Gesichtspunkt der Weltbetrachtung«.[24] Auch die Philosophie, erklärt er, hat ihren »Chiliasmus«; freilich einen, »zu dessen Herbeiführung ihre Idee, obgleich nur sehr von weitem, selbst beförderlich sein kann, der also nichts weniger als schwärmerisch ist«.[25]

Kant setzt voraus, daß die Tatsachen und Ereignisse, aus denen der Geschichtsverlauf resultiert, wie jedes andere Naturgeschehen allgemeinen Gesetzen gehorchen. Aber er begnügt sich nicht damit, die Reihe der Daten nach deren zeitlicher oder ursächlicher Zusammengehörigkeit lediglich zu ordnen, sondern bezieht sie auf die ideelle Einheit eines ihr immanenten Telos. Derart, notiert Cassirer, »hebt« Kant »das historische Geschehen, in seiner Eigentümlichkeit und Selbständigkeit, aus dem gleichförmigen Strome des Werdens, aus dem Komplex der bloßen Naturursachen und Naturwirkungen heraus«.[26] Es entsteht eine Geschichte, von der sich, so Kant, vernünftigerweise vermuten läßt, daß sie »nicht ohne Plan und Absicht verfahre«. Obwohl es uns nicht vergönnt ist, den »geheimen Mechanism ihrer Veranstaltung« zu durchschauen, so gestattet uns doch die Idee ihres

Sein und Sollen: »Der moderne, sozialistisch denkende Kantianer gesteht das Recht der materialistischen ... Geschichtstheorie zu, sofern diese sich wissenschaftlich auf die Tatsachen der sozialgeschichtlichen Entwicklung und ihrer Erklärung beschränkt; der Kantianismus hat keine eigene Theorie der geschichtlichen Triebkräfte vorgelegt. Aber die Beschäftigung mit dem ›Warum‹ findet ihre notwendige Ergänzung in der Besinnung auf das ›Wozu‹, das heißt in einer ethischen Aufgabe. Zu dieser letzteren führt kein Weg von der ersteren, von der Suche nach gewissermaßen natürlichen Gesetzmäßigkeiten der Geschichte« (*Ethischer Sozialismus*, a.a.O., S. 22).

23 Kant, *Was ist Aufklärung? Aufsätze zur Geschichte und Philosophie*, hg. von Jürgen Zehbe, Göttingen 1967, S. 52, 53.

24 Ebd., S. 53.

25 Ebd., S. 50.

26 Ernst Cassirer, *Kants Leben und Lehre*, Berlin 1918, S. 241 f.

vernunftgemäßen Fortschreitens, »ein sonst planloses *Aggregat* menschlicher Handlungen, wenigstens im großen, als ein *System* darzustellen«.[27] Als heuristisches Prinzip dient Kant dabei der Grundsatz der »teleologischen Naturlehre«[28], daß sämtliche Anlagen eines Lebewesens dazu bestimmt sind, sich vollständig und zweckmäßig zu entfalten. Auf den Menschen als Subjekt seiner Geschichte angewandt, verlangt jener Grundsatz nach Kant, daß sich seine auf den Vernunftgebrauch abzielenden Naturanlagen stufenweise in der Gattung, nicht aber im Individuum vollständig entwickeln. Kant ist aus letztlich moralischen Gründen davon überzeugt, daß auch auf geschichtlichem Gebiet keine »zwecklos spielende«, sondern eine »gesetzmäßige ... Natur«[29] waltet, die sich im chaotischen Tun und Treiben der Menschen auf der Weltbühne nicht ohne weiteres zu erkennen gibt. Da die Philosophie *sub specie* des Gesamtprozesses bei den geschichtlich Handelnden »keine vernünftige *eigene Absicht* voraussetzen kann«, muß sie versuchen, »eine Naturabsicht in diesem widersinnigen Gange menschlicher Dinge [zu] entdecken«.[30] Die wenigen und mühevollen, aber unübersehbaren Schritte, die bisher »aus der Rohigkeit zur Kultur«[31] zurückgelegt wurden, bestärken Kant in der Hoffnung, daß dereinst »ein allgemeiner *weltbürgerlicher Zustand*, als der Schoß, worin alle ursprünglichen Anlagen der Menschengattung entwickelt werden, ... zu Stande kommen werde«.[32] Mit der Ausbildung der Talente, des Geschmacks und fortschreitender Aufklärung entsteht, so Kant, eine »Denkungsart, welche die grobe Naturanlage zur sittlichen

27 Kant, *Was ist Aufklärung?*, a.a.O., S. 52.

28 Ebd. S. 41. – Wenn Kant hier (im Gegensatz zur Mechanik) von »teleologischer Naturlehre« spricht, so ist zu beachten, daß seine Geschichtsphilosophie, mit Cassirer zu reden, »nur ein einzelnes Glied (bildet) innerhalb seines allgemeinen Systems der Teleologie« (a.a.O., S. 241). Erst dessen Entfaltung in den ethischen Werken und in der *Kritik der Urteilskraft* (§§ 68, 78, 79, 80 ff.; vor allem § 83: Von dem letzten Zwecke der Natur als eines teleologischen Systems) gestattet einen wirklichen Überblick über die Grundfragen von Kants historischer Teleologie.

29 Kant, *Was ist Aufklärung?*, a.a.O., S. 41.

30 Ebd.

31 Ebd., S. 44.

32 Ebd., S. 51. – Hierzu paßt Kants vorbehaltlose Sympathie für die großen Sozialutopien seit Platon; vgl. hierzu Vorländer, a.a.O., S. 5 f.

Unterscheidung mit der Zeit in bestimmte praktische Prinzipien, und so eine *pathologisch*-abgedrungene Zusammenstimmung zu einer Gesellschaft endlich in ein *moralisches* Ganze verwandeln kann«.[33]

Bezieht Hegels retrospektive Geschichtsphilosophie sich allein auf das, »was ist, was gewesen ist, die Begebenheiten und Taten«[34], so fragt der Aufklärer Kant nach Fortgang und Ziel des historischen Prozesses. Folgt für Hegel dessen immanente Vernünftigkeit aus dem theologisch verbürgten »Endzweck der Welt«[35], so geht Kant wesentlich vorsichtiger zu Werke. Er hält es, wie er in der Abhandlung *Mutmaßlicher Anfang der Menschengeschichte* (1786) erklärt, keineswegs von vornherein für ausgemacht, »daß der Weg, den Philosophie nach Begriffen nimmt, mit dem, welchen die Geschichte angibt, zusammentreffe«.[36] Kant zieht es deshalb vor, sich an einem »durch Vernunft an Erfahrung geknüpften Leitfaden«[37] zu orientieren. Dieser bietet hinsichtlich des künftig Erwartbaren keine Gewißheit. Aber er gestattet es, den Geschichtsverlauf unter dem moralischen Aspekt des gattungsmäßigen Fortschreitens »vom Schlechten zum Besseren«[38] zu betrachten. »Man kann«, so lautet Kants Kardinalthese, »die Geschichte der Menschengattung im großen als die Vollziehung eines verborgenen Plans der Natur ansehen, um eine innerlich- und, zu diesem Zwecke auch äußerlich-vollkommene Staatsverfassung zu Stande zu bringen, als den einzigen Zustand, in welchem sie alle ihre Anlagen in der Menschheit völlig entwickeln kann.«[39] Müßten wir diese Anlagen als »vergeblich und zwecklos« betrachten, so würde das »alle praktische Prinzipien aufheben« und widerspräche deshalb der »Idee des Menschen«.[40]

Kant pflichtet Herder darin bei, daß die einzelnen Fortschritte

33 Kant, *Was ist Aufklärung?*, a.a.O., S. 44.
34 Hegel. *Philosophie der Weltgeschichte*, a.a.O., S. 3.
35 Ebd., S. 5.
36 Kant, *Was ist Aufklärung?*, a.a.O., S. 63. – Daher auch Kants teilweise Vorbehalte gegenüber dem naturalistischen Pantheismus von Herders *Ideen zur Philosophie der Geschichte der Menschheit.*
37 Kant, *Was ist Aufklärung?*, a.a.O.
38 Ebd., S. 68.
39 Ebd., S. 50.
40 Ebd., S. 42.

durch empirische Faktoren bedingt sind, weshalb der Zusammenhang der geschichtlichen Tatsachen nur nach dem Prinzip der natürlichen Entwicklung dargestellt werden kann.[41] Hinzutreten muß jedoch ein höherer Gesichtspunkt. Es genügt nicht, den Stoff der Geschichte lediglich zu zergliedern. Da der Mensch, ihr Subjekt, nicht nur der sinnlichen Welt angehört, sondern zugleich der übersinnlichen, muß seine Entwicklung auch *sub specie* des Zwecks, der Grundkategorie des Moralischen, eingeschätzt werden. Kants »philosophischer Versuch«[42], die Geschichte zu verstehen, setzt die Kenntnis der »Aufgabe« voraus, die ihr künftiger Verlauf bewältigen soll.[43] Ob die bisherigen Veränderungen Fortschritte oder Rückschritte waren, läßt sich daher nur unter diesem teleologischen Aspekt beurteilen. Der Naturalismus, der sich seiner insgeheim ebenfalls bedient, zielt ab auf Glückseligkeit; Kants Zweck der Geschichte, der mit der Bestimmung des Menschen zusammenfällt, ist dagegen moralisch: »die Erreichung einer allgemein das Recht verwaltenden bürgerlichen Gesellschaft«.[44]

Hieraus nun ergibt sich die Eigenart der Kantischen Stellungnahme zu der das Jahrhundert bewegenden Frage nach dem Verhältnis von Kultur und Natur. Die Verfechter des Eudämonismus beantworten sie dahingehend, daß es Ursprung und Zweck der Kultur sei, eine größere Glückseligkeit herbeizuführen, als die Natur von sich aus dem Menschen als sinnlichem Wesen zu gewähren imstande sei.[45] Mit Rousseau, über dessen Kulturbegriff er freilich hinausgeht, bezweifelt Kant die Haltbarkeit dieser These. Solange es nämlich dem Menschengeschlecht nicht ge-

41 Vorländer rühmt denn auch an Kants Geschichtsauffassung, daß unter der »Hülle« ihrer »moralteleologischen Betrachtungen« der »Entwurf einer rein *naturwissenschaftlich* gedachten *Entwicklungsgeschichte* der Menschheit zum Vorschein« komme (*Kant und Marx*, a.a.O., S. 8).

42 Kant, *Was ist Aufklärung?*, a.a.O., S. 52.

43 Dabei ist Kant sich darüber im klaren, daß diese »Aufgabe ... die schwerste unter allen (ist); ja ihre vollkommene Aufklärung ist unmöglich: aus so krummem Holze, als woraus der Mensch gemacht ist, kann nichts ganz Gerades gezimmert werden. Nur die Annäherung zu dieser Idee ist uns von der Natur auferlegt« (a.a.O., S. 46).

44 Ebd., S. 45.

45 Vgl. hierzu Wilhelm Windelband, *Die Geschichte der neueren Philosophie*, Bd. II, Leipzig [4]1907, S. 147.

lungen ist, sich aus dem »chaotischen Zustande seiner Staatsverhältnisse« herauszuarbeiten, geschieht Fortschritt »unter dem betrüglichen Anschein äußerer Wohlfahrt«.[46] Rousseau, betont daher Kant, »hatte so Unrecht nicht, wenn er den Zustand der Wilden vorzog, so bald man ... diese letzte Stufe, die unsere Gattung noch zu ersteigen hat, wegläßt. Wir sind im hohen Grade durch Kunst und Wissenschaft *kultiviert*. Wir sind *zivilisiert*, bis zum Überlästigen, zu allerlei gesellschaftlicher Artigkeit und Anständigkeit. Aber, uns für schon *moralisiert* zu halten, daran fehlt noch sehr viel. Denn die Idee der Moralität gehört noch zur Kultur. ... Alles Gute aber, das nicht auf moralisch-gute Gesinnung gepfropft ist, ist nichts als lauter Schein und schimmerndes Elend.«[47]

Im Aufsatz *Mutmaßlicher Anfang der Menschengeschichte* kommt Kant auf Rousseaus kulturkritische Einsichten zurück, denen seine Geschichtsphilosophie wesentliche Anregungen verdankt. Rousseau erkennt, daß die bisherige Kultur den ihr zugeschriebenen eudämonistischen Zweck verfehlt, und sucht deshalb nach einem neuen Weg. Rousseaus frühe Diskurse, stellt Kant fest, zeigen »ganz richtig den unvermeidlichen Widerstreit der Kultur mit der Natur des menschlichen Geschlechts, als einer *physischen* Gattung, in welcher jedes Individuum seine Bestimmung erreichen sollte; in ... anderen Schriften sucht er ... das schwerere Problem aufzulösen: wie die Kultur fortgehen müsse, um die Anlagen der Menschheit, als einer *sittlichen* Gattung, zu ihrer Bestimmung gehörig zu entwickeln, so daß diese jener als Naturgattung nicht mehr widerstreite«.[48]

Kant greift Rousseaus Problem auf, behandelt es aber gemäß seiner Lehre vom Menschen als Bürger zweier Welten. Das verdeutlicht seine Distanz zur Herderschen Geschichtsphilosophie, die, inspiriert von Leibniz, einen allmählichen Hervorgang der sittlichen Welt aus bloßer Natur voraussetzt. Herder interpretiert die Kultur als Produkt natürlicher Notwendigkeit und hebt dabei die Kontinuität von Natur- und Menschengeschichte hervor.[49] Kant dagegen unterscheidet die vom Instinkt geleiteten,

46 Kant, *Was ist Aufklärung?*, a.a.O., S. 49.
47 Ebd.
48 Ebd., S. 68 f.
49 Vgl. Windelband, *Geschichte der neueren Philosophie*, Bd. I, a.a.O., S. 599; 601.

aus der »Rohigkeit«[50] herausführenden Schritte, das mit »Zivilisierung« einhergehende »Sittenähnliche«[51], von Kultur im Sinn bewußter, vernunftgemäßer Arbeit an der Geschichte. Dabei geht es ihm um die Verwirklichung der »Idee der Moralität«.[52] Sie allein liefert den Maßstab, der es gestattet, den historischen Prozeß als ein »*Fortschreiten* zur Vollkommenheit«[53] zu betrachten.

Von einem Naturzustand kann sinnvollerweise nur insofern die Rede sein, als man sich vorstellt, daß dem ursprünglichen, ausschließlich lustbetonten Triebleben jegliches Bewußtsein moralischer Pflichten gefehlt habe: »Ehe die Vernunft erwachte, war noch kein Gebot oder Verbot und also noch keine Übertretung.«[54] Für diesen Zustand paradiesischer Unschuld gibt es keinen empirischen Beleg. Nimmt man jedoch mit Kant, auch hierin Schüler Rousseaus, an, er sei der Kultur vorangegangen, so läßt das Faktum moralischen Bewußtseins sich aus jenem Zustand ungebrochener Instinktsicherheit nicht entwicklungsgeschichtlich ableiten. Die Erkenntnis des Sittengesetzes erfolgt schlagartig; es wird bewußt im Augenblick seiner Verletzung. Der erste, aus dem Paradies herausführende Schritt, der »mutmaßliche Anfang« der Weltgeschichte, war – sittlich gesehen – »ein *Fall*«, der »eine Menge nie gekannter Übel des Lebens« mit sich brachte. »Die Geschichte der *Natur*«, betont Kant, »fängt also vom Guten an, denn sie ist das *Werk Gottes*; die Geschichte der *Freiheit* vom Bösen, denn sie ist *Menschenwerk*.«[55] Empfindet das Individuum diesen »Übergang aus der Rohigkeit ... in die Menschheit« als Verlust, so erweist er sich für die Natur, »die ihren Zweck mit dem Menschen auf die Gattung richtet«[56], als Gewinn.

Kants Betrachtungsweise ist empirisch und philosophisch zugleich. Die »Geschichte der Freiheit in ihrem Fortgange«, unterstreicht er, kann »nur auf Nachrichten gegründet werden«.[57] Dem entspricht Kants Hinweis, wer sich seines apriorischen

50 Kant, *Was ist Aufklärung?*, a.a.O., S. 44.
51 Ebd., S. 49.
52 Ebd.
53 Ebd., S. 68.
54 Ebd.
55 Ebd.
56 Ebd.
57 Ebd., S. 62.

Leitfadens bediene, müsse »sehr geschichtskundig«[58] sein. Der utopisch-weltbürgerliche Entwurf eröffnet, ohne die Tatsachen zu vergewaltigen, eine »tröstende Aussicht in die Zukunft«; er läßt uns hoffen, schon im Diesseits »eine vollendete vernünftige Absicht anzutreffen«.[59] Festzuhalten dabei ist, daß dieser Entwurf eine *Idee* im Kantischen Sinn bleibt. Ihr Gegenstand ist weder empirisch gegeben noch willkürlich erdichtet. Gerechtfertigt ist sie durch praktische Vernunft: als eine dem Gang der Geschichte äußerliche Betrachtungsweise, die ihn jedoch einer höheren Bestimmung zuführen soll. Ethischer Idealismus und nüchterne Empirie finden so zueinander. Die Kantische Moral, unterstreicht Vorländer, »die von den meisten Marxisten so ängstlich perhorresziert wird, schließt eine streng *kausale Geschichtsauffassung*, welche die Welt nimmt, nicht wie sie sein *soll*, sondern wie sie wirklich *ist*, durchaus nicht aus. Im Gegenteil: gerade *weil* Kant Ideal und Wirklichkeit methodisch auseinanderhält, konnte er mit einer idealistisch gerichteten reinen Ethik eine wesentlich realistische Geschichts- und Sozialphilosophie verbinden.«[60]

III

In den programmatischen Auseinandersetzungen der Vorkriegszeit wird Kant von Vertretern des reformistischen Flügels der Sozialdemokratie geradezu als Geschichtsphilosoph des Sozialismus gefeiert.[61] So heißt es in dem bereits angeführten Aufsatz von Conrad Schmidt: Kants »Zutrauen zu der Natur, daß sie die Menschheit nicht zu einem ewig währenden Narrenspiele verurteilt habe, daß sie in dem bunten Wirrwarr der Erscheinun-

58 Ebd., S. 53.
59 Ebd.
60 Vorländer, *Kant und Marx*, a.a.O., S. 16. – Wenn Vorländer unbeschadet seiner insgesamt positiven Einschätzung der Kantischen Geschichtsphilosophie beanstandet, daß sie »unleugbar mit manchen außerhalb einer streng wissenschaftlichen Untersuchung liegenden moralteleologischen Betrachtungen verquickt« (ebd., S. 8), so drückt sich darin seine neukantianische Tendenz aus, jene keimhaft in Kant angelegten Momente zu eliminieren, die im spekulativen Idealismus wirksam werden sollten.
61 Ebd., vgl. S. 168 f.

gen ein Vernünftiges sich langsam heraufarbeiten lasse, lebt ganz ebenso auch in der materialistischen Geschichtsauffassung, sofern dieselbe, über die Erklärung des Gewesenen hinausgehend, den Aufstieg einer sozialistischen Gesellschaftsordnung aus den Kämpfen der Gegenwart prophezeit«.[62] Die hier hervorgehobene Parallelität, die sich auf Kants *Idee einer allgemeinen Geschichte in weltbürgerlicher Absicht* bezieht, läßt sich – gerade anhand dieses Aufsatzes – noch präziser belegen. Was Kant mit den Begründern des Marxismus verbindet, ist seine Einsicht in Grundsachverhalte des ökonomischen Getriebes der modernen Welt. Deren komplizierte Dynamik, so Kant, entspringt weder einem »*epikurischen* Zusammenlauf wirkender Ursachen«, noch gehorcht sie einem ihr innewohnenden Telos, das unsere Gattung »von der unteren Stufe der Tierheit ... allmählich bis zur höchsten Stufe der Menschheit«[63] führt. Auszugehen ist vielmehr davon, daß die geschichtlich Handelnden »nicht bloß instinktmäßig, wie Tiere, und doch auch nicht, wie vernünftige Weltbürger, nach einem verabredeten Plane, im ganzen verfahren«.[64] Hieraus ergibt sich ein Geschichtsverlauf, der uns zu nötigen scheint, »*Zweckmäßigkeit* der Naturanstalt in Teilen« bei «*Zwecklosigkeit* im Ganzen«[65] anzunehmen. Tatsächlich resultieren die Blindheit und Anonymität des objektiven Prozesses aus lauter bewußten Teilakten. Für Kant, der eine »planmäßige Geschichte« der Menschheit, obgleich erst in ferner Zukunft, für möglich hält, stellt sich hier die philosophische Frage, ob sich nicht eine »*Naturabsicht*« entdecken lasse, gemäß welcher »von Geschöpfen, die ohne eigenen Plan verfahren, dennoch eine Geschichte nach einem bestimmten Plane der Natur möglich sei«.[66] Eine vorläufige Antwort, erklärt Kant, liefert die Betrachtung des bisherigen Laufs der Dinge: »Einzelne Menschen und selbst

62 Conrad Schmidt, »Über die geschichtsphilosophischen Ansichten Kants«, a.a.O., S. 690. – Schmidt, einer der Gründer der *Sozialistischen Monatshefte*, gehört zu den wichtigsten Autoren, die bestrebt waren, die neukantianische Revision der traditionell-marxistischen Auffassungen mit Hilfe der Kantischen Geschichtsphilosophie abzustützen. Zu Schmidts Stellung innerhalb des kantianisierenden Revisionismus vgl. Vorländer, *Kant und Marx*, a.a.O., S. 154-166.

63 Kant, *Was ist Aufklärung?*, a.a.O., S. 48.

64 Ebd., S. 41.

65 Ebd., S. 48.

66 Ebd., S. 41.

ganze Völker denken wenig daran, daß, indem sie, ein jedes nach seinem Sinne und einer oft wider den andern, ihre eigene Absicht verfolgen, sie unbemerkt an der Naturabsicht, die ihnen selbst unbekannt ist, als an einem Leitfaden fortgehen, und an derselben Beförderung arbeiten, an welcher, selbst wenn sie ihnen bekannt würde, ihnen doch wenig gelegen sein würde.«[67]

Kants entwicklungsgeschichtliches Denken geht, ohne wissenschaftlichen Boden zu verlassen, im regulativen Sinn seiner *Kritik der Urteilskraft* über mechanische Kausalität hinaus. Dabei wird das Mechanische gleichsam zum Vehikel des Teleologischen. »Das Mittel«, sagt Kant, »dessen sich die Natur bedient, die Entwickelung aller ihrer Anlagen zu Stande zu bringen, ist der Antagonism derselben in der Gesellschaft, sofern dieser doch am Ende die Ursache einer gesetzmäßigen Ordnung derselben wird.«[68] Unter »Antagonism« versteht Kant, im Stil seines Jahrhunderts, einen anthropologisch vorgegebenen Sachverhalt: die *»ungesellige Gesellschaft«*[69] des Menschen. Er tendiert dazu, »sich zu *vergesellschaften«*, weil seine Naturanlagen sich im Zusammenwirken mit seinesgleichen am besten entfalten. Ebenso groß aber ist sein Hang, »sich zu *vereinzeln* (isolieren); weil er in sich ... die ungesellige Eigenschaft antrifft, alles bloß nach seinem Sinne richten zu wollen, und daher allerwärts Widerstand erwartet, so wie er von sich selbst weiß, daß er seinerseits zum Widerstande gegen andere geneigt ist«.[70]

Dieser Konflikt nun, so Kant, erweist sich als Motor der kulturgeschichtlichen Entwicklung, die »den gesellschaftlichen Wert des Menschen« ausmacht. Nicht die Moral unmittelbar, sondern der Egoismus, der den einzelnen antreibt, sich einen Rang unter seinen Mitgenossen zu verschaffen, »die er nicht wohl *leiden*, von denen er aber auch nicht *lassen* kann«, ermöglicht die schließliche Transformation der Gesellschaft in ein *»moralisches*

67 Ebd., S. 40 f. – Kant charakterisiert hier in seiner Terminologie jenen regulierenden Mechanismus des Spiels freihändlerisch entfesselter Kräfte, den Adam Smith als Wirken einer »unsichtbaren Hand« bezeichnet hat und der in Hegels *Philosophie der Weltgeschichte* (a.a.O., S. 83 f.) als »List der Vernunft« wiederkehren wird.
68 Kant, *Was ist Aufklärung?*, a.a.O., S. 43.
69 Ebd.
70 Ebd., S. 44.
71 Ebd.

Ganze«.[71] Ohne drückende, zur Arbeit zwingende Lebensnot, ohne unerfreuliche Eigenschaften wie »Ehrsucht, Habsucht oder Herrschsucht« – davon ist Kant überzeugt – käme die Menschheit nicht voran. Ihre Talente würden unterentwickelt schlummern. Sie könnte ihren Zweck als »vernünftige Natur«[72] in einem genügsamen und beschaulichen Schäferleben nicht erfüllen. Die natürlichen, viele Übel verursachenden Triebfedern des Menschen sind andererseits unentbehrliche Hebel des Fortschritts: »Alle Kultur und Kunst, welche die Menschheit zieret, die schönste gesellschaftliche Ordnung, sind Früchte der Ungeselligkeit, die durch sich selbst genötigt wird, sich zu disziplinieren, und so, durch abgedrungene Kunst, die Keime der Natur vollständig zu entwickeln.«[73]

Auf das wilde Jäger- und gemächliche Hirtenleben folgt mühevoller Ackerbau. Mit dem Übergang zu gesellschaftlicher Arbeit kommt es zu Zwietracht und Klassenverhältnissen. Es entsteht, wie Kants Aufsatz *Mutmaßlicher Anfang der Menschengeschichte* darlegt, die von Rousseau »mit vieler Wahrheit« beklagte »*Ungleichheit* unter den Menschen, und zwar nicht die der Naturgaben oder Glücksgüter, sondern des allgemeinen *Menschenrechts* derselben«.[74] Sie ist freilich »von der Kultur nicht abzusondern ..., so lange sie gleichsam planlos fortgeht (welches eine lange Zeit hindurch gleichfalls unvermeidlich ist), und zu welcher die Natur den Menschen gewiß nicht bestimmt hatte; da sie ihm Freiheit gab und Vernunft, diese Freiheit durch nichts als ihre eigene allgemeine und zwar äußere Gesetzmäßigkeit, welche das *bürgerliche Recht* heißt, einzuschränken«.[75]

72 Ebd.
73 Ebd., S. 45.
74 Ebd., S. 70. – Vgl. hierzu auch § 83 der *Kritik der Urteilskraft*, wo es heißt: »Die Geschicklichkeit kann in der Menschengattung nicht wohl entwickelt werden, als vermittelst der Ungleichheit unter Menschen; da die größte Zahl die Notwendigkeiten des Lebens gleichsam mechanisch, ohne dazu besonders Kunst zu bedürfen, zur Gemächlichkeit und Muße anderer, besorget, welche die minder notwendigen Stücke der Kultur, Wissenschaft und Kunst, bearbeiten, und von diesen in einem Stande des Drucks, saurer Arbeit und wenig Genusses gehalten wird, auf welche Klasse sich denn doch manches von der höheren nach und nach auch verbreitet« (*Werke*, Bd. X, 2, Wiesbaden 1957, S. 554 f.).
75 Kant, *Was ist Aufklärung?*, a.a.O., S. 70.

Immer wieder kommt Kant zurück auf die Grundfrage seiner Geschichtsphilosophie. Sie ist in deren »weltbürgerlicher Absicht« enthalten, den künftigen Geschichtsverlauf vernünftiger Einsicht und Kontrolle zu unterwerfen. Eben hierauf zielt auch der historische Materialismus ab, dessen Begründer mit Kants Urteil über den bisherigen Gang der Geschichte erstaunlich übereinstimmen. Das belegen zumal die in Engels' Altersbriefen erörterten Gesichtspunkte. In einem dieser Schreiben heißt es: »Die Menschen machen ihre Geschichte selbst, aber bis jetzt nicht mit Gesamtwillen nach einem Gesamtplan, selbst nicht in einer bestimmt abgegrenzten gegebenen Gesellschaft. Ihre Bestrebungen durchkreuzen sich, und in allen solchen Gesellschaften herrscht ebendeswegen die *Notwendigkeit*, deren Ergänzung und Erscheinungsform die *Zufälligkeit* ist. Die Notwendigkeit, die hier durch alle Zufälligkeit sich durchsetzt, ist ... schließlich die ökonomische.«[76] Anderswo erläutert Engels diese Konzeption folgendermaßen: Die Geschichte »macht sich ... so, daß das Endresultat stets aus den Konflikten vieler Einzelwillen hervorgeht, wovon jeder wieder durch eine Menge besonderer Lebensbedingungen zu dem gemacht wird, was er ist; es sind also unzählige einander durchkreuzende Kräfte, eine unendliche Gruppe von Kräfteparallelogrammen, daraus eine Resultante – das geschichtliche Ergebnis – hervorgeht, die selbst wieder als das Produkt einer, als Ganzes, *bewußtlos* und willenlos wirkenden Macht angesehen werden kann. Denn was jeder einzelne will, wird von jedem andern verhindert, und was herauskommt, ist etwas, das keiner gewollt hat. So verläuft die bisherige Geschichte nach Art eines Naturprozesses und ist auch wesentlich denselben Bewegungsgesetzen unterworfen.«[77]

Wie Kant bleibt Engels hierbei nicht stehen. Auch er sieht die Menschheit vor der Aufgabe, die bloße Naturwüchsigkeit ihrer Verhältnisse zu ersetzen durch deren bewußte Gestaltung. »Die Natur«, schreibt Engels, »hat Millionen Jahre gebraucht, um bewußte Lebewesen hervorzubringen, und nun brauchen diese bewußten Lebewesen Tausende von Jahren, um bewußt zusammen zu handeln; bewußt nicht nur ihrer Handlungen als Individuen,

76 Engels an Heinz Starkenburg, Brief vom 25. Januar 1894, in: Marx/Engels, *Ausgewählte Briefe*, Berlin 1953, S. 560.
77 Engels an Joseph Bloch, Brief vom 21./22. September 1890, in: ebd., S. 503.

sondern auch ihrer Handlungen als Masse; zusammen handelnd und gemeinsam ein im voraus gewolltes gemeinsames Ziel verfolgend. Jetzt haben wir das beinahe erreicht. Und diesen Prozeß zu beobachten, diese sich nähernde Herausbildung von etwas in der Geschichte unserer Erde noch nie Dagewesenem scheint mir ein Schauspiel, das des Betrachtens wert ist ... Aber es ist ermüdend, besonders wenn man glaubt, daß man berufen ist, an diesem Prozeß mitzuwirken«.[78] Engels' ohnehin vorsichtiger Optimismus wird gedämpft durch die Einsicht, daß die materialistisch-dialektische Entwicklungstheorie hinsichtlich der Zukunft politisch verbindliche Voraussagen nicht gestattet. Die »ökonomischen Gesetze«, belehrt er Conrad Schmidt, sind objektiv zu verstehen; sie haben jedoch »keine andre Realität als in der Annäherung, der Tendenz, im Durchschnitt, aber nicht in der *unmittelbaren* Wirklichkeit«.[79] Das schmälert ihren prognostischen Wert. »Die ganze Anschauungsweise von Marx«, stellt Engels denn auch in einem Brief an Sombart fest, »ist nicht eine Doktrin, sondern eine Methode. Sie gibt keine fertigen Dogmen, sondern Anhaltspunkte zu weiterer Untersuchung und die Methode für diese Untersuchung.«[80] Indem Engels, ohne den historischen Materialismus preiszugeben, durchblicken läßt, daß er mit einem baldigen Zusammenbruch der kapitalistischen Ordnung nicht rechnet, wird sein Alterswerk – so stellt es sich heute dar – zu einer der theoretischen Quellen des Revisionismus.

IV

Vorländer gegenüber spricht Bernstein von »einer ganzen Reihe von Einflüssen«, die ihn, den langjährigen Schüler von Marx und Engels, »*nach und nach* dem Kantianismus zuführten«.[81] Wichtig für diesen Wandel seines Selbstverständnisses waren zunächst Langes Schriften, dessen Biographie von Ellissen und Cohens

78 Engels an George William Lamplugh, Brief vom 11. April 1893, in: Marx/Engels, *Werke*, Bd. 39, Berlin 1968, S. 63.
79 Engels an Conrad Schmidt, Brief vom 12. März 1895, in: Marx/Engels, *Ausgewählte Briefe*, a.a.O., S. 582.
80 Engels an Werner Sombart, Brief vom 11. März 1895, in: Marx/Engels, *Werke*, Bd. 39, a.a.O., S. 428.
81 Vorländer, *Kant und Marx*, a.a.O., S. 176.

Aufsatz »Ethik und Politik«[82], der durch neue Akzente die Diskussion über den marxistischen Sozialismus stark beeinflußte.[83] Schärfere Konturen gewinnt Bernsteins veränderte Denkweise in seinem Artikel »Das realistische und das ideologische Moment im Sozialismus« (1898).[84] Hier spricht er unverblümt aus, daß die akademische Parole »›Zurück auf Kant‹ bis zu einem gewissen Grade auch für die Theorie des Sozialismus zu gelten habe«.[85] Der transzendentale Idealist, heißt es hier, sei »faktisch ein sehr viel strengerer Realist« gewesen als »sehr viele Bekenner des sogenannten naturwissenschaftlichen Materialismus«[86], dessen Anhänger neuerdings immer häufiger dazu neigten, sich erkenntnistheoretisch auf Kantischem Boden zu bewegen. Es bestreite zudem niemand, daß die utopistischen Anfänge der sozialistischen Lehre rein ideologisch waren. Auch Anhänger der materialistischen Geschichtsauffassung kämen nicht umhin, »idealen Mächten« reale, nämlich politische Wirksamkeit zuzusprechen.[87] Schon das vom Marxismus vorausgesetzte Interesse sei »von vornherein mit einem sozialen oder ethischen Element versehen und insofern nicht nur ein intelligentes, sondern auch ein *moralisches* Interesse«, dessen »Idealität«[88] neben den materiellen Triebkräften des historischen Prozesses Eigenrecht beanspruchen könne. Auch die »proletarischen Ideen« über Staat, Gesellschaft, Ökonomie und Geschichte seien »notgedrungen ideologisch gefärbt«.[89]

Bernsteins vier Jahre nach Engels' Tod erscheinende Schrift *Die Voraussetzungen des Sozialismus und die Aufgaben der Sozialdemokratie* entfacht einen Sturm der Entrüstung. Der Widerstand der kautskyanischen Orthodoxie gegen den hier von Bern-

82 Ebd., vgl. S. 118 ff.
83 Zu nennen ist hier ferner Hermann Cohens Schrift *Kants Begründung der Ethik*, Berlin ²1910, wo es heißt: »In der geschichtlichen Idee der Menschheit, ihrer Aufgaben und Ziele liegt der Schwerpunkt der reinen Ethik; liegt der Quellpunkt für deren allseitige reine Anwendung« (S. 556).
84 *Die Neue Zeit* XVI, 2, S. 225 ff.
85 Ebd., S. 226 (Anm.).
86 Ebd., S. 227.
87 Ebd., vgl. S. 229.
88 Ebd., S. 230.
89 Ebd., S. 231.

stein weitergeführten Versuch, die moralphilosophische Lücke des Marxismus zu schließen, wird verständlich, wenn man bedenkt, daß schon dessen Begründer jeden sachlichen Zusammenhang ihrer Lehre mit sittlichen Normen leugnen.[90] In einem Brief von 1877 beklagt Marx sich über einen »faule[n] Geist«, der sich neuerdings in der Partei geltend mache. Eine »Bande halbreifer Studiosen und überweiser Doctores«, die »dem Sozialismus eine ›höhere, ideale‹ Wendung« geben möchte, wolle dessen »materialistische Basis (die ernstes objektives Studium erheischt, wenn man auf ihr operieren will)... ersetzen durch moderne Mythologie, mit ihren Göttinnen der Gerechtigkeit, Freiheit, Gleichheit und fraternité«.[91] Engels' *Anti-Dühring* hebt den klassenideologischen Aspekt aller Moral hervor. Sein radikaler Historismus verwirft jede als »ewiges, endgültiges, fernerhin unwandelbares Sittengesetz« auftretende »Moraldogmatik«. Völlig abwegig ist für Engels die Annahme, »die moralische Welt habe ihre bleibenden Prinzipien, die über der Geschichte und den Völkerverschiedenheiten stehn«.[92] Für Kautsky schließlich ist der Bereich des Moralischen, wie seine Schrift *Ethik und materialistische Geschichtsauffassung* (1906) darlegt, stets nur »*Objekt* der Wissenschaft«; diese hat »die sittlichen Triebe wie die sittlichen Ideale zu erforschen und begreiflich zu machen«.[93] Irgendwelche Weisungen empfängt sie von der Ethik nicht. Im wissenschaftlichen Sozialismus, erklärt Kautsky, verwandelt das weltgeschichtliche Endziel sich »aus einem sittlichen Ideal in ein ökonomisches«.[94]

Wenn demgegenüber der »Fabier« Bernstein neben den »Wissenschaftselementen«[95] der marxistischen Gesellschaftslehre auch »Ideale« und »ethische Bedürfnisse«[96] der Arbeiterklasse

90 Vgl. hierzu Alfred Schmidt, »Ethik und materialistische Geschichtsphilosophie – Komplement oder Korrektiv?«, in: *Ethischer Sozialismus*, a.a.O., S. 73-81.

91 Marx an Friedrich Albert Sorge, Brief vom 19. November 1877, in: Marx/Engels, *Ausgewählte Briefe*, a.a.O., S. 364; 365.

92 Engels, *Herrn Eugen Dührings Umwälzung der Wissenschaft* (»Anti-Dühring«), Berlin [13]1960, S. 113.

93 Kautsky, *Ethik und materialistische Geschichtsauffassung*, Bonn-Bad Godesberg 1973, S. 141.

94 Ebd., S. 142.

95 Bernstein, *Die Voraussetzungen des Sozialismus*, a.a.O., vgl. S. 29 ff.

96 Ebd., S. 26.

gelten läßt, so reflektiert sich darin nicht nur der Einfluß des Neukantianismus, sondern, wichtiger noch, die seit der Jahrhundertwende veränderte Situation. Sie nötigt Bernstein, von apodiktischen und deshalb mißverständlichen Formulierungen des historischen Materialismus abzurücken. Zu ihnen gehört Marxens Vorwort der Schrift *Zur Kritik der politischen Ökonomie* (1859), das »Bewußtsein und Wollen der Menschen« zu einem »der materiellen Bewegung sehr untergeordnete[n] Faktor«[97] herabsetzt. Den Engelsschen Altersbriefen, die weniger einseitige Interpretationen vorschlagen, entnimmt Bernstein, daß der historische Materialismus eine »Eigenbewegung politischer und ideologischer Mächte« keineswegs leugnet, sondern nur die »Unbedingtheit dieser Eigenbewegung« bestreitet; er »zeigt, daß die Entwicklung der ökonomischen Grundlagen des Gesellschaftslebens ... schließlich doch auf die Bewegung jener Mächte den stärkeren Einfluß übt«.[98]

Aus diesem eher heuristischen Verständnis des marxistischen Materialismus ergibt sich für Bernstein, daß der »Sieg des Sozialismus« nicht unbedingt von dessen »immanenter ökonomischer Notwendigkeit« abhängig gedacht werden müsse, weshalb es weder möglich noch erforderlich sei, »ihm eine rein materialistische Begründung zu geben«.[99] Dazu besteht für Bernstein um so weniger Anlaß, als die unterdessen real erreichte Stufe der gesellschaftlichen Entwicklung »den ideologischen und insbesondere den ethischen Faktoren einen größeren Spielraum (läßt), als dies vordem der Fall war«.[100] Deshalb setzen die Naturnotwendigkeiten des jetzt besser beherrschten ökonomischen Seins sich im Kulturbereich nur noch in höchst vermittelter Form durch. Angesichts dieser neuen, noch keineswegs bewältigten

97 Ebd., S. 34.
98 Ebd., S. 36; vgl. hierzu auch S. 41, wo Bernstein seine Überlegungen zur Kategorie »historische Notwendigkeit« folgendermaßen resümiert: Ökonomische Geschichtsauffassung heißt »nur, daß die Ökonomie die immer wieder entscheidende Kraft, den Angelpunkt der großen Bewegungen in der Geschichte bildet. ... Der philosophische oder naturwissenschaftliche Materialismus ist streng deterministisch, die marxistische Geschichtsauffassung aber mißt der ökonomischen Grundlage des Völkerlebens keinen bedingungslos bestimmenden Einfluß auf dessen Gestaltungen zu.«
99 Ebd., S. 209.
100 Ebd., S. 38.

Situation ist Bernstein davon überzeugt, »daß der Sozialdemokratie ein Kant not tut, der einmal mit der überkommenen Lehrmeinung mit voller Schärfe kritisch-sichtend ins Gericht geht, der aufzeigt, wo ihr scheinbarer Materialismus die höchste und darum am leichtesten irreführende Ideologie ist, daß die Verachtung des *Ideals*, die Erhebung der materiellen Faktoren zu den omnipotenten Mächten der Entwicklung Selbsttäuschung ist, die von denen, die sie verkünden, durch die Tat bei jeder Gelegenheit selbst als solche aufgedeckt ward und wird«.[101]

Bernstein ist es darum zu tun, der Wirklichkeit wieder zu ihrem Recht zu verhelfen, sie zu befreien von einem ihr dogmatisch auferlegten Entwicklungsschema, das mit wissenschaftlichem Anspruch auftritt. Mit der kritischen Überprüfung dieses Anspruchs verbindet Bernstein das politische Ziel, die Sozialdemokratie von einer überlebten, auch irreführenden »Phraseologie«[102] zu emanzipieren. Die Partei, erklärt Bernstein, muß end-

101 Ebd., S. 217.

102 Die revolutionäre Rhetorik des Kautskyanismus, auf die Bernstein hier anspielt, schien, worauf die Studie von Walter Holzheuer hinweist, einigermaßen widersprüchlich: »Sie betonte die unüberbrückbare Feindschaft zur bestehenden Ordnung – aber verwarf doch jeden Versuch einer aktiven Umwälzung. Sie proklamierte den Kampf mit friedlichen Methoden – aber verdammte doch jeden Versuch einer wirklichen Aussöhnung. Sie betonte die Notwendigkeit praktischer Alltagsarbeit – aber meinte doch nur die Stärkung der Kampfposition erreichen zu können. Die Widersprüchlichkeiten werden erst einsichtig auf dem Hintergrund des festen Glaubens an die ›Macht der Entwicklung‹. Die Konzeption der Naturnotwendigkeit der Entwicklung dient als Alibi; sie verlegt die Revolution als apokalyptisches Elementarereignis in die ungewisse Zukunft. Ihr Kommen, das immer unmittelbar bevorzustehen scheint, ist eine feste Gewißheit der Gläubigen. Das revolutionäre Element der Bewegung war damit zur Sache des Bewußtseins geworden: nicht mehr im Handeln, sondern nur im rechten Bewußtsein drückt sich die richtige ideologische Stellung aus, die im Falle Kautskys als ›psychologischer Revolutionismus‹ bezeichnet werden könnte« (*Karl Kautskys Werk als Weltanschauung. Beitrag zur Ideologie der Sozialdemokratie vor dem Ersten Weltkrieg*, München 1972, S. 52. Zur Diskrepanz von Theorie und Praxis in der Sozialdemokratie der Vorkriegsjahre vgl. auch Hermann Lübbe, *Politische Philosophie in Deutschland. Studien zu ihrer Geschichte*, Basel/Stuttgart 1963, S. 121 ff.).

lich den Mut finden, »das scheinen zu wollen«, was sie faktisch längst ist: »eine demokratisch-sozialistische Reformpartei«.[103] Bernsteins theoretisches wie politisches Interesse gilt denn auch nach seiner Rückkehr aus dem Londoner Exil weiterhin den gedanklichen Grundlagen des Sozialismus. Sein berühmter, 1901 in Berlin gehaltener Vortrag *Wie ist wissenschaftlicher Sozialismus möglich?* bekennt sich schon im Titel zu Kant. Bernstein will seine Frage im »kritischen *Geiste*« stellen, »der gegen den alles theoretische Denken untergrabenden Skeptizismus ebenso entschieden gerichtet ist, wie gegen den allezeit fertigen Dogmatismus«.[104] Er erinnert an die erkenntniskritische Note der Kantischen Philosophie und schlägt den neuen Terminus »kritischer Sozialismus«[105] vor.

Bernstein ist sich darüber im klaren, daß die Beantwortung seiner Frage davon abhängt, was man unter »Wissenschaft« versteht. Daher seine (in der damaligen Debatte umstrittenen) Versuche begrifflicher Selbstverständigung. Bernsteins erste Definition lautet, Wissenschaft sei »lediglich das systematisch geordnete Wissen«, das heißt »Erkenntnis der wahren Beschaffenheit und Beziehungen der Dinge«.[106] Anderswo sieht er in der Empirie den »Grundstein jeder echten Wissenschaft«; diese ist gebunden an »schon Festgestelltes«, ist »Erkenntnis des Tatsächlichen«.[107] Er erwähnt die Unentbehrlichkeit von Hypothesen[108] und führt aus, daß die Wissenschaft »nie abgeschlossen« ist und die Aufgabe hat, das »gesetzmäßig Notwendige«[109] zu ermitteln.

Näher an sein Problem heran führt Bernsteins Unterscheidung »zwischen wissenschaftlich formulierten Theorien oder Doktrinen und der Wissenschaft selbst«.[110] Durch wissenschaftliche Form allein werde ein Lehrgebäude noch nicht zur Wissenschaft, »wenn seine Voraussetzungen und Zwecke außerhalb der ten-

103 Bernstein, *Die Voraussetzungen des Sozialismus und die Aufgaben der Sozialdemokratie*, a.a.O., S. 196.
104 Bernstein, *Wie ist wissenschaftlicher Sozialismus möglich?*, Berlin 1901, S. 18 f.
105 Ebd., S. 36.
106 Ebd., S. 32.
107 Ebd., S. 35; 37.
108 Ebd., vgl. S. 22.
109 Ebd., vgl. S. 33.
110 Ebd., S. 32.

denzfreien Erkenntnis liegende Momente enthalten«.[111] Das sei jedoch bei »sozialpolitischen Theorien in der Regel, bei sozialpolitischen Doktrinen immer der Fall«.[112] Wissenschaft dagegen sei »mit Bezug auf die letzten Ursachen der untersuchten Erscheinungen und die Endresultate der festgestellten Entwicklungen ... agnostisch«.[113]

Diese Kriterien ermöglichen es Bernstein, zwischen Wissenschaft und Sozialismus eine scharfe Demarkationslinie zu ziehen.[114] Ob dieser als Lehre oder als Bewegung aufgefaßt wird – stets enthält er ein idealistisches Moment; denn er orientiert sich an dem, was sein *soll.*[115] Im ersteren Fall beruft er sich auf objektive Erkenntnis, im letzteren auf teils materielle, teils ideelle Interessen. Ihr Auftauchen bedeutet das Ende der Wissenschaft, wie Bernstein sie versteht. Kein »Ismus«, erklärt er, ist »eine Wissenschaft«. »Ismen« sind »Anschauungsweisen, Tendenzen,

111 Ebd., S. 33.
112 Ebd.
113 Ebd.
114 Aus der Rückschau hat Bernstein die Schroffheit dieser Trennung von Wissenschaft und Sozialismus etwas abgemildert. In seinem antibiographischen, 1928 erschienenen Buch *Sozialdemokratische Lehrjahre* schreibt er über den Berliner Vortrag: Er »legt dar, daß, da der Sozialismus ein auf eine nahe gedachte *Zukunft* gerichtetes *Wollen* umschließt, das Wort Wissenschaft nur in einem begrenzten Sinn auf ihn anwendbar sei. Der Sozialismus als Bewegung ziehe aus realen Tatsachen und Bedürfnissen seine Kraft. Er wachse unausgesetzt und nehme an ... innerer Festigkeit zu, obwohl Sätze über Tendenzen der Wirtschaftsgestaltung und Entwicklung der Einkommen, die früher ... als unumstößliche Ergebnisse wissenschaftlicher Ergründung der Wirkungen der kapitalistischen Produktion gegolten hatten, ... nunmehr auch in sozialistischen Kreisen ... als der Korrektur bedürftig erkannt würden. Das beweise jedoch nichts gegen die Möglichkeit einer wissenschaftlichen Begründung des Sozialismus, sondern nur dagegen, daß dessen Lehrgebäude über die Notwendigkeit beständiger kritischer Nachprüfung erhaben sei. Ein wissenschaftlicher Sozialismus sei möglich, wenn das Wort wissenschaftlich in ihm als eine Forderung begriffen werde, welche die Theorie sich selbst zum Gebot macht.« (*Sozialdemokratische Lehrjahre)*, hg. von Manfred Tetzel, Berlin 1991, S. 225, 226.
115 Bernstein, *Wie ist wissenschaftlicher Sozialismus möglich?*, a.a.O., vgl. S. 19.

Systeme von Gedanken oder Forderungen, aber keine Wissenschaften.«[116] Diese beruhen auf methodisch untersuchten Einzelbefunden. Der Sozialismus dagegen begnügt sich nicht mit Tatsachenforschung, sondern tritt auf als »die Lehre von einer kommenden Gesellschaftsordnung, und darum entzieht sich gerade das Charakteristische an ihm der streng wissenschaftlichen Darstellung«.[117] Deutlich wird hier, worin sich das Bernsteinsche Reformkonzept, das die politische Praxis höher veranschlagt als ihr »Endziel«[118], vom revolutionären Marxismus unterscheidet. Marx bekämpft zwar die Utopisten, die sich aprioristischer Konstruktionen bedienen, anstatt »die Wissenschaft aus der kritischen Erkenntnis der geschichtlichen Bewegung zu schöpfen«. Aber auch er bleibt insofern utopischem Denken verhaftet, als er annimmt, jene »Bewegung« produziere von sich aus »die materiellen Bedingungen der Emanzipation«.[119] Für Marx ist das sozialistische Ziel nichts anderes als die in politischen Willen übersetzte Zukunft der Geschichte selbst. Anders Bernstein. Er trennt Sein und Sollen, die kausal-genetische Erklärung des Bestehenden von bloßen Vermutungen über dessen Entwicklung und künftige Gestalt. Sein Modell von Wissenschaft trägt naturwissenschaftlich-positivistische Züge.[120] Auch die Sozialwissenschaft, betont er, muß »wesentlich induktiv-empirischen Charakters sein, soll man sie überhaupt als *Wissenschaft* bezeichnen können«.[121] Demgegenüber ist der Sozialismus als politisches Ziel keine Wissenschaft. Um es jedoch zu erreichen, »bedarf er der Wissenschaft von den Kräften und Zusammenhängen des gesellschaftlichen Organismus, von Ursache und Wirkung im

116 Ebd., S. 35.
117 Ebd.
118 Vgl. dazu Bernstein, *Die Voraussetzungen des Sozialismus*, a.a.O., S. 199 ff.
119 Marx an Johann Baptist von Schweitzer, Brief vom 24. Januar 1865, in: Marx/Engels, *Ausgewählte Briefe*, a.a.O., S. 184.
120 Insofern hat Vorländer recht, wenn er zögert, Bernstein als lupenreinen Neukantianer zu betrachten. Seine Anerkennung der Wirksamkeit »etischer Faktoren« soll die kausal-analytische Verfahrensweise des historischen Materialismus nicht beseitigen, sondern ergänzen. Vgl. hierzu *Kant und Marx*, a.a.O., S. 179; 183; 184.
121 Bernstein, »Idealismus, Kampftheorie und Wissenschaft«, in: *Sozialistische Monatshefte* 1901, S. 602.

Gesellschaftsleben als leitenden Führers«.[122] Bleibt auch sein Ziel wissenschaftlicher Diskussion entzogen, so stützt der Sozialismus sich doch »bei der Wahl seiner Mittel und Methoden« auf die Wissenschaft, um »seine jeweiligen Zwecke« an ihrer »Erkenntnis der Entwicklungsfaktoren und Entwicklungsgesetze« zu messen.[123]

Unanfechtbar »wissenschaftlich« wäre nach Bernstein ein Sozialismus, dessen Verfechter imstande wären, einen »streng logischen Nachweis ... der gesetzmäßigen Notwendigkeit«[124] der von ihnen angestrebten Gesellschaftsordnung zu liefern. Für eine solche Notwendigkeit läßt sich jedoch kein wissenschaftlicher Beweis erbringen. Ob ein als wünschenswert eingeschätztes Ereignis historisch eintreten wird, ist mit letzter Sicherheit nicht voraussagbar. Werden »Entwicklungen«, wie Bernstein dies den Dialektikern Marx und Engels ankreidet, »deduktiv vorweggenommen«, so beginnt »die Gefahr willkürlicher Konstruktion«.[125] Damit freilich sind die analytischen Grundeinsichten der Autoren keineswegs erledigt, gehören sie doch zu ebenjener *Wissenschaft*, von der Bernstein selbst erklärt, sie bilde den unabdingbaren Stützpfeiler sozialistischer Politik. Es zeigt sich, daß er die – relativ berechtigte – Trennung von subjektivem Bewerten und objektivem Erkennen der Tatsachen nicht starr durchzuhalten vermag. Die Marxsche Theorie ist nicht schon deshalb unwissenschaftlich, weil mit ihr das Interesse an menschenwürdigeren Zuständen einhergeht.[126]

122 Bernstein, *Wie ist wissenschaftlicher Sozialismus möglich?*, a.a.O., S. 35 f.

123 Ebd., S. 30; vgl. hierzu auch Vorländer, a.a.O., S. 184. – Bernstein vertritt hier eine der Max Weberschen Lehre von der Werturteilsfreiheit der Sozialwissenschaft verwandte Position.

124 Bernstein, *Wie ist wissenschaftlicher Sozialismus möglich?*, a.a.O., S. 46.

125 Bernstein, *Die Voraussetzungen das Sozialismus*, a.a.O., S. 48.

126 Mit Recht sagt Bernstein in seiner Berliner Rede (a.a.O., S. 22), die Soziologie könne nicht »mit jener Gewißheit, mit der die exakten Wissenschaften gewisse Erscheinungen vorherbestimmen, von der Gesellschaftsordnung, die der Sozialismus erstrebt, vorhersagen, daß sie unter allen Umständen sein werde«. »Aber« – fügt Vorländer (a.a.O., S. 182 f.) dem hinzu – »daß die Marxsche Theorie in demselben Sinne etwa, wie die Darwins, Wissenschaft heißen darf, daß ihre Methode die moderne Nationalökonomie und Geschichts-

Bernsteins Abschied von einer »sozialen Vorherbestimmungslehre«[127], das heißt von der Vorstellung einer unausweichlich zum Sozialismus führenden Logik der Geschichte, schließt eine Stärkung des subjektiven Faktors ein. Jetzt hängt »die Herbeiführung des für gerecht und zweckmäßig Erkannten« nahezu ausschließlich vom »Wollen und Handeln«[128] der Menschen ab. Der »Geschichte ehernes Muß«, stellt Bernstein fest, erhält dadurch eine »Einschränkung«, die aber für »die Praxis der Sozialdemokratie« ... »keine Minderung sondern eine *Steigerung* und *Qualifizierung* der sozialpolitischen Aufgaben bedeutet«.[129] Während für Kautsky das Endziel als höchste geschichtliche Notwendigkeit geradezu den Inbegriff des wissenschaftlichen Sozialismus bildet, verzichtet Bernstein darauf, dieses Endziel doktrinär zu fixieren. Nur wer glaube, er könne es »als unumgänglich und unausbleiblich nachweisen«, habe das Recht, den Begriff einzubeziehen in das sozialistische »Wissenschaftsvokabular«.[130] Als höchster sittlicher Zweck bleibt Sozialismus für Bernstein »Bild, Vorstellung«, ein »Stück Jenseits ..., jenseits von dem, worüber wir positive Erfahrung haben«.[131] Er transzendiert, wie Kants emphatische Idee der Menschheit, alle bisherige Geschichte.

wissenschaft ebenso, wie jene die moderne Biologie, aufs reichste befruchtet hat, wird wohl auch Bernstein nicht leugnen wollen.«

127 Bernstein, »Der Kernpunkt des Streites«, in: *Sozialistische Monatshefte* V (1901), S. 781.

128 Bernstein, *Wie ist wissenschaftlicher Sozialismus möglich?*, a.a.O., S. 48.

129 Bernstein, *Die Voraussetzungen des Sozialismus*, a.a.O., S. 39.

130 Bernstein, »Der Kernpunkt des Streites«, a.a.O., S. 781.

131 Bernstein, *Wie ist wissenschaftlicher Sozialismus möglich?*, a.a.O., S. 19.

Heinhard Steiger
Frieden durch Institution
Frieden und Völkerbund bei Kant und danach[1]

Einleitung

a) Das zwanzigste Jahrhundert ist zum Jahrhundert einer wachsenden Institutionalisierung der Sicherung und Förderung des Friedens durch zwischenstaatliche Organisationen geworden. Die Organisation der Vereinten Nationen hat für die Welt, die Europäische Union hat in Europa hervorragende Bedeutung gewonnen. Das positive Völkerrecht erfaßt in immer zunehmender Verdichtung alle Bereiche zwischenstaatlichen Handelns. Die Erfahrung der »einen Welt« in ihren Verflechtungen und gegenseitigen Abhängigkeiten der Staaten auf allen Sachgebieten: Wirtschaft, Umwelt, Sicherheit, Kultur, soziale Wohlfahrt, Bildung bestimmt weitgehend seinen Inhalt.

b) Haben die Staaten damit die von Kant vor zweihundert Jahren vor allem in der Schrift *Zum ewigen Frieden* begründete moralische Pflicht erfüllt, durch Gründung eines Völkerbundes aus dem »rechtlosen Naturzustand gesetzloser Wilder in den gesetzlichen Zustand des Friedens« einzutreten? Beginnt sich Kants Annahme jedenfalls ein Stück weit zu realisieren, daß »das menschliche Geschlecht auch im Fortschreiten zum Besseren in Ansehung des moralischen Zwecks seines Daseins begriffen sei, das zwar bisweilen unterbrochen, aber nie abgebrochen sein werde«?[2]

1 Überarbeitete und um aus Zeitgründen nicht vorgetragene Teile sowie um eine Nachbemerkung erweiterte Fassung des Vortrages.

2 Immanuel Kant, *Über den Gemeinspruch: Das mag für die Theorie richtig sein, taugt aber nicht für die Praxis*, III. Abschnitt, in: *Werke*, hg. von Wilhelm Weischedel, Frankfurt am Main 1970, Bd. IX, S. 167; A, Bd. VIII, S. 274. (Im folgenden bezieht sich die erste Band- und Seitenangabe auf die Kantausgabe, die von Wilhelm Weischedel herausgegeben wurde, die zweite, mit A gekennzeichnete, auf die von der Preußischen Akademie der Wissenschaften herausgegebene.)

Diese Frage ist in unserer aktuellen Gegenwart gewiß nicht eindeutig mit einem Ja zu beantworten. Denn die UNO hat seit 1945 häufig die in sie gesetzten Erwartungen nicht erfüllt und scheint gegenwärtig vor den Herausforderungen in Bosnien, Afrika, Tschetschenien und anderswo zu versagen. Auch die EU sieht sich starker Kritik an ihrer Wirksamkeit nach innen wie nach außen ausgesetzt.

Ich möchte in der nachfolgenden Skizze in vier Abschnitten theoretischen wie praktischen Aspekten dieser Fragen nachgehen. Im ersten Abschnitt soll Kants Position zum Völkerrecht dargelegt werden. Im zweiten Abschnitt werde ich die Folgen im Vergleich mit der naturrechtlichen Völkerrechtslehre, gegen die Kant steht, erörtern. Der dritten Abschnitt ist den Grundzügen gegenwärtiger zwischenstaatlicher Organisation mit »Blick auf Kant« gewidmet. Im vierten Abschnitt sind einige Konklusionen zu ziehen.

c) Ich behandle mein Thema nicht als Philosoph, sondern als Jurist, genauerhin als Völkerrechtler, lese also auch Kant unter der Perspektive, was Kant zu der Antwort auf die Frage beiträgt, wie Friede durch Recht unter der gegebenen Situation der gegenseitigen Unabhängigkeit der Staaten möglich ist. Die in den übrigen Beiträgen dieses Bandes entwickelten und diskutierten Dimensionen werden vorausgesetzt, zum Teil aber unter dieser Perspektive auch wieder aufgenommen. Die Philosophen und insbesondere die Kant-Experten mögen mir dies nachsehen.

A. Kant

1. Frieden

a) Es ist, so Kant, »unmittelbare Pflicht«, den Friedenszustand herbeizuführen, geboten durch die Vernunft vom Throne der »höchsten moralisch gesetzgebenden Gewalt herab«.[3] Das Friedensgebot ist ein Gebot a priori. Kant weist jedoch in praktischer Hinsicht auch auf die Kosten, das Leid, die Zerstörungen der Kriege hin.

Die moralische Pflicht zum Frieden verlangt nach der Siche-

3 Kant, *Zum ewigen Frieden*, Zweiter Definitivartikel, Bd. IX, S. 211; A, Bd. VIII, S. 356.

rung durch das Recht, das heißt, die dauerhafte (peremptorische) Regelung über Mein und Dein durch eine äußere öffentlich gesetzgebende Macht nach dem allgemeinen Gesetz der Freiheit.[4] Frieden und Recht gehen damit dergestalt eine unauflösliche Verbindung ein, daß Frieden über das Recht definiert wird. Kants Friedensbegriff unterscheidet sich damit grundlegend von älteren Begriffen, zum Beispiel bei Augustin, Erasmus, Pufendorf, die ihn inhaltlich begründeten.[5] Allerdings habe ich heute morgen gelernt, daß Kant auch Religion als Vernunftglauben in den Friedensbegriff einbezieht.[6] Aber es bleiben doch unterschiedliche Ebenen, deren innere Beziehungen Herr Baumgartner zwar angedeutet hat, aber es ist für ihn »Pflicht«, diese noch näher auszuführen.

II. Naturzustand zwischen den Staaten

a) Dieser rechtlich definierte »wahre Friedenszustand« besteht jedoch zwischen den Staaten nicht. Denn diese befinden sich zueinander im Naturzustande, der ein nichtrechtlicher, weil gesetzloser Zustand der »natürlichen Freiheit«, »folglich auch des beständigen Krieges« ist.[7] Peremptorisches Recht, das von einer äußeren öffentlichen gesetzgebenden Macht festgesetzt und durch einen Gerichtshof im Streitfall zugesprochen und gesichert wird, gibt es nur im bürgerlichen Zustand. Dieser aber entsteht nur durch die vernunftgebotene Vereinigung der Menschen, die aus dem Naturzustand heraus- und in den rechtlichen Zustand eintreten.[8] Eine solche Macht fehlt jedoch zwischen den

4 Kant, *Metaphysik der Sitten*, Rechtslehre, § 44, Bd. VII, S. 430; A, Bd. VI, S. 312.

5 Aurelius Augustinus, *Der Gottesstaat*, Buch XIX, Kap. XIII; Erasmus von Rotterdam, *Querela pacis*, Basel 1517; Samuel Pufendorf, *Le droit de la nature et des gens*, übersetzt von Jean Barbeyrac, 2e éd., Amsterdam 1712.

6 Hans Michael Baumgartner, »Dreimal ›Ewiger Friede‹«, in diesem Band, S. 76-86.

7 Kant, *Metaphysik der Sitten*, Rechtslehre, § 53, Bd. VII, S. 466; A, Bd. VI, S. 343.

8 Ebd., Rechtslehre, § 41, Bd. VII, S. 423; A, Bd. V, S. 305 f. – Die Unterscheidung zwischen »öffentlichem Recht« und »Privatrecht« bei Kant ist nicht wie heute an den jeweils durch diese generell berech-

Staaten. So entscheidet jeder Staat nach dem, was ihm recht und gut dünkt. Daher gibt es zwar »Privatrecht«, das heißt Rechte der einzelnen Staaten, deren nähere Bestimmung und Durchsetzung sie aber selbst in die Hand nehmen.[9] Daher läßt sich die »Bösartigkeit der menschlichen Natur im freien Verhältnis der Völker unverhohlen blicken«.[10] Es sei ver wunderlich, »daß das Wort Recht aus dieser Kriegspolitik noch nicht als pedantisch ganz hat verwiesen werden können, und sich noch kein Staat erkühnet hat, sich für letztere Meinung öffentlich zu erklären.« Grotius, Pufendorf, Vattel seien »leidige Tröster«, da ihr »Kodex, philosophisch oder diplomatisch abgefaßt, nicht die mindeste gesetzliche Kraft hat, oder auch nur haben kann«.[11]

b) Im Naturzustand ist zwar nicht dauernde Hostilität, aber es ist ein Zustand des Krieges, da Krieg im Naturzustand »die erlaubte Art ist, wodurch ein Staat sein Recht gegen einen anderen Staat verfolgt, nämlich wenn er sich von diesem lädiert glaubt, durch eigene Gewalt, weil es durch einen Prozeß ... nicht geschehen kann«.[12] Das Recht zum Kriege ist für *Kant* der einzige Inhalt des Völkerrechts der Staaten im Naturzustande, aber hat keinen Be-

tigten oder verpflichteten Subjekte orientiert; dazu unter anderem Hans J. Wolff, *Verwaltungsrecht I*, 1. Auflage, München 1956, sondern an der Gewährleistung oder Garantie durch eine öffentliche Macht oder deren Fehlen. Auch das »Privatrecht« unserer Rechtsordnung ist daher »öffentliches Recht« im Sinne Kants, da es durch den staatlichen Gesetzgeber gesetzt und durch staatliche Gerichte »in einem besonderen Falle« ausgesprochen wird. Der ältere Begriff »bürgerliches Recht« ist als Recht im bürgerlichen, das heißt rechtlichen Zustand darauf bezogen.

9 Kant, *Metaphysik der Sitten*, Rechtslehre, §§ 42-44, Bd. VII, S. 424 ff.; A, Bd. VI, S. 307 ff.

10 Bösartigkeit ist keine antropologische oder moralische Kategorie, sondern folgt im nicht-rechtlichen Zustand aus dessen Vernunftidee a priori, daß jeder aus seinem Recht allein entscheidet, was ihm recht und gut dünkt und das mit Gewalttätigkeit durchsetzt, gilt also auch, wenn die Menschen (und entsprechend die Staaten) »so gutartig und rechtliebend gedacht werden, wie man will«: Kant, *Metaphysik der Sitten, Rechtslehre*, § 44, Bd. VII, S. 430; A, Bd. VI, S. 312.

11 Kant, *Zum ewigen Frieden*, Zweiter Definitivartikel, Bd. IX, S. 210; A, Bd. VIII, S. 355.

12 Kant, *Metaphysik der Sitten*, Rechtslehre, § 56, Bd. VII, S. 469; A, Bd. VI, S. 346.

stand vor der Vernunft, die ihn »vom Throne der höchsten moralischen gesetzgebenden Gewalt ... als Rechtsgang schlechterdings verdammt«.[13] Ergänzt wird dieses sogenannte Recht zum Kriege durch das Recht im Kriege und das Recht nach dem Kriege. Aber eigentlich gibt es kein Recht, da es keine von einer äußeren, öffentlichen Macht gesetzten und durchgesetzten Gesetze gibt. Damit ist auch das positive Völkerrecht, sei es Gewohnheitsrecht, sei es Vertragsrecht, kein Recht. Kant verliert darüber kein Wort.

c) Das Recht nach dem Kriege ist zwar das Recht zum Friedensschluß. Dieser beruht aber auf dem Sieg und damit auf der Gewalt des Siegers, und nicht auf dem Recht und dem Vernunftgebot. Er ist daher stets vorläufig und nur ein Waffenstillstand, der den Krieg, nicht aber den allgemeinen Kriegszustand beendet.[14]

Aber in einem zweiten Schritt erweitert Kant dieses Recht nach dem Kriege zu einem Recht, den anderen »zu nötigen«, aus dem Naturzustande in einen dauerhaften Frieden, einen echten rechtlichen Frieden mit ihm zu treten, und dies auch ohne vorherigen echten Krieg oder Hostilität. Das heißt, jeder kann und soll um seiner Sicherheit willen von dem anderen fordern dürfen, »mit ihm in eine, der bürgerlichen ähnliche, Verfassung zu treten, wo jedem sein Recht gesichert werden kann. Dies wäre ein Völkerbund, der aber gleichwohl kein Völkerstaat sein müßte.«[15]

d) Um diese Möglichkeit aus dem rechtlosen Naturzustande heraus- und in einen rechtlichen Zustand einzutreten, auch im aktuellen Kriege offenzuhalten, muß ein Krieg entsprechend geführt werden; das Recht im Krieg verbietet daher den Strafkrieg, den Ausrottungs- und Unterjochungskrieg und bestimmte Verteidigungsmittel.[16] Daher ist der »ungerechte Feind«, den es eigentlich im rechtlosen Zustand nicht gibt, derjenige, »dessen öffentlich ... geäußerter Wille eine Maxime verrät, nach welcher, wenn

13 Kant, *Zum ewigen Frieden*, Zweiter Definitivartikel, Bd. IX, S. 211; A, Bd. VII, S. 356.

14 Kant, *Metaphysik der Sitten*, Rechtslehre, § 58, Bd. VII, S. 472; A, Bd. VI, S. 348.

15 Kant, *Zum ewigen Frieden*, Zweiter Definitivartikel, Bd. IX, S. 209; A, Bd. VIII, S. 354; Kant, *Metaphysik der Sitten*, Rechtslehre, § 53, Bd. VII, S. 466; A, Bd. VI, S. 343.

16 Kant, *Metaphysik der Sitten*, Rechtslehre, § 57, Bd. VII, S. 470 f.; A, Bd. VI, S. 347.

sie zur allgemeinen Regel gemacht würde, kein Friedenszustand unter Völkern möglich, sondern der Naturzustand verewigt werden müßte«. Gegen diesen kennt das Recht im Kriege keine oder nur eine äußerste Grenze.[17]

e) Der Naturzustand zwischen den Staaten kennt also in Wahrheit kein öffentliches Völkerrecht, sondern allenfalls »Privatrecht«. Das vernunftwidrige Recht zum Krieg, im Krieg und nach dem Krieg ist kein solches. Das wäre nicht weiter schlimm, wenn es sich für Kant beim Naturzustand zwischen den Staaten wie bei dem Naturzustand zwischen Menschen, wenn man von den »gesetzlosen Wilden« absieht, nur um eine theoretische, heuristische Annahme handelte und nicht um den nach seiner Auffassung gegebenen, realen Zustand zwischen den Staaten.

III. *Völkerstaat und Völkerbund*

a) Da die Bedingung der Möglichkeit von Völkerrecht und damit von Frieden der »rechtliche Zustand« ist, in dem allein es öffentliches Recht als gesetztes und gesichertes geben kann[18], so kann es im Grunde für »Staaten im Verhältnis untereinander ... nach der Vernunft keine andere Art geben, aus dem gesetzlosen Zustande, der lauter Krieg enthält, herauszukommen, als daß sie, eben so wie einzelne Menschen, ihre wilde (gesetzlose) Freiheit aufgeben, sich zu öffentlichen Zwangsgesetzen bequemen und so einen (freilich) immer wachsenden Völkerstaat (civitas gentium), der zuletzt alle Völker der Erde befassen werde, bilden«.[19]

17 Ebd., § 60, Bd. VII, S. 473; A, Bd. VI, S. 349. Es wäre dies der Fall des Deutschen Reiches im Zweiten Weltkrieg. Aber kann diese rechtlich grenzenlose Gewalt gegen den ungerechten Feind gegen das ganze Volk gewendet werden? Kants Antwort lautet: »aber doch auch nicht, um sich in sein Land zu teilen, einen Staat gleichsam auf der Erde verschwinden zu machen, denn das wäre Ungerechtigkeit gegen das Volk, welches sein ursprüngliches Recht, sich in ein gemeines Wesen zu verbinden, nicht verlieren kann; sondern es eine neue Verfassung annehmen lassen, die ihrer Natur nach der Neigung zum Kriege ungünstig ist« (*Metaphysik der Sitten*, Rechtslehre, Bd. VII, S. 473; A, Bd. V, S. 349).

18 Kant, *Zum ewigen Frieden*, Anhang II, Bd. IX, S. 249; A, Bd. VIII, S. 385.

19 Ebd., Zweiter Definitivartikel, Bd. IX, S. 212; A, Bd. VIII, S. 357; so

Dem Völkerstaat oder dieser Weltrepublik stehen aber einige Überlegungen entgegen. Dieser Völkerstaat enthält einen Widerspruch, da in ihm die vielen Völker nur ein Volk ausmachen würden. Das sei mit der Idee des Völkerrechts als eines Rechts zwischen Völkern, das heißt Staaten, nicht vereinbar, denn diese Idee »setzt die Absonderung vieler voneinander unabhängiger benachbarter Staaten voraus«.[20] Dies sei fernerhin nicht mit der rechtlichen Freiheit der Völker und Staaten vereinbar; daher lehnten die Staaten es einerseits ab, sich derartigen Zwangsgesetzen zu unterwerfen, und bestehe andererseits die Gefahr des »schrecklichsten Despotismus«, weil dieses Weltstaatsvolk unmittelbar übermächtiger Gewalt ausgesetzt sein könnte. Schließlich sei die Beschützung aller Glieder bei zu großer Ausdehnung eines Völkerstaates letztlich doch nicht mehr möglich.[21]

b) So bleibt »statt der positiven Idee einer Weltrepublik (wenn nicht alles verloren sein soll) nur das negative Surrogat eines den Krieg abwehrenden, bestehenden, und sich immer ausbreitenden Bundes«, der »den Strom der rechtsscheuenden, feindseligen Neigung aufhalten« kann, »doch mit ständiger Gefahr ihres Ausbruchs«. Kant nennt ihn »Völkerbund«, »Friedensbund« (pactum pacificum), »Staatenverein«, »Föderation«. Die Begriffe »positiv« und »negativ« bezeichnen keine Wertdifferenz, sondern eine funktionale Strukturdifferenz. Die Weltrepublik ist Träger einer öffentlichen gesetzgebenden und einer ausführenden Gewalt, also eine Vereinigung unter Zwangsgesetzen. Der Friedens- oder Völkerbund hat keine solchen Zwangsgesetze. Er geht »auf keinen Erwerb irgendeiner Macht des Staates, sondern lediglich auf Erhalt und Sicherung der Freiheit eines Staates, für

auch bereits gerade als moralisches Gebot in: *Idee zu einer allgemeinen Geschichte in weltbürgerlicher Absicht*, 7. Satz, Bd. XI, S. 41 f.; A, Bd. VIII, S. 24; unter ausdrücklicher Verteidigung des Abbé de St. Pierre und Rousseaus gegen ihre Verlachung; *Über den Gemeinspruch*, III. Abschnitt, Bd. IX, S. 169; A, Bd. VIII, S. 308 f. vor allem als Schritt im Fortschreiten zur moralischen Besserung des Menschengeschlechts.

20 Kant, *Zum ewigen Frieden*, Erster Zusatz, Bd. IX, S. 225; A, Bd. VIII, S. 367.

21 Ebd., Zweiter Definitivartikel, Bd. IX, S. 209; A, Bd. VIII, S. 354; *Über den Gemeinspruch*, III. Abschnitt, Bd. IX, S. 170 f.; A, Bd. VIII, S. 312; *Metaphysik der Sitten*, Rechtslehre, § 61, Bd. VII, S. 474; A, Bd. VI, S. 350.

sich selbst und zugleich anderer verbündeter Staaten, ohne daß diese doch sich deshalb (wie Menschen im Naturzustand) öffentlichen Gesetzen, und einem Zwange unter denselben, unterwerfen dürfen«.[22] Der Völkerbund ist negativ, insofern er nur Krieg abwehrend, verhindernd Frieden sichert, nicht aber positive rechtliche Gestaltung und Sicherung des Mein und Dein vorzunehmen vermag. Aber dieser Verzicht auf eine das Recht setzende und sichernde öffentliche Gewalt in der Reduktion vom *Völkerstaat zum Völkerbund* hat Konsequenzen: »So ist der Ewige Friede (das letzte Ziel des ganzen Völkerrechts) freilich eine unausführbare Idee. Die politischen Grundsätze aber, die darauf abzwecken, nämlich solche Verbindungen einzugehen, als zur kontinuierlichen Annäherung zu demselben dienen, sind es nicht, sondern sowie diese eine auf der Pflicht mithin auch auf dem Rechte der Menschen und Staaten gegründete Aufgabe ist, allerdings ausführbar.«[23]

c) Diesen Völkerbund führt Kant nicht näher aus. Er wird als »permanenter Staatenkongreß« verstanden, das heißt eine »zu aller Zeit auflösliche Zusammentretung verschiedener Staaten, nicht eine solche Verbindung, welche (sowie der amerikanischen Staaten) auf einer Staatsverfassung gegründet und daher unauflöslich ist«.[24] Es ist also kein Bund der Menschen, Völker, oder der Menschheit in ihrer Unmittelbarkeit, sondern der Völker in ihrem staatlichen, das heißt bürgerlichen Zustand. Als »Recht der Staaten im Verhältnis zueinander« sollte Völkerrecht daher »Staatenrecht (ius publicum civitatum) heißen«.[25]

d) Von ihm zu scheiden ist das Weltbürgerrecht, »sofern es auf die mögliche Vereinigung aller Völker in Absicht auf gewisse allgemeine Gesetze ihres möglichen Verkehrs« auf der durch die Kugelgestalt der Erde begrenzte Fläche gerichtet ist.[26] Aus dieser flächenhaften Begrenztheit erwächst ursprünglich eine Gemeinschaft des Bodens, nicht aber eine rechtliche Gemeinschaft

22 Ebd., Zweiter Definitivartikel, Bd. IX, S. 211; A, Bd. VIII, S. 356.

23 Kant, *Metaphysik der Sitten*, Rechtslehre, § 61, § 62 Beschluß, Bd. VII, S. 474 ff.; A, Bd. VI, S. 350 ff.

24 Ebd., Rechtslehre, § 61, Bd. VII, S. 474 f.; A, Bd. VI, S. 350.

25 Ebd., Rechtslehre, § 53, Bd. VII, S. 466; A, Bd. VI, S. 343.

26 Ebd., Rechtslehre, §§ 43, 62, Bd. VII, S. 429, 476; A, Bd. VI, S. 311, 352; *Zum ewigen Frieden*, Dritter Definitivartikel, Bd. IX, S. 213 ff.; A, Bd. VIII, S. 357 ff.

des Besitzes und damit des Eigentums, wohl aber der »physischen möglichen Wechselwirkung (commercium)«. Das Weltbürgerrecht geht über die Abwehr des Krieges hinaus und betrifft den gegenseitigen Verkehr, umfaßt vor allem das Besuchsrecht oder Recht auf Hospitalität, nicht aber auf Ansiedlung in bewohnten Gebieten.

e) Um den Völkerbund zu stiften, reicht das Vernunftgebot allein nicht. Dem steht der Wille der Staaten entgegen. Kant vertraut die Errichtung desselben vielmehr dem »Mechanism der Natur« selbst an sowie dem »Handelsgeist«.[27] Der Mechanism der Natur, den Kant, insofern er in einer »prädeterminierten Ursache« seine Grundlegung, seinen Anfang und seinen Lauf hat, in der »Vorsehung« begründet[28], zwingt zu dieser Vereinigung. Einerseits verteilt sie die Menschen auf der ganzen bewohnbaren Erde; andererseits veranlaßt sie ihn durch die Not des Krieges, den Frieden zu suchen, herzustellen und zu sichern, weil anders dieser stets wachsenden Not nicht beizukommen sei. »Die Natur will unwiderstehlich, daß zuletzt das Recht die Obergewalt erhalte. Was man hier versäumt zu tun, das macht sich zuletzt selbst, obzwar mit viel Ungemächlichkeit.«[29] Der Handelsgeist seinerseits geht mit Krieg nicht zusammen. So zwinge »die Geldmacht die Staaten, den edlen Frieden zu befördern«. So garantiert die Natur »durch den Mechanismus in den menschlichen Neigungen selbst, den ewigen Frieden; freilich mit einer Sicherheit, die nicht hinreichend ist, die Zukunft derselben (theoretisch) zu weissagen, aber doch in praktischer Absicht zulangt, und es zur Pflicht macht, zu diesem (nicht bloß schimärischen) Zwecke hinzuarbeiten«.[30]

27 Kant, *Zum ewigen Frieden*, Erster Zusatz, Bd. IX, S. 217 ff. 226; A, Bd. VIII, S. 360 ff., 368; *Idee zu einer allgemeinen Geschichte in weltbürgerlicher Absicht*, 7. Satz, Bd. IX, S. 43 f.; A, Bd. VIII, S. 25 f.; *Über den Gemeinspruch*, III. Abschnitt, Bd. IX, S. 169 f.; A, Bd. VIII, S. 310 f.; dazu oben Baumgartner, in diesem Band, S. 76-86.

28 Ebd.

29 Kant, *Zum ewigen Frieden*, Erster Zusatz, Bd. IX, S. 225; A, Bd. VIII, S. 366 f.; Kant wendet sich aber gegen eine »Universalmonarchie«, weil sie zu einem »seelenlosen Despotism« führe. Die Natur habe dagegen auch durch die Verschiedenheit der Religionen und der Sprachen vorgesorgt.

30 Ebd., Erster Zusatz, Bd. IX, S. 226 f., A, Bd. VIII, S. 368.

Kants Friedenskonzeption ist Begründung und Sicherung des Friedens durch Institution und Recht.

Aber es war auch das Anliegen der naturrechtlichen Völkerrechtslehre seiner Zeit, Recht zu begründen, um Friedensbeziehungen zwischen den Staaten zu sichern. Dann ergeben sich drei Fragen: Worauf gründet sie dieses Recht? Warum bezeichnet Kant ihre Hauptvertreter trotzdem als »leidige Tröster«? Welche Konsequenzen hat diese Ablehnung der naturrechtlichen Völkerrechtslehre? Ihnen ist nunmehr im zweiten Abschnitt nachzugehen.

B. Die naturrechtliche Völkerrechtslehre, ihre Differenz zu Kant und die Folgen

I. Begründung des Völkerrechts

a) Ich begnüge mich in diesem Abschnitt damit, die naturrechtliche Völkerrechtslehre Emer de Vattels näher zu erläutern. Vattels Buch *Le Droit des Gens. Principes de la Loi naturelle* von 1758[31] wurde im 18. Jahrhundert als eine Art Codex des Völkerrechts in vielen Kanzleien benutzt, bestimmte also die Praxis der Staaten wesentlich. Wenn Kant Vattel als »leidigen Tröster« bezeichnet, trifft er also mehr als nur einen Autor, er trifft die Völkerrechtspraxis der Staaten seiner Zeit.

b) Der Mensch, so Vattel, kann sich nach seiner Natur nicht selbst genügen. Er bedarf notwendigerweise der Hilfe von und des Umgangs mit seinesgleichen, um sich zu erhalten, zu vervollkommnen und wie ein vernünftiges Wesen (Vattel sagt *animal*) glücklich zu leben. Den Menschen sind Sprache und Vernunft

31 Erscheinungsort London, Reprint *The Classics of International Law*, Washington 1916, Neudruck Genf 1983. Vattel stützt sich weitgehend auf Christian Wolff, *Ius gentium methodo scientifica pertractatum*, Halle 1749, weicht aber in einigen wesentlichen Grundlagen und in Einzelheiten von ihm ab; insbesondere lehnt er Wolffs Konstruktion einer vorausgesetzten quasi vertraglichen civitas maxima und der mit dieser gegebenen quasi gesetzgeberischen Macht ab; Préface, S. XII ff.

gegeben, um sich untereinander zu verständigen, Vernunft und Kenntnisse zu entwickeln, um sich so zu erhalten und ihre Bedürfnisse zu erfüllen.[32] Aus dieser gegenseitigen Angewiesenheit aufeinander erwächst eine natürliche Gesellschaft unter allen Menschen, *la societé universelle du Genre-humain* als *Institution de la Nature elle-même, c'est à dire une conséquence nécessaire de la nature de l'homme.*[33] Nach der Staatenbildung setzt sie sich zwischen den einzelnen souveränen Staaten als *Société des Nations* fort.[34] Sie ist ebenfalls eine *Institution de la nature elle-même.* Erstes und allgemeines Gesetz der ersten wie der zweiten ist *que chacun fasse pour les autres tout ce dont ils ont besoin et qu'il peut faire sans négliger ce qu'il se doit à soi-même.*[35]

c) Soweit die Staaten wie Menschen als Einzelwesen erscheinen, haben sie je eigene Rechte. Sie begründen das naturrechtliche *droit des gens nécessaire*, das unveränderlich feststeht. Aber es verpflichtet sie als einzelne nur im Gewissen und vermittelt keine äußeren Ansprüche auf Befolgung. Es ist daher internes und unvollkommenes Recht. In der naturgegebenen, notwendigen Staatengesellschaft entsteht daraus das ebenfalls naturrechtliche vernunftgemäße *droit des gens volontaire*. Dieses unterscheidet sich vom *droit des gens nécessaire* zum einen durch die Anpassung desselben an die Bedingungen der Staatengesellschaft. Zum anderen ist es äußeres und vollkommenes Recht. Die Staaten als Teile dieser *société des nations* sind verpflichtet, im Hinblick auf die Sicherung des Fortbestehens der naturnotwendigen Gemeinschaft der Nationen das Recht (*les lois*) dieser Gemeinschaft zu beachten. Der Zweck dieser Staatengesellschaft ist die Sicherung der Freiheit und Existenz eines jeden. Daran orientieren sich die *lois de la société naturelle des nations*. Sind sie gefährdet, kann die Staatengesellschaft ihr Recht auch gegen die Staaten durchsetzen, weil sonst diese Gemeinschaft selbst zerbricht, zumindest beeinträchtigt wird. Sie vermittelt den Staaten den Anspruch auf Einhaltung des *droit des gens volontaire*. Es ist daher äußeres und vollkommenes Recht. Damit wird ein rechtlicher Zustand bereits

32 Ebd., Préliminaires, § 10, S. 5.

33 Ebd., Préliminaires, § 11, S. 7.

34 Ebd.

35 Ebd., Préliminaires, § 13, S. 8; dazu Heinhard Steiger, »Souveränität und Solidarität oder Vattel reconsidered«, in: *Festschrift für Helmut Ridder*, 1989, S. 97-104.

im Naturzustand zwischen den Staaten begründet, insofern er naturgegebene *société des nations* ist. Er muß nicht erst gestiftet werden und bedarf keiner äußeren öffentlichen gesetzgebenden und ausführenden Macht.[36]

Als Mittel der Sicherung des Rechts nennt Vattel Verhandlungen, Vergleich, Schiedsgerichtsbarkeit, die Repressalie und letztlich auch das Recht zum Krieg.[37] Krieg ist damit zwar als solcher zur Austragung von Rechtsstreitigkeiten in der *société des nations* nicht unrecht. Jedoch ist, anders als bei Kant, das Recht zum Krieg nicht ihr einziges Recht, sondern nur ein Element des Rechts. Zum andern ist Krieg nicht der rechtlose Normalzustand zwischen Staaten in der *société des nations*, sondern ein spezifischer Rechtszustand, wohingegen der allgemeine Zustand der *société des nations* ein allgemeiner, rechtlich geordneter Frieden ist. Das *ius belli* ist somit, anders als für Kant, Bestandteil des *ius gentium*, nicht aber dieses selbst. Zu diesem gehört ebenfalls das *ius pacis*. Vattel hat dementsprechend die umfangreichen Bücher I, II und IV seines Werkes dem den Frieden regelnden Völkerrecht gewidmet, das, wie gesagt, zum Handbuch der Kanzleien für den zwischenstaatlichen Verkehr wurde. Das Recht des Krieges wird im 3. Buch ausführlich behandelt mit dem Ziel, den Krieg als rechtlichen Zustand nicht nur zu begründen, sondern auch in der Kriegführung rechtlich zu hegen.

e) Zu diesem gewillkürten, aber naturrechtlich begründeten Friedens-Völkerrecht gehören vor allem auch die Regeln über die Verträge, denen Vattel sechs ausführliche Kapitel widmet. Damit aber wird ein zentraler Teil des positiven Völkerrechts grundgelegt, durch den außer durch das allgemeine Gewohnheitsrecht die konkreten Streitigkeiten und Konflikte, aber auch allgemeinere Probleme zwischen einzelnen Staaten geregelt und bewältigt werden. Es war für die Zeit kein Zweifel, daß sie verbindlich waren. Bereits Leibniz hatte die erste Vertragssammlung zusammengestellt und sie ausdrücklich als *Codex iuris gentium* bezeichnet. Weitere Sammlungen folgten, unter anderem zu Kants Zeit durch den Göttinger Völkerrechtler Friedrich Martens.

36 Zum Vorstehenden: ebd., Préliminaires, §§ 7, 8, 17-23.
37 Ebd., Livre II, Chap. XVIII, S. 515 ff.

a) Warum ist Vattel für Kant aber doch nur ein »leidiger Tröster«, dessen »Kodex philosophisch oder diplomatisch abgefaßt, nicht die mindeste gesetzliche Kraft hat, oder auch nur haben kann«?
b) Es gibt zwar zwischen Vattel und Kant insoweit Übereinstimmung oder doch Nähe, als beide in der Tradition der Unterscheidung von Naturzustand und bürgerlichem Zustand stehen. Aber drei Unterschiede, die die Begründung des Völkerrechts betreffen, liegen zutage. Der erste betrifft das Verhältnis der Menschen zueinander. Vattel geht von der Notwendigkeit des Beistandes zur gegenseitigen Vervollkommnung unter den Menschen auch im Naturzustand aus, *Kant* von der Notwendigkeit für die Menschen, gegenseitig Gewalt anzuwenden. Die Notwendigkeit des Beistandes führt zweitens bei Vattel zur naturgegebenen Gemeinschaft zunächst zwischen Menschen, dann zwischen Staaten, und damit zu einem grundsätzlichen Friedenszustand; bei Kant führt die Gewalttätigkeit der Menschen zum andauernden Kriegszustand, der nur durch einen erst zu stiftenden Völkerstaat oder Völkerbund überwunden werden kann. Drittens erwächst für Vattel aus der Notwendigkeit der Erhaltung der Gemeinschaft das gegenseitige, allgemein verbindliche äußere Recht unmittelbar. Für Kant bedarf dieses der Setzung durch das öffentliche Gesetz und seiner Garantie durch eine öffentliche ausführende Macht.

Es ist letzten Endes die dritte Differenz, die Vattels Kodex zu einem nur philosophischen macht, ohne »mindeste gesetzliche Kraft«. Allerdings heißt das nicht, daß Vattels Darlegungen des Völkerrechts in Kants Perspektive gar keine rechtliche Bedeutung hätten. Aber sie stellen nicht »öffentliches Recht«, sondern »Privatrecht« im oben dargelegten Sinne Kants dar. Nicht am Recht mangelt es, sondern am Recht als öffentliches Gesetz und seiner Sicherung; es bleibt alles allenfalls provisorisch, wird nicht peremptorisch. Deshalb vermag es den Kriegszustand nicht aufzuheben und einen Friedenszustand herzustellen. Deshalb sind Vattel und die anderen leidige Tröster.
c) Vattel wie Kant stehen in bestimmten Traditionen. Für jenen reichen sie über Christian Wolff, Gottfried Wilhelm Leibniz zu Samuel Pufendorf und Hugo Grotius, in mancher Hinsicht bis zu den spanischen Spätscholastikern Franciscus de Vittoria,

Francisco Suarez und Fernandus Vasquez. Kants Ansatz läßt sich auf Thomas Hobbes zurückverfolgen. Aber diese unterschiedlichen Traditionen tragen wohl die Differenz zwischen Vattel und Kant nur zum Teil. Die maßgebenden Gründe liegen in den philosophischen Grundlagen, in der kritischen Philosophie Kants und dem durch sie begründeten Bruch mit der Philosophie der Schule. Der Jurist muß diese Erörterung aber den Philosophen überlassen. Ihn interessieren die Folgen für das Völkerrecht und die Möglichkeit, Frieden durch Recht herzustellen und zu sichern.

III. *Folgen*

a) Diese Folgen sind für das Völkerecht, und damit für die Möglichkeit des Friedens in der Wirklichkeit, katastrophal. Denn Kant destruiert nicht nur die ältere naturrechtliche Völkerrechtslehre in ihren Voraussetzungen, sondern auch das Völkerrecht und damit die rechtliche Möglichkeit, Frieden durch Recht herzustellen und zu sichern, selbst unter den realen Bedingungen seiner Zeit.

b) Wie bereits erwähnt, diente Vattels Darstellung des naturrechtlichen allgemeinen Völkerrechts, genauerhin des *droit des gens volontaire* als äußeres und vollkommenes Völkerrecht, der Staatspraxis als eine Art Kodex. Diese ging im alltäglichen Geschäft der normalen Beziehungen vom Bestehen des Völkerrechts aus, erhob Rechtsansprüche, die sie auch erfüllte, schützte Gesandte aus Rechtsgründen, schloß Verträge und bemühte sich um rechtliche Regelungen von Konflikten, setzte allerdings auch den Krieg als politisches wie als rechtliches Mittel ein.

Die juristische Völkerrechtslehre entwickelte zwar schon im achtzehnten Jahrhundert Zweifel an der naturrechtlichen Rechtsbegründung. Sie suchte ihren Ausweg bereits vor Kant im Übergang zum positiven Völkerrecht.[38] Zwar hatte sie dabei theoretische Schwierigkeiten der Letztbegründung. Aber die Überzeugung, daß dieses Recht verbindlich sei, war vorhanden.

Hingegen entzog Kant der völkerrechtlichen Praxis der Staaten die Grundlage selbst des positiven Völkerrechts, auf das diese

38 Johann Jacob Moser, *Grundsätze des jetzt üblichen europäischen Völkerrechts in Friedenszeiten*, Nürnberg 1777.

sich geeinigt hatten. Denn er verwies die Staaten mit dem Völkerbund auf eine Voraussetzung des Rechts, die sie erst noch stiften sollten, obwohl er selbst wußte, daß sie es nicht tun würden, es sei denn aus Not und dann nur halbherzig und nicht wirklich grundlegend. Den Ausweg Christian Wolffs zu einer bereits aus der Natur gegebenen, aber doch quasi vertraglich gestifteten *civitas maxima* konnte Kant aus Gründen seiner Philosophie nicht gehen.[39] Solange die Wirklichkeit dem nicht entsprach, war mit der Destruktion der naturrechtlichen Völkerrechtslehre auch das allgemeine wie das partikulare positive Völkerrecht destruiert.

Seine Herstellung ist eine Aufgabe der Zukunft, des Sollens. Immerhin ist diese möglich. Denn auch im Naturzustand ist Recht als provisorisches, als das genannte Privatrecht gegeben. Das öffentliche Recht, und insofern steht Kant nun auch in der Tradition der älteren von ihm theoretisch destruierten naturrechtlichen Völkerrechtslehre, beruht auf diesem Privatrecht. »Denn der Form nach enthalten die Gesetze über das Mein und Dein im Naturzustande ebendasselbe, was die im bürgerlichen vorschreiben, sofern dieser bloß nach reinen Vernunftbegriffen gedacht wird: nur daß im letzteren die Bedingungen angegeben werden, unter denen jene zur Ausübung (der distributiven Gerechtigkeit gemäß) gelangen. Es würde also, wenn es im Naturzustande auch nicht provisorisch ein äußeres Mein und Dein gäbe, auch keine Rechtspflichten in Ansehung desselben, mithin auch kein Gebot geben, aus jenem Zustand herauszugehen.«[40]

d) Das aber führte drittens zur Destruktion der Möglichkeit des Friedens durch Recht unter den gegebenen Verhältnissen. Da es jedoch nach Kants Definition des Friedens als Gewißheit des öffentlichen äußeren Rechts wie aber auch nach der Wirklichkeit seiner Zeit eine andere Möglichkeit des Friedens nicht gab, zum Beispiel durch Religion, wie bei Augustinus und Erasmus, war die Möglichkeit des rechtlichen Friedenszustandes in seiner Zeit als Wirklichkeit überhaupt destruiert.

e) Ich möchte und kann hier nicht in eine Kritik der Kantschen

39 Christian Wolff, *Grundsätze des Natur- und Völkerrechts*, Halle 1754, Neudruck Königstein/Ts. 1980, S. 1090.

40 Kant, *Metaphysik der Sitten* , Rechtslehre, § 44, Bd. VII, S. 430; A, Bd. VI, S. 312. Das ist zwar generell auf den Naturzustand und den bürgerlichen Zustand zwischen Menschen bezogen, muß aber auch für die beiden Zustände zwischen Staaten gelten.

Sollensphilosophie eintreten. Sie ist Aufgabe des Philosophen, nicht des Juristen. Diesem bleibt allerdings zumindest ein Unbehagen, ja ein Bedürfnis zum Widerspruch angesichts der genannten Wirklichkeit der Staatspraxis. Das mag bloße Erfahrung sein, aber sie beweist sich immer wieder. Der Völkerrechtler neigt dazu zu fordern, daß diese Wirklichkeit in der Theorie sich wiederfinden soll. Odo Marquard hat, gestützt auf Hegel, einen Einwand gegen die Sollensphilosophie so formuliert: Sie »hat recht im schlimmsten, im äußersten Fall und bestimmt nur den äußersten Fall als durchgängige Wirklichkeitsverfassung, um durchgängig recht zu haben: eben das zwingt sie zur Verleugnung von all dem, was die vorhandene Wirklichkeit vom äußersten Fall unterscheidet«.[41] Kants Beschreibung des Verhältnisses der Staaten untereinander geht von dem äußersten Fall, dem Krieg, aus und erhebt diese Deskription zur Norm des Völkerrechts im Naturzustand zwischen Staaten. 1795 mag er dazu zwar Anlaß gehabt haben. Aber 1814 war es Völkerrecht, das auf dem Wiener Kongreß zwar keinen ewigen Frieden, aber doch eine immerhin hundert Jahre dauernde Ordnung in Europa durch Vertrag dem Grunde nach wiederherstellte. Die juristische Völkerrechtslehre nach Kant spürte, soweit sie auf seinen philosophischen Voraussetzungen aufbaute, das Dilemma zwischen der philosophischen Begründung und der erfahrbaren praktischen Wirklichkeit des Völkerrechts, in das Kant sie brachte, sehr deutlich. Sie konstruierte als Ausweg in verschiedener Weise die historische Existenz eines Völkerbundes für die Vergangenheit wie für die Gegenwart nach dem Wiener Kongreß 1815.[42]

f) Aber ist diese kritische Anfrage heute noch berechtigt? Hat nicht die Wirklichkeit der eingangs erwähnten zwischenstaatlichen Organisationen, vor allem der UNO und regional der Europäischen Union, das Sollen eingeholt? Im dritten Abschnitt ist nunmehr diese Entwicklung im Hinblick auf Kants Konzeption näher zu betrachten, wenn auch unter dem von Kant selbst gemachten Vorbehalt, daß die Idee des ewigen Friedens letzten Endes unausführbar bleibt und nur eine Annäherung möglich ist.

41 »Hegel und das Sollen«, in: Odo Marquard, *Schwierigkeiten mit der Geschichtsphilosophie*, Frankfurt am Main 1973, S. 37 ff., S. 47.

42 Zum Beispiel Karl Salomo Zachariä, *Vierzig Bücher vom Staate*, 28. Buch, umgearbeitete Auflage, Heidelberg 1841.

C. Die heutige internationale Staatenorganisation

1. Das Weltsystem

a) Die heutige institutionell-organisatorische Weltordnung hat ihre Anfänge zwar im neunzehnten Jahrhundert. Aber erst im ersten Weltkrieg wurde die Idee einer auf Friedenssicherung gerichteten organisatorischen Staatenverbindung politisch aktuell und führte zu der vertraglich begründeten Einrichtung, die zwar auf deutsch *Völkerbund* und auf französisch *Société des Nations* hieß, aber weder Kants noch Vattels Konzept entsprach. Denn sie schaffte den Krieg nicht ab. Sie führte lediglich Verfahren ein, um den Krieg durch andere politische und rechtliche Mittel zu vermeiden. So durfte gemäß Art. 12 der Satzung des Völkerbundes nur dann zum Krieg geschritten werden, wenn der Streit vorher einem Schiedsspruch unterworfen oder dem Rat vorgelegt worden war. Erst drei Monate nach dem Schiedsspruch oder dem Bericht des Rates war der Weg zum Krieg frei. 1920 richtete der Völkerbund außerdem einen Weltgerichshof ein, der jedoch, bis heute, keine obligatorische Gerichtsbarkeit hat. Krieg blieb noch Rechtsmittel. Seine Ächtung wurde erst durch den sogenannten *Briand-Kellog-Pakt* von 1929 in Angriff genommen, der aber außerhalb des Völkerbundes geschlossen wurde. Das allgemeine wie das besondere Völkerrecht bestand unabhängig von dem *Völkerbund*, der keine Gesetze gab und garantierte. Der historische *Völkerbund* war jedoch eine allererste Stufe der Annäherung an Frieden durch Institution, insofern überhaupt eine organisierte Staatenverbindung geschaffen wurde, um Frieden jedenfalls politisch, wenn auch nicht rechtlich, durch Institution sicherer zu machen.

b) Der Versuch scheiterte endgültig im zweiten Weltkrieg. Aber er wurde mit der *Organisation der Vereinten Nationen* 1945 erneuert. Dieser zweite Versuch reicht inhaltlich wie institutionell wesentlich weiter als der erste. Im Laufe der fünfzig Jahre ihres Bestehens hat die UNO fast universale Mitgliedschaft erreicht. Ihr grundlegendes Ziel ist gemäß Art. 1 der Satzung (SVN) Herstellung, Sicherung und inhaltliche Gestaltung des Friedens. Dazu wurde das Gewaltverbot, also die Ächtung des Krieges, gemäß Art. 2 Abs. 4 SVN Bestandteil des Rechts der Organisation selbst und erlangte von daher allgemeine Geltung als *ius cogens* des Völkerrechts auch für die Nichtmitglieder. Ihm entspricht gemäß Art. 33 SVN eine Pflicht zur friedlichen Streitbeilegung. Die politischen wie rechtlichen Verfahren zur Verhinderung von Kriegen innerhalb der UNO wurden ausgebaut. Der Organisation wurde in Kap. VII der Satzung Zwangsgewalt gegen Angreifer übertragen. Der Sicherheitsrat kann, um den Frieden zu bewahren oder wiederherzustellen, friedliche, aber auch militärische Sanktionsmaßnahmen beschließen, die für die Mitgliedstaaten verbindlich sind. In der Praxis hat er diese Rechte inhaltlich entwickelt.[43] Aber das Selbstverteidigungsrecht ist als *inherent right*, deutsch »naturgegebenes Recht« vorausgesetzt, wenn auch unter der Aufsicht der UNO. Da die UNO gemäß Art. 2 Abs. 1 SVN die Souveränität der Staaten ausdrücklich aufrechterhält, ist sie kein Völkerstaat, keine Weltrepublik. Sie stellt jedoch in bezug auf Kriegsverhütung insgesamt einen qualitativen Sprung zu einem Völkerbund im Sinne Kants dar. Der Weg der zwangsweisen Kriegsverhütung oder -beendigung durch die Vereinten Nationen gelang allerdings nur in den seltensten Fällen. Jedoch hat sich die Organisation auf freiwilliger Basis mit den sogenannten Friedenstruppen, die sie mit Zustimmung der beteiligten Staaten vielfach und in zunehmendem Umfang zwischen die Streitparteien schieben konnte, Kriege und Anwendung von Gewalt aufhalten oder ganz vermeiden können, wenn auch nicht in allen Fällen. Zwar garantiert auch sie keinen »ewigen Frieden«, ist aber ein weiterer Schritt der Annährung.

c) Außerdem wurde bereits in Art. 1 Abs. 2 und 3 und noch mehr im Laufe der Zeit durch Resolutionen der Generalversammlung der Friedensbegriff inhaltlich erweitert um bestimmte Grundsätze wie Achtung der Menschenrechte, Förderung freundschaftlicher Beziehungen zwischen den Staaten, Solidarität zwischen den Staaten, Förderung und Unterstützung bei der wirtschaftlichen, sozialen, kulturellen Entwicklung der Völker und Staaten, Förderung der Selbstbestimmung der Völker, der Sicherung der natürlichen Lebenswelt u. a. Gerade auf diesen Feldern hat die Generalversammlung gemäß Art. 13 Abs. 1b SVN eine zunehmend intensivierte Tätigkeit entfaltet, um die Vorausset-

43 Dazu Michael Bothe, »Friedensbegriff im Verfassungs- und Völkerrecht«, in diesem Band, S. 187-199.

zungen einer friedlichen Weltordnung gemäß der allgemeinen Zielsetzung dergestalt zu entwickeln, daß Kriege vermieden werden können, indem zugrundeliegende Probleme und Konflikte inhaltlich gelöst werden. Dieses Vorgehen wurde nicht nur deswegen gewählt, weil den VN die Verhinderung aktueller Kriege kaum möglich war und ist, sondern, weil Frieden letzten Endes eine Beseitigung oder Bewältigung der Kriegsursachen voraussetzt. Zwar gelang auch dies nicht immer. Aber es entstand doch die allgemeine Auffassung, daß die Staaten an solcher inhaltlichen Friedenssicherung mitzuwirken haben und auch zu einem gewissen Grad der Zusammenarbeit auf dieses Ziel hin verpflichtet sind.

d) Eine zentrale Aufgabe der UNO ist gemäß Art. 13 Abs. 1a SVN die Fortentwicklung des Völkerrechts auf allen Gebieten. Sie treibt diese allerdings nicht durch eigene Rechtssetzung voran. Dazu fehlt ihr die Kompetenz. Sie kann gemäß Art. 10 SVN nur Empfehlungen zu seiner Ausgestaltung geben und die vertragliche Fortentwicklung in Gang setzen und fördern. Sie bedient sich dazu der International Law Commission, die Entwürfe zur vertraglichen Kodifikation bestimmter Rechtsgebiete ausarbeitet und vorlegt. Sie beruft und veranstaltet Kongresse der Staaten, die unter ihrer Ägide Verträge aushandeln und verabschieden, wozu es dann nicht der Einstimmigkeit, sondern nur einer qualifizierten Mehrheit der Teilnehmerstaaten bedarf. Aber in beiden Fällen werden nur die Staaten rechtlich verpflichtet oder gebunden, die diese Verträge dann für sich annehmen, ratifizieren und damit ihren Willen bekunden, auch rechtlich gebunden zu sein. Eine auch nur mittelbare »autoritative Gesetzgebung« findet also keineswegs statt. Lediglich das Verfahren der Vertragsformulierung wird erleichtert. Es handelt sich also nach wie vor nicht um Recht der UNO, sondern um Völkerrecht im klassischen Sinn, selbst wenn es auf Konferenzen beschlossen wird, die von der UNO einberufen und getragen werden. Die UNO kann dieses Recht auch nur zum Teil garantieren und verwirklichen helfen. Das gilt vor allem für die universellen Menschenrechte. Im allgemeinen bleibt dies nach wie vor den Staaten selbst überlassen, die sich politisch der UNO und rechtlich des IGH zwar bedienen können, aber nicht müssen.

e) Die Generalversammlung versucht jedoch auf einem anderen Weg selbst durch eigene Akte die Völkerrechtsbildung voranzutreiben. Sie beschließt für zentrale Fragen inhaltlicher Friedensordnung, zum Beispiel die allgemeinen »freundschaftlichen Beziehungen zwischen den Völkern«, die Weltwirtschaftsordnung, die Menschenrechte, die Definition des Angriffs, allgemeine Resolutionen im Wege der Empfehlung. Nach allgemein herrschender Auffassung haben diese keine rechtlich verbindliche Kraft, wenn auch Mindermeinungen in der Wissenschaft und einiger Staaten ihnen diese zubilligen möchten. Aber derartige Empfehlungen spielen in der Rechtsentwicklung häufig eine erhebliche Rolle. Sie leiten die politische Praxis der Staaten und der UNO selbst an. Sie stellen dann sogenanntes *soft law* als Vorstufe zu *hard law* dar, das sich aus ihm als Gewohnheitsrecht oder Vertragsrecht entwickeln kann. Aber auch als *soft law* selbst bildet es Prinzipien des Handelns, kann es Rechtfertigungsgrund für solches Handeln sein, kann es anderen Staaten, die die *Soft-law*-Regel als solche akzeptiert haben, entgegengehalten werden, kann es zur Auslegung von *hard law* herangezogen werden. In besonderen Ausnahmefällen kann eine solche universelle Resolution durch allgemeinen Konsens jedenfalls theoretisch sogar *hard law* darstellen. *Hard law* ist verbindliches Recht als solches, auch dann, wenn es nicht allgemein befolgt oder gar durchgesetzt wird.[44] Ob die UNO die organisierte völkerrechtliche Weltordnung darstellt, ist zweifelhaft.[45] Sie ist ein sehr bedeutsamer, wesentlicher Schritt zur Sicherung und inhaltlichen Fortentwicklung des Friedens in der Welt. Es bleibt aber bei dem Nebeneinander von UNO-Recht und Völkerrecht. Denn dieses findet trotz der bestehenden inhaltlichen Verflechtungen mit dem UNO-Recht, insbesondere seine Bindung an das Gewaltverbot und dessen Garantie durch die UNO, weder seine Be-

44 Zum *soft law* siehe unter anderem R. J. Dupuy, »Droit déclaratoire et droit programmatoire: de la coutume sauvage à la soft-law«, in: *Société française pour le droit international, Colloque de Toulouse, L'élaboration du droit international public*, 1975, S. 132, S. 145; zur Rechtsentwicklung durch die UNO unter anderem Bruno Simma, »Methodik und Arbeit der Vereinten Nationen für die Fortentwicklung des Völkerrechts«, in: *Die Vereinten Nationen im Wandel*, hg. von Wilhelm A. Kewenig, Berlin 1975, S. 79 ff.; Carl-August Fleischhauer in: Bruno Simma (Hg.), *Charta der Vereinten Nationen*, Kommentar, München 1991, S. 227 ff.

45 So aber wohl Alfred Verdroß/Bruno Simma, *Universelles Völkerrecht*, 3. Auflage, Berlin 1984, S. 72.

gründung noch seine Verbindlichkeit und seine Garantie durch die UNO. So werden immer häufiger in Verträgen eigene Schiedsverfahren für deren Garantie vereinbart.

f) Da Frieden heute inhaltlich angereichert wird, um durch inhaltliche Ausgestaltung Ursachen für Kriege zu beheben, ist zur Erfüllung, Förderung und Sicherung dieser inhaltlichen Aufgaben neben der UNO eine stets wachsende Fülle weiterer institutionell-organisatorischer Staatenverbindungen universeller wie regionaler Ausdehnung mit allgemeinerer wie mit sehr spezieller Aufgabenstellung entstanden.

Zum Teil sind sie mit der UNO im sogenannten UN-System vertraglich und institutionell verbunden. Die meisten, darunter alle regionalen Organisationen, bestehen aber außerhalb desselben für sich, wenn sie auch nicht gegen die Grundsätze des UNO-Rechts verstoßen dürfen. Auch diese Organisationen haben die Aufgabe, in ihrem Sachbereich die Rechtsentwicklung zu fördern. Die meisten können aber kein Recht setzen, sondern sind auf das klassische Instrument des Vertrages angewiesen. Jedoch werden sie häufig und zunehmend mit vielfältigen Kontrollmöglichkeiten zu dessen Verwirklichung ausgestattet. Sie reichen von zwischenstaatlichen Kontroll- und Überwachungseinrichtungen und Schiedsgerichten bis auch zu den einzelnen Menschen zugänglichen Beschwerdekommissionen und sogar besonderen Gerichtshöfen, etwa im Seerecht oder im Menschenrechtsbereich. Sie dienen der mittelbaren Friedenssicherung durch Institution. Es wird quasi von unten eine Ordnung aufgebaut, die institutionelle Rechtssicherung und damit Friedenssicherung dem Gutdünken der Staaten über Recht und Unrecht entziehen soll. Aber diese Einrichtungen stehen vereinzelt nebeneinander, sind unkoordiniert und bilden keine zusammenhängende Ordnung. Ihre Bedeutung und Wirkung ist beschränkt. Auch sie stehen innerhalb der allgemeinen Völkerrechtsordnung und setzen diese als ihre Grundlage voraus, wenn sie ihr auch neue Elemente einfügen.

g) Aber viele dieser Organisationen wirken nicht durch Rechtsbildung, sondern durch Dienstleistung. Sie fördern Projekte in den Mitgliedstaaten, besonders der Länder der dritten und vierten Welt in allen Bereichen des Lebens, Gesundheit, Bildung, Wirtschaft, Landwirtschaft, Umwelt etc. Sie entwerfen dafür Programme, Pläne, stellen Personen, Sach- und Finanzmittel zur

Verfügung. Sie vermitteln Informationen, Ausbildung. Sie organisieren Kooperationen zwischen den Staaten. In Katastrophen-, Not- und Kriegsfällen werden deren Folgen durch Hilfe gemildert, wenn und soweit möglich auch zu beseitigen versucht. Das heißt, sie versuchen durch Praxis Probleme der Staaten, aber auch der Regionen zu bewältigen und so Frieden inhaltlich herzustellen, zu entwickeln und zu gestalten.

h) Alle Organisationen, einschließlich der UNO, haben somit keine Zwangsgesetze, sind also »Völkerbund«, nicht »Völker-Staat« im Sinne Kants. Sie beruhen und wirken durch Kooperation der souveränen Staaten in ihnen und durch sie. Sie wirken für den Frieden zwar auch durch Recht, aber nicht nur, viele nicht einmal in erster Linie. Ihre Methoden, Wege, Mittel oder Lösungen von Problemen liegen häufig außerhalb des Rechts. Sie nähern sich damit weniger Kants Konzept als dem Vattels, für andere bei ihrer Vervollkommnung mitzuwirken.

11. Europäische Union

a) Jedoch hat sich in einem Teil Europas mit den Europäischen Gemeinschaften, die inzwischen zur Hauptsäule der Europäischen Union geworden sind, ein neuer Typ der organisierten Staatenverbindung entwickelt: die überstaatliche Staatenverbindung. Sie verfügt über eine eigene Rechtssetzungsgewalt, die für die Mitgliedstaaten und für den Bürger verbindlich Recht setzt; sie kontrolliert dessen Einhaltung; sie hat für ihr Gemeinschaftsrecht eine obligatorische Gerichtsbarkeit und inzwischen sogar ein wenn auch sehr geringes Instrumentarium der Sanktion. Sie errichtet so eine eigene Rechtsordnung zwischen dem nationalen Recht, dem sie vorgeht, und dem Völkerrecht, das als solches in den Gemeinschaften nur beschränkt anwendbar ist. Ihr Zweck ist nicht mehr nur Kooperation zwischen den Staaten, sondern deren Integration zu einer einheitlichen Gemeinschaft ohne staatliche Grenzen.

b) Jedoch das alles beschränkt sich auf ein spezielles Sachgebiet – eine Wirtschafts- und Währungsunion. Alle anderen Sach- und möglichen Konfliktsbereiche zwischen den Mitgliedstaaten bleiben der Regelung durch das allgemeine Völkerrecht und andere Organisationen überlassen. Es gibt, was bei näherem Zusehen doch verwunderlich ist, keine allgemeine obligatorische Gerichtsbarkeit zwischen ihnen.

c) Die EU ist insgesamt gesehen keine Staatenverbindung zur allgemeinen Sicherung des Friedens zwischen den Mitgliedstaaten. Wohl aber soll sie der Förderung des Friedens zwischen ihnen dienen. In ihr gilt das Gewaltverbot kraft allgemeinem ius cogens des Völkerrechts; es wird nicht als eigenes Recht wiederholt. Auch hier gilt wieder, den Frieden von unten her aufzubauen, indem die EU in einem zentralen Sachbereich zur gegenseitigen Vervollkommnung beiträgt. So wirkt sich die Integration im Bereich der Wirtschaft, zu dem in der EU die organisierte Kooperation in der Außenpolitik gegenüber anderen Staaten einschließlich der Sicherheit und in gewissen Feldern der Innen- und Justizpolitik hinzugetreten ist, auf das gesamte Verhältnis der Mitgliedstaaten untereinander aus. Es wird ein allgemeiner Zustand des friedlich-freundschaftlichen Umgangs miteinander hergestellt, der auch die friedliche Lösung anderer Probleme und Konflikte fördert, also durch Kooperation, nicht durch Zwangsgesetze. Auch sie bleibt auf der Stufe des »Völkerbundes« oder »Friedensbundes« im Sinne Kants.

III. Fazit

a) Die heutige Organisation der Staatengesellschaft ist nach Aufgaben, Strukturen, Funktionen und damit auch noch Kompetenzen in eine kaum überschaubare Fülle von Teilorganisationen gegliedert. Das hat zwar zunächst politische Gründe, folgt aber grundsätzlich dem Prinzip funktionaler Differenzierung.

Ich glaube nicht, daß es Kant angemessen wäre und die Beurteilung des gegenwärtigen Standes der Organisation der Staatengesellschaft fördern würde, sie am Modell Kants zu messen. Zwar scheint mit der UNO, der in ihr begründeten rechtlichen Friedenspflicht und dem Gewaltverbot eine Grundforderung Kants erfüllt. Aber das System der allgemeinen Staatengesellschaft ist doch auf eine Weise strukturiert und organisiert, die von Kants Ansatz her nur sehr abstrakt mit »Annäherung« erfaßbar wäre. Dieser stellt selbst ein historisches Konzept zur Sicherung des Friedens durch Institution dar.

Es bleibt jedoch von Kant zum einen die moralische Betonung

der Friedenspflicht und zum anderen die Bindung ihrer rechtlichen Verwirklichung an die Institution. Das war zwar, wie bereits Wilhelm von Humboldt bemerkte[46], auch damals nicht neu, aber aus vielerlei Gründen bis heute in besonderer Weise wirksam.[47] Die Zeit war offenbar besonders empfänglich für dieses Konzept. Nach den Schrecken des zweiten Weltkrieges war dies wohl noch stärker der Fall. Lassen Sie mich im letzten und vierten Abschnitt einige Andeutungen über Frieden durch Recht und Institution heute geben.

D. Schlußfolgerungen

1. Funktionen von Institution

a) Kant sah die zentrale Funktion des »Völkerstaates« darin, Frieden durch äußere, öffentliche Gesetze, Zwangsgesetze, zu sichern. Zwar begnügte er sich dann mit dem »Völkerbund«, sah darin aber nur ein »negatives Surrogat«. Er orientierte seine »positive Idee« eindeutig am Staat. Ist aber der »Staat« mit »Zwangsgesetzen« überhaupt das wenn auch nicht erreichbare Ideal der Organisation der Staatengesellschaft und des Friedens, und sei es auch nur auf regionaler, etwa europäischer Ebene?

b) Die Diskussion, ob zum Recht begriffsnotwendig Zwang zu seiner Verwirklichung gehört, ist alt, füllt Regale und ist unentschieden. Mir scheint, daß Kants These, nur das äußere öffentliche gesetzliche Recht sei wegen des Zwangs das sichere Recht, aus Erfahrung, nicht aber erkenntnistheoretisch begründet ist. Sie orientiert sich wiederum am schlimmsten Fall, nämlich der Nichtbefolgung. Diese These ist zwar nicht selten, aber nicht die Regel. Im Völkerrecht jedenfalls geht die Frage zunächst immer auf Begründung, Entstehung der verbindlichen Norm. Das hat

46 »Brief an Friedrich Schiller vom 30. Oktober 1795«, in: *Ewiger Friede? Dokumente einer deutschen Diskussion um 1800*, hg. von Anita und Walter Dietze, Leipzig und Weimar 1989, S. 125.

47 Es sind daher vor allem diese beiden, die, unter Absehen der rechtlichen Folgen für das Völkerrecht der Zeit, in der nachfolgenden Würdigung maßgebend war und ist; dazu aus heutiger Sicht unter anderem Ernst Reibstein, *Völkerrecht, Eine Geschichte seiner Ideen in Lehre und Praxis*, Bd. II, Freiburg/München 1963, S. 15 ff.

die naturrechtliche Völkerrechtslehre besser erkannt als Kant. Das Kriterium der Verbindlichkeit ist für sie nicht die Befolgung, sondern die naturgegebene vernunftgemäße Notwendigkeit der Normen und der gegenseitige Anspruch der Staaten auf ihre Einhaltung. Dieser Rückgriff auf die »Natur« ist heute rechtstheoretisch nicht tragfähig. Aber die Blickrichtung ist festzuhalten. Die Frage nach der Sicherung der Befolgung ist zwar wichtig, aber sekundär, zäumt das Pferd vom Schwanz auf. Zunächst ist zu klären, wie entstehen verbindliche Normen zwischen den Staaten, das heißt Normen, die die Staaten in ihrem Verhalten gegeneinander einzuhalten sich verpflichtet fühlen und deren Erfüllung sie beanspruchen.

c) Das kann hier nicht näher ausgeführt werden. Aber ich möchte auf einen wesentlichen Umstand hinweisen, der mir für die Rechtsbegründung und Friedenssicherung bedeutsam erscheint. Die Staatengesellschaft ist heute universell. Neben europäischer Kultur, Vorstellungen, Ideen werden andere kulturelle, politische Traditionen, Vorstellungen und Denkansätze wirksam. So werden zum Beispiel die Menschenrechte europäischer Provenienz keineswegs in allen Teilen der Welt anerkannt, werden weithin Krieg und Frieden anders beurteilt. Die Vorstellungen von einer gerechten Weltordnung sind verschieden. Zwar haben alle Mitgliedstaaten der UNO das Friedensgebot des Art. 1 und das Gewaltverbot des Art. 2 der Satzung unterschrieben, aber meinen alle damit dasselbe? Der Rückgriff auf Kant hilft wenig, weil er den Frieden durch Recht zu abstrakt bestimmt, selbst wenn man hinzunimmt, daß er auf Freiheit gegründet sein soll, weshalb im allgemeinen die Staatsverfassungen republikanisch sein sollen. Denn dieses bereits wird nicht universell akzeptiert. Die unterschiedlichen gesellschaftlichen, wirtschaftlichen und politischen Strukturen treten hinzu. Ist es wirklich nur die Bösartigkeit und Gewalttätigkeit der Menschen, die immer wieder zu Kriegen und Mißachtung des Rechts führt? Recht und Frieden müssen in dieser pluralistischen Welt hergestellt werden. Das ist heute das zentrale Problem der Weltordnung unter Bedingungen, die Kant ebensowenig wie die europäische naturrechtliche Völkerrechtslehre einbeziehen konnten.

Das Völkerrecht und damit der Frieden beruhen nicht nur in ihrem Sollen, sondern in der Wirklichkeit der immer wieder neu konkret herzustellenden Überzeugung der Staaten bzw. der

Menschen, sie zu wollen. Dazu reichen auch nicht die Not der Kriege und die Handelsinteressen, sondern es bedarf der Einsicht, daß durch Frieden und Recht jeweils die Vorstellungen, Wünsche, Bedürfnisse, Interessen in der jeweils konkreten Situation erfüllt werden. Wie das jeweils erreicht wird, ist vor allem eine praktisch-politische Frage, die oft, zum Beispiel im ehemaligen Jugoslawien, nicht beantwortbar ist.

d) Hier haben die internationalen Organisationen als institutionelle Rahmenbedingungen der Friedenssicherung ihre Funktion. Aber diese kann eben nicht durch äußere öffentliche Zwangsgesetze erfüllt werden. Sondern es bedarf der Herstellung von Konsens zur rechtlichen Regelung der jeweiligen Aufgaben, Lagen, Interessen, Konflikte. Die nach dem Prinzip der funktionalen Differenzierung aufgebaute Organisation der Staatengesellschaft ist kein »negatives Surrogat« der bloßen Abwehr des Krieges, sondern entspricht der Komplexität der heutigen Wirklichkeit und ihrer Notwendigkeiten und Möglichkeiten, Frieden herzustellen, zu sichern und auszugestalten, ist insofern positiv. Verflechtung, gegenseitige Abhängigkeiten und gemeinsame Probleme einerseits und staatliche Unabhängigkeit, nicht Souveränität, andererseits sind dafür maßgeblich.

Die Unterscheidung von Naturzustand und bürgerlichem Zustand entspricht, das wissen wir lange, nicht der Wirklichkeit, weder für die Menschen noch für die Staaten. Das gilt gegen Vattel wie gegen Kant, wenn auch Vattel den Naturzustand wirklichkeitsnäher als Kant den rechtlichen Zustand darstellt. Es gibt gewissermaßen nur den bürgerlichen Zustand. Seine institutionelle wie seine historisch gewordene gegenwärtige rechtliche Gestalt zwischen Menschen im Staat und zwischen den Staaten in allgemeiner, wie in organisierter Form, ist gemäß den sehr unterschiedlichen Voraussetzungen, geschichtlichen Entwicklungen und inneren Notwendigkeiten verschieden. Aber er ist allemal ein institutioneller wie ein rechtlicher Zustand. Die ideale Ausrichtung am Staat verfehlt die vielfachen Möglichkeiten wie die Wirklichkeit rechtlicher Gemeinschaft und des Friedens durch Institution unter anderen Bedingungen. Zudem schafft der freiheitlich-demokratische Staat sein Recht, wenn auch nicht der Form, so doch der Entstehung nach weitgehend häufig durch Vereinbarung der gesellschaftlichen und politischen Gruppen in seinem Innern. Auch der gesellschaftliche Frieden ist nicht allein durch den Staat und seine öffentliche Macht gegeben, sondern muß in seinem Innern durch die Menschen immer neu bestätigt werden. Gelingt das nicht, ist Bürgerkrieg oder Diktatur. Allerdings ist Frieden im Staat selbstverständlicher als zwischen den Staaten. Es ist die praktisch-politische Aufgabe, ihn in den konkreten Wirklichkeiten für diese möglichst annähernd ebenso selbstverständlich durch Institutionen und Recht zu machen. Die Bedingungen der Möglichkeit des Friedens herzustellen, zu bewahren und zu entwickeln unter den gegebenen realen Bedingungen kann allgemein als das Wesen des Politischen gekennzeichnet werden. So könnte dann auch, um Kant im entscheidenden Punkt wieder aufzunehmen, ein »Fortschreiten zum Besseren in Ansehung des moralischen Zweckes des Daseins des menschlichen Geschlechts« gelingen. Ein kleines Stück auf diesem Weg sind wir mit der UNO, den vielen anderen universalen und regionalen Organisationen und vor allem in Europa mit der EU, trotz der vielfach enttäuschten Erwartungen, sowie mit der inhaltlichen Fortentwicklung des Völkerrechts vielleicht vorangekommen.

Nachbemerkung

Ich möchte in dieser Nachbemerkung einige Punkte der Diskussion aufnehmen, die die Sicherung der Durchsetzung des universellen Völkerrechts als Bedingung der Sicherung des Friedens betreffen. Zunächst ist auf die Völkerrechtssubjekte einzugehen, sodann auf die Bildung des universellen Völkerrechts und sodann auf dessen Sanktionierung.

Völkerrechtssubjekte sind grundsätzlich als »geborene« Völkerrechtssubjekte auch heute noch die Staaten. Das umfaßt alle Staaten unabhängig von ihrer inneren gesellschaftlichen, politischen und verfassungsrechtlichen Struktur und Ordnung. Es gibt keine »legitimen« Völkerrechtssubjekte. Die »republikanische« Verfassung im Sinne Kants oder die demokratische Verfassung eines Staates ist nicht Voraussetzung für seine Qualität als Völkerrechtssubjekt. Sie kann es nicht sein, weil sonst eine universelle Völkerechtsordnung nicht möglich ist. Eine Differenzierung nach einer irgendwie gearteten »Legitimität« birgt die Gefahr in sich, zu einem rechtlosen Zustand zwischen den Kategorien von Staaten zu führen, der auch kein provisorisches Recht im Sinne Kants mehr kennen würde. Das schließt nicht aus, daß für engere Staatenverbindungen innerhalb der universellen Völkerrechtsordnung eine besondere Qualifikation als »republikanischer« oder »demokratischer« Staat Voraussetzung ist (zum Beispiel Europarat).

Es schließt weiterhin nicht aus, daß vor allem die Achtung der Menschenrechte gemäß Art. 1 der Satzung der Vereinten Nationen und weiterer internationaler Erklärungen und Verträge von allen Staaten prinzipiell gefordert werden kann. Da aber zwischen den Staaten der Welt in bezug auf Verbindlichkeit und insbesondere Inhalt unterschiedliche Auffassungen bestehen, führt ihre völlige oder teilweise Nichtbeachtung nicht zum Ausschluß aus der universellen Völkerrechtsordnung.

Vielmehr bleibt ihre Verwirklichung Aufgabe der Völkerrechtsordnung. Neben die Staaten sind bereits die zwischenstaatlichen Organisationen als weitere Völkerrechtssubjekte getreten. Auch die Menschen haben bereits in allerdings sehr beschränktem Maße diese Subjektstellung erhalten. Inwieweit sie und gesellschaftliche nichtstaatliche Gruppierungen in weiterem Umfange auch Völkerrechtsubjekte als Träger von Rechten und Pflichten des Völkerrechts werden, vor allem um so seine demokratische Entwicklung zu einem *Law of Peoples* zu erreichen oder doch zu fördern, ist der weiteren politischen und rechtlichen Entwicklung zu überlassen.

Die Bildung des universellen Völkerrechts ist heute weitgehend ein prozessualer Vorgang, an dem eine Fülle von Akteuren teilnehmen. Vor allem ist es bisher Aufgabe der Staaten und in beschränktem Umfange der Staatenverbindungen. Sie entscheiden, ob eine Regel oder Norm verbindliches Völkerrecht sein soll. Inwieweit andere Subjekte, insbesondere organisierte gesellschaftliche Gruppen, vor allem die NGOs daran mitwirken, ist unterschiedlich. Bisher ist es eine indirekte Mitwirkung, die zum Teil sehr effektiv ist. Die Fortentwicklung und der Ausbau dieser Mitwirkung ist wünschenswert und daher zu fördern. Die Bildung des universellen Völkerrechts vollzieht sich anders als in den Staaten nicht durch Setzung, sondern durch Konsens, durch Übereinstimmung, vor allem durch möglichst universelle Verträge, aber auch heute noch durch die Bildung von Gewohnheitsrecht.

In der prozeßhaften Entstehung des universellen Völkerrechts gibt es verschiedene Stadien der Verbindlichkeit einer Norm. Volle völkerrechtliche Verbindlichkeit haben nur die Normen des Vertragsrechts, des Gewohnheitsrechts, der Allgemeinen Rechtsgrundsätze (Art. 38 Statut des IGH) und des internen Rechts der Staatenverbindungen. Sie gewähren Rechte und begründen Pflichten, die zum Beispiel vor dem IGH, sonstigen Gerichten oder Schiedsgerichten geltend gemacht werden können. Sie sind *hard law*. Aber während der Entwicklung einer Norm zu dieser Stufe der Verbindlichkeit kann sie bereits vor derselben politische, gesellschaftliche Bedeutung gewinnen. Insbesondere kann sie in der politischen wie in der rechtlichen Konfliktbewältigung als Richtlinie, politischer Maßstab, und Argumentationsregel geltend gemacht werden. Sie ist zwar (noch) nicht rechtlicher Regel- oder Entscheidungsgrund, wohl aber zugelassene Handlungsmaxime. Eine solche Norm ist *soft law* als Vorstufe von *hard law*. Die Verbindlichkeit der völkerrechtlichen Normen des *hard law* läßt sich heute weder als göttliche Setzung noch auf Natur des Menschen, noch auch nur auf Vernunft begründen. Sie ist historisch gewachsen und muß historisch begründet werden. Völkerrecht entsteht durch den Willen derjenigen, die zur Rechtsbildung im Völkerrecht berufen sind, letzten Endes heute noch der Staaten, aber nicht der einzelnen Staaten für sich, sondern in ihrer Gemeinschaft und gegenseitigen Verbundenheit, Verflechtung, Vernetzung und daher Abhängigkeit. Völkerrecht, wie das staatliche Recht, ist gemeinsames Recht der Rechtssubjekte. Ich folge also insoweit der Tradition der gemeinschaftlichen Verbundenheit der Staaten. Diese hat zwar auch natürliche, gesellschaftliche, wirtschaftliche, ökologische und andere Gründe. Aus der Sicht des Völkerrechts ist diese Gemeinschaft Rechtsgemeinschaft. In Fortführung des Ansatzes von Vattel muß die Verbindlichkeit des Völkerrechs für die einzelnen Staaten letzten Endes in dieser Gemeinsamkeit oder Gemeinschaftlichkeit des Rechts begründet werden. So sind gemäß Art. 25 GG die »allgemeinen Regeln des Völkerrechts« in Deutschland verbindliches Recht unabhängig davon, ob sie von der Bundesrepublik »anerkannt« sind, weil sie gemeinsames Recht sind.

Die Sanktionierung eines Fehlverhaltens oder der Nichtbefolgung einer Norm des *hard law* knüpft an diese Verbindlichkeit an, setzt sie voraus. Sie begründet sie nicht. Sie reicht nicht einmal für die Sicherung der Wirklichkeit des Rechts hin, weil Völkerrecht wie alles Recht nur dann Wirklichkeit wird, wenn es normalerweise und regelmäßig befolgt und angewandt wird. Jedoch trägt die Möglichkeit der Sanktionierung dazu bei, die Chancen der Verwirklichung des Rechts als Instrument der Steuerung des rechtmäßigen Handelns zu erhöhen. Daher ist ihr Instrumentarium auszubauen. Das gilt zunächst für die gerichtmäßige Entscheidung durch internationale Gerichte, jedenfalls durch Schiedskommissionen und Schiedsgerichte. Sie müßte und sollte die erste, notwendige Stufe vor allen weiteren Maßnahmen sein (so zum Beispiel Art. 4 des Mainzer Landfriedens von 1235, der eine Fehde nur nach einem Gerichtsurteil zu dessen Durchsetzung zuließ). Die weiteren Maßnahmen müssen möglichst rechtsförmig ausgebaut werden, Embargo für Handel, Sperrung von Finanzmitteln, Abbruch sonstiger Beziehungen, Repressalien, unter Umständen limitierte Zwangsmaßnahmen, zum Beispiel Blockaden. Aber schon »Polizeiaktionen« erscheinen bedenklich. Denn es ist zu bedenken, daß eine »Polizeiaktion« gegen einen Staat in der Regel in der Realität Krieg darstellt, also alle seine Schrecken, Zerstörungen, Menschenrechtsverletzungen, Leiden für die Betroffenen enthält. Eine Klage des betroffenen Staates vor einem Gericht gegen solche Maßnahmen muß auch dann zulässig sein, wenn sie vom Sicherheitsrat beschlossen oder gebilligt worden sind. In einer engeren Staatenverbindung, die sich auf strengere, weiterreichende materielle Voraussetzungen der Mitgliedschaft festgelegt hat, können die Sanktionen gegen Fehlverhalten weiter reichen als in der universellen Völkerrechtsgemeinschaft.

Richard Falk
Die Weltordnung innerhalb der Grenzen von zwischenstaatlichem Recht und dem Recht der Menschheit
Die Rolle der zivilgesellschaftlichen Institutionen[1]

1. Die vergeblichen Versuche zur Grundlegung einer Weltordnung in jüngster Zeit

Die Idee einer Weltordnung hat ihren Ort zwischen zwischenstaatlichem Recht und dem Recht der Menschheit, auch wenn es sich der einen Seite mehr als der anderen zuneigt. Der zwischenstaatliche Zustand gehört vermutlich der Vergangenheit an, also einer Zeit, in der das Verhältnis zwischen den Staaten unser Verständnis der Aufgaben des internationalen Rechts bestimmte. Dies bezieht sich jedoch nicht auf jene weiter zurückliegende Zeit, in der der moderne Staat noch gar nicht existierte. Es empfiehlt sich daher, den Zeitraum des Paradigmas der Zwischenstaatlichkeit mit der Zeit der »Moderne« gleichzusetzen und den des Rechts der Menschheit mit der Zeit der »Postmoderne«.

Das Recht der Menschheit weist in die Zukunft, denn es ist eher mit dem Begriff der noch unverwirklichten Möglichkeit zu umschreiben als mit dem der vergangenen Geschichte oder der Erfahrung. In der Substanz und in der Theorie der internationalen Menschenrechte ist das Recht der Menschheit vorgeprägt und bis zu einem gewissen Grad enthalten. Seine formale Realität hat sich im wesentlichen durch das Handeln von Staaten herausgebildet und fällt in die Zuständigkeit des zwischenstaatlichen Rechts. Aber die geschichtliche Wirksamkeit des internationalen Menschenrechts rührt überwiegend aus seiner Implementierung durch das Handeln der Zivilgesellschaft her.

1 Unter dem Titel »The World Order between Inter-State Law and the Law of Humanity: the Role of Civil Society Institutions« zuerst in: David Held, *Cosmopolitan Democracy: An Agenda for a New World Order*, 1995.

Dieses Handeln der Zivilgesellschaft muß auf eine zweifache Weise verstanden werden. Erstens in einem transnationalen und regierungsunabhängigen Sinn. Diesen repräsentieren etwa Amnesty International und die verschiedenen regionalen Beobachtergruppen, das heißt also freiwillige Vereinigungen von Bürgern, die Informationen über das Fehlverhalten von Seiten der Staaten veröffentlichen, ihren Einfluß aufbieten, um Zugeständnisse von den Regierungen zu erreichen, und die im Falle des Scheiterns ihrer Bemühungen für eine Offenlegung von Mißbräuchen sorgen, wodurch die Legitimität des beschuldigten Staates in Frage gestellt wird. Bei diesen Aktivitäten steht das Wohlbefinden des Individuums im Vordergrund, womit einem Gesichtspunkt des Rechts der Menschheit entsprochen ist. Im Unterschied hierzu ist das zwischenstaatliche Recht vornehmlich mit den Interessen des Staates beschäftigt, für die sich seine offiziellen Vertreter einsetzen.

Zweitens kann das Handeln der Zivilgesellschaft in dem Sinne verstanden werden, daß Völker veranlaßt werden, ihre Befreiung von unterdrückenden Herrschaftsstrukturen voranzutreiben und soziale Bewegungen zu begründen, die sich auf Einsichten berufen können, die im zwischenstaatlichen Recht verkörpert sind. So stützten sich zum Beispiel die Befreiungsbewegungen in Osteuropa wie die »Solidarność« in Polen oder die »Charta 77« in der Tschechoslowakei auch auf die Einsicht, daß der Staat ihre fundamentalen Anliegen, die er ihnen offensichtlich vorenthielt, bereits für rechtsgültig erklärt hatte. Unter diesen Umständen war das Recht der Menschheit in Gestalt des zwischenstaatlichen Rechts begraben und mußte durch das militante Handeln der Zivilgesellschaft wiederbelebt werden.

Die Weltordnung erscheint heute als eine aus sehr verschiedenen Elementen zusammengesetzte Wirklichkeit. Sie spiegelt ebenso den anhaltenden Einfluß der Staaten auf ihre normative Ordnung wider, wie sie andererseits auch schon die Folgen des Handelns der freiwilligen Vereinigungen und sozialen Bewegungen anzeigt, die durch das Recht der Menschheit motiviert und in den Zivilgesellschaften verortet sind. Die globale Ausbreitung der Regierungsform der Demokratie samt deren Wurzeln im Konstitutionalismus läßt die Menschen, die innerhalb der territorialen Grenzen ihres Staatswesens noch von dem souveränen Staat kontrolliert werden, sich zunehmend ihrer politischen, moralischen und rechtlichen Möglichkeit bewußt werden, so daß sie sich im Falle von Übergriffen auf ihre grundlegenden Menschenrechte an größere Gemeinschaften wenden.

Der Charakter des Rechts der Menschheit ist nicht selbstverständlich und nicht leicht zu erkennen. Es kann »Recht« bedeuten, das durch und für die Völker der Erde in Kraft gesetzt wird, im Unterschied zum Handeln der politischen Führungseliten, die im Auftrag ihrer Staaten Gesetze beschließen. Ein solches Rechtsverständnis würde der Forderung von »Rechten der Völker« entsprechen, das heißt jener Innovation, die mit den Bemühungen des radikalen italienischen Parlamentariers Lelio Basso Mitte der siebziger Jahre bei der Gründung des »Permanent Peoples' Tribunal« verbunden war. Diese Innovation war ausdrücklich als eine Gegeninstitution mit der Absicht geplant, unrechtmäßiges Handeln von Staaten und Mängel von internationalen Einrichtungen aufzudecken und der Zivilgesellschaft eine eigene, autonome Stimme zu verleihen. Die formale Ausgestaltung dieser Stimme vermittels gesetzlicher Instrumente[2] und Entscheidungen[3] bildet die Grundlage des beschriebenen Rechts der Menschheit. In dieser Hinsicht können die Staaten nicht als die geeigneten Agenten für die Entwicklung des Rechts der Menschheit betrachtet werden. So hängt es von der Zivilgesellschaft ab, ob neue Formen der Recht-Schöpfung und Recht-Anwendung entwickelt werden.

Für ein richtiges Verständnis des Rechts der Menschheit ist es weiterhin notwendig, zwischen ihm und dem Phänomen der Globalisierung zu unterscheiden, auch wenn es zwischen beidem Verbindungen gibt, die Beachtung verlangen. Das zwischenstaatliche Recht setzt die Autonomie von Territorialstaaten voraus, obgleich diese Voraussetzung stets eine rechtliche Fiktion war, in der sich die durch Abhängigkeiten bestimmte Realität der Geopolitik spiegelt. Während der längsten Zeit der Vormachtstellung des Staates blieb der größte Teil der Menschheit von dessen Schutzstrukturen ausgeschlossen, die aus Zweckmäßigkeitsgründen mit dem Westfälischen Frieden (1648) verbunden waren. Die meisten Menschen waren in der einen oder anderen Form der imperialen Geopolitik ausgeliefert. Daraus folgt, daß das zwischenstaatliche Rechtssystem vor allem ein regionales Sy-

2 Vgl. hierzu die algerische Menschenrechtserklärung des Jahres 1976.
3 Vgl. hierzu die Entscheidungen des »Permanent Peoples' Tribunal«.

stem mit Zentrum in Europa war. Nur weil diese Region ihre Macht weltweit ausdehnen wollte, konnte die Illusion eines weltweiten Rechtssystems entstehen. Es stellt eine bittere Ironie dar, daß das zwischenstaatliche Recht erst in den letzten Jahrzehnten mit dem Zusammenbruch des Kolonialismus eine umfassende weltweite Realität angenommen hat. Die Ironie rührt daher, daß die wechselseitige Abhängigkeit und Integration der Staaten untereinander im Moment des geschichtlich bedeutsamen Höhepunkts der Geltung des zwischenstaatlichen Rechts als eines Rahmens für die formale Mitgliedschaft der Staaten eben die Voraussetzung von deren Autonomie untergräbt. Dadurch verlieren die Geltungsansprüche des zwischenstaatlichen Rechts aber teilweise wieder ihre Gültigkeit.

So herrscht auch eine gewisse Unklarheit, die aus der Unterscheidung des Rechts der Menschheit als »ein anderes Recht« vom zwischenstaatlichen Recht resultiert. In der Zeit der Moderne beinhaltete die Ideologie des Staates den Anspruch, daß ein System verschiedener Souveränitäten das Wohl der Menschheit bewahren kann und daß das zwischenstaatliche Recht das beste Mittel sei, die Ziele des Rechts der Menschheit umzusetzen. In dieser Hinsicht wurde das zwischenstaatliche Recht gerade aufgrund seiner positiv-rechtlichen Verfassung als eine Verbesserung gegenüber dem naturrechtlichen Ansatz betrachtet, der sich zwar auf eine vage universalistische Grundlegung stützt, die jedoch nicht mit den spezifischen Interessen, kulturellen Unterschieden und den bestimmten Werten der verschiedenen Völker korrespondiert, die sich auf der Basis unterschiedener nationaler Identitäten organisieren. Der einzelne Staat konnte das Besondere mit dem Allgemeinen nur so lange auf eine zufriedenstellende Weise in Einklang bringen, als sein territorialer Zuschnitt der wirtschaftlichen, sozialen, politischen und kulturellen Realität entsprach. Natürlich hing auch hier die Angemessenheit dieser Entsprechung von einer Fiktion ab, wie sie sich in der Terminologie des Nationalstaats veranschaulichte; denn in fast jedem juristischen Begriff von Nationalität wird die Tatsache verdeckt, daß innerhalb der Staatsgrenzen meist verschiedenartige ethnische Gruppen mit unterschiedlichen, häufig sogar einander widersprechenden Vorstellungen von dem leben, worin die »nationale Identität« besteht. Das Recht auf Selbstbestimmung besitzt eine Wirkung, die innere Einheit des Staats aufzulösen, und wenn dieses Recht auf die »Völker« ausgedehnt wird, wie es der Artikel 1 der Allgemeinen Menschenrechtserklärung der Vereinten Nationen sagt und wie es in der politischen Praxis nach 1989 im früheren Jugoslawien und in der ehemaligen Sowjetunion geschah, so zerstört es ein für allemal die irreführende Anmaßung, Staaten als »Nationalstaaten« zu bezeichnen.

Vermutlich hat die Auflösung des Territorialitätsprinzips die Hauptvoraussetzung des zwischenstaatlichen Rechts und den aus ihm abgeleiteten Anspruch untergraben, als ein Wächter des menschlichen Wohlergehens zu dienen. Diese Auflösung kann von verschiedenen Blickwinkeln aus betrachtet werden – etwa unter dem Aspekt der Verwundbarkeit; die Staaten haben nämlich jetzt die Fähigkeit verloren, ihre Sicherheit unter dem Eindruck von nuklearer Bewaffnung und Langstreckensystemen aufrechtzuerhalten – oder unter dem Aspekt des Umweltschutzes; denn die Staaten können nämlich, selbst die von Natur aus reich ausgestatteten und großen, nicht länger adäquate Rahmenbedingungen für ihr ökonomisches Handeln zur Verfügung stellen. Sie werden nach und nach durch eine neue Konstellation internationaler politischer Mächte sowie durch die Regionalisierung und Globalisierung der Kapitalmärkte, der Unternehmen und Banken abgelöst. Bei diesen drei Formen der Auflösung erfordert das Wohlergehen der Menschheit ein Recht, das sowohl in regionalem als auch in globalem Rahmen wirksam ist und das den erforderlichen Handlungsspielräumen entspricht. Jedoch genau an diesem Punkt bestehen die überkommenen zwischenstaatlichen Realitäten fort und lassen das Recht der Menschheit als einen Traum erscheinen. Das zwischenstaatliche Recht sieht die Kontrollen in Fragen von Krieg und Frieden, im Fall von Umweltproblemen und, mit Ausnahme der Europäischen Union, in Hinsicht auf das transnationale Wirtschaftshandeln vor. Doch das gleichzeitig bestehende Unvermögen des zwischenstaatlichen Rechts, vor diesen Herausforderungen zu bestehen, und sein Versagen, dem Recht der Menschheit eine wirkungsvolle Form zu verleihen, führen zu einer kritischen Beurteilung der Weltordnung; die grundlegende strukturelle Kritik der Weltordnung läßt verstehen, weshalb sogar Ereignissen, die für den Augenblick eine geschichtliche Bedeutung besitzen, wie etwa das Ende des Zweiten Weltkriegs oder die Wiedervereinigung Europas, nur eine äußerliche Relevanz für die Behandlung der Frage zukommt, welche Aussichten bestehen, das Recht der Menschheit wirksam werden zu lassen.

Tatsächlich hat sich mit dem Ende des Kalten Krieges eine Situation eingestellt, die geschichtlich betrachtet eine Verschlechterung darstellt. So scheinen strategische und ideologische Konflikte verschwunden zu sein, und Politik scheint sich auf die Weltwirtschaftspolitik zu reduzieren. Die Rahmenbedingungen für weltweite Sicherheit, bislang auf zwischenstaatliches Handeln gegründet, zielten vor allem darauf ab, die Weltmächte zu kontrollieren. Internationales Recht verhinderte, daß die Staaten ihre Zuflucht in der Aggression suchten, und verlieh kollektiven Sicherheitsverträgen, sei es in Form von Bündnissen, sei es in Gestalt von internationalen Institutionen, Rechtskraft. In dieser Zeit gab es zwar viele Probleme, wie zum Beispiel die Schwierigkeit, den Anspruch der Staaten auf Selbstverteidigung von solchen des Angriffs genau unterscheiden zu können, sowie die fehlende Bereitschaft der führenden Staaten, auf eine Interventionspolitik zu verzichten, aber das zwischenstaatliche Unternehmen war innerlich kohärent und seit dem Zweiten Weltkrieg in der nördlichen Hemisphäre auch erfolgreich. Die damalige Weltpolitik gründete darauf, daß die Ausübung militärischer Gewalt über diejenigen Grenzen hinaus tatsächlich verhindert wurde, die international anerkannt waren (Golfkrieg).

Die neue Situation der internationalen Beziehungen schafft Probleme für die schwachen Staaten. Dies gilt besonders für solche, deren innere Schwäche dazu führt, daß ihre innere Ordnung nicht aufrechterhalten werden kann, sei es gegenüber Interventionen, die aus ihrer unmittelbaren Umgebung kommen, sei es gegenüber sezessionistischen Tendenzen ethnischer Minderheiten. Das Elend in Bosnien oder Somalia ist beispielhaft für das menschliche Leid, das aus systematischer Kriminalität oder dem völligen Zusammenbruch der Regierungsfähigkeit resultiert. Zwischenstaatliche Rechtsformen verleihen humanitären Interventionen Rechtskraft, entweder unter staatlich oder international institutionalisierter Schirmherrschaft. Ihre Erfüllung aber überfordert vor allem in solchen Fällen die meisten Staaten, in denen das politische Handeln nicht durch ausreichendes strategisches Interesse motiviert wird oder kein geopolitischer Konsens zwischen führenden Staaten gefunden werden kann. Im weiteren Verlauf entsteht Resignation, da wir uns unserer Unfähigkeit und fehlenden Bereitschaft zum Schutz der von Mißbrauch Betroffenen bewußt werden. Dabei helfen oft nur Initiativen der Zivilgesellschaft, aber nicht in der Weise, daß sie den zugrundeliegenden Konflikt direkt angehen, sondern durch punktuelle humanitäre Hilfe und durch das Bemühen, solche gesellschaftliche Kräfte zu finden und zu unterstützen, die schlichtend wirken und demokratisch orientiert sind. Die »Helsinki Citizens Association« spielte eine unvorhergesehene, aber ursprüngliche Rolle im Bemühen, das Zusammenwirken von zivilgesellschaftlichen Kräften zu ermöglichen, die weiterhin Alternativen zu der gewalttätigen Polarisierung im politischen Raum von Bosnien in Fragen ethnischer und religiöser Feindschaft suchen.

Im kleineren Umfang hat das Umweltbewußtsein als Ausdruck transnationaler Zivilgesellschaften zur Unterstützung von Perspektiven der Humanität dazu geführt, Staaten zu ermutigen und zu beeinflussen, damit sie politische Systeme schaffen, die in der Lage sind, das globale Allgemeingut zu schützen. Solche transnationalen Einflüsse, wie sie von der »Cousteau Society« und »Greenpeace« sowie anderen transnationalen Vereinigungen ausgeübt werden, sind für den Schutz der Antarktis vor Ausbeutung der Bodenschätze und vor anderen Aktivitäten zu ihrer Erschließung verantwortlich. Die Modalitäten der Gegenkonferenzen, etwa während des Umwelt-Gipfels unter UN-Schirmherrschaft in Rio im Juni 1992, bezogen sich gleichfalls auf die zwischenstaatliche Selbstgefälligkeit in Umweltangelegenheiten aus der Sicht dringlicher humanitärer Fragen, aber ohne geeignete Umweltschutzgesetze erlassen zu können, die die Verbreitung toxischer Stoffe, die Erwärmung der Erdatmosphäre und den Ozonabbau betreffen. Die Zivilgesellschaft übernimmt die Rolle des Kritikers im zwischenstaatlichen Recht, bildet jedoch gegenwärtig keine echte Alternative. Diese Einschränkung des Einflusses der Zivilgesellschaft zeigt sich noch deutlicher im Hinblick auf Kriegs- und Friedensangelegenheiten und transnationale ökonomische Aktivitäten. Das Argument, das von der globalen Perspektive der Weltordnung ausgeht, betrifft zwei Bereiche: erstens die abnehmende Fähigkeit des zwischenstaatlichen Rechts zu wirksamen Handlungen und zweitens das Scheitern der Entwicklung eines effizienteren Rechts der Menschheit und die Unfähigkeit transnationaler sozialer Kräfte, vor allem der Zivilgesellschaft, das normative Vakuum zu füllen.

2. Stärkung des Rechts der Menschheit: eine drängende Aufgabe für eine entstehende globale Zivilgesellschaft

Es herrschen starke marktgesteuerte Tendenzen zum Aufbau eines wirksamen Systems mit globaler Dimension, das im Sinne einer Förderung des Welthandels und der globalen Investition handelt. Es schützt den Fluß strategisch wichtiger Ressourcen von Süd nach Nord und dient gleichzeitig der Sicherung des Nordens vor möglichen Bedrohungen aus dem Süden. Eine Reihe von politischen Schauplätzen gibt uns die Möglichkeit, dieses Phänomen einer »Globalisierung von oben« zu beobachten: die Antworten auf Bedrohungen von strategisch wichtigen Ölreserven im Mittleren Osten; die Anstrengungen, die Struktur des GATT auszudehnen; die oftmals erzwungene Durchsetzung des Vertrags über die Nicht-Weitergabe nuklearer Waffen; die Beherrschung der Migrations- und Flüchtlingswelle vom Süden in den Norden; die Kriminalisierung von revolutionärer Gewalt als »terroristisch« und der Ermessensspielraum, der gegenrevolutionärem Terror eingeräumt wird; eine Interventionspolitik, die die Länder des Nordens gegenüber dem Süden praktizieren; die sogenannte »Reform« der Vereinten Nationen durch eine Konzentration ihrer Autorität auf den Sicherheitsrat und den Internationalen Währungsfond bzw. die Weltbank, gleichzeitig wird dem Süden eine geringere Priorität eingeräumt: Dies wird deutlich durch die Auflösung des UN Centre on Transnational Corporations und durch die Marginalisierung der UN-Vollversammlung, der UNCTAD, der UNDP und der UNESCO. Zu erwähnen ist außerdem noch das Vertrauen, das die Staaten des Nordens in die Gipfeltreffen der G7-Staaten und deren Fähigkeit setzen, eine vernünftige Weltwirtschaftspolitik zu konzipieren, obwohl 80 Prozent der Weltbevölkerung von ihnen nicht vertreten werden. Die rechtlichen Auswirkungen einer solchen »Globalisierung von oben« tendieren zu einer Ablösung des zwischenstaatlichen Rechts durch eine Art von Weltrecht, das aber in vielem nicht mit dem Recht der Menschheit übereinstimmt.

Transnationale Kräfte im Bereich der Gesellschaft bilden die einzige Form der Unterstützung des Rechts der Menschheit. Sie stellen einen normativ gewichtigen Ausgangspunkt dar, der durch eine humane, nachhaltig wirkende Entwicklung für alle Völker, Nord wie Süd, verlebendigt wird. Im Rahmen dieser Entwicklung sind die transnationalen Kräfte bestrebt, zur Strukturierung entsprechender Verpflichtungen mit Hilfe einer humanen Weltregierung beizutragen. Dies wäre eine Regierung im Sinne eines Schutzes der Erde und der Weltbevölkerung, die sowohl in Hinsicht auf die Fragen der Mitbestimmung als auch auf die Probleme der Verantwortlichkeit demokratisch konstituiert ist und die im Sinne einer Erfüllung der Bedürfnisse der ärmsten zwanzig Prozent der Weltbevölkerung und insbesondere der Menschen, die am wenigsten geschützt sind, wie beispielsweise die sogenannten Ureinwohner, handelt. Um die mit dieser Konzeption verbundene politische Dynamik in Gang zu setzen, schlage ich den Begriff einer »Globalisierung von unten« vor. Er dient der Identifizierung transnationaler demokratischer Kräfte, die im Dienst der Bildung einer globalen Zivilgesellschaft stehen und ein alternatives Szenario zur Zukunft der durch die transnationalen Marktkräfte geformten politischen Weltökonomie bilden. Die Hoffnungen der Humanität hängen meines Erachtens davon ab, ob es gelingt, eine solche »Globalisierung von unten« voranzutreiben und die vorherrschende Dominanz einer »Globalisierung von oben« in einer Reihe von Schlüsselbereichen zu durchbrechen. Zu diesen Schlüsselbereichen zähle ich, sehr allgemein gesprochen, die Vereinten Nationen und andere internationale Institutionen sowie die Medien, die eine große Bedeutung für die Orientierung des staatlichen Handelns haben. Jeder dieser Bereiche ist sehr komplexer Natur und müßte in mehreren Stufen dekonstruiert werden, um auf diesem Weg die Orte aktueller politischer Auseinandersetzungen sichtbar zu machen. Meine These in diesem Aufsatz lautet, daß das Recht diese Vertreter einer globalen Zivilgesellschaft mit einem Instrument potentieller Einflußnahme ausstattet und gleichzeitig die Grundlagen des so konzipierten Rechts darstellt, das unter dem »Recht der Menschheit« zu verstehen ist.

2.1 Das Recht der Menschheit ist bereits im zwischenstaatlichen Recht enthalten, aber bislang nicht ausdrücklich geworden

Das zwischenstaatliche Recht enthält bereits die verborgene Anerkennung wichtiger Bestandteile des Rechts der Menschheit, wodurch es zu einem normativen Katalysator wird und nicht eine bloße innovative und idealistische Alternative darstellt. Diese im allgemeinen nicht gewürdigte Möglichkeit des zwischenstaatlichen Rechts kann durch eine kurze Bezugnahme auf vier Beispiele veranschaulicht werden:

(1) *Die Artikel 25 und 28 der Allgemeinen Erklärung der Menschenrechte*: Es herrscht eine Übereinkunft zwischen internationalen Rechtsexperten, daß diese Erklärung ins positive Internationale Recht integriert wurde; aber viele Bestimmungen wurden jedoch einfach ignoriert, durch Menschenrechtsorganisationen genauso wie durch andere Vereinigungen. Artikel 25 verleiht jedem Individuum das Recht auf einen adäquaten Lebensstandard, während Artikel 28 ein noch weiterreichendes Recht enthält: »Jeder Mensch hat Anspruch auf eine soziale und internationale Ordnung, in welcher die in der vorliegenden Erklärung angeführten Rechte und Freiheiten voll verwirklicht werden können.« Auch transnationale demokratische Kräfte in der Gesellschaft, die sich an den Auftrag der globalen Zivilgesellschaft halten, verschweigen solche legal bindenden Versprechen durch die Staaten. Es erscheint wünschenswert, dieses Schweigen zu durchbrechen und über die Gestalt einer »sozialen und internationalen Ordnung« nachzudenken. Gleichzeitig gilt es, darauf zu bestehen, daß die Marktkräfte für die Aufrechterhaltung solcher Standards innerhalb ihres Einflußbereiches verantwortlich gemacht werden und daß Staaten etwas zur Erfüllung dieser rechtlich gestützten Erwartungen unternehmen. Es besteht demnach bereits im zwischenstaatlichen Recht ein unerfülltes Bekenntnis zu den grundsätzlichen ethischen Forderungen des Rechts der Menschheit (Behandlung jeder Person auf der Welt als ein unantastbares Subjekt). Dies bedeutet, daß die Erfüllung des zwischenstaatlichen Rechts in dieser Hinsicht gleichbedeutend ist mit der Verwirklichung des Rechts der Menschheit.

(2) *Der Artikel 6 des Atomwaffensperrvertrages*: Keiner internationalen Vereinbarung wurde in den letzten Jahren eine höhere

Priorität eingeräumt als dem Atomwaffensperrvertrag (NPT), vor allem von den Großmächten. Artikel 6 legt fest, daß Staaten, die Atomwaffen besitzen, »in redlicher Absicht Verhandlungen ... führen über wirksame Maßnahmen zur Beendigung des nuklearen Wettrüstens in naher Zukunft und zur nuklearen Abrüstung sowie über einen Vertrag zur allgemeinen und vollständigen Abrüstung unter strenger und wirksamer internationaler Kontrolle«.[4] Es ist offensichtlich, daß dieser Teil des Atomwaffensperrvertrages ignoriert wurde. Ist es nicht an der Zeit, vor allem seit dem Ende des Ost-West-Konflikts, daß der Süden auf dem Vollzug von Artikel 6 als Teil einer gegenseitigen Vereinbarung zum Verzicht auf Nuklearwaffen, die für sich gesehen mit dem internationalen Gesetz in Einklang stehen, insistiert? Sollten nicht Friedensbewegungen, die an transnationalen Aktivitäten teilnehmen, eine Gegenkonferenz in Übereinstimmung mit der Atomwaffensperrvertragskonferenz von 1995 organisieren, damit die rechtlichen Forderungen von Artikel 6 ernsthaft vorangebracht werden können?

(3) *Die Nürnberger Grundsätze*: Die Idee, politische Machthaber für Verbrechen des Staates verantwortlich zu machen, wurde nach dem Zweiten Weltkrieg in Gestalt der strafrechtlichen Verfolgung von deutschen und japanischen Funktionären in Nürnberg und Tokyo in die Tat umgesetzt. Solche Prozesse zogen diejenigen in der Gesellschaft zur Rechenschaft, die an der Durchführung der offensichtlich verbrecherischen Politik jener Staaten mitwirkten, einschließlich Unternehmer und Mediziner. Das Nürnberger Versprechen behandelte diese Erfahrungen als einen ersten Schritt in der Entwicklung eines internationalen Rechts, das auf der persönlichen Verantwortlichkeit beruht. Dies sollte in Zukunft alle Länder binden und nicht nur auf unterlegene Kriegsparteien angewandt werden. Dieses Versprechen erhielt eine rechtliche Verbindlichkeit durch die Überführung der Nürnberger Grundsätze in bindendes Recht, erstmals durch die Resolution 95 (1) der Generalversammlung der Vereinten Nationen im Jahr 1946 und im Jahr 1950 durch die maßgebliche Formulierung der International Law Commission. Zieht man aber

4 *Verträge der Bundesrepublik Deutschland*, Serie A: »Multilaterale Verträge«, Band 48, hg. vom Auswärtigen Amt, Bonn/Köln/Berlin 1977, S. 11.

die kriegerischen Praktiken der Siegermächte des Zweiten Weltkriegs seit 1945 heran, so muß man vernünftigerweise den Schluß ziehen, daß das Nürnberger Versprechen gebrochen wurde, obwohl es in jüngster Zeit Bewegungen unter der Schirmherrschaft der Vereinten Nationen gab, eine Art Nürnberger Prozeß gegen Saddam Hussein und alle diejenigen im früheren Jugoslawien ins Leben zu rufen, die mit »ethnischer Säuberung« und der systematischen Vergewaltigung bosnischer Frauen in Verbindung zu bringen sind. Die Kräfte der Zivilgesellschaft waren sich bisher nicht der Relevanz dieser Nürnberger Erfahrungen bewußt. Diese zeigten sich im wachen politischen Gewissen Daniel Ellsbergs, der erklärte, daß ihn das Lesen des Nürnberger Urteils von seiner persönlichen Verpflichtung überzeugte, die Pentagon-Unterlagen während des letzten Stadiums des Vietnamkriegs zu veröffentlichen, und ebenso in jüngerer Zeit, in der Überzeugung von Mordecai Vanunu. Dieser israelische Nukleartechniker gab »geheime« Informationen über das israelische Atomwaffenprogramm preis und wurde dafür von israelischen Militärgerichten des »Verrates« für schuldig befunden, weshalb er momentan im Gefängnis einsitzt. Sowohl Ellsberg als auch Vanunu wurden durch die Weltzivilgesellschaft mit dem »alternativen Friedensnobelpreis«, dem »Right Livelihood Award«, ausgezeichnet. Es gab auch eine Reihe von sogenannten »Nürnberger Aktionen«: Verletzungen des inländischen Rechts, um die kriminelle Vorbereitung von Staaten für einen Angriffskrieg herauszustellen, wie beispielsweise die Entwicklung und die Aufstellung von Atomwaffensystemen, die für den sogenannten Erstschlag konzipiert sind, zum Beispiel das Trident-U-Boot oder der D5-Nuklearsprengkopf.

(4) *Die Präambel der UN-Charta und der Inhalt der Artikel 1 und 2 der Charta*: Die berühmten Eröffnungsworte der Präambel »nachfolgende Generationen vor der Geißel des Krieges zu schützen« stellen eine grundsätzliche Verpflichtung dar, andere Wege zur Lösung von Konflikten zu finden als das Vertrauen auf Krieg, wie es sich im Golfkrieg und in Somalia auch als Politik der UN zeigte. Dadurch wurde die Disposition der Staaten, die UN mit einer kriegführenden Rolle auszustatten, sichtbar. Gleichzeitig ist aber auch der Versuch einer Beeinträchtigung der Bestrebungen der Vereinten Nationen festzustellen, nach Gerechtigkeit in den Beziehungen zwischen den Staaten zu suchen

und die Würde jedes einzelnen im wirtschaftlichen und sozialen Bereich zu achten. Hier liegen wieder die ungenutzten normativen Möglichkeiten für die Initiativen der Zivilgesellschaft. Sie können dazu beitragen, endlich die leeren Worte der Verpflichtung der UNO-Charta Früchte tragen zu lassen, einer Verpflichtung, die vor Jahren von den Vertretern der führenden Staaten akzeptiert und niemals zurückgewiesen oder gar in Frage gestellt wurde.

2.2 Zusätzliche zivilgesellschaftliche Initiativen werden zur Verwirklichung des Rechts der Menschheit benötigt

Die Verwirklichung des Rechts der Menschheit erfordert einige unabhängige Initiativen mit visionärem Charakter, vor allem zur Erfüllung bestimmter struktureller Bedürfnisse einer Weltordnung, die durch das Maß und den Umfang der internationalen Verflechtungen vorgeben sind. Diese Thematik bedarf eingehender Diskussion und kann hier nur angedeutet werden. In den etablierten Führungsschichten hat man damit begonnen, ein stärkeres Gewicht auf global handelnde Institutionen zu legen, ohne den Rahmen der bisherigen zwischenstaatlichen Ordnung zu verlassen. Dies zeigen folgende Beispiele: Der Aufruf der Stockholmer Initiative vom 22. April 1991 zur konstitutionellen Erneuerung der Vereinten Nationen aus der Sicht einer Weltregierung und der Bericht des UN-Generalsekretärs Boutros-Ghali *An Agenda for Peace*, mit seiner Hervorhebung eines UN-Sicherheitsprozesses, der von der Weltpolitik unabhängiger sein soll als bisher und eine Stärkung der Fähigkeiten für eine präventiv tätige Diplomatie vorsieht, die leichter zu realisieren ist als die Anstrengungen zur Lösung von schon ausgebrochenen Konflikten, die nach dem völligen Zusammenbruch einer Ordnung auftauchen. Ferner der Vorschlag von Brian Urquhart, eine »freiwillige UN-Einsatztruppe«[5] für friedenssichernde Operationen zu bilden unter der »ausschließlichen Befehlsgewalt« des Sicherheitsrats und der »täglich zu erneuernden Führung durch

5 Vgl. *New York Review of Books*, 10. Juni 1993; weitere Kommentare 15. Juli 1993.

den Generalsekretär«, ohne das zur Zeit herrschende Maß an Abhängigkeit von UN-Mitgliedsstaaten, insbesondere den führenden Mächten.

Um das Recht der Menschheit zu befördern, sollte der Aspekt einer Weltregierung zu einem integralen Bestandteil der Zukunftsplanungen der transnational handelnden sozialen Kräfte und Bewegungen werden.

Von dieser Idee einer Weltregierung muß ein anderer Fall streng unterschieden werden, nämlich die spezifischen Erfordernisse des Umweltschutzes und des Handelns auf dem Weltmarkt. Die Aussichten für eine freiwillige Anpassung von Konsumstandards und die Anpassung der Technologie der Länder des »Nordens«, die die finanzielle Hauptlast tragen, hängt davon ab, ob es gelingt, größere institutionelle Einflußmöglichkeiten zu schaffen, die die Standards für die Umwelt und die Weltwirtschaft festschreiben und für deren Erfüllung sorgen. Nicht einmal während des Umweltgipfels von 1992 konnte ein solcher Punkt auf die Tagesordnung gesetzt werden, weil sich die Staaten und die Märkte einer Entwicklung zu einer ökologisch orientierten Weltregierung widersetzten. Die Hoffnung auf Gestaltung eines zwischenstaatlichen politischen Willens zur Errichtung einer gerechten und effektiven Form ökologischer Weltpolitik kann nur durch ein konzertiertes Engagement als Teil der Tagesordnung einer »Globalisierung von unten« verwirklicht werden. Rechtsexperten, die im Sinne des Rechts der Menschheit handeln, müssen die institutionellen Formen detailliert ausarbeiten, damit die Verhandlungen auf der Basis spezifischer Pläne fortschreiten können.

Die Regulierung des Weltmarktes ohne politische Mobilisierung und Intervention durch Kräfte der Zivilgesellschaft ist noch schwieriger zu erreichen. Nach heutigem Stand der Dinge setzen sich die G7-Staaten sogar für die Aufrechterhaltung eines weitgehend rechtsfreien Raumes auf globaler Ebene ein. Für diese Tendenz steht auch die Abschaffung des »UN Centre on Transnational Corporations«. Aber die Zivilgesellschaft wird sich ihrer Verantwortung in diesem Bereich bewußt. Während seiner Jahrestagung 1988 in Berlin untersuchte das »Permanent Peoples' Tribunal« Anklagen, ob Strukturausgleichsprogramme des Internationalen Währungsfonds in die Rechte der Völker der dritten Welt eingreifen. Das »International Peoples' Tribunal to

Judge G7«, das in Tokyo kurz vor dem G7 Gipfel 1993 stattfand, erhob eine umfassende Anschuldigung über die Wirkungsweise der Marktkräfte, einschließlich der Praxis, von diktatorischen Machthabern veruntreute und auf überseeische geheime Konten transferierte Gelder zu schützen sowie Banken und Unternehmen die Möglichkeit zu geben, in Steueroasen wie die Cayman-Inseln und die Bahamas abzuwandern. Gegenwärtig ist es vordringlich, daß die Zivilgesellschaft die Verstöße innerhalb des regelfreien Raumes aufdeckt und solchen Initiativen wie Nafta und GATT Widerstand entgegenbringt, die eine Weiterentwicklung in den sensibelsten sozialen Bereichen behindern. Für die Verfechter des in der Entwicklung begriffenen Rechts der Menschheit besteht die Fortführung der Aufgabe in der Beseitigung des rechtsfreien Raumes.

Eine andere Anforderung betrifft die Neugestaltung internationaler Institutionen, allen voran der Vereinten Nationen, damit den Perspektiven einer globalen Zivilgesellschaft größeres Gewicht verliehen wird. Auch dieses Thema ist für eine eingehendere Behandlung an dieser Stelle zu komplex. Kurz gesagt ist es nötig, eine Schwächung des geopolitischen und marktorientierten Einflusses in allen Phasen der UN-Aktivitäten zugunsten der Mechanismen einer größeren Mitbestimmung sowohl von Ländern des Südens als auch von transnationalen Bewegungen im Bereich der Gesellschaft zu erreichen, die sich für die Förderung der Menschenrechte und der Demokratisierung einsetzen.

Eine Reform des Sicherheitsrates fand in jüngerer Zeit besondere Beachtung. Durch einen von seiten des Marktes ausgeübten Druck wird versucht, die Gewährung eines ständigen Sitzes im Sicherheitsrat für die beiden wirtschaftlichen Supermächte – Deutschland und Japan – zu erreichen, und nur widerwillig den einwohnerstarken Staaten des Südens – Indien, Brasilien und Nigeria werden am häufigsten genannt – eine ständige Mitgliedschaft zweiter Klasse (Anwesenheit, jedoch ohne Vetorecht) zu gewähren. Die Ausrichtung der globalen Zivilgesellschaft müßte noch weiter gehen: Sie müßte einen ständigen Sitz fordern, erstens für eine »moralische Supermacht« (zu bestimmen durch ein Gremium der Friedensnobelpreisträger), zweitens für einen Vertreter der aus ökonomischer Sicht am meisten benachteiligten Staaten (festgelegt gemäß dem Index der UNDP), drittens für einen Vertreter einer globalen Zivilgesellschaft (ausgesucht von einem Gremium der Träger des alternativen Friedensnobelpreises) und viertens für eine Vertretung der weltweit organisierten Ureinwohner.

Zusätzliche Schritte für eine Strukturreform sind ebenfalls nötig: Hierzu zählen die Wiederbelebung der Rolle der Generalversammlung; die Errichtung einer unabhängigen Einkommensquelle der UN, beispielsweise durch Erheben einer Transaktionssteuer auf internationale Finanzaktionen oder durch Entnahme von Mitteln aus dem »globalen Allgemeingut«; die Ausweitung der Verpflichtung von Staaten, die zwingende Rechtssprechung des Weltgerichtshofes zu akzeptieren, und die Vermehrung der Autorität und bindenden Kraft der »beratenden Gremien«.

Beispielhafte Anstrengungen spezifischer und rechtlich abgegrenzter Initiativen sind in diesem Stadium ebenfalls von Bedeutung, so das Projekt eines Weltgerichtshofes, gefördert von transnationalen Gruppierungen, um die Vollversammlung von dem Wunsch nach »beratenden Gremien« auf der Ebene des internationalen Rechts unter dem Eindruck der Bedrohung durch und Benutzung von Nuklearwaffen zu überzeugen; ferner ein Entwurf zur Überwachung und Abschaffung des internationalen Waffenhandels, der von Bürgerinitiativen, zusammengesetzt aus Juristen, ausgearbeitet und auf transnationaler Ebene gefördert werden sollte.

3. Abschließende Bemerkung

Die Verwirklichung des Rechts der Menschheit ist eine komplexe, vielschichtige und unbedingt zu lösende Aufgabe. Eine Förderung wird hauptsächlich von Seiten der Zivilgesellschaft zu erwarten sein, obwohl es auch ein Ziel der transnationalen Politik ist, Staaten und vorherrschende politische Parteien sowie die Weltmarktkräfte für die von den Verfechtern des Rechts der Menschheit geltend gemachten Ansprüche und Werte offener zu machen. Diese Fürsprecher müssen ihre Bemühungen in zwei Bereichen durchsetzen: der UN und den Medien. Die UN bleibt im Wesen zweideutig: Ihre Charta verkörpert im wesentlichen das Recht der Menschheit, während jedoch in der Praxis der größte Teil ihrer Handlungen die regressivsten Merkmale des zwischenstaatlichen Rechts, einschließlich des Respektes vor den

Marktkräften, und zugleich ein Vertrauen auf die Gewalt geopolitischer Akteure in der Durchführung widerspiegeln. Ähnlich ist die Annahme, die Medien – vor allem in der Atmosphäre eines demokratischen kanonischen Rechts – hielten sich an die Wahrheit, ohne eine Beeinflussung ihrer Arbeit zum Wohle des Staates oder des Marktes auszuüben. Im Gegenteil: Verstärkt durch die Besitzverhältnisse ist die Selbstzensur bereits Realität in der medialen Welt, um kontroverse staatliche Unternehmungen vor einer kritischen Berichterstattung zu schützen. Angesichts der Werbeeinnahmen und der Orientierung der Führungskräfte auf die Medien hin wird es gleichzeitig abgelehnt, sich eingehender mit den durch den Markteinfluß herbeigeführten Mißständen in der Welt zu befassen. Sowohl die Vereinten Nationen als auch die Medien sind die Felder der Auseinandersetzungen, auf denen sich entscheidet, ob sich die Perspektiven sowohl einer globalen Zivilgesellschaft als auch des Rechts der Menschheit in den nächsten Jahren verwirklichen lassen. Die Herausforderung ist gewaltig, aber die Möglichkeiten hierzu sind in einem historisch beispiellosen Maße vorhanden. Weder Pessimismus noch Optimismus lassen sich nach dem heutigen Stand unseres Wissens rechtfertigen. Dies macht das zielstrebige Verfolgen der Vision, die unseren Wertvorstellungen entspricht, zur einzig vernünftigen Verfahrensweise. Und wer kann sagen, daß ihre Verwirklichung weniger wahrscheinlich ist, als es die Befreiung Osteuropas noch vor einem Jahrzehnt war?

Übersetzt von Klaus-Jürgen Grün und Ursula Johannsen

Michael Bothe
Friedensbegriff im Verfassungs- und Völkerrecht

1. Frieden und Recht – Frieden durch Recht

Recht kann Frieden nicht bewirken, aber es ist für Frieden unverzichtbar.[1] Unfrieden entsteht häufig aus Unsicherheit. Wenn und soweit das Verhalten anderer Akteure verläßlich vorausschaubar ist, erleichtert dies den Verzicht auf Gewalt zum Selbstschutz. Recht vermittelt aber ebendies: Sicherheit von Verhaltenserwartungen. Das gilt auch und gerade für die internationalen Beziehungen. Das Verhalten der Staaten zueinander berechenbarer zu machen gehört zu den friedenssichernden Funktionen des Völkerrechts.

Recht schafft auch institutionelle Rahmenbedingungen für den Verzicht auf Gewalt. Dazu gehört im innerstaatlichen Bereich das rechtlich begründete Gewaltmonopol des Staates, aber auch Verfahrensvorkehrungen, die bewirken, daß gesellschaftliche Interessen befriedigt und gewaltfrei zum Ausgleich gebracht werden können. Auch dies gilt selbstverständlich für die internationalen Beziehungen. Völkerrechtliche Regelungen über Streitbeilegung, Vorschriften der Satzung der VN oder der OSZE über crisis management gehören zu dem Normenbestand des Völkerrechts, dem friedenssichernde Wirkung zukommt.

Frieden ist Motiv und Ziel der Rechtsordnung, und zwar ohne Rücksicht darauf, ob bestimmte Rechtsnormen den Begriff »Frieden« ausdrücklich verwenden. Allerdings wird der Frieden in verschiedenen Rechtsordnungen ausdrücklich zum Ziel rechtlicher Normen gemacht. Dann ist natürlich näher zu fragen, was die Rechtsordnung unter Frieden versteht, wie der zu erreichende oder zu sichernde Zustand des Friedens definiert ist. Damit hängt zusammen die weitere Frage, welche Steuerungsfähigkeit solche Normen besitzen, das heißt, welche praktischen Auswirkungen von einer ausdrücklichen Fixierung des Friedens in Rechtsnormen ausgeht.

1 Vgl. W. G. Grewe, *Frieden durch Recht*, 1985.

2. Frieden als normative Zielvorstellung des Grundgesetzes

Deutschland versteht sich als eine »friedliche Republik«. Wenden wir uns also zunächst dem Grundgesetz zu und fragen wir, welche Normen es enthält, die ausdrücklich zu Frieden verpflichten, und welchen Inhalt bzw. welches Steuerungspotential diese Normen haben.[2]

Wichtig ist der Zusammenhang zwischen Frieden und Menschenwürde in Art. 1 GG. Hier werden »die unverletzlichen und unveräußerlichen Menschenrechte als Grundlage jeder menschlichen Gemeinschaft, des Friedens und der Gerechtigkeit in der Welt ...« bezeichnet. Zu den Institutionen internationaler Friedenssicherung bekennt sich Art. 24 Abs. 2 GG: »Der Bund kann sich zur Wahrung des Friedens einem System gegenseitiger kollektiver Sicherheit einordnen; er wird hierbei in die Beschränkungen seiner Hoheitsrechte einwilligen, die eine friedliche und dauerhafte Ordnung in Europa und zwischen den Völkern der Welt herbeiführen und sichern.« Die friedensgefährdenden Auswirkungen des Verhaltens von Individuen und Gruppen sind Gegenstand der Art. 9 Abs. 2 und 26. Art. 9 Abs. 2 lautet: »Vereinigungen, deren Zwecke oder deren Tätigkeit ... sich ... gegen den Gedanken der Völkerverständigung richten, sind verboten.«

Art. 26 GG: »(1) Handlungen, die geeignet sind und in der Absicht vorgenommen werden, das friedliche Zusammenleben der Völker zu stören, insbesondere die Führung eines Angriffskrieges vorzubereiten, sind verfassungswidrig. Sie sind unter Strafe zu stellen. (2) Zur Kriegführung dürfen bestimmte Waffen nur mit Genehmigung der Bundesregierung hergestellt, befördert und in Verkehr gebracht werden. Das Nähere regelt ein Bundesgesetz.«

Der Text der Präambel knüpft an die der Weimarer Reichsverfassung an, die im Text ähnlich, aber im Ton doch etwas anders ist: »Sein Reich in Freiheit und Gerechtigkeit zu erneuern und zu festigen, dem inneren und dem äußeren Frieden zu dienen und den gesellschaftlichen Fortschritt zu fördern ...«

Die anderen zitierten Bestimmungen sind neu. In ihrer Gesamtheit sind sie formuliert als eine Reaktion auf die historische

2 Vgl. dazu etwa D. S. Lutz, *Krieg und Frieden als Rechtsfrage im Parlamentarischen Rat 1948/49*, 1982, S. 7 ff.

Erfahrung des Deutschen Reiches als Friedensbrecher. Art. 9 und 26 GG zielen dabei darauf ab, gesellschaftliche und wirtschaftliche Kräfte zu hindern, gegen den Frieden zu wirken. Art. 24 Abs. 2 GG zielt auf die Einordnung in institutionelle internationale Systeme der Friedenssicherung.

Die Steuerungsfähigkeit von Normen, die wie die meisten der genannten letzlich nur Zielvorstellungen festlegen (Finalprogramme), ist schon rein rechtstechnisch geringer als das von Konditionalprogrammen (»wenn... dann...«). Immerhin haben auch solche Finalprogramme eine Steuerungswirkung, wobei im einzelnen viel auf die Praxis, vor allem auf die Rechtsprechung ankommt. In der Tat sind aus den genannten Bestimmungen für die deutsche Rechtsordnung eine ganze Reihe von praktischen Konsequenzen gezogen worden. Art. 9 und 26 thematisieren, wie gesagt, die Bedeutung individueller Verhaltensweisen für den Frieden, angesichts der Ausbrüche von Fremdenfeindlichkeit und Gewalt in vielen Ländern gewiß von trauriger Aktualität. Diese Vorschriften werden darum im einfachen Gesetzesrecht vor allem durch Normen des Strafrechts umgesetzt und konkretisiert: § 80 StGB (Vorbereitung eines Angriffskriegs), § 80a (Aufstacheln zum Angriffskrieg), § 131 (Aufstacheln zum Rassenhaß), § 220a (Völkermord). Sie haben aber auch in anderen ordnungsrechtlichen Zusammenhängen eine Rolle: Ist eine Geld-Sammlung zur Unterstützung einer Befreiungsbewegung als friedensgefährdend verboten?[3] Ist das Friedensengagement eines Soldaten mit seinen Dienstpflichten, die ihm Zurückhaltung bei politischer Tätigkeit auferlegen, vereinbar? Letzteres wurde vom Bundesverwaltungsgericht bejaht, wobei Art. 26 GG ein tragender Entscheidungsgrund war.[4] Zudem ist auf der Grundlage des Art. 26 Abs. 2 GG das Kriegswaffenkontrollgesetz ergangen, das Herstellung und Vermarktung von Waffen einer Regelung, aber keinem generellen Verbot unterstellt.

Art. 24 ist nicht nur die Grundlage für den Beitritt der Bundesrepublik zu den Vereinten Nationen, er ist vom Bundesverfassungsgericht darüber hinaus als die Rechtsgrundlage für die Beteiligung deutscher Streitkräfte an militärischen Aktionen im Rahmen und nach den Regeln (was immer das heißen mag) eines

3 VerwG NJW 1982, S. 194.
4 BVerwG NJW 1987, S. 82.

Systems der kollektiven Sicherheit ausgelegt worden.[5] Anzumerken ist dabei, daß eine Bestimmung, die das Staatsziel Frieden konkretisiert, die Grundlage für militärische Maßnahmen abgibt, und dies in einer im einzelnen durchaus problematischen Weise.[6] Das Urteil regt aber erneut die Frage an, ob auch der Präambel des Grundgesetzes und dem Art. 26 rechtlich verbindliche Anleitung für politische Entscheidungen im Bereich der Außenpolitik oder in außenpolitisch relevanten Bereichen innerstaatlicher Maßnahmen zu entnehmen sind. Dies ist, jedenfalls in gewissen Grenzen, der Fall, je nach der präferierten Auslegung. Die Möglichkeiten, die in der Auslegung dieser Bestimmungen angelegt sind, laden geradezu dazu ein, Debatte um sinnvolle Konzepte von Friedenspolitik als Debatten um Auslegung dieser Bestimmungen zu führen. Dies ist auch gerade in der Abrüstungsdebatte geschehen.[7] Ich möchte deshalb mit einigen unbestrittenen oder unbestreitbaren Ausgangspunkten beginnen, um zu einigen Zweifelsfragen der Auslegung zu kommen.

Art. 26 hat zunächst einen negativen Gehalt: er verbietet bestimmte Handlungen, nämlich solche, »die geeignet sind ..., das friedliche Zusammenleben der Völker zu stören ...« Unbestrittener Kern dieses Verbots ist das Verbot des Angriffskriegs. Jede Beteiligung Deutschlands an internationalen Militäraktionen, die eine Aggression oder nur eine Verletzung des weit zu verstehenden völkerrechtlichen Gewaltverbot darstellen, sind untersagt. Die Auslegung des Begriffs des Angriffskriegs ist an dem völkerrechtlichen Begriff der verbotenen Gewalt festzumachen. Damit wird freilich auch der völkerrechtliche Streit um erlaubte und verbotene Gewalt in das Verfassungsrecht importiert.[8] Auf diesen Streit ist sogleich noch zurückzukommen.

Aus Art. 26 ist aber nicht nur eine negative, sondern auch eine positive Handlungsanleitung zu entnehmen.[9] Die Präambel und Art. 26 machen Frieden zu einem Staatsziel. Zu fragen ist also,

5 EuGRZ 1994, S. 299.

6 Vgl. dazu M. Bothe, »Bundesverfassungsgericht und Außenpolitik«, in: Beyerlin/Bothe/Hofmann/Petersmann (Hg.), *Recht zwischen Umbruch und Bewahrung. Festschrift für Rudolf Bernhardt*, 1995, S. 771 ff.

7 Vgl. etwa W. Däubler; *Stationierung und Grundgesetz*, 1982.

8 G. Frank, in: AK-GG, Art. 26 Rz. 21.

9 Frank, a.a.O., Rz. 28 ff.

welchen genauen Inhalt dieses Ziel hat, welcher Art der anzustrebende Frieden ist, das heißt, welcher Friedensbegriff diesen Bestimmungen zugrunde liegt, und ob die Verfassungsauslegung auch Aussagen über die Mittel zum Erreichen dieses Zieles entwickeln kann. So kann man die Frage stellen, ob denn die Präambel in Verbindung mit Art. 26 GG die Bundesrepublik auch zu einer gewaltfreien Politik verpflichte, da diese dem Frieden besser diene. Involviert die Verpflichtung auf Frieden nicht auch einen gewissen Verzicht auf völkerrechtlich zulässige Gewalt oder jedenfalls auf die Androhung solcher Gewalt? Kann man aus diesen Bestimmungen eine Verpflichtung auf Rüstungskontrolle und Abrüstung ableiten, da diese als friedensfördernd erkannt werden?

Solchen Auslegungsversuchen hat das Bundesverfassungsgericht in einigen Entscheidungen einen Riegel vorgeschoben, die das Staatsziel Frieden überhaupt nicht oder allenfalls am Rande problematisieren. Aus den Vorschriften über die Wehrverfassung hat das Bundesverfassungsgericht nämlich einen Verfassungsauftrag zu militärischer Landesverteidigung abgeleitet.[10] Nach dieser Rechtsprechung sind Konzepten einer gewaltfreien Politik, jedenfalls was die eigene Rüstung und die eigenen Streitkräfte der Bundesrepublik angeht, gewisse verfassungsrechtliche Grenzen gesetzt. Wenn man aber schon militärische Landesverteidigung zu einem Verfassungsprinzip erhebt, dann sollte jedoch das wenigstens gleichrangige Verfassungsziel Frieden dazu führen, daß das Prinzip der militärischen Landesverteidigung nicht verabsolutiert werden darf. Diese Funktion des Friedenszieles, andere Staatsziele zu relativieren (das war auch wichtig für das Wiedervereinigungsziel), ist bedeutsam, hat aber in der Rechtsprechung ein etwas unterschiedliches Schicksal gehabt.[11]

Eine weitere Frage ist, ob das Verfassungsziel Frieden und Art. 26 eine Politik gebieten, die auf Gewaltfreiheit jedenfalls dort hinwirkt, wo die Verteidigung Deutschlands nicht zur Debatte

10 BVerfGE 48, 127; S. 69, 1.

11 In seinem Urteil zum Grundlagenvertrag hat das BVerfG diesen Gesichtspunkt unberücksichtigt gelassen; dazu kritisch Frank, a.a.O. Rz. 34. Ein gutes Beispiel für die Einwirkung des Friedensziels auf die Auslegung anderer Verfassungsbestimmungen ist hingegen BVerwG NWvZ 1991, S. 685 f. (Friedensziel und gemeindliche Selbstverwaltung).

steht. Gibt es beispielsweise eine Pflicht, auf Konflikte zwischen dritten Staaten konfliktmindernd einzuwirken, selbstverständlich nur mit den völkerrechtlich zulässigen Mitteln? Damit zusammen hängt auch die viel diskutierte Frage[12], ob denn Art. 26 GG nicht eine bestimmte Handhabung der Kriegswaffenkontrolle voraussetzt, nämlich in dem Sinne, daß Kriegswaffenexport als gewaltfördernde Maßnahme grundsätzlich verboten ist, wovon nur zum Schutz der Bundesrepublik, das heißt wohl im Rahmen des dem Schutz der Bundesrepublik dienenden Bündnisses, Ausnahmen gemacht werden könnten. In der Tat haben sich bisherige Bundesregierungen, jedenfalls in Worten, regelmäßig zu dem (politischen) Ziel bekannt, daß keine Waffen in Krisengebiete geliefert werden dürften. Meines Erachtens ist eine solche Haltung nicht nur politisch, sondern auch verfassungsrechtlich geboten.

Wenn und insoweit man denn bestimmte Inhalte einer Friedenspolitik auf diese Weise als verfassungsrechtlich gesichert ansieht, stellt sich natürlich die Frage, inwieweit diese verfassungsrechtlichen Anleitungen wirklich justitiabel sind, von den Gerichten, insbesondere vom Bundesverfassungsgericht wirklich durchgesetzt werden können. Im internationalen Vergleich läßt sich sagen, daß Gerichte im allgemeinen eher zurückhaltend sind, einer Regierung aus verfassungsrechtlichen Gründen außenpolitische Fesseln anzulegen. Dies ist ein ganz wesentlicher Aspekt etwa der Political Question Doctrine des Supreme Court der Vereinigten Staaten.[13] Betrachtet man die Rechtsprechung des Bundesverfassungsgerichts in dieser Frage, so zeichnet sich eine merkwürdige Widersprüchlichkeit oder genauer eine historische Entwicklung in Wellenbewegungen ab.[14] Während das Bundesverfassungsgericht in der Frühphase seiner Rechtsprechung außenpolitisch sehr zurückhaltend war, zeichnet es sich zu Beginn der siebziger Jahre durch einen außenpolitischen Aktionismus aus, der zu Beginn der achtziger Jahre in das Gegenteil umschlägt, nämlich einer ausdrücklichen und konsequenten Anerkennung exekutivischer Freiräume im Bereich der Außenpoli-

12 Frank, a.a.O., Rz. 44 ff.; A. Hernekamp, in: I. v. Münch (Hg.), *GGK*, 2. Aufl. Rz. 25 zu Art. 26.

13 Näheres bei W. Haller; *Supreme Court und Politik in den USA*, 1972, S. 197 ff.

14 Bothe, a.a.O. (Anm. 6), S. 755 ff.

tik. Die jüngste Phase der Rechtsprechung ist eher durch eine Betonung nationaler Positionen und ein Abstellen auf die Rechte des Parlaments gekennzeichnet.

Neben diesen Schwankungen in der Haltung des Gerichts zur allgemeinen Frage Verfassungsrecht und Außenpolitik ist eine Selektivität hinsichtlich der inhaltlichen Vorgaben festzustellen, die das Gericht der Politik an die Hand gibt. Im Zeitpunkt des richterlichen Aktivismus der frühen siebziger Jahre stützte sich das Gericht vor allem auf eine andere Bestimmung der Präambel des Grundgesetzes in ihrer damaligen Fassung, nämlich auf das Wiedervereinigungsgebot, und leitete aus dieser Zielbestimmung in Verbindung mit dem damaligen Art. 23 und mit Art. 116 GG eine komplette außenpolitische Handlungsanweisung in Sachen Deutschlands und seiner Wiedervereinigung ab.[15] Eine wesentliche Aussage des Gerichts ging dahin, daß aus dem Wiedervereinigungsgebot ein Verbot für die Bundesregierung folge, sich an dem Schaffen einer rechtlich gesicherten Situation zu beteiligen, die die Wiedervereinigung unmöglich machen oder unverhältnismäßig erschweren würde.[16] Der Versuch, eine parallel strukturierte Argumentationslinie aus dem Staatsziel Frieden zu entwikkeln, ist in dem Prozeß um die Zustimmung der Bundesregierung zur Stationierung der Cruise Missiles und in den Verfassungsbeschwerden gegen die Lagerung chemischer Waffen auf deutschem Gebiet vom Bundesverfassungsgericht kaum zur Kenntnis genommen worden.[17] Insofern wurden die Argumente der Antragsteller bzw. Beschwerdeführer schlicht übergangen. Wo es auf der anderen Seite darum ging, militärische Maßnahmen zu rechtfertigen, war dem Gericht eine Bestimmung, die das Friedensziel der Verfassung konkretisiert, nämlich Art. 24, eine willkommene Grundlage.

Im Friedensziel des GG schlummert sicherlich einiges Potential an rechtlicher Handlungsanleitung für friedliche Außenpolitik. Aber es schlummert gegenwärtig recht tief.

15 BVerfGE 36, 1.
16 BVerfGE 36, 1, 18.
17 BVerfGE 68, 1, 102 f.; 77, 170, 233; vgl. dazu jedoch A. Weber, »Nachrüstung und Grundgesetz«, in: JZ 39 (1984), S. 589 ff.; I. von Münch, »Rechtsfragen der Raketenstationierung«, in: NJW 36 (1984), S. 577 ff., S. 581 f.

3. Frieden als normative Zielvorstellung im Völkerrecht

Die Existenz internationaler Mechanismen der Friedenssicherung ist zumindest eine praktische Voraussetzung friedlicher, unter Umständen sogar auch gewaltfreier Außenpolitik. Dies war Sinn und Ziel des Völkerbundes, ist heute eine wichtige (die wichtigste?) Funktion der Vereinten Nationen. Für das deutsche Verfassungsrecht wird dieser Zusammenhang durch Art. 24 GG anerkannt.

Damit stellt sich die Frage, welche Vorstellung von Frieden und Friedenssicherung der Satzung der Vereinten Nationen zugrunde liegt. Was letztere Frage angeht, bekennt sich die Satzung der Vereinten Nationen zur Friedenssicherung durch militärische Gewalt als letztem Mittel. Dies ist in den Kompetenzen des Sicherheitsrates eindeutig angelegt. Eine stärkere Betonung gewaltfreier Friedenssicherung ist eher aus der Verlegenheit des Kalten Krieges entstanden, da der Sicherheitsrat für Maßnahmen der Friedenssicherung durch militärische Gewalt nicht entscheidungsfähig war. Nach dem Ende des Kalten Krieges hat die Entscheidungsfähigkeit des Sicherheitsrates jedoch deutlich zugenommen, und mit dieser Zunahme stieg auch die Bedeutung der Friedenssicherung durch militärische Gewalt. Damit gewinnt auch die Frage Bedeutung, welches Konzept von Frieden diesem System der Friedenssicherung zugrunde liegt.

Nach der Satzung sind die Völker der Vereinten Nationen »fest entschlossen, künftige Geschlechter vor der Geißel des Krieges zu bewahren...« Nach Art. 1 Ziff. 1 der Satzung ist es das Ziel der Vereinten Nationen, »den Weltfrieden und die internationale Sicherheit zu wahren und zu diesem Zweck wirksame Kollektivmaßnahmen zu treffen, um Bedrohungen des Friedens zu verhüten und zu beseitigen, Angriffshandlungen und andere Friedensbrüche zu unterdrücken und internationale Streitigkeiten oder Situationen, die zu einem Friedensbruch führen könnten, durch friedliche Mittel nach den Grundsätzen der Gerechtigkeit und des Völkerrechts zu bereinigen oder beizulegen ...«

Die zentrale Verhaltensnorm, die die Satzung der Vereinten Nationen zu diesem Zweck aufstellt, die aber auch ohne Zweifel im völkerrechtlichen Gewohnheitsrecht verankert ist, ist das völkerrechtliche Gewaltverbot. Um Bedeutung und Tragweite des völkerrechtlichen Gewaltverbots wurde und wird immer noch viel gestritten.[18] Diese Debatte ist nicht nur theoretisch interessant, sondern praktisch wichtig. Die Tatsache, daß die Welt voller Beispiele für internationale militärische Gewaltanwendung ist, führt nicht etwa dazu, daß die Geltung des Gewaltverbots angezweifelt wird. Vielmehr ist die Anwendung militärischer Gewalt regelmäßig von Versuchen begleitet, sie rechtlich zu legitimieren. Praktisch gefragt sind also juristische Rechtfertigungsstrategien von Gewalt, die den Sinn haben, die politischen Kosten der Gewaltanwendung zu minimieren. Die Politik vieler Staaten scheint davon auszugehen, daß die politischen Kosten rechtmäßiger Gewalt niedriger sind als die rechtswidriger Gewalt – eine höchst subtile Form der Wirksamkeit von Rechtsnormen! Manchmal will es scheinen, als habe das völkerrechtliche Gewaltverbot weniger die Bereitschaft der Staaten, Gewalt auszuüben, eingeschränkt, als vielmehr die Fähigkeiten der Politiker und der sie beratenden Juristen entwickelt, Rechtfertigungsstrategien für Gewalt zu ersinnen. Es geht insbesondere um die Frage, ob und inwieweit die Einladung oder Zustimmung einer Regierung dem militärischen Eingreifen eines Staates auf dem Gebiet eines anderen Staates den Charakter verbotener Gewalt nimmt oder dieses Eingreifen jedenfalls rechtfertigt. Es geht ferner um die rechtliche Bewertung subversiver Gewalt und staatlich geförderter privater Gewalt, also etwa um die Frage, ob die Unterstützung von Rebellen durch einen Nachbarstaat eine Verletzung des Gewaltverbots ist. Es ging ferner um die Frage, ob auch gewisse Formen nichtmilitärischen Zwangs, von wirtschaftlichem und politischem Druck unter das Gewaltverbot zu subsumieren sind.[19] Gerade in letzterem Punkt liegt die rechtliche Bedeutung der politikwissenschaftlichen Debatte um den Begriff des positiven Friedens oder der strukturellen Gewalt.[20] Allerdings hat diese Debatte das geltende Völkerrecht jedenfalls zunächst sehr wenig beeinflußt. Es ist im Grundsatz dabei geblieben, daß verbotene Gewalt nur grenzüberschreitende militärische Gewalt ist[21] – und

18 Nachweise bei A. Randelzhofer, Art. 2 (4), in: B. Simma (Hrsg.), *The Charter of the United Nations*, 1994, S. 106 ff.

19 Randelzhofer, a.a.O., Rz. 15 ff.

20 Grundlegend: Galtung, *Strukturelle Gewalt*, 1975.

21 A. Randelzhofer, »Der normative Gehalt des Friedensbegriffs im Völkerrecht der Gegenwart. Möglichkeiten und Grenzen seiner

Frieden damit die Abwesenheit solcher Gewalt. Von möglichen Ausnahmen und jüngeren Entwicklungen ist sogleich noch zu reden. Aber um vor Illusionen zu warnen: Die politischen Kosten des fundamentalen Rechtsbruchs sind es allein nicht, die Gewalt verhindern.

Versuche, das völkerrechtliche Gewaltverbot definitorisch auszudehnen, sind meist nur vordergründig positiv zu bewerten. Häufig sind sie in Wahrheit ein ganz wesentlicher Bestandteil von Strategien der Rechtfertigung von Gewalt: je weiter der Begriff der verbotenen Gewalt, desto weiter auch der Bereich der erlaubten Gegengewalt. So war es nach jahrenlangen Debatten weitgehend akzeptiert, wenn auch nie unbestritten, daß der antikoloniale Befreiungskampf erlaubte Gegengewalt gegen die als verbotene Gewalt anzusehende koloniale Unterdrückung sei – und Hilfe dazu erlaubte kollektive Selbstverteidigung.

Wegen der dargelegten Schwäche des Gewaltverbots ist es wichtig, daß, wie bereits zitiert, die Satzung der Vereinten Nationen Verfahren vorsieht, die dazu dienen sollen, den Frieden zu sichern. Zentral sind dabei die Kompetenzen des Sicherheitsrates, Maßnahmen zu ergreifen, zu empfehlen oder zu beschließen. Die Satzung kennt eine weite Spanne diesbezüglicher Möglichkeiten, von der freundlichen Ermahnung an zwei Staaten, sich doch bitte zu vertragen, bis zu militärischen Zwangsmaßnahmen. Hier spielt nun der Begriff des Friedens eine zentrale Rolle in den Normen, die die diesbezüglichen Kompetenzen des Sicherheitsrates begründen. Weniger einschneidende Beschlüsse des Sicherheitsrates werden vorgesehen im Falle von Streitigkeiten, »deren Fortdauer geeignet ist, die Wahrung des Weltfriedens und der internationalen Sicherheit zu gefährden ...« So Art. 33 in Kap. VI der Satzung. Für Zwangsmaßnahmen nach Kap. VII der Satzung ist jedoch eine höhere Schwelle für die Kompetenzen des Sicherheitsrates vorgesehen: »Der Sicherheitsrat stellt fest, ob eine Bedrohung oder ein Bruch des Friedens oder eine Angriffshandlung vorliegt...«

Hier spielt nun die Definition des Friedens eine ausschlaggebende Rolle für die Kompetenz des Sicherheitsrates, Zwangsmaßnahmen zu beschließen. Je weiter der Friedensbegriff, um so

Operationalisierung«, in: J. Delbrück (Hg.), *Völkerrecht und Kriegsverhütung. Zur Entwicklung des Völkerrechts als Recht friedenssichernden Wandels*, 1979, S. 13 ff.

weiter die Kompetenzen des Sicherheitsrates. Es ist also eine ganz entscheidende Frage, ob und inwieweit Frieden nur die Abwesenheit von Gewalt in den internationalen Beziehungen bedeutet oder ob Varianten des sogenannten positiven Friedensbegriffs die Auslegung bestimmen, wonach auch die Verletzung fundamentaler Werte der internationalen Gemeinschaft eine Friedensbedrohung oder einen Bruch des Friedens darstellen kann.[22]

Der für lange Zeit letzte Fall, in dem der Sicherheitsrat einen rechtswidrigen Friedensbruch konstatiert hat, war der eines klaren militärischen Einmarschs, der Beginn des Koreakrieges.[23] Danach versank während der Dauer des Kalten Krieges die Kompetenz des Sicherheitsrates, Feststellungen nach Art. 39 zu treffen, in eine Art Dornröschenschlaf.[24] In dieser Situation konnte es kaum jemand in den Sinn kommen, etwas anderes als grenzüberschreitende militärische Gewalt unter dem Begriff des Friedensbruchs oder Friedensbedrohung zu subsumieren. Nichtsdestoweniger tauchte doch die Frage auf, ob denn die innere Situation in einem Staat, insbesondere die Verletzung von Menschenrechten eine Friedensbedrohung darstellen könnte. In seinen Beschlüssen zum Waffenembargo gegen Südafrika war der Sicherheitsrat jedoch mit dieser Frage sehr vorsichtig.[25] Zwar verurteilte er das südafrikanische Regime, insbesondere die Praxis der Apartheid, aber er verurteilte sogleich auch die von Südafrika gegenüber Nachbarstaaten vorgetragenen Angriffe und stellte fest, daß nicht etwa die innere Situation in Südafrika eine Friedensbedrohung darstellte, sondern »the acquisition by South Africa of arms or related material...«[26]

Auch die Kurdenresolution[27] des Sicherheitsrates von 1991 befleißigt sich einer vorsichtigen Formulierung: »The repression of the Iraqi civilian population in many parts of Iraq, including

22 Dazu J. A. Frowein, Art. 39, Rz. 5 ff., in: Simma (Hg.), a.a.O. (Anm. 18), S. 608 f.
23 Resolution 82 vom 25. Juni 1950.
24 M. Bothe, »Peace-keeping«, in: Simma (Hg.), a.a.O., S. 572 ff.
25 M. Bothe, »The Legitimacy of the Use of Force to Protect Peoples and Minorities«, in: C. Brölmann/R. Lefeber/M. Zieck (Hg.), *Peoples and Minorities in International Law*, 1993, S. 289 ff., 294 f.
26 S/Res/4189/1977.
27 S/Res/688/1991.

most recently in Kurdish populated areas, the *consequences of which* threaten international peace and security in the area...«

Es ist also nicht die Repression als solche, sondern ihre Auswirkungen, die als eine Friedensbedrohung bezeichnet werden. Auch die Ruanda-Resolution stellt nicht allein auf die interne Situation, sondern auf ihre Wirkung für die umliegenden Staaten ab[28]: »Determines that the magnitude of the humanitarian crisis in Ruanda constitutes a threat to peace and security in the region.«

Die Haiti-Resolution war die erste, die in klarer Weise eine interne Situation als Friedensbedrohung bezeichnet hat[29], betonte allerdings, daß es sich um eine »unique and exceptional situation« handelte. Wir scheinen also auf dem Wege zu sein, den Friedensbegriff des Art. 39 der Satzung der Vereinten Nationen um eine menschenrechtliche Dimension zu erweitern, aber diese Entwicklung verläuft alles andere als stürmisch. Sie wird ermöglicht durch eine verstärkte Einigungsfähigkeit des Sicherheitsrates nach dem Ende des Kalten Krieges. Es wäre aber sicherlich verfehlt, anzunehmen, daß diese Einigungsfähigkeit auch in Zukunft in jedem Fall bestehen wird.

Im Zusammenhang mit dieser menschenrechtlichen Erweiterung des Friedensbegriffs ist eine andere Ausdehnung zu sehen, die letztlich nicht unproblematisch ist, und das ist der Zusammenhang zwischen Friedenserhaltung und Terrorismusbekämpfung. Bei der Verhängung von Wirtschaftssanktionen gegen Libyen, die seit einigen Jahren besteht, hat der Sicherheitsrat die Nichtauslieferung mutmaßlicher terroristischer Straftäter durch Libyen in Verbindung mit einer positiven Haltung Libyens gegenüber dem internationalen Terrorismus als eine Friedensbedrohung bezeichnet.[30] Dies spielt auch eine Rolle in einer der Irak-Resolutionen[31], obwohl dies nicht der einzige Grund für die Fortsetzung der Iraksanktionen ist. Grundlage solcher Entscheidungen ist die rechtliche Annahme, daß die Förderung des internationalen Terrorismus ein schwerer Verstoß gegen fundamentale Normen des internationalen Systems ist, daß sie grenzüberschreitender Gewalt gleichzuachten ist. Auch hier beginnen

28 S/Res/929/1994.
29 S/Res/841/1993.
30 S/Res/748/1992.
31 S/Res/687/1991 Präambel und Teil H.

die Konturen eines überkommenen Friedensbegriffs, der lediglich die Abwesenheit von Gewalt zwischen den Staaten umfaßt, zu verschwimmen.

Unter dem Gesichtspunkt der Achtung des Völkerrechts, die auch zu den vornehmen Zielen der Vereinten Nationen gehört, ist eine solche Ausdehnung der Kompetenzen des Sicherheitsrates nur dann akzeptabel, wenn sie wirklich rechtlichen Standards genügt, das heißt vor allem, wenn sie nicht willkürlich selektiert. Gerade in dieser Beziehung gibt die jüngste Praxis oder Nichtpraxis des Sicherheitsrates zu wenig Optimismus Anlaß. Wenn sich der Sicherheitsrat noch nicht einmal mit dem türkischen Einmarsch im Nordirak beschäftigt[32], muß die Frage erlaubt sein, ob es rechtspolitisch wünschenswert ist, einem Gremium immer größere Befugnisse zu geben, das nicht gewillt und in der Lage ist, Rechtsverletzer mit gleichem, rechtlich bestimmtem Maß zu messen. Denn auch die Satzung der Vereinten Nationen geht davon aus, daß Frieden und Gerechtigkeit, Frieden und Achtung des Rechts untrennbar sind.

32 Vgl. dazu M. Bothe / T. Lohmann, »Der türkische Einmarsch im Nordirak«, *Schweizerische Zeitschrift für internationales und europäisches Recht* 5 (1995), S. 441 ff.

Thomas McCarthy
Über die Idee eines vernünftigen Völkerrechts

Die zentrale Idee in Kants Konzeption der Aufklärung ist die Auffassung, daß alle Autoritätsansprüche der freien Überprüfung durch die Vernunft unterzogen werden sollen: »Auf dieser Freiheit beruht sogar die Existenz der Vernunft, die kein diktatorisches Ansehen hat, sondern deren Ausspruch jederzeit nichts als die Einstimmung freier Bürger ist, deren jeglicher seine Bedenklichkeiten, ja sogar sein Veto, ohne Zurückhalten muß äußern können.«[1] Auf diese Weise soll allmählich eine Autorität, die sich von einer vernünftig vereinbarten Übereinkunft zwischen Individuen herleitet (wobei jedes Individuum sich auf sein eigenes unabhängiges Urteil stützt), die Autorität ersetzen, die sich hauptsächlich auf Tradition, Status, Amt oder Macht gründet – sowohl in theoretischen als auch in praktischen Dingen. Die Form, die diese öffentliche Auseinandersetzung annimmt, ist die der Kritik: »Unser Zeitalter ist das eigentliche Zeitalter der Kritik, der sich alles unterwerfen muß. Religion, durch ihre Heiligkeit, und Gesetzgebung, durch ihre Majestät, wollen sich gemeiniglich derselben entziehen. Aber alsdenn erregen sie den gerechten Verdacht wider sich, und können auf unverstellte Achtung nicht Anspruch machen, die die Vernunft nur demjenigen bewilligt, was ihre freie und öffentliche Prüfung hat aushalten können.«[2] »Nichts«, insistiert Kant, »ist ... so wichtig, in Ansehung des Nutzens, nichts so heilig, das sich dieser prüfenden und musternden Durchsuchung, die kein Ansehen der Person kennt, entziehen dürfte.«[3]

Meinen Bemerkungen liegt die Frage zugrunde, ob dies immer noch ein lebensfähiger Begriff von Aufklärungskritik ist, nicht im allgemeinen, sondern in bezug auf politische Angelegenhei-

1 Vgl. Immanuel Kant, *Kritik der reinen Vernunft*, in: *Werke in zwölf Bänden*, hg. von Wilhelm Weischedel, Bde. 3 und 4, Frankfurt am Main: Suhrkamp 1989, A 738 f./B 766 f.

2 Vgl. ebd., Bd. 3, A XI (Fußnote).

3 Vgl. ebd., A 738/B 776.

ten, insbesondere in bezug auf Angelegenheiten internationalen Rechts. Diese Besorgnis wurde neuerdings verschärft durch die jüngste Wendung, die John Rawls auf seinem langen Marsch von seinem Ausgangspunkt, der praktischen Philosophie Kants, genommen hat: Sein zweites Hauptwerk, *Political Liberalism* (1993), führt ihn viel weiter weg vom Aufklärungsprojekt Kants als sein erstes, *A Theory of Justice* (1971).[4] Den Hauptgrund für diesen Schritt sieht Rawls selbst ganz klar in dem, was er »Faktum eines vernünftigen Pluralismus« nennt. Der nicht reduzierbare Pluralismus der religiösen, philosophischen und moralischen Ansichten über die Bedeutung und den Wert menschlichen Lebens schafft seiner Meinung nach die Notwendigkeit, einen rein politischen Begriff der Gerechtigkeit zu konstruieren, der von »umfassenden Lehren« jeglicher Art »freibleibt«. In seiner Oxforder Amnesty-Vorlesung »The Law of Peoples« dehnt Rawls diesen Begriff auf den Bereich des Völkerrechts aus, den Kant in seinem Aufsatz über den »Ewigen Frieden« behandelte, und distanziert sich damit noch mehr von kantischen und neokantischen Ansätzen über die Theorie der Gerechtigkeit.[5]

Im folgenden will ich Rawls' neuerliche Wende analysieren und kritisieren und eine alternative, eher kantische Strategie vorschlagen, um mit den Problemen des Pluralismus umzugehen, die sie aufgeworfen hat. Vorher erinnern wir uns kurz an das, was Kant unter Ideen und Idealen der Vernunft verstand, da dies in meiner Erörterung eine Rolle spielen wird.

I

Kant erklärte, daß »Vernunftideen« in bezug auf theoretische Forschung nur heuristisch, als »regulative Ideen« funktionieren könnten, die uns zu immer tieferen Erklärungen und immer wei-

4 John Rawls, *A Theory of Justice*, Cambridge, MA: Harvard University Press 1971 (deutsch: *Eine Theorie der Gerechtigkeit*, Frankfurt am Main: Suhrkamp 1975); ders. *Political Liberalism*, Columbia University Press, New York 1993; deutsch: *Politischer Liberalismus*, Frankfurt am Main: Suhrkamp 1997.

5 John Rawls, »The Law of Peoples«, in: S. Shute und S. Hurley (Hg.), *On Human Rights. The Oxford Amnesty Lectures 1993*, New York: Basic Books 1993, S. 41-82.

teren Systematisierungen anspornen. Der fundamentale Fehler der Metaphysik liege darin, diesen Ausgriff über das Bedingte, das Partielle, das Unvollkommene hinaus so zu verstehen, als ob das Unbedingte, die Totalität, das Vollkommene schon erreicht sei oder erreicht werden könnte, also in einer Verwechslung des rein Regulativen mit dem Konstitutiven. Damit soll nicht gesagt werden, daß die Vernunftideen bedeutungslos sind, sondern nur, daß wir sie nicht theoretisch erfassen oder auch nur ein bestimmtes Wissen von ihnen besitzen können. Vielmehr müssen wir sie uns in bezug auf die Praxis vorstellen, hier die Praxis der theoretischen Forschung. Auf diesem Gebiet dienen sie dazu, unser Denken zu organisieren, zu leiten und zu zügeln, indem sie eine übereinstimmende, zusammenhängende, systematische Einheit der Erkenntnis heuristisch projizieren. Jedoch ist uns die Synthese solcher Einheit aus der Vielfältigkeit und Vielgestaltigkeit der Erfahrung und des Urteils nie einfach *gegeben*; sie ist uns immer und ewig *aufgegeben*.

Aber ich bin hier weniger an der Rolle der Vernunft bei der Durchführung von Forschung interessiert als an ihrer Rolle bei der Führung des Lebens, das heißt an Kants Behandlung der Ideen der praktischen Vernunft. Auch sie erzeugen Prinzipien der systematischen Einheit, nur ist diese nun die Einheit von Vernunftwesen unter gemeinsamen Gesetzen, die sie sich selbst geben. Ein Hauptunterschied liegt hier in der Tatsache, daß diese Ideen nicht nur indirekt, sondern direkt praktisch sind, das heißt, sie sind unmittelbar auf Handlungen bezogen, indem sie Hinweise geben, was wir tun sollten oder anstreben sollten. Die von ihnen erzeugten Prinzipien sind jedoch rein formaler Natur; sie erhalten ihren Inhalt nur dadurch, daß sie von moralisch Handelnden situationsbezogen angewendet werden. In diesem Sinne sind auch sie unterbestimmt: sie erfordern ein Auffüllen mit konkreter moralischer Erfahrung, Überlegung und Beurteilung unter besonderen moralischen Umständen. Daher fungieren die Vorstellung von Personen als Zwecke an sich, das Ideal (das heißt die Idee *in individio*) eines Reiches der Zwecke als einer Vereinigung freier und gleicher vernünftiger Wesen unter universellen Gesetzen, die sie sich selbst geben, die Vorstellung von Recht als die maximale Freiheit eines jeden, soweit dies mit einer ähnlichen Freiheit für alle unter allgemeinen Gesetzen kompatibel ist, die Vorstellung von einem ursprünglichen (Gesellschafts-)Vertrag, basierend auf dem vereinten (allgemeinen) Willen eines Volkes, und die Vorstellung eines weltbürgerlichen Zustandes, in dem Recht und Gerechtigkeit international gesichert sind als allgemeine Einschränkungen und Orientierungen für ein Handeln unter besonderen Umständen. Das heißt: in der Praxis müssen sie fortwährend kontextualisiert werden, so wie es die sich verändernden Umstände erfordern.

Es ist hier nicht nötig, die philosophischen Probleme im einzelnen zu beschreiben, die mit dem Begriff der Vernunft entstanden sind, der den Kern des Aufklärungsprojekts Kants bildet. Kurz gesagt: der Naturalismus, Historizismus, Pragmatismus und Pluralismus der letzten anderthalb Jahrhunderte haben die Detranszendentalisierung und Dezentrierung der kantischen Vernunft unvermeidlich werden lassen. Das Residuum der Metaphysik in der noumenalen/phänomenalen Aufspaltung, die sie unterstützt, die Dominanz des Mentalismus in der Gestaltung und Durchführung ihrer Kritik und die Unterordnung von Vielgestaltigkeit, die ihr Anspruch auf Einheit beinhaltet, sind nicht länger tragbar. »Reine« Vernunft hat fundamentale und dauernde Zugeständnisse machen müssen gegenüber den Unreinheiten von Sprache und Kultur, Zeitlichkeit und Geschichte, Praxis und Interesse, Körper und Begehren. Noch genauer: Kants Vorstellung davon, die eigene Vernunft zu gebrauchen, muß gemäßigt werden durch die Anerkennung des nicht zu beseitigenden Hintergrundes dessen, was in ihrem Gebrauch immer schon unterstellt wurde – die Vorbegriffe, Vorurteile, Vorverständnisse und ähnliches, die jedes rationale Unterfangen beeinflussen. Seine Betonung auf Übereinkunft und Konsens, besonders auf dem »vereinten Willen« eines Volkes als die Quelle der Legitimität seiner Gesetze, muß mit einer Anerkennung der ständigen vernünftigen Meinungsverschiedenheiten in Theorie und Praxis gekoppelt werden. Sein idealisierter Begriff von der öffentlichen Anwendung der Vernunft muß mit einem erhöhten Bewußtsein der Bedeutung von Kontext und Zuhörerschaft bei der Einschätzung der Stärke von Gründen und der Überzeugungskraft von Argumenten gekoppelt werden. Ein Gewahrwerden genau solcher »Bürden der Vernunft« oder der »Beurteilung« hat Rawls in seiner neueren Arbeit entschieden von Kant weggeführt.

II

»Reasonable Persons«, sagt Rawls in einem kantischen Ton, »desire for its own sake a social world in which they, as free and equal, can cooperate with others on terms all can accept« (*Political Liberalism*, S. 50). Aber der andere Aspekt, der das »Vernünftige«, so wie er es versteht, definiert, ist »willingness to recognize the burdens of judgment and to accept their consequences for the use of public reason in directing the legitimate exercise of public power in a constitutional regime« (ebd., S. 54). Die Bürden der Beurteilung anzuerkennen bedeutet zu verstehen, warum vernünftige Meinungsverschiedenheiten unter vernünftigen Personen nicht nur möglich, sondern wahrscheinlich sind, das heißt, warum sie ein normales Ergebnis eines freien Gebrauchs der Vernunft sind, auch langfristig und in Anbetracht aller Umstände. Im Lichte der vielen Quellen oder Ursachen von solcher Nichtübereinstimmung ist es unvernünftig, zu erwarten, daß »conscientious persons with full powers of reason, even after free discussion, will all (always) arrive at the same conclusions« (ebd., S. 58). Etwas stilisiert könnten wir diese zwei grundlegenden Aspekte des Vernünftigen in einem Spannungsverhältnis ansiedeln, das dem zwischen den beiden Standpunkten, die Kant in der Grundlegung zur *Metaphysik der Sitten* und an anderen Orten unterscheidet, in etwa analog ist. Als rational Handelnde wollen wir unsere Handlungen anderen gegenüber aus Gründen rechtfertigen, die sie alle rational akzeptieren könnten. Als Zuschauer oder Beobachter notieren wir jedoch die Tatsache des vernünftigen Pluralismus und antizipieren, daß einige der Gründe, die für uns annehmbar sind, für andere unannehmbar sein werden. Wie sollen wir nun diese beiden Sichtweisen öffentlicher Rechtfertigung kombinieren? Die Strategie von Rawls besteht darin, den Pluralismus gewissermaßen zu ermäßigen, indem der »politische Begriff der Gerechtigkeit« auf den Umfang eines »übergreifenden Konsenses« beschränkt wird: »Justice as fairness aims at uncovering a public basis of justification on questions of political justice given the fact of reasonable pluralism. Since the justification is addressed to others, it proceeds from what it is, or can be, held in common; and so we begin from shared fundamental ideas implicit in the public political in the hope of developing from them a political conception that can gain free and reasoned agreement in judgment, this agreement being stable in virtue of its gaining the support of an overlapping consensus of reasonable comprehensive doctrines« (ebd., S. 63). Das »praktische Ziel«, eine öffentliche Basis der Rechtfertigung zu erlangen (ebd., S. 9), motiviert die Strategie, daß man mit implizit geteilten Ideen anfängt und daraus mittels eines reflexiven Gleichgewichts eine politische Konzeption erarbeitet, die als Brennpunkt eines übergreifenden Konsenses dienen und daher Stabilität erhöhen kann. Wenn zudem die »praktische Unmöglichkeit«, Übereinkunft über die Wahrheit von umfassenden Doktrinen zu erlangen (ebd., S. 63), unterstellt wird, scheint zu folgen, daß solch eine Konzeption öffentlicher Vernunft »impartial ... between the points of view of reasonable comprehensive doctrines« (ebd., S. XIX) wird sein müssen. Das Verfolgen eines praktischen Ziels im Angesicht einer praktischen Unmöglichkeit schreibt also die theoretische Strategie des Politischen Liberalismus vor.

Wird in derselben Hinsicht Konsens im Lichte der Tatsache des vernünftigen Pluralismus betrachtet, dann wird so die Reichweite dessen bestimmt, was als gute Gründe in öffentlichen Überlegungen über Grundsatzfragen gelten mag. »Since many doctrines seem to be reasonable, those who insist, when fundamental political questions are at stake, on what they take to be true but others do not, seem to others simply to insist on their own beliefs ... They impose their beliefs because, they say, their beliefs are true, and not because they are their beliefs. But this is a claim all equally could make; it is also a claim that cannot be made good by anyone to citizens generally. So when we make such claims, others who are themselves reasonable, must count as unreasonable« (ebd., S. 61) oder sogar »sectarian« (ebd., S. 129). Das heißt, politisch Handelnde, die im Forum der Öffentlichkeit auf dem »beharren«, was sie für wahr halten, andere aber nicht, sind »unvernünftig«. Der Wunsch des politisch Handelnden, aus öffentlich zu rechtfertigenden Gründen zu handeln, wird durch die Anerkennung der Tatsache des vernünftigen Pluralismus durch den politischen Beobachter gebrochen und erscheint in der Form des Wunsches, ideologische Kontroversen über grundsätzliche Angelegenheiten zu vermeiden. Im politischen Diskurs ersetzt diese Vorstellung des »Vernünftig-Seins« die der moralischen Wahrheit. »Within a political conception of justice, we cannot define truth as given by the beliefs that would stand up even in an idealized consensus, however far extended ... Once we accept the fact that reasonable pluralism is a permanent condition of public culture under free institutions, the idea of the reasonable is more suitable as part of the basis of public justification« (ebd., S. 129). Und diese Idee, die eher wie eine modernisierte Version der liberalen Idee der Tolerierung als die kantische Idee der Vernunft funktioniert, dient ebenso dazu, die Gestalt der internationalen Gerechtigkeit zu definieren.

III

Wie *Political Liberalism*, so ist auch Rawls' »The Law of Peoples« durch ein überragendes Interesse an der »Durchführbarkeit« oder »Machbarkeit« von politischen Idealen angesichts des kulturellen und ideologischen Pluralismus gekennzeichnet. Auch hier formt die »Kunst des Möglichen« die Konstruktion einer Theorie der Gerechtigkeit. Und auch hier signalisiert das Ziel der »Stabilität aus den richtigen Gründen« mehr als eine funktionale Erfordernis der sozialen Ordnung: Rawls will sich selbst und uns versichern, daß sein politischer Begriff von internationaler Gerechtigkeit der Brennpunkt eines übergreifenden Konsenses sein könnte, weil das bedeuten würde, daß dieser nicht nur ein modus vivendi wäre, sondern die (mannigfaltige) wohldurchdachte Unterstützung von freien und gleichen Völkern als rationaler und vernünftiger Konsens gewinnen könnte. Ich werde jedoch jetzt darlegen, daß die Nachteile dieser Strategie für eine Konstruktion von »realistischen« politischen Idealen noch augenfälliger werden, sobald sich die Streuungsbreite der zu umfassenden Vielgestaltigkeit ausdehnt.

Der Geist des Realismus in Rawls' Ausgangspunkt ist offensichtlich:

»Peoples as corporate bodies organized by their governments now exist in some form all over the world. Historically speaking, all principles and standards proposed for the law of peoples must, to be feasible, prove acceptable to the consideres and reflective public opinion of peoples and their governments« (»The Law of Peoples«, S. 50).[6]

6 Rawls stellt fest, daß nationale Grenzen historisch gesehen willkürlich sind (ebd., S. 223, Anm. 16), aber er glaubt nicht, daß sie dies dafür disqualifiziert, die theoretische Rolle zu spielen, die er ihnen zu-

Dies bedeutet, daß der spezifisch liberal-demokratische Inhalt seines Begriffs von politischem Liberalismus zumindest erheblich verwässert werden muß. Denn obwohl der Begriff der internationalen Gerechtigkeit konstruiert werden soll, indem der liberale Begriff innenpolitischer Gerechtigkeit erweitert wird, muß der Modus der Erweiterung so gestaltet werden, daß er »yield(s) a more general law of peoples without prejudging the case against nonliberal societies« (ebd., S. 65). So versucht Rawls, statt auf der liberalen Idee von freien und gleichen Bürgern, die bestimmte Grundrechte haben, zu bestehen, einen alternativen Begriff von Menschenrechten zu geben, der »could not be rejected as peculiarly liberal or special to our Western Tradition« und der also in diesem Sinne »politisch neutral« sein würde (ebd., S. 69). Auf ähnliche Weise versucht er, indem er die egalitären Züge der Gerechtigkeit als Fairneß fallen läßt, bei einer Darstellung der Gerechtigkeit anzulangen, die die »größere Allgemeingültigkeit« besitzt, die im internationalen Rahmen erforderlich ist (ebd., S. 51 f.). Kurz gesagt, da man nicht »vernünftig erwarten« kann, daß nicht-liberale Gesellschaften liberale Prinzipien der Gerechtigkeit akzeptieren, wäre es unvernünftig, bei ihnen selbst auf einem liberalpolitischen Begriff von internationaler Gerechtigkeit zu bestehen oder vielmehr besonders auf einem liberalen Begriff, da solches Bestehen »liberalism's own principle of toleration for other reasonable ways of ordering society« (ebd., S. 80) zuwiderhandeln würde.

Die Idee des »Vernünftigen« scheint hier eine erhebliche Verwässerung durchgemacht zu haben; und das, versichert uns Rawls, ist so, wie es sein sollte: »Whenever the scope of toleration is extended, the criteria of reasonableness are relaxed« (ebd., S. 78). Hier drängt sich die Frage auf, was dann von der ursprünglichen Idee jenseits der Tolerierung noch übrigbleibt? In

denkt. Aber viele Theoretiker der internationalen Gerechtigkeit haben die Frage gestellt, ob es ratsam ist, etwas dermaßen moralisch Willkürliches, wie das in Blut getränkte System der Nationalstaaten, in die Fundamente der normativen Theorie einzubauen. Ich sehe keine Rechtfertigung (das heißt Konstruktion) für die Bedeutung, die Rawls ihm innerhalb der idealen Theorie zuerkennt, will diese Frage hier jedoch nicht erörtern. Für sachdienliche Kommentare siehe Thomas W. Pogge, »An Egalitarian Law of Peoples«, in: *Philosophy and Public Affairs* 23 (1994), S. 195-224, insbesondere S. 197-199.

Political Liberalism schien sie Meinungsverschiedenheiten abzudecken, die in den Bereich der Bürden der Vernunft oder der Beurteilung fielen und die also erwartungsgemäß aus der freien Anwendung der Vernunft unter demokratischen Umständen resultieren könnten. Jetzt scheint sie alle politisch-kulturellen Unterschiede abzudecken, unabhängig davon, ob diese spezifisch auf die Bürden der Vernunft zurückzuführen sind oder nicht, das heißt, ob sie aus dem freien Gebrauch der Vernunft resultieren oder darunter bestehen könnten oder nicht. Ich werde unten mehr dazu sagen. Auf jeden Fall appelliert Rawls hier an eine mittlere Kategorie, die zwischen dem »völlig Vernünftigen«, das eine volle und gleiche Gewissens- und Gedankenfreiheit vorsieht, und dem »völlig Unvernünftigen«, das diese gänzlich leugnet, liegt: nämlich das »nicht Unvernünftige«, das ein »gewisses Maß« davon, wenn auch nicht ein volles und gleiches Maß, zuläßt (»The Law of Peoples«, S. 63, 225, Anm. 28). Und da in diese Kategorie typischerweise »wohlgeordnete, hierarchische Gesellschaften« fallen, die um Staatsreligionen herum organisiert sind, die sein Völkerrecht ausdrücklich unterzubringen sucht, würde man dieses Völkerrecht genauer als ein Recht beschreiben, das sich auf eine Gesellschaft von nichtunvernünftigen Völkern bezieht, und den dazugehörenden Konsens als einen solchen bezeichnen, der zwischen nichtunvernünftigen umfassenden Lehren entsteht. Somit erfährt die Idee der Gerechtigkeit von *A Theory of Justice* über *Political Liberalism* bis hin zu »The Law of Peoples« eine fortschreitende Schwächung im Interesse der Einbeziehung der ständig breiter werdenden Spannweite der kulturellen Vielgestaltigkeit, die Rawls als theoretisch nicht reduzierbar behandelt.

Beschäftigen wir uns jetzt mit einigen Einzelheiten seines Argumentes in »The Law of Peoples« und analysieren, wie dies genau vor sich geht. Wie oben erwähnt wurde, ist es seine Strategie, die politische Darstellung der Gerechtigkeit für eine unabhängige liberal-demokratische Gesellschaft so zu »erweitern« daß sie zu einer Darstellung der Gerechtigkeit für eine Gesellschaft von wohlgeordneten Gesellschaften wird, wovon nur einige liberal sind. Diese Erweiterung findet in zwei »Hauptstufen« statt: die erste entwickelt eine ideale Theorie der Gerechtigkeit, die strikte Erfüllung und günstige Bedingungen voraussetzt; die zweite, die der nicht-idealen Theorie, behandelt Fragen, die aus der Nichterfüllung und aus ungünstigen Bedingungen entstehen, die die reelle Welt kennzeichnen.

»Non-ideal theory asks how the ideal conception of the society of well-ordered peoples might be achieved, or at least worked toward ... So conceived, [it] presupposes that ideal theory is already on hand ... And although the specific conditions of our world at any given time – the status quo – do not determine the ideal conception ..., those conditions do affect answers to the question of non-ideal theory, (which) are questions of transition« (ebd., S. 71 f.).

Die kantischen Anklänge in dieser Erklärung seines Ansatzes sind nicht zu verfehlen; wie wir aber sehen werden, führt Rawls sie auf eine entschieden nicht-kantische Weise durch, so daß Aspekte des Status quo in die eigentlich ideale Theorie doch hineinprojiziert werden.

Nach Rawls' Darstellung schreitet die ideale Theorie in zwei »Schritten« voran: zuerst wird der liberale Begriff innenpolitischer Gerechtigkeit zu einem Völkerrecht für liberal-demokratische Gesellschaften erweitert; dann wird er noch zusätzlich erweitert, um wohlgeordnete, nicht-liberale Gesellschaften einzuschließen. Beide Schritte verwenden den »Urzustand« als ein Mittel der Repräsentation, nur sind jetzt die Beteiligten Repräsentanten von Gesellschaften statt von Individuen. Bei jedem Schritt sind die Beteiligten symmetrisch situiert, damit faire Bedingungen der Beratung unter den Repräsentanten von Völkern gewährleistet werden, die sich als Völker für frei und gleich halten. Schließlich, sagt Rawls, ist es für diese (Skizze einer) Konstruktion eines Völkerrechts »fundamental«, daß »sowohl liberale als auch hierarchische Gesellschaften« – hier als vernünftig und rational geschildert – »sie akzeptieren« (ebd., S. 2). Dies ist der entscheidene Punkt der Angelegenheit: Rawls' Strategie erfordert, daß der ideale politische Begriff von internationaler Gerechtigkeit selbst allen »wohlgeordneten« Völkern annehmbar sei, unabhängig davon, ob ihre eigenen Begriffe von Gerechtigkeit liberal und demokratisch sein mögen oder nicht. Es folgt daraus, daß der Brennpunkt eines erreichbaren übergreifenden Konsenses zwischen liberalen und nicht-liberalen, zwischen demokratischen und nicht-demokratischen Völkern selbst nicht spezifisch liberal-demokratisch sein könnte. Aber warum sollte man den kleinsten gemeinsamen Nenner, der aus einer solchen Strategie resultiert, ideal nennen? Und warum denkt Rawls, daß dieser den Gesellschaften, die selbst nach liberal-demokratischen Gesichtspunkten organisiert sind, annehmbar erscheinen würde? Warum sollten sie ihre grundlegenden politischen Prinzipien opfern, um eine Übereinkunft mit Völkern zu erreichen, die sie nicht teilen? Denn im Gegensatz zum übergreifenden Konsens im innenpolitischen Fall werden hier nicht nur Unterschiede zwischen den umfassenden Lehren aus dem Spiel genommen, sondern auch Schlüsselelemente des liberal-politischen Begriffs von Gerechtigkeit.

Rawls versucht diese Spannung auf beiden Seiten zu vermindern: (a) indem er in seinem Begriff von wohlgeordneten hierarchischen Gesellschaften Elemente einbaut, die Liberale nach seiner Meinung als Minimalforderungen der politischen Anständigkeit ansehen würden (ebd., S. 69), und (b) indem er aus seinem Begriff eines Völkerrechts für liberale Gesellschaften (der erste Schritt der idealen Theorie) die Elemente wegläßt, die manche hierarchischen Gesellschaften seiner Meinung nach unannehmbar finden würden.

Wohlgeordnete hierarchische Gesellschaften (1) werden gekennzeichnet als friedlich und nicht expansionistisch; (2) sie sind durch einen gemeinsamen guten Begriff der Gerechtigkeit bestimmt und mit einer vernünftigen Beratungshierarchie ausgestattet, so daß ihre Regierungen in den Augen ihrer eigenen Völker legitim sind; und (3) es zeichnet sie der Respekt vor den grundlegenden Menschenrechten aus.

Das Völkerrecht für eine Gesellschaft liberaler Gesellschaften schließt die egalitären Züge der Gerechtigkeit als Fairneß nicht ein – das heißt, den fairen Wert der politischen Freiheiten, die faire Gleichheit der Chancen und das Differenzprinzip –, da diese angeblich für andere liberale Gesellschaften, die durch weitere, weniger egalitäre Begriffe von Gerechtigkeit bestimmt sind, schon unannehmbar sind. Thomas Pogge hat die Klugheit dieser Herabstufung der Gleichheit in der Theorie der internationalen Gerechtigkeit wirksam in Frage gestellt.[7] Ich will hier zwei weitere Punkte entwickeln, die sich auf politische und individuelle Rechte beziehen.

Die zentrale Behauptung in Rawls' ganzer Konstruktion – daß

7 Ebd. Obwohl er das Hauptaugenmerk auf den distributiven Aspekt von Rawls' Skizze richtet, stellt Pogge auch Mängel in ihrer Menschenrechtskomponente fest; siehe ebd., S. 214 ff.

wohlgeordnete, nicht-liberale Gesellschaften das gleiche Völkerrecht wie wohlgeordnete, liberale Gesellschaften »akzeptieren werden« (ebd., S. 43) – behält die Plausibilität, die sie eventuell besitzt, nur dadurch, weil er stillschweigend eine Quelle von schwerwiegenden Meinungsverschiedenheiten mit nicht-liberalen Gesellschaften vom Völkerrecht für liberale Gesellschaften (das heißt, bei dem ersten Schritt der idealen Theorie) fallenläßt oder in den Hintergrund zurückdrängt, nämlich die demokratischen Elemente von Gerechtigkeit als Fairneß.[8] Seine Skizze von »Prinzipien der Gerechtigkeit zwischen freien und demokratischen Völkern« läßt jede Erwähnung von demokratischen Institutionen und Prozessen aus (ebd., S. 51-59). Sie werden bei diesem Schritt einfach nicht diskutiert; also sind sie kein Problem beim nächsten Schritt, wenn nicht-demokratische Völker ins Bild gebracht werden. Indem die egalitären Züge der Gerechtigkeit als Fairneß explizit ausgelassen und ihre demokratischen Züge stillschweigend beiseite gelegt werden, wird Rawls' zentrale These etwas plausibler – etwas, aber nicht gänzlich. Er muß noch den Umstand berücksichtigen, daß wohlgeordnete, hierarchische Gesellschaften, die um Staatsreligionen herum organisiert sind, im Vergleich zu der gewöhnlichen vollen liberalen Anzahl nur ein begrenztes System von Grundrechten akzeptieren werden.

Von wohlgeordneten, hierarchischen Gesellschaften verlangt Rawls nur, daß sie »Minimalrechte« auf Leben, Freiheit, persönliches Eigentum, Gleichheit vor dem Gesetz und Emigration respektieren (ebd., S. 62). Es wird von ihnen nicht verlangt, volle Gewissensfreiheit und Gedankenfreiheit, sondern nur »ein (gewisses) Maß« davon zu sichern (ebd., S. 63); auch müssen sie keine Redefreiheit wie in liberalen Gesellschaften erlauben. Sie können eine etablierte Religion mit gewissen Privilegien haben, aber keine Religionen dürfen verfolgt werden (ebd.). Der stra-

8 Dies deutet darauf hin, daß Jürgen Habermas mit seiner Behauptung recht hat, »private Autonomie« sei gegenüber »öffentlicher Autonomie« (das heißt demokratischer Selbstbestimmung) in Rawls' Gedankengut privilegiert. Siehe Jürgen Habermas, »Reconciliation through the Public Use of Reason: Remarks on John Rawls's *Political Liberalism*«, in: *The Journal of Philosophy* 92 (1995), S. 109-131, insbesondere S. 126-131. Vgl. auch Rawls' Antwort im gleichen Heft der Zeitschrift: »Reply to Habermas«, S. 132-180, insbesondere S. 153-170.

tegische, theoretische Vorteil davon, Menschenrechte auf diese Weise auszulegen, besteht nach Rawls darin, daß sie »do not depend on any particular comprehensive moral doctrine ... such as, for example, that human beings are moral persons and have equal worth«, denn das ist eine Lehre, die viele hierarchische Gesellschaften »might reject as liberal or democratic, or in some way distinctive of the Western philosophical tradition and prejudicial to other cultures«, wobei seine eigene Strategie um die Identifizierung von »politisch neutralen« Forderungen für ein »minimal anständiges Regime« kreist (ebd., S. 69). Dies sei, sagt er, noch eine liberale Strategie, denn sie fängt mit politischem Liberalismus an und »erweitert« ihn zum Völkerrecht; aber sie zielt nicht darauf, eine ausgeprägt liberale Idee der internationalen Gerechtigkeit zu konstruieren. Vielmehr gilt es, die »Beschränkungen der Toleranz« zu untersuchen, um »the bedrock beyond which we [liberal democrats? – T. McC.] cannot go« zu finden (ebd., S. 78 f.).

IV

Es liegt viel in diesem Entwurf des Völkerrechts, was zu denken gibt. Ich werde hier dessen Einzelheiten nicht weiter kommentieren, selbst solche nicht unbedeutenden Einzelheiten wie die radikale Verminderung der persönlichen, politischen und sozialen Rechte. Statt dessen will ich das Augenmerk auf die theoretische Strategie richten, die Rawls sich zu eigen macht. Sowohl seine Terminologie als auch die Bezugnahmen deuten an, daß er bewußt die kantische Strategie überarbeitet, damit sie besser zu einem detranszendentalisierten Verständnis der Vernunft paßt. Kant arbeitete noch mit einer klassisch rationalistischen Unterscheidung zwischen Überzeugung und Überredung.[9] Etwas für wahr zu halten wurde als Überzeugung bezeichnet, wenn es auf »objektiven Gründen« beruhte und deshalb »für jeden gültig« war, der Vernunft besaß; als Meinung wurde bezeichnet, wenn die Gründe »nur in der besonderen Beschaffenheit des Subjekts« zu finden waren. Aber Kant erkannte auch an, daß der »Prüf-

9 Siehe zum Beispiel Kant, *Kritik der reinen Vernunft*, A 820 f./B 848 f., woraus die in diesem Absatz zitierten Passagen entnommen sind.

stein«, mit dem wir in der Praxis feststellen können, ob etwas für wahr zu halten das eine oder das andere ist, »äußerlich die Möglichkeit (ist), dasselbe mitzuteilen und das Fürwahrhalten für jedes Menschen Vernunft gültig zu befinden«. Es ist nur in der und durch die Bemühung, eine universelle Übereinkunft zu erzielen – schrieb er –, daß wir anhand des Verständnisses anderer überprüfen können, ob jene Urteilsgründe, die für uns gültig sind, den gleichen Effekt auf die Vernunft der anderen ausübt wie auf unsere eigene. Die Entsublimierung unseres Verständnisses der Vernunft und der Rationalität in den zwei Jahrhunderten, seit er diese Ansichten vorbrachte, bedeutet jedoch, daß wir einige Faktoren, die er als »subjektiv« ansah, als unumgängliche Elemente in den Prozessen der rationalen Kommunikation betrachten, die auf das Erreichen von vernunftbezogenen Übereinkünften zielen. Und dies macht es notwendig, seine Betonung der systematischen Einheit mit einer korrelativen Anerkennung von nicht-eliminierbarer Vielfältigkeit auszugleichen.

Dies ist es, was Rawls unter anderem mit seinen Vorstellungen von den Bürden der Vernunft, vernünftigem Pluralismus und übergreifendem Konsens versucht. Aber seine Art, dies zu tun, verdünnt die Idee der vernünftigen Übereinkunft dermaßen, daß die entsprechende Idee der objektiven Gültigkeit einen Großteil ihrer die Wirklichkeit transzendierenden Idealität verliert. Dies geschieht größtenteils, weil der vernünftige Pluralismus, der gemäß unseren Erwartungen aus »der Ausübung der menschlichen Vernunft unter freien Institutionen« (ebd., S. 82) resultiert, in seiner Konstruktion eines politischen Begriffs von Gerechtigkeit stillschweigend durch einen De-facto-Pluralismus der umfassenden Lehren ersetzt wird, der die viel schwächeren Forderungen erfüllt, die durch seine überarbeitete Vorstellung von Toleranz gestellt werden. Dies bedeutet, daß die Ideen der Aufklärung und der Kritik in Rawls' Konstruktion im Vergleich zu der kantischen eine marginale Rolle spielen. Seine »freistehende« *Theorie der Gerechtigkeit* nimmt keine Haltung über Gültigkeitsansprüche ein, die keinen direkten Bezug zu dem Inhalt des politischen Begriffs haben, so wie er ihn versteht.

Deutlich wird dies in der »zweiten Stufe« seiner Skizze eines Völkerrechts – der einer nicht-idealen Theorie –, die sich damit befaßt, wie der ideale Begriff unter den nicht-idealen Umständen der wirklichen Welt am besten gefördert werden könnte. Die ungünstigen Bedingungen, die er erwähnt, schließen Mängel ein, die nicht nur in materiellen und technologischen Ressourcen und im Humankapital, sondern auch in politischen und kulturellen Traditionen existieren. »Many societies with unfavorable conditions do not lack for resources ... Rather, the problem is commonly the nature of the public political culture and the religious and philosophical traditions that underlie its institutions« (ebd., S. 77). Wenn das allgemeine Interesse hinter der nicht-idealen Theorie darin besteht, Gesellschaften »now burdened by unfavorable conditions ... toward conditions that make a well-ordered society possible« (ebd., S. 75) zu helfen, scheint daraus zu folgen, daß die Liberalisierung solcher Traditionen zu ihren hauptsächlichen Zielen gehören sollten, das heißt, etwas sehr Ähnliches wie das, was Kant unter Aufklärung verstand. Aber Rawls schlägt diesen Weg nicht ein, der nach seiner Ansicht auf eine weitere Variante des Ethnozentrismus hinausläuft. Vielmehr charakterisiert er die Probleme der politischen Kultur mit solchen »politisch neutralen« Ausdrücken wie »unterdrückende Regierung« und »korrupte Eliten« (ebd., S. 77); anscheinend soll dies die Pflicht, günstige politisch-kulturelle Bedingungen zu fördern, mit der Vermeidung von Ethnozentrismus kompatibel machen – mit einer sehr interessanten Ausnahme: nur »die Unterdrückung von Frauen, der durch unvernünftige Religionen Vorschub geleistet wird«, wird als eine ungünstige Bedingung ausgesondert, die wir versuchen sollten zu verändern (ebd.). Aber wenn Rawls bereit ist, jenen nicht unbedeutenden Aspekt der Aufklärungskritik zu dulden, ist es nicht klar, aus welchen Gründen er die Kritik »unvernünftiger Religion« und anderer umfassender Lehren ablehnen könnte, die ungerechte Behandlung von anderen Gruppen nach Rasse, ethnischer Zugehörigkeit, Klasse, Status oder irgendeinem weiteren Merkmal rechtfertigt. Dies gilt insbesondere, da es schwierig einzusehen ist, daß die Bürden der Vernunft genaugenommen breit genug sind, um jene Elemente der traditionellen Weltbilder zu tolerieren, die für sich in Anspruch nehmen, solche Unterordnung zu rechtfertigen.

Allgemeiner ausgedrückt eliminiert Rawls' Vermeidungsmethode in der Theorie jegliche Rechtfertigung für die Kritik von umfassenden Lehren, die dazu dienen, hierarchisch soziale und politische Strukturen zu bestätigen. Also geht sie unbewußt das

Risiko ein, ideale Theorie auf die Seite der realen, tatsächlichen Mächte und regierenden Eliten zu stellen – vorausgesetzt, sie sind nicht tyrannisch oder korrupt – und ihr die Mittel der Unterstützung für einheimische Bewegungen der Liberalisierung und Demokratisierung vorzuenthalten, die auch Teil der realen Welt sind.[10] Wenn eine etablierte Regierung seine drei Forderungen dafür, wohlgeordnet zu sein, erfüllt, gibt es nichts, was sein Ideal der politischen Gerechtigkeit jenen bieten kann, die versuchen, die Realität von nicht-liberalen und nicht-demokratischen Bedingungen zu verändern, es enthält nichts, woran Reformbewegungen und Befreiungskämpfe appellieren könnten, um wenigstens volle Meinungs-, Gedanken- und Gewissensfreiheit zu rechtfertigen, geschweige denn volle Gleichberechtigung. Dies ist zum Teil auf Rawls' Neigung zurückzuführen, nationale politische Kulturen als aus einem Guß zu betrachten. Also werden liberale/nicht-liberale, demokratische/nicht-demokratische Unterschiede als »wir« gegen »sie« repräsentiert. Er macht zum Beispiel die Bemerkung, daß diejenigen mit liberalen Ansichten argumentieren könnten, die Welt wäre ein besserer Ort, wenn alle Gesellschaften liberal wären. »But that opinion ... could have no operative force in what, as a matter of right, they [we; T. McC.] could do politically ... [for] to affirm the superiority of a particular comprehensive view is fully compatible with affirming a political conception of justice that does not impose it« (ebd., S. 81). Diese Bemerkung ist offensichtlich an »Außenseiter« gerichtet; sie vernachlässigt die internen Meinungsverschiedenheiten über solche Angelegenheiten, die heutige nicht-liberale Gesellschaften kennzeichnen. Aber selbst wenn wir um des Argumentes willen dieses wir/sie-Schema akzeptieren, müssen liberale Theoretiker und Theoretikerinnen zwischen Rawls' Version der »politischen Neutralität« und dem »Aufzwingen« von umfassenden liberalen Ansichten auf nicht-liberale Gesellschaften wählen? Gibt es kei-

10 Wie Henry S. Richardson nach dem mündlichen Vortrag dieses Beitrags bemerkte, würde Rawls sicherlich Bemühungen der Überredung und der Reform, die in eine liberale Richtung führen, sowohl im Ausland als auch zu Hause unterstützen. Dem stimme ich zu. Mein einziger Einwand ist, daß er sich keine ausreichende Grundlage hierfür in idealer Theorie gelassen hat; und da die ideale Theorie die nicht-ideale Theorie leitet, ist es nicht klar, wo in seiner Darstellung die theoretische Basis für solche Bemühungen liegen könnte.

ne Alternative, die ihnen offensteht und mit einer Anerkennung von den Bürden der Vernunft und der Nichteliminierbarkeit eines vernünftigen Pluralismus kompatibel ist?

V

Ein Versuch, solch eine Alternative zu entwickeln, könnte damit beginnen, die Grenze zwischen idealer und nicht-idealer Theorie viel näher an das zu verlegen, was Kant unter Idealen (Ideen) der Vernunft verstand. Auf der Grundlage dieser theoretischen Strategie würde sich nicht die ideale, sondern die nicht-ideale Theorie mit der Realität von nicht-liberalen und nicht-demokratischen Regimen beschäftigen, selbst von denjenigen, die nach Rawls den drei Forderungen für wohlgeordnete Gesellschaften erfüllen, während die Bürden der Vernunft und die Nichteliminierbarkeit von vernünftiger Nichtübereinstimmung in die ideale Theorie einbezogen werden müßten, denn sie sind Merkmale der postmetaphysischen und posttranszendentalen Vernunft selbst. Die ideale Theorie könnte dann einen unverdünnten Begriff einer liberal-demokratischen, internationalen Ordnung konstruieren, der als letztes Richtmaß der Gerechtigkeit und der Ungerechtigkeit auf diesem Gebiet dienen könnte.

Natürlich würde die Überarbeitung von Kants Verständnis von Vernunft jene Konstruktion beeinflußen. Wenn wir zum Beispiel dem Vorbild von Jürgen Habermas nacheifern, würden wir den Brennpunkt der Kritik der Vernunft von Formen des transzendentalen Bewußtseins auf Formen der kommunikativen Interaktion verschieben.[11] Kants Aufklärungsprojekt würde dann darum kreisen, geeignete Formen des theoretischen und praktischen Diskurses zu kultivieren und Institutionen und Verfahren zu etablieren, die ihnen soziale Wirkung verleihen. In bezug auf den praktischen Diskurs würde es die Kritik und Reform von Bedingungen einschließen, die die volle öffentliche Diskussion von rechtlichen und politischen Angelegenheiten unter freien und gleichen Bürgern behindern. Diese Strategie würde selbstverständlich einen Begriff von Gerechtigkeit hervorbringen, der –

11 Siehe Jürgen Habermas, *Nachmetaphysisches Denken*, Frankfurt am Main: Suhrkamp 1988; ders., *Erläuterungen zur Diskursethik*, Frankfurt am Main: Suhrkamp 1991.

ohne sich zu rechtfertigen – liberal und demokratisch wäre und deshalb nach Rawls' Ansicht Gefahr liefe, ethnozentrisch und intolerant zu sein. Aber wenn »ethnozentrisch«, so wie es scheint, hier nicht mehr bedeutet als die Entwicklung und Verteidigung einer Theorie der Gerechtigkeit aus einer Sicht, die die eigene ist, dann sollten wir entsprechend Rortys Ausspruch freimütige Ethnozentriker sein. Dieser Ansatz hat den Vorteil, die fortlaufende Aufgabe, gemeinsame Grundlagen zu finden, den Beteiligten selbst zu überlassen eher als den über dem Kampf stehenden Theoretikern des übergreifenden Konsenses. Es liegt nichts »Unvernünftiges« darin, Ansichten vorzuschlagen und zu verteidigen, die man für fundiert hält. Also sind wir nicht gezwungen, zwischen Ethnozentrismus und Anpassung im Sinne von Rawls zu wählen. Es gibt auch die eminent vernünftige Option, unterschiedliche Meinungen zu diskutieren – mit gegenseitigem Respekt und der Bereitschaft, zuzuhören und gegnerische Ansichten ernst zu nehmen, die Pro- und Kontra-Gründe sorgfältig abzuwägen, unsere Meinung entsprechend zu ändern, wo nötig, Kompromisse zu schließen usw. Dieser Ansatz ist nicht weniger in der Lage, vernünftige Meinungsverschiedenheiten und vernünftigen Pluralismus einzubeziehen, als der Ansatz von Rawls.

Aber wie ist es mit dem De-facto-Pluralismus der politischen Kulturen, den Rawls innerhalb von gewissen Grenzen der minimalen Anständigkeit in seiner idealen Theorie unterzubringen versucht? Wenn wir der nicht-idealen Theorie die Frage überlassen, wie man mit Regimen interagieren soll, die nach Begriffen der Gerechtigkeit organisiert sind, die fundamental anders als unser Idealbegriff sind, besteht keine Notwendigkeit für Intoleranz oder Aufzwingen. Dies ist eine praktische politische Frage, und sie besitzt keine festgelegte Antwort. Eine angemessene politische Verfahrensweise muß die sich dauernd verändernden Umstände, Tendenzen, Wahrscheinlichkeiten und Möglichkeiten berücksichtigen.

Wie Thomas Pogge festgestellt hat, scheint Rawls zu vergessen, daß liberale Toleranz – während sie im innenpolitischen Fall ein Platzlassen selbst für nicht-liberale Denk- und Lebensweisen vorschreibt – die Übernahme einer liberalen Grundstruktur nicht ausschließt, sondern sogar verlangt.[12] Denn während

12 Rogge, »An Egalitarian Law of Peoples«, a.a.O., S. 216-218.

eine liberale Gesellschaft viele verschiedene Weltansichten und Lebensformen, liberale und nicht-liberale, tolerieren kann, kann sie nur auf eine Weise strukturiert sein: nach liberalen Gesichtspunkten. Während Liberale also ihre fundamentalistischen Nachbarn tolerieren sollten, sollten sie auch liberale Prinzipien und Institutionen gegen sie verteidigen. Dementsprechend schließt die liberale Theorie – während sie in der internationalen Sphäre für bestimmte Arten von nicht-liberalen Gesellschaften Platz lassen sollte – nicht aus, sondern verlangt vielmehr unsere Unterstützung eines liberalen Völkerrechts. Während eine liberale Weltordnung für die vorhersehbare Zukunft Gesellschaften vielleicht tolerieren müßte, die auf unterschiedliche Weise strukturiert sind – einige liberal und einige nicht, einige demokratisch und einige nicht -, kann sie selber nicht auf unterschiedliche Weise strukturiert sein. Nach dieser Strategie sollte liberale Theorie entschlossen liberal-demokratische Prinzipien der internationalen Gerechtigkeit und die Arten von globalen Einrichtungen, die sie begünstigen, unterstützen. Und eine liberale Praxis sollte versuchen, solche Einrichtungen auf eine mit jenen Prinzipien vereinbare Weise in der Hoffnung zu fördern, daß nicht-liberale und nicht-demokratische Überzeugungen und Praktiken sich durch ihre Etablierung allmählich verändern würden, um mit ihnen übereinzustimmen, so wie es im großen und ganzen innerhalb der Grenzen der modernen, liberal-demokratischen Gesellschaften geschehen ist.

Diese Strategie führt uns zu Kants Begriff der Aufklärung zurück, wo sich alle Ansprüche auf die Autorität der »freien Überprüfung durch die Vernunft« unterziehen lassen, wo jedem »erlaubt ist, seine Einwände ohne Behinderung auszudrücken«, so daß allmählich diejenige Autorität, die sich hauptsächlich aus Tradition, Status, Amt oder Macht herleiten, durch eine Autorität ersetzt wird, die auf guten Gründen basiert. Sie setzt Kritik wieder in den Rang der Wichtigkeit, den Rawls ihr scheinbar vorenthält, indem er den Konsens überprivilegiert. Und sie fördert einen Begriff des internationalen Rechts, der an Kants Bund *republikanischer* Völker näher heranführt als an Rawls' Gesellschaft wohlgeordneter Völker. Aber sie führt auch über Kant hinaus in Richtung auf einen viel stärkeren Begriff des Weltbürgerrechts. Allgemein gesagt, würde eine kosmopolitische Ordnung die Institutionalisierung von grundlegenden Menschenrechten, Demokratie und die Herrschaft des Gesetzes auf supranationalen Ebenen erfordern.[13] Und wenn dies eher auf eine demokratische statt auf eine paternalistische Weise geschehen soll, erfordert dies die Verbesserung der Bedingungen für das, was wir »multikulturellen kosmopolitischen Diskurs« nennen könnten. Wenn es grundlegende Unterschiede im Glauben und in den Praktiken zwischen den Völkern gibt, die aber trotzdem kooperativ zusammenleben wollen, und wenn es keinen »Blick von nirgendwo« gibt, von wo aus man über jene Unterschiede richten kann, dann gibt es keine zwangsfreie Alternative für die fortwährende Suche nach Gemeinsamkeiten in öffentlichen Diskursen der verschiedensten Art. Aber sie erfordert ihrerseits die Überwindung der tiefen Asymmetrien der globalen Netze, innerhalb deren transnationale Prozesse heute situiert sind. Nur in den Institutionen und Praktiken, die ein solches weltbürgerliches Ideal verkörpern, könnte sich Kants Aufklärungsprojekt als mehr als eine bloß eurozentrische Illusion erweisen.

Übersetzt von Michael Kühnlein

13 Siehe David Held, *Democracy and the Global Order*, Cambridge: Polity Press, im Erscheinen.

David Held
Kosmopolitische Demokratie und Weltordnung

Eine neue Tagesordnung[1]

Das schnelle Wachstum der komplexen Beziehungen zwischen Staaten und Gesellschaften bildet den Hintergrund dieses Beitrags. Im ersten Teil des Beitrages wird untersucht, inwieweit Politik seit dem Ende des Kalten Krieges in einem neuen Licht erscheint und welche Herausforderungen aus dem Wesen und der Funktion von politischen Zusammenschlüssen durch Globalisierungsprozesse erwachsen. Im zweiten Teil werden die Grenzen der Theorie von Demokratie diskutiert, unter besonderer Berücksichtigung der bislang vernachlässigten Frage, ob der Nationalstaat weiterhin im Zentrum demokratischen Denkens und Handelns verbleiben kann. Die Gesichtspunkte dieser Analyse werden in einem dritten Teil vertieft, in dem Kants Verständnis von politischer Gemeinschaft, Weltbürgertum und Weltbürgerrecht untersucht wird. Durch eine Kritik der Sichtweise Kants wird ein alternatives Konzept hinsichtlich der Anforderungen an Demokratie und deren Zweck vorgeschlagen: das kosmopolitische demokratische Recht. Eine Gegenüberstellung von Kants Auffassung des Weltbürgerrechts mit der Vorstellung vom Recht einer kosmopolitischen Demokratie führt zu einer Hervorhebung institutioneller Unterschiede. Im vierten Teil schließlich wird ein Programm zur Institutionalisierung einer kosmopolitischen Demokratie ausgearbeitet – eine Form von Demokratie, so die Behauptung, die die Grenzen nationaler Demokratien zur globalen Situation in Beziehung setzt und auf einige kurz- oder langfristige institutionelle Lösungen hinweist. Im Geiste Kants werden die Argumente für einen neuen Kosmopolitismus vorgebracht, aber mit einem grundsätzlich anderen Verständnis der nötigen Komponenten von Gesetz, Ordnung und Verantwortlichkeit, als es sich in seinen Schriften findet.

1 Die hier vorgestellten Themen sind ausführlicher behandelt in: Archibugi und Held (Hg.) 1995 und in meinem Buch Held 1995.

1. Die neue Konstellation der Weltpolitik

Im Verlauf weniger Jahre haben sich außerordentliche Veränderungen in der internationalen Politik ereignet. Für nahezu ein halbes Jahrhundert bestand weltweit ein in Ost und West gespaltenes Herrschaftssystem. Fast über Nacht jedoch verschwand dieses System und hinterließ kaum Anhaltspunkte dafür, durch welche Alternative es ersetzt werden könnte. Jetzt, auf der Schwelle zum neuen Jahrtausend, stehen die internationalen Beziehungen neuen Möglichkeiten und neuen Gefahren gegenüber.

Die politischen Möglichkeiten, die sich jetzt eröffnen, warten im großen und ganzen noch immer darauf, genutzt zu werden. Wenn für einen Polen, einen Chilenen, einen Kambodschaner, einen Südafrikaner oder einen Palästinenser das Ende des Kalten Krieges neue Hoffnungen für die Zukunft weckt, so liegt der Nutzen dieser »neuen Weltordnung« für einen Bosnier, Somalier, Iraker, Kurden oder Ruander noch in weiter Ferne. Während es allerdings noch immer zu früh ist, eine Bilanz über die Vor- und Nachteile des Endes des Kalten Krieges zu ziehen, so können doch drei entscheidende Fragen angesichts des Zustands der gegenwärtigen Weltordnung formuliert werden:
(a) Welche Auswirkungen hat das Ende des Kalten Krieges auf die innere Verfassung der Staaten?
(b) Welche Veränderungen finden innerhalb zwischenstaatlicher Beziehungen statt?
(c) Welche Institutionen können eine Grundlage bieten, auf der Beratungen über globale, das heißt transkontinentale Probleme stattfinden, und entsprechende Maßnahmen ergreifen?
Ich möchte jeden einzelnen Themenbereich kurz vorstellen, um den Hintergrund dieses Vortrages zu erhellen.

(a) Zu den innenpolitischen Veränderungen der letzten Jahre zählt eine bemerkenswerte Zunahme liberal verfaßter Demokratien. Im Osten, Süden und Norden stellten viele Staaten entweder frühere demokratische Ordnungen wieder her oder aber bildeten sie neu. Millionen von Menschen kamen zum erstenmal in den Genuß der fundamentalen liberaldemokratischen Erfahrung, die eine Teilnahme am politischen Diskurs ohne Angst vor Repression und an freien Wahlen darstellt. Obwohl die ersten

Schritte in Richtung innerer Demokratie in vielen Fällen zögerlich und voller Unsicherheiten sind, verdient es die erste Hälfte der neunziger Jahre als eine, wenn nicht sogar die Ära der Demokratie angesehen zu werden. Das Demokratiebestreben war so stark, daß einige Kommentatoren – teils aus Mangel an Optimismus, teils aus Unkenntnis der geschichtlichen Zusammenhänge – die Hypothese wagten, daß wir uns dem »Ende der Geschichte« nähern.[2] Trotz der Zunahme liberaldemokratischer Regime muß dennoch hervorgehoben werden, daß für Millionen von Menschen keine spürbare Verbesserung eingetreten ist – in einigen Fällen sogar eine drastische Verschlechterung der Qualität ihrer politischen Lage.

Während die Anzahl der Länder, die nach demokratischen Prinzipien regiert werden, zunahm, kehrte paradoxerweise in anderen Ländern der Bürgerkrieg zurück, wo er für immer gebannt schien. Die Ereignisse, die sich im früheren Jugoslawien, in der früheren Sowjetunion und in Teilen der Sub-Sahara-Zone in Afrika entwickeln, zeigen, wie dramatisch der Übergang von einem zum anderen Regime sein kann. Die gegenwärtigen verheerenden Bürgerkriege sind nur die Spitze eines Eisberges von Unruhen, für die selbst solche aufgrund ihrer geschichtlichen Entwicklung am meisten gefestigten Nationalstaaten anfällig sind. Ethnische Konflikte und das Wiederaufflammen des Nationalismus in Deutschland, Italien, Spanien, Polen und anderen Ländern läßt wenig Raum für einen uneingeschränkten Optimismus über die Fähigkeit der Staaten, zwei ihrer wichtigsten Versprechungen zu halten: Die Aufrechterhaltung von innerem Frieden und den Schutz von Sicherheit und Eigentum der Bürger.

Aus dieser Sicht der innerstaatlichen Politik hat die entstehende Weltordnung zwei Gesichter. Auf der einen Seite hat sie die Ausbreitung der Demokratie gefördert, auf der anderen Seite hat sie Spannungen in den Nationalstaaten aufgedeckt und in einigen Fällen sogar Konflikte zum Ausbruch gebracht. Durch das Aufzwingen einer nur beschränkten Autonomie für die Mehrzahl der Staaten konnten im Kalten Krieg viele Formen innerstaatlicher Konflikte unterdrückt werden, zumindest in Europa. Mit dem Ende des Kalten Krieges brachen einige der Wunden, die durch innere Uneinigkeit provoziert wurden, wieder auf.

2 Fukuyama 1992.

(b) Der gegenwärtige historische Zeitpunkt hat nicht nur neue Probleme für die innerstaatliche Politik aufgeworfen. Er hat zuerst und vor allem neue Probleme für die Regelung zwischenstaatlicher Beziehungen aufgezeigt. Als die alten, ausgesprochen hierarchisch gebildeten Staaten zusammenbrachen, eröffneten sich gefährliche Machtvakua in der Führung internationaler Angelegenheiten. Demokratisch regierte Länder reagierten auf diese neue Situation in widersprüchlicher Weise. Gelegentlich schlugen sie durch ungesetzliches Handeln Kapital aus der geschwächten Macht des rivalisierenden Machtblocks, wie beispielsweise die USA während der Intervention in Panama. In anderen Fällen, vor allem in Kuwait und im Irak, haben sie grundsätzlich vor bestimmten Aktionen den Konsens mit der internationalen Gemeinschaft und ihren Institutionen gesucht.

Allgemein gesehen ist es jedoch auffällig, daß die zahlenmäßige Zunahme von demokratisch regierten Staaten nicht von einer entsprechenden Demokratisierung zwischen den Staaten begleitet wurde. Die Politik, die von Institutionen wie dem Sicherheitsrat und dem Internationalen Währungsfonds sowie in einem mehr informellen Rahmen wie den G7-Gipfeln gemacht wird, hat sich seit dem Verschwinden der Berliner Mauer wenig verändert. Nationale Regierungen, seien sie nun mächtig oder nicht, haben weiterhin auf der Basis ihrer eigenen Staatsraison gehandelt. Die Erklärung dafür hat zum Teil mit einer Unsicherheit über die angemessenen Regeln, Werte und Institutionen zu tun, die für die Bildung größerer Verantwortlichkeit zwischen den Staaten nötig sind. Aber diese Unsicherheit hat auch mit der Weigerung von Demokratien zu tun, ihr Regierungsmodell auf zwischenstaatliche Beziehungen auszuweiten, was sich in ihrem Unwillen ausdrückt, in Fällen von Sicherheitsfragen sowie ausländischer und internationaler Angelegenheiten zur Rechenschaft gezogen zu werden.

(c) Das auffallendste Merkmal der neuen internationalen Situation ist das Auftauchen von Problemen, die die nationalen Grenzen überschreiten. Prozesse wirtschaftlicher Internationalisierung, die Umweltproblematik und der Schutz der Rechte von Minderheiten sind zunehmend eine Angelegenheit der Weltgemeinschaft als ganzer. Die durch das Gleichgewicht des Terrors auferlegte Beschränkung nationaler Autonomie ist nun ergänzt worden durch eine noch subtilere, strukturelle Form des Verfalls, bedingt durch die Prozesse der Globalisierung im Umwelt-, Sozial- und Wirtschaftsbereich, das heißt durch einen Wandel transkontinentaler und interregionaler human-sozialer Organisationen und der Ausübung sozialer Macht.

Eine Anzahl fundamentaler Divergenzen ist zwischen der demokratischen Politik und der Welt des ausgehenden zwanzigsten Jahrhunderts zu verzeichnen; Divergenzen in den Beziehungen zwischen Bürgern, Einzelstaaten und dem wirtschaftlichen System auf regionaler wie auf globaler Ebene. Es gibt mindestens drei Divergenzpunkte, die erwähnenswert sind.[3] Erstens die Divergenz zwischen der formellen Zuständigkeit politischer Autorität und dem aktuellen wirtschaftlichen System von Produktion, Handel und Wechselkursen, mit ihren vielen regionalen und globalen Vernetzungen, die die gegenwärtige Macht nationaler politischer Autoritäten begrenzen oder gar untergraben. Zweitens gibt es eine Divergenz zwischen der Idee des Staates als eines unabhängig Handelnden und der großen Anzahl internationaler Regime und Organisationen, die gebildet wurden, um große Bereiche transnationaler Aktivitäten zu regeln (Handel, Weltmeere, Weltraum usw.). Neue Formen multinationaler Politik wurden gebildet und mit ihnen neue Formen kollektiver Entscheidungsfindung der beteiligten Staaten, der Organisationen zwischen den Regierungen und einer ganzen Breite internationaler Interessenverbände. Drittens gibt es eine Divergenz zwischen der Idee der Mitgliedschaft in einer nationalen politischen Gemeinschaft, das heißt Staatsbürgerschaft, die dem einzelnen sowohl Rechte als auch Pflichten gewährt, und der Entwicklung regionalen und internationalen Rechts, das Individuen, nicht regierungszugehörigen Organisationen und Regierungen einem neuen System von Vorschriften unterwirft. Rechte und Pflichten sind im internationalen Recht anerkannt, auch solche, die die Ansprüche der Nationalstaaten übersteigen und die, während es ihnen an der Kraft zur Durchführung mangelt, dennoch weitreichende Konsequenzen haben.

Demokratische Politik setzt traditionell den Gedanken einer nationalen Schicksalsgemeinschaft voraus, die sich selbst nach Prinzipien des Rechts regiert und ihre Zukunft bestimmt. Diese Idee wird sicherlich durch das Schema regionaler und globaler

3 Held 1991.

Zusammenhänge herausgefordert, wenn nicht sogar zunehmend untergraben. Nationale Gemeinschaften bestimmen nicht ausschließlich »Handlungen und Entscheidungen von Regierungs- und Parlamentskörpern«[4], und letztere bestimmen in keiner Weise, was Recht und den eigenen Bürgern angemessen ist.

Natürlich ist das Auftreten globaler Probleme nichts Neues. Obwohl deren Bedeutung erheblich zugenommen hat, existieren viele seit Jahrzehnten, wenn nicht sogar schon viel länger. Einige globale Herausforderungen wurden ignoriert, da sie während des Kalten Krieges aufgrund der Rivalität der Großmächte unlösbar schienen. Andere richteten sich an ausgesprochen undemokratischen Kriterien und Institutionen aus, die sich außerhalb jeglicher Verantwortlichkeit bewegten. Politische und strategische Entscheidungen bezüglich nuklearer Waffen wurden auf Gipfeltreffen zwischen den USA und der UdSSR gefällt, während wirtschaftliche Fragen über die Zinssätze und Handelsbilanzen auf Treffen wie dem der G7 zur Verhandlung kamen.

Die Institutionen der Vereinten Nationen wurden generell marginalisiert. Ihre Funktion war mehr die von Diskussion und Repräsentation als die eines effektiven Managements drängender strategischer und sozioökonomischer Fragen.

Jetzt, da die alte Konfrontation zwischen Ost und West ihr Ende gefunden hat, treten regionale und globale Probleme auf die internationale Tagesordnung, wie beispielsweise die der Umwelt, der Verbreitung von Aids, der Schuldenlast der »dritten Welt«, der Bewegung der Geldmittel, die der nationalen Rechtsprechung entzogen werden, des Drogenhandels und der internationalen Kriminalität. Trotzdem herrscht noch immer keine Klarheit darüber, welche Institutionen für staatsübergreifende Entscheidungen zuständig sind und nach welchen Kriterien diese getroffen werden sollen.

Die politisch-theoretische Erforschung auftauchender globaler und regionaler Probleme steckt noch in den Kinderschuhen. Während in der Theorie der Demokratie die Herausforderungen an die Demokratie, die innerhalb der Grenzen des Nationalstaates entstehen, ausführlich untersucht und debattiert wurden, wurde nicht ernsthaft danach gefragt, ob der Nationalstaat selbst im Mittelpunkt des demokratischen Gedankens verbleiben könne. Die Fragen, die durch das schnelle Wachstum komplexer

4 Offe 1985, S. 286 ff.

Verbindungen und Beziehungen zwischen den Staaten und Gesellschaften auftreten, zusammen mit den offensichtlichen Überschneidungen von nationalen und internationalen Machteinflüssen und Prozessen, bleiben zum größten Teil unberücksichtigt.

2. Die Grenzen der demokratischen Theorie

Durch das ganze neunzehnte und zwanzigste Jahrhundert hindurch herrschte ein Klima wirklichen liberalen, demokratischen Denkens, das sich auf ein ›symmetrisches‹ und ›kongruentes‹ Verhältnis zwischen den politische Entscheidungen Treffenden und den Empfängern dieser Entscheidungen erstreckte. Tatsächlich kann man Symmetrien und Kongruenzen an zwei entscheidenden Punkten voraussetzen: erstens zwischen den wählenden Bürgern und den Entscheidungsträgern, die von ersteren im Prinzip zur Rechenschaft gezogen werden können; und zweitens zwischen den Folgen der von den Entscheidungsträgern getroffenen Entscheidungen und den Wählern – letztlich »dem Volk« in einem abgegrenzten Gebiet.[5] Mit anderen Worten: die Theoretiker der Demokratie (orthodoxe oder radikale) nahmen an, daß »das Schicksal einer nationalen Gemeinschaft« größtenteils in deren eigenen Händen liege und daß eine befriedigende Theorie der Demokratie entwickelt werden könne durch die Untersuchung des Zusammenspiels vor allem zwischen den »Handelnden« und den »Strukturen« eines Nationalstaates.

Im Zentrum dieser Annäherung an demokratische Politik steht ein als selbstverständlich betrachtetes Konzept der Souveränität und ein bei unkritischer Betrachtung geeignet erscheinendes Konzept einer politischen Gemeinschaft. Die Schwierigkeit dabei ist, daß politische Gemeinschaften selten – wenn überhaupt – isoliert, also geographisch begrenzt, existierten und daß sie besser als vielfach einander überschneidende Vernetzungen von Interaktionen angesehen werden sollten. Diese Netzwerke von Interaktionen kristallisieren sich an verschiedenen Stellen und Formen der Macht heraus – ökonomischen, politischen, militärischen, kulturellen und anderen –, die nicht mit den territorialen Grenzen übereinstimmende Handlungsschemata erzeugen.[6]

5 Vgl. Held 1991.

6 Vgl. Mann 1986, Kap. 1.

Der Aktionsradius moderner Nationalstaaten bedingt keine undurchlässigen Grenzen für andere staatliche Vernetzungen, deren Umfang und Reichweite ebenso lokal wie international oder auch global sein kann. Politische Gemeinschaften sind in eine Vielzahl von Prozessen und Strukturen eingebunden. Es ist daher kein Wunder, daß nationale Gemeinschaften keineswegs Entscheidungen treffen und Politik machen ausschließlich für sich selbst und daß Regierungen in keinem Falle uneingeschränkt für ihre Bürger bestimmen, was richtig und angemessen ist.

Die Annahme, einer könne das Wesen und die Möglichkeiten politischer Gemeinschaft verstehen, indem er sich lediglich auf nationale Strukturen und Mechanismen politischer Macht bezieht, ist ungerechtfertigt. Während es ein Fehler ist, von dem scheinbaren Fluß der zeitgenössischen Interaktion gesellschaftlicher Vernetzungen darauf zu schließen, daß politische Gemeinschaften heute keine Abgrenzung oder Spaltung mehr an ihren »Grenzen« erfahren, so wurden diese Gemeinschaften letztlich doch durch eine Vielzahl von interaktiven Vernetzungen und Machtsystemen über eine lange Zeit hinweg geformt. Somit wurden Fragen sowohl über das Schicksal der Idee einer politischen Gemeinschaft als auch über den geeigneten Ort der Artikulation demokratisch politischen Wohls aufgeworfen. Wenn derjenige, der im Mittelpunkt des modernen politischen Diskurses steht – sei er eine Person, eine Gruppe oder ein Kollektiv –, in eine Vielzahl ineinander übergreifende Gemeinschaften – »innerstaatlich« oder »international« – verwickelt ist, dann wird es zu einer schwierigen Aufgabe, das eigentliche »Zuhause« der Politik und der Demokratie zu bestimmen.

3. Die Voraussetzung für demokratisches Wohl: Die kosmopolitische Demokratie

Wenn Freiheit bedroht wird durch das Verhalten anderer Nationen und Staaten, dann kann sich, so argumentiert Kant[7], das Recht einer politischen Gemeinschaft nicht durchsetzen. Im Ge-

7 Immanuel Kant, *Idee zu einer allgemeinen Geschichte in weltbürgerlicher Absicht*, A 400, in: *Werke in sechs Bänden*, hg. von Wilhelm Weischedel, Bd. VI, Darmstadt: Wissenschaftliche Buchgesellschaft 1983.

gensatz dazu, fährt er fort, könne »Recht« sich behaupten, wenn die Regeln des Rechts aufrechterhalten werden in allen Staaten sowie in internationalen Beziehungen. Innerhalb des hier vorgestellten Gedankens ist dies eine wichtige Behauptung, doch muß sie modifiziert werden, damit sie den Bedingungen der Demokratie im Kontext der internationalen Verbindungen – den nationalen, regionalen und globalen – gerecht wird. Demzufolge darf man behaupten, daß Demokratie sich nur dann in einer politischen Gemeinschaft durchsetzt, wenn sie unbehelligt bleibt von Bedrohungen, die aus dem Handeln (oder Nicht-Handeln) anderer politischer Gemeinschaften resultieren, oder von Interaktionen, die die Staatsgrenzen in Frage stellen.

Obwohl die Gefahren für die Freiheit sich – nach Kants Sichtweise – ableiten von vielen Formen der Gewalt, rühren sie vor allem vom Krieg und dessen Vorbereitung her. Das größte Übel für die zivilisierten Nationen, schreibt er, liegt in der »Verwüstung, die der Krieg anrichtet, noch mehr aber durch die Notwendigkeit, sich beständig in Bereitschaft dazu zu erhalten«.[8] Die gewaltsame Außerkraftsetzung von Recht und Gesetz an einem Ort hat ernsthafte Konsequenzen für solche an anderen Orten und kann überall beobachtet werden.[9] Nach Kants Darstellung fordert die Schaffung von dem, was Recht ist, die Abschaffung des Krieges als Mittel der Politik. Der »Handelsgeist« und der Republikanismus stellen klare Anreize für diese Möglichkeit dar. Denn Handel erzeugt Vernetzungen wechselseitiger Eigeninteressen, die ungünstig beeinflußt werden durch von Krieg und Kriegsvorbereitungen hervorgerufene Störungen. Der Republikanismus erzeugt eine auf Konsens gegründete Regierungsform, die Bürger nicht nur sehr wachsam auf Krieg reagieren läßt (denn alle Katastrophen wirken sich unmittelbar auf sie aus), sondern sie auch zur Anerkennung anderer herausfordert, deren Republiken auf Konsens und Gesetzestreue beruhen.[10]

Während die Bedrohungen der Autonomie durch einen Krieg und direkte Nötigung kaum zu überschätzen sind, können sie nur ein Element in der Herausforderung für eine Selbstregierung und Selbstbestimmung in einer politischen Gemeinschaft bilden.

8 Ebd., A 402.

9 Kant, *Zum ewigen Frieden*, in: *Werke in sechs Bänden*, Bd. VI, a.a.O., BA 46.

10 Ebd., BA 22 ff. und S. 63 f.

Denn (1) solche Herausforderungen können jeder der verschiedenen Quellen von Macht und Vorherrschaft entspringen – ökonomischer, politischer, kultureller und militärischer. Macht in jedem dieser Bereiche kann die effektive Verwurzelung der Demokratie untergraben. Und (2) eine Herausforderung der Demokratie kann nicht nur innerhalb eines Machtbereiches bestimmter Gemeinschaften entstehen, sondern auch durch sich überschneidende Machtbereiche. Sitze der Macht können national, transnational und international sein. Demgemäß erfordert Demokratie innerhalb einer politischen Gemeinschaft auch Demokratie im internationalen Bereich. Oder, um es anders darzustellen, ein nationaler demokratischer Staat, der ein nationales demokratisches öffentliches Recht bewahrt, muß gestützt und unterstützt werden durch eine internationale Struktur eines solchen Rechts oder durch das, was ich einfacher ein »kosmopolitisches demokratisches Recht« nennen will. Mit einem kosmopolitischen demokratischen Recht meine ich, in der ersten Instanz, ein demokratisches öffentliches Recht – errichtet auf der Verantwortlichkeit von Machtsystemen –, das innerhalb der Grenzen und auch grenzüberschreitend wurzelt.

Kosmopolitisches demokratisches Recht ist hauptsächlich als ein Rechtsbereich konzipiert, der sich vom Staatsrecht und dem Recht zwischen zwei Staaten, dem internationalen Recht, unterscheidet. Für Kant, dem ersten Interpreten der Idee eines kosmopolitischen Rechts, ist dies weder ein phantastischer noch ein utopischer Weg, ein Recht zu ersinnen, sondern eine »notwendige Ergänzung« zum ungeschriebenen Gesetz bereits bestehenden nationalen und internationalen Rechts und ein Mittel, letzteres in ein öffentliches Recht der Humanität zu verwandeln.[11] Kant hat Form und Umfang des kosmopolitischen Rechts auf die Bedingungen der universellen Hospitalität beschränkt, worunter er das Recht eines Fremden oder eines Ausländers verstand, »nicht feindselig behandelt zu werden«, wenn er in ein anderes Land kommt.[12] Er hebt hervor, daß dieses Recht sich auf Um-

11 Kant, ebd., BA 46. – Die genaue Bedeutung von Kants Konzeption des kosmopolitischen Rechts ist natürlich lange kontrovers diskutiert worden, aber diese Kontroverse soll hier nicht vertieft werden. Zur repräsentativen Information über die Sichtweisen vgl. Hinsley 1963, Kap. 4; Doyle 1983; Wight 1987; Archibugi 1992.

12 Ebd., BA 40.

stände ausweitet, die es Menschen erlauben, einen Austausch von Gedanken und Waren mit den Einwohnern eines anderen Landes vorzunehmen, daß es aber nicht bis auf das Recht, unterhalten zu werden, das Recht zu dauernder Niederlassung, geschweige denn auf das Recht auf Einbürgerung ausgedehnt werden könne.[13] Ein Ausländer sollte nicht unter Feindseligkeiten leiden, »so lange er ... sich friedlich verhält«, dennoch kann er abgewiesen werden, »wenn es ohne seinen Untergang geschehen kann«.[14]

So verstandenes kosmopolitisches Recht transzendiert die besonderen Ansprüche der Nationen und Staaten und dehnt sie aus auf die »universelle Gemeinschaft«. Es schließt Rechte und Pflichten ein, die akzeptiert werden müssen, sofern Menschen lernen sollen, jemandes anderen Gesellschaft zu tolerieren und mit ihm friedlich zu koexistieren. In Kants Händen führen diese Argumente zu einer auffallenden Abwehr des Kolonialismus: »das *inhospitale* Betragen der gesitteten, vornehmlich handeltreibenden Staaten unseres Weltteils« und »die Ungerechtigkeit, die sie in dem *Besuche* fremder Länder und Völker (welches ihnen mit dem *Erobern* derselben für einerlei gilt)«.[15] Für Kant gilt daher universelle Hospitalität als Voraussetzung kooperativer Beziehungen und gerechtfertigten Verhaltens. Während Kants Opposition gegen den Kolonialismus und seine Argumente für die universelle Hospitalität zwar bemerkenswert sind, führen sie doch nicht adäquat die Bedingungen solcher Hospitalität aus; ohne die Konzeption des kosmopolitischen Rechts als eines kosmopolitisch *demokratischen* Rechts können die Voraussetzungen für die Erhaltung des Friedens und der Autonomie für jeden und alle nicht befriedigend ins Auge gefaßt werden.

Das Verfolgen individueller oder kollektiver Projekte an unterschiedlichen Orten, innerhalb des Kontextes einer Verpflichtung zur universellen »guten Nachbarschaftlichkeit«, erfordert eine Macht- und Herrschaftsstruktur, die die rechtmäßigen Grenzen der eigenen Autonomie und der anderer anerkennt. Universelle Hospitalität muß zumindest beides einschließen, den Genuß einer bestimmten Autonomie und gleichzeitig die Achtung der nötigen Beschränkungen dieser Autonomie. Damit ist die gegenseitige Anerkennung und die Achtung der gleichen und legiti-

13 Ebd., BA 40-46.
14 Ebd., BA 40.
15 Ebd., BA 42.

men Rechte anderer gemeint, ihre eigenen Entwürfe und Lebenspläne verfolgen zu können. Zudem schließt, in einer in enger Beziehung stehenden Welt, »andere« nicht nur die in der nächstgelegenen Gemeinschaft Lebenden ein, sondern all jene, deren Schicksale durch die Vernetzung ökonomischer, politischer und umweltbedingter Interaktionen verkettet sind. Universelle Hospitalität wird nicht erreicht, solange – aus ökonomischen, kulturellen oder anderen Gründen – die Qualität des Lebens anderer in näher oder ferner gelegenen Ländern ohne deren Teilnahme, Zustimmung oder Konsens bestimmt wird. Die Bedingung universeller Hospitalität oder, um es deutlicher zu sagen, kosmopolitischer Orientierung, ist nicht – gemäß Kant – ein eng gefaßtes kosmopolitisches Recht, sondern eher ein kosmopolitisch-demokratisches öffentliches Recht, bei dem Macht grundsätzlich auch Verantwortung bedeutet, wo immer es angesiedelt sein mag und wie weit entfernt seine Ursprünge von den Menschen sein mögen, die es im wesentlichen betrifft.

Eine Verpflichtung gegenüber dieser Form von Kosmopolitismus bringt die Aufgabe mit sich, auf die Errichtung einer internationalen Gemeinschaft von demokratischen Staaten und anderen Vereinigungen hinzuarbeiten, die sich auf die Wahrung demokratisch öffentlichen Rechts sowohl innerhalb als auch außerhalb ihrer Grenzen festlegt: eine kosmopolitische demokratische Gemeinschaft. In Kants Darstellung hängt die Bildung einer kosmopolitischen Gemeinschaft von der Bildung eines »Friedensbundes« oder einer »Union« ab, das heißt von einem Vertrag zwischen einer ständig wachsenden Zahl von Staaten mit der Zielsetzung einer dauerhaften Verhütung von Kriegen. Kant unterscheidet zwischen Friedensbünden auf föderativer und konföderativer Basis. Ein föderativer Zusammenschluß basiert wie der der »Amerikanischen Staaten ... auf einer politischen Verfassung und ist daher unauflösbar«, während eine konföderative Struktur lediglich einen »freiwilligen Zusammenschluß von verschiedenen Staaten bedeutet, der zu jeder Zeit aufgelöst werden kann«. Diese Verhältnisse können weiter verfeinert werden durch die Vorstellung eines Föderalismus als einer politischen Union, in der eine gemeinsame Finanz-, Außen- und Militärpolitik existiert und es keine Ausschlußklauseln für »subföderative« Elemente gibt. Im Gegensatz dazu bezeichnet der Konföderalismus eine Union, in der Nationen und Staaten sich jeweils eine separate Finanz-, Außen- und Militärpolitik zusammen mit Austrittsklauseln bewahren, durch die ausgehandelte und koordinierte Beziehungen beendet werden können.

Kant spricht entschieden im Interesse von Konföderalismus in den internationalen Beziehungen auf der Basis, daß ein einziger Staat aller Völker – ein Staat aus Nationen oder ein internationaler Staat – ein undurchführbares und potentiell gefährliches Ziel wäre. Trotzdem ist die Idee einer demokratisch kosmopolitischen Ordnung nicht einfach vereinbar mit der Idee von Konföderalismus. Es gilt der Fall, daß die Errichtung einer kosmopolitischen Demokratie den aktiven Konsens von Völkern und Nationen erfordert: der Eintritt in eine solche Gemeinschaft kann nur freiwillig sein. Es wäre ein Widerspruch zur Idee der Demokratie überhaupt, wenn eine kosmopolitisch demokratische Ordnung auf Unfreiwilligkeit gegründet, das heißt erzwungen wäre. Soll der Anfang einer demokratisch internationalen Ordnung rechtmäßig sein, so muß er auf Konsens gründen. Danach jedoch, wenn die Menschen selbst nicht mehr direkt an Regierungsprozessen beteiligt sind, sollte der Konsens dem Mehrheitsbeschluß der Repräsentanten dieser Menschen folgen, solange sie – als Treuhänder der Regierten – das kosmopolitisch demokratische Recht hüten.

4. Das institutionelle Programm der kosmopolitischen Demokratie

Wie soll Demokratie vor dem Hintergrund dieser Argumente verstanden werden? Das Problem der Demokratie heute ist in der Weise zu spezifizieren, wie Demokratie in einer Reihe von miteinander verbundenen Macht- und Autoritätszentren gesichert werden kann. Denn Demokratie beinhaltet nicht nur die Implementierung einer Reihe von zivilen, politischen und sozialen Rechten (Rede-, Presse und Versammlungsfreiheit, das Recht, in einer freien und gerechten Wahl zu wählen, allgemeine Bildung usw.), sondern auch das Bestreben und Hinarbeiten darauf, daß diese Rechte in transnationale und zwischenstaatliche Machtstrukturen eingebracht werden. Demokratie kann nur in vollem Umfang aufrechterhalten werden durch die Vertretungen und Organisationen, die ein Element bei der Bildung von territorialen Grenzen der Nationalstaaten sind, diese aber bereits überschreiten. Die Möglichkeit von Demokratie heute muß, kurz gesagt, verbunden sein mit einer sich ausweitenden Grundstruktur demokratischer Staaten und Verbände, die durch das demokratische öffentliche Recht gebunden und festgelegt sind. Wie sollte dies von einem institutionellen Standpunkt aus verstanden werden? Diese Frage anzugehen bedeutet eine Ausarbeitung dessen, was ich mit einem »kosmopolitischen Modell der Demokratie« meine.

Zunächst erfordert das kosmopolitische Modell als eine Übergangsmaßnahme, daß das UN-System ihrer Charta wirklich gerecht wird. Unter anderem würde dies Maßnahmen zur Folge haben, welche auf die Verwirklichung der Schlüsselelemente der Rechtskonventionen zielen, indem man dem Verbot willkürlicher Gewaltanwendung Geltung verschafft und das kollektive Sicherheitssystem in Kraft setzt, das in der Charta selbst ins Auge gefaßt ist. Zusätzlich dazu, wenn das Verfassungsmodell ausgeweitet wäre – beispielsweise durch die Bereitstellung von Mitteln zur Wiedergutmachung von Menschenrechtsverletzungen durch einen neuen internationalen Gerichtshof für Menschenrechte oder durch Modifizierung der Veto-Vereinbarung im Sicherheitsrat und ein Überdenken seines Repräsentationsschlüssels, das adäquate regionale Verantwortlichkeit ermöglichte –, könnte eine Basis für das UN-Charta-System geschaffen werden, auf der es eigenständige politische Ressourcen und ein Zentrum autonomer Entscheidungsfindung bilden könnte.

Während allerdings jeder Schritt in diese Richtung von Bedeutung wäre, besonders in Richtung besserer Aussichten auf einen dauerhaften Frieden, würde das bestenfalls einen Schritt in Richtung einer sehr partiellen oder unvollständigen Form von Demokratie im internationalen Leben darstellen. Sicherlich käme jeder Staat in den Genuß einer größeren Gleichheit im UN-System und auch regionale Interessen würden besser repräsentiert werden. Aber die Dynamik und Logik des zwischenstaatlichen Systems würde immer noch eine immens große Macht in den globalen Angelegenheiten darstellen; die massive Ungleichheit von Macht und die Asymmetrie der Ressourcen in der globalen politischen Ökonomie blieben praktisch unberührt, Ad-hoc-Antworten auf drängende internationale und transnationale Angelegenheiten wären der Normalfall, es gäbe kein Forum zur

Behandlung globaler Fragen, die direkt in den Verantwortungsbereich der Staatsbürger und Vertreter der zivilen Gemeinschaften gehören. Der ganze Fragenkomplex der Verantwortlichkeit von internationalen Organisationen und globalen Körperschaften bliebe ungelöst.

Daher würde das kosmopolitische Modell der Demokratie, Hand in Hand mit den bereits beschriebenen Veränderungen, die Schaffung regionaler Parlamente anstreben (beispielsweise in Lateinamerika und in Afrika), und gleichzeitig eine Verbesserung der Rolle bereits bestehender Organisationen (Europa-Parlament), mit dem Ziel, daß deren Entscheidungen als die grundsätzlich legitimen und unabhängigen Quellen des Rechts anerkannt werden. Dieses Modell nimmt zudem die Möglichkeit allgemeiner Volksentscheide staatsübergreifender Gruppen vorweg, die in so verschiedenen Angelegenheiten wie der Energiepolitik, dem Gleichgewicht zwischen öffentlichem und privatem Transport und der Organisation von regionalen Verwaltungen mit Verfassungen, die entsprechend dem Wesen und dem Umfang der kontroversen transnationalen Angelegenheiten, definiert sind. Neben diesen Entwicklungen würde das kosmopolitische Modell der Demokratie eine Festschreibung einer Reihe von Rechten anstreben, einschließlich ziviler, politischer, ökonomischer und sozialer Rechte, um Form und Grenzen für die demokratische Entscheidungsfindung[16] zu liefern. Dies erfordert, daß sie innerhalb der Verfassungen von Parlamenten und Versammlungen (auf nationaler und internationaler Ebene) bewahrt werden und daß der Einfluß internationaler Gerichte insoweit ausgedehnt wird, daß Gruppen und Individuen über ein effektives Mittel verfügen, politische Autoritäten auf eine Schaffung und Durchführung von Schlüsselrechten zu verklagen, sowohl innerhalb als auch außerhalb politischer Verbindungen.

In der abschließenden Analyse wäre die Bildung einer maßgeblichen Versammlung aller demokratischen Staaten und Vereinigungen – eine reformierte Vollversammlung der Vereinten

16 Es sprengt den Rahmen dieses Beitrags, meine besondere Konzeption der Rechte darzulegen, die ich mit der Idee einer »gemeinschaftlichen Struktur des politischen Handelns« verbinde: die notwendigen Bedingungen für Menschen, freie und gleiche politische Partizipation zu genießen. Vgl. Held 1991, S. 227-235, und besonders Held 1995, Teil III.

Nationen oder eine Ergänzung dazu – ein Ziel. Es würde, milde gesagt, schwierig sein, Übereinstimmung in einer internationalen demokratischen Gemeinschaft zu erzielen. Zu den Schwierigkeiten, die geklärt werden müssen, zählen die Regeln, die die Grundlage der repräsentativen Vertretung in der Versammlung bestimmen sollen. Ein Land, eine Stimme? Könnten bedeutende international agierende Organisationen repräsentiert werden? Wenn ihren Verfahrensregeln – in einer internationalen verfassungsgebenden Konvention beispielsweise – zugestimmt werden könnte, würde die neue Gemeinschaft ein maßgebliches internationales Zentrum für die Beurteilung und Untersuchung wichtiger globaler Angelegenheiten werden, wie zum Beispiel in Fragen der Gesundheit, der Versorgung mit Nahrungsmitteln und deren Verteilung, der Schuldenlast der Dritten Welt, der Instabilität von Hunderten von Millionen Dollar, die sich täglich im Weltumlauf befinden, der Abnahme der Ozonschicht und der Reduzierung der Gefahr von nuklearer und chemischer Kriegsführung.

Das kosmopolitische Modell der Demokratie zeigt ein Programm von möglichen Umformungen mit kurz- und langfristigen politischen Auswirkungen auf. Es stellt keine Alles-oder-Nichts-Strategie vor, sondern legt vielmehr mit klar umrissenen Anhaltspunkten die Richtung einer möglichen Änderung fest. Diese beinhalten folgende Gesichtspunkte:

Kurzfristig:	*Langfristig*:
1. Reform des UN-Sicherheitsrates (um Entwicklungsländern eine gewichtige Stimme zu geben)	1. Verankerung des kosmopolitisch-demokratischen Rechts: neue Charta von Rechten und Verpflichtungen, die in den unterschiedlichen Bereichen politischer, sozialer und ökonomischer Macht eingeschlossen sind
2. Schaffung einer zweiten UN-Kammer (gemäß einer internationalen verfassunggebenden Konvention	2. Weltparlament (mit begrenzten Einkommensmitteln), gebunden an Regionen, Nationen und Orte

3. Verbesserung der politischen Regionalisation (EU und übergreifend) und der Gebrauch transnationaler Referenden	3. International verknüpftes Weltrechtssystem, das Elemente des Straf- und Zivilrechts umfaßt. Errichtung eines internationalen Gerichtshofs für Strafrecht
4. Bindende Rechtssprechung vor dem Internationalen Gerichtshof. Schaffung eines neuen internationalen Gerichtshofs für Menschenrechtsfragen	4. Trennung politischer und ökonomischer Interessen; öffentliche Finanzierung von beratenden Versammlungen und Wahlvorgängen
5. Errichtung einer neuen koordinierenden ökonomischen Vertretung auf regionaler und globaler Ebene	5. Bildung einer Verantwortlichkeit von internationalen und transnationalen ökonomischen Vertretungen gegenüber Parlamenten und Vereinigungen auf regionaler und überregionaler Ebene
6. Errichtung einer effektiven verantwortlichen internationalen Streitmacht	6. Permanente Verlagerung einer wachsenden Zahl nationalstaatlicher Zwangspotentiale auf regionale und internationale Institutionen mit dem letzten Ziel der Entmilitarisierung und der Überwindung des Kriegssystems

Wenn die Geschichte und Praxis der Demokratie bis heute auf die Idee der räumlichen Gebundenheit – dem Stadtstaat, der Gemeinde, der Nation – konzentriert blieb, ist es dann überhaupt wahrscheinlich, daß sie in Zukunft ausschließlich auf internationale und globale Bereiche zielen wird? Diese Schlußfolgerung zu ziehen bedeutet, das Wesen zeitgenössischer Globalisierung und die hier vorgestellten Argumente *mißzuverstehen*. Globalisierung ist, um diese Redewendung zu gebrauchen, »ein dialektischer Prozeß«; lokale Transformation ist ebenso ein Element der Globalisierung wie die laterale Ausbreitung von sozialen Beziehungen in Raum und Zeit.[17] Neue Forderungen in bezug auf die regionale und lokale Autonomie werden geweckt, sobald Gruppen sich selbst als Spielball zwischen den Mächten ungeeigneter und uneffektiver politischer Regime erfahren. Während diese

17 Giddens 1990, S. 64.

Umstände unübersehbare Gefahren in sich bergen und die Risiken einer Intensivierung sektiererischer Politik tragen, deuten sie auch auf eine neue Möglichkeit hin: die Wiederentdeckung einer starken und Mitbestimmung ermöglichenden Demokratie auf lokaler Ebene als Ergänzung zu den beratenden Versammlungen auf der breiten Ebene der Weltordnung. Das heißt, sie weisen sowohl auf eine politische Ordnung von demokratischen Zusammenschlüssen, Städten und Nationen als auch auf eine politische Ordnung von Regionen und globalen Netzwerken hin.

Zusammenfassung

Die Einführung eines Konzepts von kosmopolitischer Demokratie ist ein Weg, die Demokratie »innerhalb« von Gemeinschaften und Bürgerverbänden durch Ausarbeitung und Stützung der Demokratie »von außen« zu stärken, durch ein Netz regionaler und internationaler Vertretungen und Versammlungen, die räumliche Begrenzungen überwinden. Der Impuls zum Aufbau dieser Vernetzungen kann in einer Reihe von Prozessen gesehen werden, zu denen auch die folgenden gehören: die Entwicklung von transnationalen Bürgerinitiativen mit klaren regionalen oder globalen Zielen, wie der Schutz natürlicher Resourcen und der Umwelt, die Bekämpfung von Krankheiten, die Ausarbeitung neuer Rechte und Pflichten, die sich sowohl auf Staaten als auch auf Individuen in Verbindung mit dem »gemeinschaftlichen Erbe der Menschheit« auswirken, der Schutz dessen, »was Menschen gemeinsam betrifft«, die Verteidigung der Menschenrechte und der Einsatz von Streitkräften; die Bildung sowie die Ausbreitung internationaler Institutionen, von der UN und ihren Vertretungen bis hin zu regionalen politischen Organisationen[18] im zwanzigsten Jahrhundert zur Koordinierung transnationaler Mächte und Konflikte. Daher darf behauptet werden, daß bereits eine politische Basis besteht, auf der eine demokratischere Zukunft errichtet werden kann.

Eine dergestalte Zukunft sollte in kosmopolitischen Begriffen gedacht werden – als eine neue Institution mit globalem Umfang, geformt und gebildet durch den Bezug auf demokratisches

18 Vgl. Falk 1991.

Recht, die den Charakter einer Regierung annehmen kann bis zu dem Maß, und nur bis zu dem Maß, daß sie dieses Gesetz verkündet, umsetzt und für dessen Erhalt sorgt. Aber wie auch immer man sich die Institutionalisierung dieses demokratischen Rechts genau vorstellt, es handelt sich dabei um eine Zukunft, die in der Anerkennung wurzelt, daß Demokratie innerhalb einer einzelnen Gemeinschaft und demokratische Beziehungen zwischen Gemeinschaften eng miteinander verknüpft sind und daß neue organisatorische und rechtliche Mechanismen geschaffen werden müssen, wenn Demokratie überleben und gedeihen soll.

Übersetzt von Klaus-Jürgen Grün und Ursula Johannsen

Literatur

Archibugi, D. (1992), »Models of international organization in perpetual peace projects«, in: *Review of International Studies* 18.
Archibugi, D., und D. Held (Hg.) (1995), *Cosmopolitan Democracy: An Agenda for new World Order*, Cambridge: Polity Press.
Doyle, M. W. (1983), »Kant, liberal legacies and foreign affairs«, Teil 1 und 11, in: *Philosophy and Public Affairs* 12, Heft 3 und 4.
Falk, R. (1991), »Positive prescriptions for the near future«. World Order Studies Program Occasional Paper, no. 20. Princeton, N.J.: Princeton University Press, Center for international Studies.
Fukuyama, F. (1992), *The End of History and the Last Man*, London: Hamish Hamilton; deutsch: *Das Ende der Geschichte*, München 1992.
Giddens, A. (1990), *The Consequences of Modernity*, Cambridge: Polity Press; deutsch: *Die Konsequenzen der Moderne*, Frankfurt am Main: Suhrkamp 1995.
Held, D. (1991), »Democracy, the nation-state and the global system«, in: ders. (Hg.), *Political Theory Today*, Cambridge: Polity Press.
– (1993a), »Liberalism, Marxism and democracy«, in: *Theory and Society* 22.
– (1993b), »Anything but a dog's life? Further comments on Fukuyama, Callinicos and Giddens«, in: *Theory and Society* 22.
– (1995), *Democracy and the Global Order: From the Modern State to Cosmopolitan Governance*, Cambridge: Polity Press.
Hinsley, F. (1963), *Power and the Pursuit of Peace*. Cambridge: Cambridge University Press.
Kant, I. (1983), *Werke in sechs Bänden*, hg. von W. Weischedel, Darmstadt: Wissenschaftliche Buchgemeinschaft.

Mann, M. (1986), *The Sources of Social Power*, Bd. 1, Cambridge: Cambridge University Press.

Offe, C. (1985), *Disorganized Capitalism*, Cambridge: Polity Press.

Reiss, H. (1970), »Introduction«, in: ders. (Hg.), *Kant's Political Writings*, Cambridge: Cambridge University Press.

Wight, M. (1987), »An anatomy of international thought«, in: *Review of International Studies* 13.

Friedrich Kambartel
Kants Entwurf und das Prinzip der Nichteinmischung in die inneren Staatsangelegenheiten
Grundsätzliches zur Politik der Vereinten Nationen

Subjekte des von Kant entworfenen Friedensbundes sind bekanntlich zunächst *Staaten*, wie dies im übrigen auch für den semantisch falsch benannten Völkerbund und die Vereinten Nationen gilt.

Kant erscheinen die Staaten sogar als quasi *moralische Personen*: Einen Staat »einem anderen Staate einzuverleiben«, sagt er in der Erläuterung zum zweiten Präliminarartikel, »heißt seine Existenz, als einer moralischen Person, aufheben, und aus der letzteren eine Sache machen«.[1]

Da es Kant hier um Problem und Kritik der Annexion geht, scheint es zunächst so, als ob er seine Formulierung auf Staaten ohne Unterschied ihrer inneren Verfassung beziehen möchte. Dies wäre merkwürdig und wenig einsichtig. Andererseits begründet Kant seine Verwerfung der Annexion damit, daß diese, wie er sagt, »der Idee des ursprünglichen Vertrags, ohne die sich kein Recht über ein Volk denken läßt« (ebd.) widerspricht. Kant hat, so können wir dieses Argument verstehen, nicht beliebige Staaten, etwa auch Diktaturen, im Sinn, sondern *Rechts*staaten, deren Recht wenigstens der Idee nach aus einem vernünftig gebildeten gemeinsamen Willen seiner Bürger hervorgeht, von Kant *republikanisch* genannte Staaten also.

In diesem Sinne achten republikanische Staaten die Menschen-

1 Ein ähnlicher Gebrauch des Ausdrucks »moralische Person« findet sich bei Kant im übrigen in der Rechtslehre der *Metaphysik der Sitten*, und zwar im § 20. Dort wird das Sachenrecht als ein Recht »gegen diejenige *moralische Person*« bestimmt, »welche nichts anders als die Idee der a priori *vereinigten Willkür aller* ist«. Von der *moralischen* Person unterscheidet Kant die *physische* Person, die hier vor allem durch »ihre Kausalität (ihre Willkür) zu wirken« bestimmt ist.

rechte, garantieren die Allgemeinheit und Einhaltung des Rechts und gewinnen die rechtlichen Normen des Zusammenlebens ihrer Bürger in repräsentativen demokratischen Entscheidungsprozeduren, die verdienen, eine vernünftige Bildung des allgemeinen Willens zu heißen. Mitglieder solcher Staaten sind in Kants Ausdrucksweise nicht Eigentum der Staatsgewalt, sondern freie, gleiche, nur von ihrer gemeinsamen Gesetzgebung abhängige Bürger. *Republiken* heißen diese Staaten, weil in ihnen die politischen Beschlüsse und ihr Inhalt eine öffentliche, von allgemeiner, direkter oder indirekter Teilhabe an Argumentation und Entscheidung getragene Sache (res publica) sind.

Nicht die *Nation* (zumal in der deutschen Färbung des Wortes, als zum Beispiel sogenannte Schicksalsgemeinschaft), nicht das *Volk* eines Staates (in seiner wie auch immer gearteten, etwa ethnischen Kennzeichnung) definieren den republikanischen Einzelstaat, sondern allein seine *Konstitution* und ihr Geltungsbereich für bestimmte *Menschen*, seine Bürger. Nicht einmal das Territorium kann hier im übrigen eine *begriffliche* Rolle spielen, weil eine republikanische Konstitution zwischen Bürgern offenbar ohne Bezug auf ein Territorium möglich ist. Auch für den begrifflich ja denkbaren Weltstaat wäre die Welt kein Territorium.

Kant interessiert im *Traktat über den ewigen Frieden* im wesentlichen der Zusammenhang zwischen republikanischen Konstitutionen und dem *äußeren* Frieden, das heißt der Abwesenheit von Krieg zwischen den Staaten. Dieser Zusammenhang hat für Kant weitgehend den Charakter einer Prognose, welche er durch eine Reihe von plausiblen Argumenten stützt, so etwa mit der Überlegung, daß die mögliche Beschränkung der Kriegsfolgen auf die Untertanen der herrschenden Schicht eines nicht republikanischen Staates das Kriegführen erleichtert. Diejenigen, welche hier über einen Eintritt in den Krieg entscheiden, sind dann eben im allgemeinen weniger oder gar nicht davon betroffen.

Die Unterscheidung zwischen Republiken und Nichtrepubliken und die damit verbundenen Probleme eines Friedensbundes von Staaten sind allerdings begrifflich komplizierter, als sie in Kants Behandlung, zumindest unmittelbar, hervortreten. Dazu müssen wir noch einmal zu Kants Kennzeichnung der Staaten als quasi moralische Personen zurückkehren:

Einer Person ähnelt ein Staat zunächst insofern, als ihm ein praktischer Wille zugeschrieben werden kann, das heißt, auf diesen Staat als seine Handlungen beziehbare Ereignisse identifizierbar sind. Staaten können das Recht brechen, den Durchgang sperren, die Luft verunreinigen und so fort, wie dies analog auch durch physische Personen in Kants Sinne[2] möglich ist. Staaten stellen nicht nur die schlichte, haufenartige Addition ihres Mitgliederwillens dar. Dies läßt sich so zusammenfassen, daß Staaten personen-analog zunächst in einem rein *pragmatischen* Sinne sind.

Staaten können sich im übrigen auch, in souveränitäts- und kooperationsrechtlichen Konstruktionen, in dem Sinne als Selbstzwecke anerkennen, daß sie sich gegenseitig nicht lediglich als Mittel zu den je eigenen Zwecken, im Sinne einer bloßen Interessenpolitik betrachten. Auch Charten wie die der UNO lassen stellenweise eine Tendenz zur Orientierung an einer universalistisch verstandenen Situation erkennen. Trotzdem wäre es falsch, völkerrechtliche Konstruktionen dieser Art bereits als hinreichend dafür anzusehen, den Mitgliedern der Staatengemeinschaft eine quasi *moralische* Personalität, nicht nur Handlungsmacht zuzugestehen.

Daß eine Person in der moralischen Gemeinschaft der Menschen oder der vernünftigen Wesen im Sinne Kants ein Selbstzweck ist, bleibt nämlich unberührt von ihrer inneren Verfassung. Auch eine Person etwa, der wir verbrecherische Motive ihres Handelns unterstellen, können wir nicht zur bloßen Sache werden lassen. (Das ist die Schwierigkeit eines modernen Strafrechts, welches niemanden zum personalen Unwesen degradieren darf.)

Dagegen läßt sich bei Staaten ein innerer Zustand denken, der es moralisch unmöglich erscheinen läßt, sie, das heißt: ihre staatliche Existenz und Ordnung, in der Begründung von Souveränitätsprinzipien berechtigt als einen Selbstzweck der Staatengemeinschaft zu verstehen. Dies ist etwa dann der Fall, wenn ein Staat systematisch die Grund- und Menschenrechte verletzt oder dauerhaft den Charakter einer Republik verliert.[3] Die Verpflich-

2 Vgl. Anmerkung 1.

3 Nach dem Sprachgebrauch der Kantischen Rechtslehre läßt sich ein solcher Staat nicht mehr als »vereinigte Willkür aller« begreifen und verliert damit den Charakter einer moralischen Person in diesem Sinne (vgl. Anmerkung 1).

tungen aus der rechtlichen und quasi moralischen Anerkennung eines Staates können in solchen Fällen mit der Anerkennung seiner Mitglieder als Bürger und Personen kollidieren. Ein solcher Staat ist ohne moralische Legitimation und also nur im *pragmatischen* Sinne ein Quasi-Subjekt.

Insofern ein Staat in seinen Entscheidungen und Handlungen das Ergebnis *republikanischer* Prozeduren ist und in diesem Sinne auf dem vernünftigen allgemeinen Willen seiner Bürger beruht, könnten wir ihn, und nur diese Art Staaten, in Analogie zur *moralischen* Natur des Menschen verstehen und als ein quasimoralisches Subjekt völkerrechtlicher Beziehungen betrachten. Für den moralischen Staat in diesem Sinne ist zunächst ein Verbot der Nichteinmischung in seine *inneren* Angelegenheiten berechtigt. Würde man hier eingreifen, so wäre es nicht möglich, von einer freien politischen Willensbildung innerhalb der betroffenen Republik zu reden.

Anders steht es mit der Einmischung in die inneren Angelegenheiten im Falle einer Einmischung der Verteidigung oder Etablierung republikanischer Rechte gegenüber ihrer systematischen Verletzung oder Vorenthaltung. In solchen Fällen besteht ein Zwiespalt zwischen der Universalität der republikanischen Idee und der in sie eingearbeiteten Grund- und Menschenrechte einerseits – und der Behandlung von Staaten als geschlossene pragmatische Subjekte auf der anderen Seite. Die uneingeschränkte Anerkennung eines nichtrepublikanischen Staates ist daher stets eine vernunftrechtlich problematische Mißachtung der Grundrechte der diesem Staat unterworfenen Menschen. Würde ein Verein republikanischer Staaten auch gegenüber Nichtrepubliken ein *uneingeschränktes* Prinzip der Nichteinmischung praktizieren, so bestünde keine praktische Solidarität mit denjenigen Menschen, welche dem Machtapparat der Nichtrepublik unterworfen sind.

Die Charta der Vereinten Nationen (und vor ihr schon diejenige des Völkerbundes) macht nun jedoch keinen Unterschied zwischen Staaten verschiedener moralischer Legitimation. Insofern sind die Vereinten Nationen entgegen einer üblichen Deutung keine völkerrechtliche Realisierung des Kantischen Entwurfs. Es läge andererseits nahe, in einem veränderten Statut Vereinter Staaten mit Kant der republikanischen Verfassung eine konstitutive Rolle einzuräumen, so etwa, daß Nichtrepubliken der Staatengemeinschaft nur in einer Art von *assoziiertem* Status angehören können:

Auf der Ebene der bloßen Assoziation hätten die Beziehungen zunächst lediglich eine *pragmatische* Orientierung. Dagegen würden sich die Vereinigten Republiken tatsächlich, wie Kant es bereits formuliert, gegenseitig als quasi *moralische* Subjekte des Völkerrechtes betrachten können. Das entspräche etwa der Politik der Europäischen Union, vor Aufnahmeinitiativen eine Art republikanisches Reifezeugnis zu verlangen (wie im Falle der sogenannten Süderweiterung durch Spanien, Portugal und Griechenland) und sonst zunächst allenfalls Assoziationsverträge zu schließen (wie derzeit im Falle der Türkei).

Bisher hängt die völkerrechtliche Anerkennung eines Staates wie auch seine Aufnahme in die Vereinten Nationen im allgemeinen nur vom Bestehen eines Gewaltmonopols und der halbwegs eindeutigen Identifizierung eines beherrschten Territoriums ab. Schüchterne Versuche westeuropäischer Staaten etwa, zuletzt für die Nachfolgestaaten Jugoslawiens ernsthafte demokratische und grundrechtliche Strukturen zu verlangen, sind leider, vor allem auch durch das außenpolitische Drängen Deutschlands etwa im Fall Kroatiens, fast wirkungslos geblieben. Gleichwohl hat dies die Anerkennung dieser Staaten nicht verhindert.

Solange der Staatenverein sich nicht auf *Republiken* beschränkt, wie derzeit auch im Fall der Vereinten Nationen nicht, muß immer damit gerechnet werden, daß Interessen der Nichtrepubliken und außenpolitische Rücksichtnahmen der Republiken sich gegen ein praktisch folgenreiches Anprangern von undemokratischen Strukturen und Menschenrechtsverletzungen verbünden. Ein Staat also, der als ein pragmatisches Subjekt der Staatengemeinschaft intakt ist und sich keiner unmittelbaren Bedrohung des *äußeren* Friedens schuldig macht, kann daher im allgemeinen damit rechnen, daß sich die Vereinten Nationen an das Prinzip der Nichteinmischung in die inneren Angelegenheiten halten. Eine Transformation der gegenwärtigen Vereinten Nationen ist in diesem Punkte zur Zeit schwer vorstellbar. Wohl aber zeigen Staatenvereinigungen wie die Europäische Union und die Konferenz für Sicherheit und Zusammenarbeit in Europa Züge, welche, gewissermaßen an der UNO vorbei, in die Richtung eines Republikenvereins weisen. Damit hier politisch mehr als eine regionale UNO entsteht, müßte allerdings die gegenwärtige

Kern-EU vorsichtig mit der Überführung bloßer Assoziationen in eine Vollmitgliedschaft umgehen. Nicht nur die ökonomische Qualität eines Staates, sondern vorrangig seine politisch-rechtliche Konstitution muß zu den unverzichtbaren Vorbedingungen zählen.

Soweit an den völkerrechtlichen Status einer *Republik* eine wesentlich höhere Qualität völkerrechtlicher, politischer und ökonomischer Beziehungen gebunden ist, ergäbe sich dann die Möglichkeit einer unmittelbaren, nicht kriegerischen Reaktion auf staatlich organisierte Menschenrechtsverletzungen oder antirepublikanische Umstürze: Diese bestünde zum Beispiel in einem rechtlichen Verfahren der Aberkennung oder nur noch eingeschränkten Anerkennung des Republikcharakters. Die vereinten republikanischen Staaten könnten dazu zum einen die Funktionen und Kompetenzen eines internationalen Gerichtshofes gegenüber dem jetzigen Haager Gerichtshof erheblich ausweiten, etwa so, daß vor diesem Gerichtshof Staaten wegen der Verletzung republikanischer Prinzipien angeklagt werden können, mit der Konsequenz insbesondere eines Ausschlusses aus den vereinten Republiken. Zur Zeit kann der Internationale Gerichtshof praktisch nur dann tätig werden, wenn sich Staaten seiner Gerichtsbarkeit freiwillig unterwerfen. – Zum anderen wäre eine direkte Aberkennung des Republikcharakters durch das Republikenparlament, also eine Art partieller UNO-Vollversammlung und ihre Organe, möglich.

Die Klage gegen die systematische Verletzung der Menschen- und republikanischen Grundbürgerrechte durch einen Staat oder in seinem Auftrag handelnde Personen und Instanzen könnte im übrigen jedem betroffenen Bürger, insbesondere jedem Bürger des betroffenen Staates eingeräumt werden. Damit wäre der übernationale Gerichtshof eines Republikenbundes für bestimmte Angelegenheiten in seiner Rechtssprechung nicht auf *Staaten* beschränkt, wie es der Artikel 34 des Statuts für den Haager Gerichtshof noch vorsieht.

Im Gegensatz zu diesen Differenzierungen und utopischen Konstruktionen enthält die Charta der Vereinten Nationen ein uneingeschränktes Nichteinmischungsprinzip. Im Artikel 2, Grundsatz 7 heißt es dazu: »Aus dieser Charta kann eine Befugnis der Vereinten Nationen zum Eingreifen in Angelegenheiten, die ihrem Wesen nach zur inneren Zuständigkeit eines Staates gehören, oder eine Verpflichtung der Mitglieder, solche Angelegenheiten einer Regelung aufgrund dieser Charta zu unterwerfen, nicht abgeleitet werden«. – Zugelassen nach diesem Grundsatz bleiben lediglich die »Zwangsmaßnahmen nach Kapitel VII« der Charta, welches Bedrohung und Bruch des (äußeren) Friedens behandelt.

Auch Kants Entwurf einer universalen Friedensordnung enthält dem Wortlaut nach ein uneingeschränktes Nichteinmischungsprinzip, welches der 5. Präliminarartikel so formuliert: »Kein Staat soll sich in die Verfassung und Regierung eines anderen Staats gewalttätig einmischen.« Bei Kant ist daher, nebenbei betont, das Prinzip der Nichteinmischung in die inneren Angelegenheiten eines Staates zunächst auf den Fall von Aktionen *zwischen Staaten* beschränkt. Den Fall eines Eingriffes der Staatengemeinschaft diskutiert Kant praktisch nicht.

Kants Nichteinmischungsprinzip zeigt allerdings eine über die UN-Charta hinausweisende Besonderheit: Kants Präliminarartikel müssen nämlich im Zusammenhang mit seinen so genannten Definitivartikeln gelesen werden, insbesondere mit dem Definitivartikel 1: »Die bürgerliche Verfassung in jedem Staate soll republikanisch sein.« Kants Nichteinmischungsprinzip ist also konsequenterweise auf einen Republikenbund, nicht auf einen allgemeinen Staatenverein nach Art der gegenwärtigen Vereinten Nationen gemünzt.

Auch die Schlußakte von Helsinki vom 1. August 1975 enthält mit dem Abschnitt VI des prinzipiellen Teils noch ein uneingeschränktes Nichteinmischungsprinzip, sowie im Abschnitt I die völlige Freiheit in der Wahl des politischen Systems. (Die damaligen Ostblockländer hätten, in der Breschnew-Ära, sonst sicher nicht zugestimmt.)

Dagegen verbindet die aus dem KSZE-Prozeß hervorgegangene *Charta von Paris für ein neues Europa* vom 21. November 1990 die Achtung der Menschenrechte und Grundfreiheiten mit einer Verpflichtung zur demokratischen Staatsform: »Wir verpflichten uns«, heißt es dort im zweiten Abschnitt unter dem Titel »Menschenrechte, Demokratie und Rechtsstaatlichkeit«, »die Demokratie als die einzige Regierungsform unserer Nationen aufzubauen, zu festigen und zu stärken«. »Demokratie« heißt für diese Charta die Abhängigkeit der Regierung vom »Volkswillen«, der sich »in regelmäßigen, freien und gerechten

Wahlen« äußert, »repräsentative und pluralistische« politische Willensbildung, »Bindung an das Recht und eine unparteiische Rechtspflege«. Damit erfüllt die Charta von Paris zum ersten Mal die Kantische Idee eines (über die engere westeuropäische Vereinigung hinausgehenden) Vereins von Republiken, allerdings ohne daß ihr einstweilen eine entsprechende Jurisdiktion zur Verfügung steht. Diese könnte sich allerdings aus den Kontroll- und Konsultationsmechanismen entwickeln, welche für die Verletzung der Charta von Paris im gleichzeitigen Zusatzdokument und in der Gipfelerklärung von Helsinki, dem sogenannten Helsinki-Dokument 1992, festgelegt sind.

Eine republikanische Konstitution stellt den *inneren* Frieden dar und her. Der Zustand dagegen, in dem die Mitglieder eines Staates, wie Kant es ausführt, zum Teil nicht mehr als Personen, sondern gleichsam als sachliches Eigentum der Staatsgewalt betrachtet werden, ließe sich als Zustand des offenen oder latenten inneren Krieges der Staatsgewalt gegen die Bürger bezeichnen, ohne daß ein solcher Zustand häufig bereits als Bürgerkrieg im üblichen Sinne zu gelten hätte.

Das Hauptaugenmerk in Kants Traktat ebenso wie in den Grundregeln des Völkerbundes oder der Vereinten Nationen ist dagegen auf den *äußeren* Frieden als die Abwesenheit von Krieg zwischen Staaten gerichtet. Der ewige Friede Kants ist in diesem Sinne der *äußere* Friede.

Auch die Sanktionsmechanismen der Vereinten Nationen sind im wesentlichen auf die Vermeidung des äußeren Krieges ausgerichtet. Nicht die inneren Verhältnisse des Irak etwa sind ein Problem der UNO, nur ihre Auswirkungen im Sinne einer (militärischen) Bedrohung von Nachbarstaaten, des »Weltfriedens«, wie es im allgemeinen heißt. Interne Konflikte eines Staates interessieren vor allem insofern, als sie den Charakter dieses Staates als eines nach außen und innen wirksamen *pragmatischen* Subjektes in Frage stellen. Weder sind dann im Extremfall ein inneres *Gewaltmonopol* noch ein *außenpolitischer Wille* identifizierbar, wie zuletzt im Falle Somalias, in dem die Aktionen der UNO insbesondere der Wiederherstellung eines Staates galten und zunächst gescheitert sind.

Eine Welt, in welcher eine rechtlich organisierte Konfliktbewältigung zwischen Staaten besteht, aber im Innern der staatlichen Rechtssubjekte Krieg und Unterdrückung geduldet sind, kann nicht sinnvoll und dauerhaft friedlich genannt werden. Das klassische Nichteinmischungsprinzip ebenso wie der damit verbundene homogene Souveränitätsbegriff stellen daher hier eine seit der Entwicklung *republikanischer* Staaten nicht mehr haltbare Konstruktion dar. Im Falle des nichtrepublikanischen Staates kann es der Republikengemeinschaft im wesentlichen nur um das Wohl seiner Bürger, nicht um dasjenige ihres Staates gehen. Dies allein begründet bereits, daß eine Föderation von Republiken nicht ohne Teile einer weltbürgerlichen Konstitution auskommen kann.

Bürger sind selbständige Subjekte für eine solche völkerrechtliche Konstruktion einer Republikenföderation zunächst so, daß es den Institutionen einer solchen Föderation in den prinzipiellen Dingen nicht rechtlich gleichgültig ist, was den Bürgern einer Republik in dieser widerfährt; zum anderen aber auch durch die Möglichkeit, in den grundsätzlichen Fällen direkt vor einem überstaatlichen Verfassungsgericht und Menschenrechtsgerichtshof als individuelle Kläger aufzutreten.

Die Verfassungen republikanischer Einzelstaaten sind auf Prinzipien begründet, deren juridische Geltung zwar zunächst auf die Bürger eines bestimmten Staates beschränkt ist, deren Begründungen und häufig auch Formulierungen jedoch eine solche Beschränkung nicht enthalten, vielmehr sich auf alle Menschen beziehen. Diese Differenz kommt besonders dann sinnfällig zum Ausdruck, wenn Hilfesuchende an und in den Grenzen eines demokratischen Staates auftreten und, weil sie keinen Aufenthaltstitel haben, mit Gewalt abgewiesen werden. Die partikularistische Ausformung dieses moralischen Widerspruchs überbrükken Verfassung und Recht bestimmter republikanischer Staaten dadurch, daß sie Verpflichtungen enthalten, an der weltallgemeinen Beförderung und Sicherung der Menschen- und Bürgerrechte mitzuwirken. Die Entwicklung dieser Verpflichtungen geschieht heute im allgemeinen durch entsprechende internationale Konventionen und Organisationsstatuten, die sich die Einzelstaaten rechtlich zu eigen machen.

Dies ist alles kein bloßes vertragliches Additiv, von moralischen Gründen getragen; es ergibt sich vielmehr aus der begrifflich-praktischen Struktur republikanischer Verfassungen. Republiken sind daher bereits aus internen Gründen praktischer Konsistenz auf dem Wege zu einem weltbürgerlichen Recht.

Statuten vereinter Republiken, welche Staaten, die keine republikanische Verfassung besitzen oder sie verloren haben, in einem geregelten Verfahren eine völkerrechtliche Zugehörigkeit minderen Niveaus zusprechen, habe ich bereits erwähnt. Sollte man hier auch *militärische* Interventionen vorsehen, also einen Krieg zur Verteidigung der Menschenrechte oder einer Republik gegen ihre inneren Feinde? Gewissermaßen als letztes Mittel der republikanisch orientierten Staatengemeinschaft?

Die klassische Theorie des gerechten Krieges sieht diesen Fall nicht vor. Das klassische Völkerrecht kennt den gerechten Krieg vor allem als Gegenwehr eines Staates gegen einen Angriff von außen. Die UN-Charta enthält für diesen Fall differenzierte Prozeduren der Konfliktbewältigung, letztlich auch Erlaubnisse und Verpflichtungen, den angegriffenen Staaten militärisch beizustehen. Dieser Eintritt in einen Defensivkrieg kann dabei direkt durch einzelne Staaten, aber auch im Auftrag der Vereinten Nationen oder unter ihrer Regie geschehen.

Dagegen sieht die UN-Konstitution zunächst keinen militärisch gestützten Eingriff in die *inneren* Verhältnisse eines Staates, bei systematischen Menschenrechtsverletzungen etwa, vor. Allenfalls ist hier das im allgemeinen schwache völkerrechtliche Instrument ökonomischer Sanktionen angewendet worden. Ist nun ein Krieg vereinter republikanischer Staaten zur Verteidigung oder gar Etablierung der Menschenrechte und einer republikanischen Konstitution gerechtfertigt?

Hier käme es wohl auf die Art der Kriegführung an. Ein Krieg, welcher sich, »chirurgisch«, im wesentlichen gegen die Militär- und Unterdrückungsmaschinerie des inkriminierten Staates richten ließe, wäre unter bestimmten Umständen legitim. Ein Krieg dagegen, der diejenigen, um deren Rechte es geht, wesentlich in Mitleidenschaft zöge, wäre mehr oder weniger sinnlos.

Stellen wir uns vor, es gäbe weltöffentliche rechtliche Verfahren, um über die Verletzung von Menschenrechten und republikanischen Verfassungsprinzipien zu urteilen, mit deutlichen symbolischen und institutionellen Einschränkungen der völkerrechtlichen Anerkennung, sowie nichtmilitärischen Sanktionen durch die Vereinigten Republiken.

Erst ein solcher Zustand erlaubte ja wirklich zu erkennen, ob das Instrument eines moralisch und vernunftrechtlich legitimierten, nicht (im klassischen Sinne) defensiven Krieges wirklich, und in welchen Situationen es eine allerletzte Möglichkeit bleiben muß.

Kants Ideen haben die Konstruktionen des Völkerbundes und der Vereinten Nationen inspiriert. Sie sind durch diese Institutionen noch nicht ausgeschöpft. Wir sind es Kants aufgeklärtem Geist nach zweihundert Jahren schuldig, der völkerrechtlichen Realität und Entwicklung erneut mit utopischen Konstruktionen vorauszueilen: Nicht der bloße Nationalstaatenverein der Vereinten Nationen oder des Völkerbundes, mit einem kaum eingeschränkten Nichteinmischungsprinzip ist die Perspektive, welche Kants Entwurf vorbereitet; sondern die Republikenföderation, und eine Jurisdiktion, welche die republikanischen Verfassungsprinzipien in einem geregelten Rechtsverfahren schützt und forciert sowie Elemente eines von den Republiken durchgesetzten Weltbürgerrechtes enthält. Damit wird eine Einmischung in die inneren Angelegenheiten möglich, die auf das legitimierte Recht vertrauen kann und dann im allgemeinen nicht auf die Flugzeugträger bauen muß.

Hauke Brunkhorst
Paradigmenwechsel im Völkerrecht?
Lehren aus Bosnien

Eine Vorbemerkung zur Terminologie: Kants Verwendung des Ausdrucks »provisorischer Rechtszustand« ist doppeldeutig. Das hängt mit der Architektonik der Rechtslehre zusammen, die nur den Naturzustand des provisorischen »Privatrechts« vom republikanisch-peremptorischen Zustand des »öffentlichen Rechts« unterscheidet. Aber auch in der *Metaphysik der Sitten* ist erkennbar, daß der »Naturzustand« im Vergleich zum Zustand des Rechts im achtzehnten Jahrhundert, den Kant auch »provisorisch« nennt, eigentlich ein *rechtloser Zustand* ist. Das zeigt schon die Verwendung des Terminus »Privatrecht«, da Recht für Kant seinem Begriff nach *öffentlich* ist. Mit der begrifflichen Gliederung: »*rechtloser Naturzustand* vs. *provisorischer* vs. *peremptorischer Rechtszustand*« folge ich im Ergebnis den Kant-Studien von Claudia Langer, Wolfgang Kersting und Ingeborg Maus.[1]

Ich werde mit einer Bemerkung zum Rechtsfortschritt seit Kants Zeiten beginnen, dann mit Rorty den Menschenrechtsfundamentalismus zugunsten einer Menschenrechtskultur verabschieden, um im dritten Teil auf den fälligen Paradigmenwechsel im Selbstbestimmungsrecht der Völker einzugehen und mit einer These zum Problem von »peace keeping« und humanitärer Intervention zu schließen.[2]

I

Blickt man auf die letzten zweihundert Jahre zurück, so ist der bis heute eingetretene Rechtsfortschritt enorm, kaum weni-

1 Claudia Langer, *Reform nach Prinzipien*; Wolfgang Kersting, *Wohlgeordnete Freiheit*, Berlin 1984 und Frankfurt am Main 1993; Ingeborg Maus, *Zur Aufklärung der Demokratietheorie*, Frankfurt am Main 1992.

2 Für wichtige Hinweise und Diskussionen danke ich Hans-Jörg Jacobi, Sebastian Knelt, Regine Mehl und Stefan Oeter.

ger überwältigend als derjenige der technischen Produktivkräfte. Seit 1800 hat sich die Zahl der republikanisch verfaßten Staaten, die damit den ersten, entscheidenden Schritt hin zu einem *peremptorischen* Rechtszustand getan haben, alle fünfzig Jahre ungefähr verdoppelt, und seit 1989 hat es einen weiteren Schub republikanischer Neugründungen, vor allem im Osten Europas und in Afrika, gegeben.[3] Innerstaatlich sind wir wenigstens »on the road« vom *provisorischen* zum *peremptorischen* Rechtszustand. Das stärkt – wie Doyles Studie gezeigt hat – auch den Frieden zwischen den Staaten, zumindest den zwischen etablierten Demokratien. Zwar sind wir von einer republikanischen Weltfriedensordnung noch weit entfernt. Aber spätestens seit den Nürnberger Prozessen und der zeitgleichen Gründung der »Vereinten Nationen« hat sich die Welt vom zwischenstaatlichen Naturzustand verabschiedet. Erstmals wird eine medial verdichtete Weltöffentlichkeit auf eklatante Menschenrechtsverletzungen aufmerksam und reagiert zunehmend moralisch sensibilisiert, so daß hier sogar von einem moralischen Fortschritt – und nicht nur von einem des Rechts – die Rede sein kann. Den schrittweise kodifizierten und positivierten Menschenrechten kommt in unserer Gegenwart, wie Rorty in einem hinreißenden Essay beobachtet, eine wachsende *Menschenrechtskultur* entgegen, die längst die Grenzen des Campus-Ghettos in den reichen Demokratien des nordatlantischen Gürtels gesprengt und uns der Verwirklichung von Kants Aufklärungsutopia ein gutes Stück näher gebracht hat. Ich zitiere Rorty:

»Wenn man, wie viele von uns, Studenten unterrichtet, die im Schatten des Holocaust aufgewachsen sind und denen die Überzeugung beigebracht worden ist, daß Vorurteile gegen rassische oder religiöse Gruppen etwas Schreckliches sind, fällt es nicht sonderlich schwer, sie zu den üblichen liberalen Ansichten über Abtreibung, Homosexuellenrechte und dergleichen zu bekehren. Man kann sie sogar dazu bringen, daß sie aufhören, Tiere zu essen ... Solche Studenten sind bereits so nett, daß sie nachgerade darauf versessen sind, sich selbst mit Hilfe nichtdiskriminierender Begriffe zu definieren. Die einzigen Personen, bei denen solche Studenten das nette Verhalten schwerfällt, sind diejenigen, die sie für unvernünftig halten: die religiösen Fundamentalisten, der feixende Vergewaltiger und der großspurige Skinhead. Die Erziehung ganzer Generationen von derart netten, toleranten, wohlhabenden, geborgenen und

3 M. Doyle, »Kant, Liberal Legacies, and Foreign Affairs«, in: *Philosophy and Public Affairs* 3 und 4 (1983), S. 209 ff.

anderen Menschen respektierenden Studenten in allen Teilen der Welt ist genau das, was nötig ist – ja eigentlich das *einzige*, was nötig ist –, um zu einem Aufklärungsutopia zu gelangen. Je mehr junge Leute dieser Art von uns großgezogen werden können, desto stärker und globaler wird unsere Menschenrechtskultur werden.«[4]

Rortys wohlbegründeter pädagogischer Optimismus ist – trotz seines Affekts gegen jeden Kognitivismus in moralischen Fragen – immer noch ein gutes Gegengift gegen den zumindest hierzulande wachsenden anthropologischen Pessimismus, der unterschiedslos und um die Frage nach den sehr verschiedenen Ursachen unbekümmert Gewalttaten und Greuel aller Art global verrechnet, um dann zu Hobbesschen Schlüssen zu kommen, auch wenn Hobbes solch abenteuerliche Prämissen nie geteilt hätte. Rorty mag die institutionellen Voraussetzungen ziviler Machtentfaltung allzu sehr vernachlässigen, aber die kulturalistische Schlagseite seiner Aufklärungsutopie kann leicht mit einem Schuß funktionalistischer Soziologie korrigiert werden.

Auch *unabhängig* von dem beachtlichen evolutionären Schub in Sachen Völker- und Menschenrecht und dem Machtzuwachs regionaler und globaler Organisationen seit 1945 und *unabhängig* von der medienöffentlich vernetzten Menschenrechtskultur hat die Eigenevolution des Rechts längst die provinziellen Grenzen des alteuropäischen Nationalstaats gesprengt und ein weltweites Funktionssystem etabliert, so daß man, wie Luhmann schreibt, fast nirgends mehr »damit rechnen muß, als rechtloser Fremder behandelt zu werden«.[5] Man wird in der Tat kaum bestreiten können, daß »die Weltgesellschaft auch ohne zentrale Gesetzgebung und Gerichtsbarkeit eine Rechtsordnung hat«.[6]

Das ist nun aber zugleich das Problem, denn was Luhmann so zutreffend beschreibt, ist auf der Ebene der Weltgesellschaft genau das, was Kant einen *provisorischen* und »facto usurpierten« Rechtszustand nennt. Durch dessen kaum noch reversible Etablierung ist der Weltnaturzustand beendet worden, aber vom demokratischen Projekt einer wie immer lose föderalisierten

4 Richard Rorty, »Menschenrechte, Vernunft und Empfindsamkeit«, in: J. Huber und A. L. Müller (Hg.), *»Kultur« und »Gemeinsinn«*, Basel/Frankfurt am Main 1994, S. 116 f. (Übersetzung von mir korrigiert).

5 Niklas Luhmann, *Das Recht der Gesellschaft*, Frankfurt am Main 1993, S. 573.

6 Ebd., S. 574.

»Weltrepublik«, die Kants Friedensutopie entspräche, sind wir immer noch unendlich weit entfernt. Durch die (hoffnungsvoll gesprochen) vor- oder (skeptisch geredet) vielleicht auch schon nachrepublikanische Verfassung der globalen Rechtsordnung wird nämlich die Demokratie als das einzige Medium einer mit Willen und Bewußtsein gestalteten Geschichte insgesamt ebenso geschwächt und an den Rand der sozialen Evolution gedrängt wie durch das verselbständigte Wirtschafts- und Finanzsystem, das die nationalstaatliche Steuerungskompetenz schon lange hoffnungslos überfordert.

Diese gefährliche Dialektik des Rechtsfortschritts, an der sich letztlich entscheiden wird, ob die von Robert Dahl so genannte *dritte demokratische Transformation*[7] vom Nationalstaat zur Weltgesellschaft gelingt oder scheitert, hat auch die Systemtheorie auf ihre Weise beobachtet. Die Entwicklung eines fest etablierten Weltrechts hat, so Luhmann, »zur Folge, daß die strukturelle Kopplung des politischen Systems und des Rechtssystems auf der Ebene der Weltgesellschaft keine Entsprechung hat«.[8] Und das heißt nichts anderes, als daß das Recht der Weltgesellschaft ohne republikanische Verfassung oder vorkonstitutionelles Recht ist. Durch den gar nicht hoch genug zu veranschlagenden Rechtsfortschritt im Anschluß an das Grauen von Hitlers Krieg verschwindet die Demokratie nach und nach. So gesehen ist der Rechtsfortschritt *zugleich* eine Regression und ein echter Fall der Dialektik der Aufklärung. Letztlich wird sich die »demokratische Frage« daran entscheiden, ob sich eine globale Entsprechung der strukturellen Kopplung des politischen und des Rechtssystems finden und durchsetzen läßt oder nicht. Insofern wird die von Dubiel, Rödel und Frankenberg gestellte »demokratische Frage« immer deutlicher zu einer Frage des möglichen Rechtsfortschritts von dem bestehenden *provisorischen* zu einem *peremptorischen* oder republikanischen Zustand der globalen Rechtsordnung. Im übrigen ist – aus der Kantischen Perspektive – genau diese Frage nach der *dritten demokratischen Transformation*, die nicht minder *utopisch* ist als die ersten beiden, in denen erst die antike Stadtrepublik und viel später dann

7 Vgl. R. Dahl, *Democracy and Its Critics*, Yale University Press 1989, S. 311 ff.

8 Luhmann, *Das Recht der Gesellschaft*, a.a.O., S. 582.

der moderne Nationalstaat entstanden ist[9], zugleich eine Frage des Überlebens und immer noch vorrangig eine der Abschaffung des Krieges. »Es soll kein Krieg sein«, sagt Kant, und es war ja das Verbrechen des Angriffskriegs, das Auschwitz vorbereitete und schließlich möglich gemacht hat.

Allem Rechtsfortschritt zum Trotz ist der bloß *provisorische* Rechtszustand zwischen den Staaten aus strukturellen Gründen immer noch viel zu schwach, um eklatante Menschenrechtsverletzungen bis hin zu ethnischer Säuberung, Massenvergewaltigung und Völkermord unmöglich zu machen. Freilich zeichnet sich eine für provisorische Rechtszustände nicht ganz untypische Verschiebung weg von Krieg und Weltkrieg hin zu einer unübersichtlichen Vielzahl von Bürger- und Bandenkriegen mit den dazugehörigen massiven Rechtsbrüchen, Vertreibungen und Massakern ab. Ein höchst ambivalenter Fortschritt, wenn es denn einer ist.

Die Ursache dieser tödlichen Ambivalenz scheint mir darin zu liegen, daß Völker- und Menschenrecht und das Weltrecht im ganzen auf einer instabilen Verbindung von *soft law* und *hard power* basiert.[10] Und man kann vielleicht die These riskieren: Vormodern, vor Ausdifferenzierung des Rechts war alles Recht »law in the making«, das auf dieser wenig Rechtssicherheit gewährleistenden Verbindung von »soft law« und »hard power« basierte. Die Berufung auf das Recht ist dann oft genug scheinhaft und dient nur dazu, die eigenen, lichtscheuen Interessen besser abzudunkeln. Die Erzwingbarkeitsdefizite und Lücken

9 Vgl. Dahl, *Democracy and Its Critics*, a.a.O.

10 Zu »soft law« vgl. auch E. Riedel, »Menschenrechte der dritten Dimension«, in: *EuGRZ*, S. 17 (mit weiteren Literaturhinweisen zum Thema »Schwellenrecht«, »Treshold Law« und »Law in the Making«). Ich halte mich hier nicht an die unter Völkerrechtsjuristen übliche Terminologie und nenne jedes durchsetzungsschwache, interessenabhängige und willküroffene und insofern *ungleiche* Recht »soft law« oder »law in the making«. Das sind natürlich keine absoluten, sondern höchst relative Kategorien. Es gibt immer viele Übergänge und Zwischenzonen. In bezug auf die Menschenrechte scheinen auch Juristen nicht zu bestreiten, daß es sich im über- und zwischenstaatlichen Erzwingbarkeitsfeld um schwaches Recht handelt, vergleicht man es mit innerstaatlich fest institutionalisierten Menschenrechten wie beispielsweise in Schweden oder in Kanada oder der BRD.

des global nur schwach institutionalisierten, insgesamt allzu flexibel und biegsam programmierten Völker- und Menschenrechts unserer Tage werden von willkürlich operierenden Mächten zwischen Supermacht und Mafia für sehr handfeste ökonomische und Herrschaftsinteressen genutzt. Ausnahmen sind, wenn es um die Anwendung von Völker- und Menschenrecht geht, immer noch der Regelfall – vom Irak über Somalia bis Bosnien, von dem schon halb vergessenen Vietnamkrieg ganz zu schweigen.[11]

Aus dem Blickwinkel von Kants Rechtsphilosophie ist die tagtägliche Gleichzeitigkeit von Rechtsfortschritt und Menschenrechtsverletzung alles andere als überraschend. *Ganz* ohne zentrale Gesetzgebung und Gerichtsbarkeit muß die Weltrechtsordnung ein Provisorium bleiben, das auf der immer wieder durchschlagenden Willkür faktisch usurpierter Herrschaft beruht. Das beginnt mit der dem wenigstens halbdemokratischen Prinzip der Vereinten Nationen, »one state – one vote«, Hohn sprechenden Zusammensetzung des Sicherheitsrats, der faktisch die Kompetenz eines »Weltgesetzgebers« usurpiert hat.[12] Es setzt

11 Vgl. zum Beispiel P. Sonnenhol, »Zuverlässigkeit der sog. ›humanitären Intervention‹ bei groben Menschenrechtsverletzungen im Lichte der Aktionen der Vereinten Nationen in Kurdistan«, in: I. Seidel-Hohenveldern (Hg.), *Vereinte Nationen, Menschenrechte und Sicherheitspolitik – Völkerrechtliche Fragen zu internationalen Konfliktbegrenzungen*, Köln 1994, S. 141 ff.; St. Schmahl, »Das Verfahren nach dem VII. Kapitel der UN-Satzung unter besonderer Berücksichtigung des zweiten Golfkrieges 1990/91«, in: ebd., S. 153 ff.; Chr. Greenwood, »Gibt es ein Recht auf humanitäre Intervention?«, in: *Europa-Archiv* 4 (1993), S. 93 ff.; K. O. Nass, »Grenzen und Gefahren humanitärer Intervention«, in: *Europa-Archiv* 10 (1993), S. 279 ff.; R. Wolfrum, »Die Entwicklung des internationalen Menschenrechtsschutzes«, in: *Europa-Archiv* 23/1993, S. 681 ff.; Chr. Schreuer, »The Waning of the Sovereign State: Towards a New Paradigm for International Law?«, in: *European Journal of International Law* 4/1993, S. 447 ff.

12 Vgl. Ch. Busse, »Die normative Verankerung der Menschenrechte im Völkerrecht«, in: I. Seidel-Hohenveldern, *Vereinte Nationen, Menschenrechte und Sicherheitspolitik – Völkerrechtliche Fragen zu internationalen Konfliktbegrenzungen*, a.a.O., S. 3 ff., besonders S. 9: »Schon heute wird kritisiert, daß der Sicherheitsrat zu einer Art Weltgesetzgeber avanciert ist.« Vgl. auch C. Hollweg, »Kriegsver-

sich fort in der immer noch von imperialen Wirtschafts- und Weltmachtinteressen allzu selektiv bestimmten und militärisch dominierten Politik humanitärer Intervention – die vollständige Entmachtung der UNO im Golfkrieg ist hier exemplarisch –, und es reicht bis zum ständig drohenden – und nun auch von der erweiterten Bundesrepublik aus propagierten – Rückfall in die außenpolitischen Denkfiguren des »Konzerts der Mächte«, mit dem die eurozentrische »Zivilisation« im neunzehnten Jahrhundert die für »unzivilisiert« erklärte Welt zwischen Balkan und Südostasien unter Kontrolle zu halten versucht hat.[13] Das Völkerrecht regrediert dann aber zu einem modernen *ius gentium*, und der menschenrechtliche Fortschritt vom Imperium zur Gleichheitsordnung wird auf Sankt Nimmerlein vertagt.[14]

II

Was wir in dieser Situation brauchen – und ich glaube, hier hat Rorty den Nagel auf den Kopf getroffen –, ist nun aber weder *Menschenrechtsfundamentalismus* noch gar eine ethische Fun-

brechen in Ex-Jugoslawien vor dem neuen UN-Tribunal«, in: I. Seidel-Hohenveldern, *Vereinte Nationen, Menschenrechte und Sicherheitspolitik – Völkerrechtliche Fragen zu internationalen Konfliktbegrenzungen*, a.a.O., S. 123 f.; St. Schmahl, »Das Verfahren nach dem VII. Kapitel der UN-Satzung unter besonderer Berücksichtigung des zweiten Golfkrieges 1990/91«, a.a.O., S. 158, 183 ff.

13 Zur Rolle der Unterscheidung »zivilisiert«/»unzivilisiert« vgl. N. Berman, »Between ›Alliance‹ and ›Localization‹: Nationalism and the New Oscilationism«, in: *New York Univ. Journal of International Law and Politics* 26 (1994), S. 475 ff.; Chr. Simmler, »Kehrt die Staatengemeinschaft zur Lehre von der konstitutiven Anerkennung zurück?« in: I. Seidel-Hohenveldern, *Vereinte Nationen, Menschenrechte und Sicherheitspolitik – Völkerrechtliche Fragen zu internationalen Konfliktbegrenzungen*, a.a.O., S. 85, 99 ff.; zum »Konzert der Mächte«: E.-O. Czempiel, »Kollektive Sicherheit – Mythos oder Möglichkeit?« in: *Merkur* 546/547, S. 790 ff.; zum Golfkrieg siehe auch Schmahl, »Das Verfahren nach dem VII. Kapitel der UN-Satzung unter besonderer Berücksichtigung des zweiten Golfkrieges 1990/91«, a.a.O., S. 183 ff.

14 Vgl. E.-O. Czempiel, »Kollektive Sicherheit – Mythos oder Möglichkeit?«, a.a.O., S. 795.

dierung der Menschenrechte in einer *höheren Menschenwürde*.[15] Was wir statt dessen brauchen, ist – mit einem Ausdruck Alan Gilberts – mehr »demokratischer Internationalismus«.[16]

Meine Kritik am *Vorrang* der Menschenwürde richtet sich keineswegs gegen ein Grundrecht, das die Würde des Menschen für unantastbar erklärt, wohl aber wende ich mich gegen eine Begründung aller Grund- und Menschenrechte aus der Menschenwürde oder irgendeiner objektiven Wertordnung. Die wechselseitige Achtung der Menschenwürde ist ein Grundrecht wie jedes andere, aber gerade nicht – wie es die herrschende Verfassungslehre unterstellt – ein ›alles tragendes Konstitutionsprinzip‹ oder die ›höchste wertsetzende Verfassungsnorm‹. Der ethische Fundamentalismus höchstrangiger Menschen*würde* war nicht nur historisch – in Verbindung mit der Erbsündenlehre – der faktischen Durchsetzung von Menschen*rechten* eher abträglich.[17] Er ist auch systematisch unbefriedigend. Macht die Unterscheidung von »Würde« und »Preis« – anders als Rorty und die Utilitaristen glauben – in der Moralphilosophie Sinn – zumindest dann, wenn man sie von idealistischen Selbstmißverständnissen reinigen kann –, so ist sie dort, wo es ums Recht und seine Legitimation geht, günstigstenfalls überflüssig.[18]

Kant hat deshalb die Würde an den Anfang seiner Theorie der Moral, das eine und einzige Menschenrecht gleicher Handlungsfreiheit aber an den Beginn der Rechtslehre gestellt. Beides ist nur durch das Prinzip der Verallgemeinerbarkeit, das »allgemeine Freiheitsgesetz« verbunden, aber nicht durch eine substantielle Ableitung des Rechts aus der Würde.

Die Vorstellung von einer angeblich höheren Würde des Menschen, die wir »da draußen« oder »tief drinnen« (Rorty) wie eine Idee vorfinden und entdecken könnten, ist allzu eng mit evaluativen Hierarchien und kollektivistischen Exklusionsregeln ver-

15 R. Rorty, »Menschenrechte, Vernunft und Empfindsamkeit«, a.a.O.; vgl. auch ders., »A Pragmatist's View of Rationality and Cultural Difference«, in: *Belgrade Circle* 0 (1994), S. 9 ff.

16 A. Gilbert, »Must global Politics Constraint Democracy?«, in: *Political Theory* 1 (1992), S. 10 f., 11 f., 31 f.

17 Vgl. nur: W. Huber, »Menschenrechte/Menschenwürde«, in: *Theologische Realenzyklopädie* Bd. XXII, Berlin/New York 1992, S. 577 ff.

18 Vgl. auch Maus, *Zur Aufklärung der Demokratietheorie*, a.a.O. (besonders im Anhang der Aufsätze über Recht und Moral).

wandt: Die Menschen haben dann eine höhere Würde als die Unmenschen, und das waren in der Vergangenheit und bis in die Gegenwart je nach Bedarf die Tiere, die Sklaven, die Barbaren, die Wilden, die Frauen, die Helden.[19] Im Zeitalter der *Historisierung apriorischer Wahrheiten* verkommt – wie man an Heidegger exemplarisch studieren kann[20] – die höhere Würde des Menschen dann allzu rasch zur höheren Würde eines »geschichtlichen Volks«, zur Würde des Serben, des religiösen Fundamentalisten oder der germanischen Rasse.

Mit den Menschen*rechten* aber läßt sich genau das nicht machen. Sie sind *nicht* exklusiv und sie begründen *keine* evaluative Hierarchie. Sie beruhen vielmehr auf der Trennung von Moral und Recht und vor allem auf der Trennung des Guten vom Gerechten, der je besonderen kulturellen Wertgemeinschaft von der allgemeinen Rechtsgenossenschaft. Rechte können wir dann und nur dann beanspruchen, wenn wir sie uns unterschiedslos in gleichen Maßen zuschreiben dürfen. Die Menschenrechte sind – anders als die alteuropäische Menschenwürde, deren besseres Erbe sie gleichwohl antreten – mit der Kontingenz und puren Faktizität der Evolution kompatibel, auch wenn sie sich in Kontingenz und Faktizität nicht ganz erschöpfen sollten. Anders als die Würde des Menschen setzen die Menschenrechte von vornherein die Dezentrierung des europäischen Egozentrismus voraus.

Ein entsubstantialisiertes Verständnis von Menschenrechten ist nun aber – und das ist meines Erachtens die eigentliche Pointe von Rortys vehementer Kritik am paternalistischen Menschenrechtsfundamentalismus[21] – *intern* und von *vornherein* mit der erweiterten Selbstreproduktion öffentlicher Solidarität verbunden. Während der Menschenrechtsfundamentalismus die demokratische Solidarität elitär und expertokratisch überragt, ist die Kultur der Menschenrechte mit der Demokratie auf gleicher

19 Zu diesem Komplex vgl. auch die Beobachtungen von R. Koselleck, *Vergangene Zukunft. Zur Semantik geschichtlicher Zeiten*, Frankfurt am Main 1989, S. 211 ff.

20 Vgl. zuletzt Cristina Lafont, *Sprache und Welterschließung*, Frankfurt am Main 1994.

21 Kant, der ›Feminist‹, hat den Paternalismus die »unter allen« Regierungen »am meisten despotische« genannt. *Metaphysik der Sitten*, in: *Werke*, hg. von Wilhelm Weischedel, Bd. VII, Frankfurt am Main 1977, Rechtslehre § 49, S. 435.

Augenhöhe. Statt in einer anthropologisch vorgeordneten Menschenwürde finden die Menschenrechte nur mehr im Verfahren ihrer demokratischen Positivierung eine Legitimationsbasis. Das war, folgt man Ingeborg Maus, der Grundgedanke von Kants Demokratietheorie. Deshalb bindet Kant 1795 den menschenrechtlichen Frieden an die Republik. Wer die Republik nicht will, so könnte man mit Kant sagen, wird den Frieden nicht bekommen.[22]

III

Dieser Gedanke ist von erheblichem Gewicht für den Paradigmenwechsel im Völkerrecht, der sich derzeit noch zaghaft, aber doch deutlich erkennbar, abzuzeichnen beginnt. Vieles spricht jedenfalls dafür, daß das klassische Nichteinmischungsparadigma an Boden verliert und die Chancen einer sich einmischenden Menschenrechtspolitik steigen.[23]

Ihr Erfolg wird, wenn wir versuchen, Kant über Kant hinaus in die Gegenwart zu verlängern, davon abhängen, ob diese Politik ihrerseits *demokratisch organisiert* werden kann. Damit ist nun die schwierige Frage gestellt, wie sich eine aktive Menschen-

22 Vgl. G. Geismann, »Kants Rechtslehre vom Weltfrieden«, in: *Zeitschrift für philosophische Forschung* 37 (1983), S. 379.

23 Zum »Paradigmenwechsel« vgl. unter anderem: St. Oeter, »The Right of Self Determination in Transition«, in: *Law and State* 49/50 (1994), S. 147 ff.; Schreuer, »The Waning of the Sovereign State: Towards a New Paradigm for International Law?«, a.a.O., Chr. Gusy, »Selbstbestimmung im Wandel«, in: *Archiv des Völkerrechts* 30 (1992) 4, S. 385 ff.; D. Frey, »Selbstbestimmungsrecht, Sezession und Gewaltverbot«, in: I. Seidel-Hohenveldern (Hg.), *Vereinte Nationen, Menschenrechte und Sicherheitspolitik – Völkerrechtliche Fragen zu internationalen Konfliktbegrenzungen*, a.a.O., S. 68 ff., 73; Hollweg, »Kriegsverbrechen in Ex-Jugoslawien vor dem neuen UN-Tribunal«, a.a.O., S. 117 f.; Sonnenhohl, »Zuverlässigkeit der sog. ›humanitären Intervention‹ bei groben Menschenrechtsverletzungen im Lichte der Aktionen der Vereinten Nationen in Kurdistan«, a.a.O., S. 142; Greenwood, »Gibt es ein Recht auf humanitäre Intervention?«, a.a.O. Zu einer dekonstruktionistischen Lesart vgl. Marti Koskenniemi, *From Apology to Utopia. The Structure of International Law Argument*, Helsinki 1989.

rechtspolitik zum *Selbstbestimmungsrecht der Völker* verhält, das ja, nach gängiger Völkerrechtslehre nichts anderes ist als – so Thürer – das »internationale Korrelat zum Prinzip der Volkssouveränität.«[24] Volkssouveränität und nationale Selbstbestimmung sind – so Stefan Oeter – »Siamesische Zwillinge«, »the two sides of a coin«.[25] Nach dem Zweiten Weltkrieg hat das Selbstbestimmungsrecht der Völker im Zuge der Entkolonialisierung, im KSZE-Prozeß und bei der Auflösung des Sowjetreichs einen erheblichen Bedeutungszuwachs erfahren.[26]

Ohne die Einforderung dieses Rechts wäre es vermutlich nicht so rasch zu jenem beispiellosen Zugewinn liberaler Freiheiten und politischer Rechte, den die ehemals kommunistischen Länder in den vergangenen Jahren erlebt haben, gekommen. Aber kaum auf der Tagesordnung, offenbart die sich vollziehende nationale Selbstbestimmung ihre blutige Kehrseite. Ihr Name ist »ethnische Säuberung«. Das Selbstbestimmungsrecht der Völker ist – so wie es heute verstanden wird – nur bedingt menschenrechtstauglich. Das internationale Korrelat zum innerstaatlichen Demokratieprinzip paßt noch nicht ins Kantische Projekt eines Weltbürgerrechts. Der beste Maßstab für ein solches Selbstbestimmungsrecht der Völker, das die Menschenrechte nicht unterdrückt, sondern ihre Kraft entfesselt, ist immer noch der hoch

24 D. Thürer, »Das Selbstbestimmungsrecht der Völker«, in: *Archiv des Völkerrechts* 22 (1984), S. 115.

25 Oeter, »The Right of Self Determination in Transition«, a. a. O., S. 149 f.

26 Vgl. zum Beispiel D. Senghaas, *Friedensprojekt Europa*, Frankfurt am Main 1992; Oeter, »The Right of Self Determination in Transition«, a.a.O.; Thürer, »Das Selbstbestimmungsrecht der Völker«, a.a.O., S. 122 ff., 134 ff.; Schreuer, »The Waning of the Sovereign State: Towards a New Paradigm for International Law?«, a.a.O.; K. J. Partsch, »Selbstbestimmung«, in: *Handbuch Vereinte Nationen*, München 1991, S. 751 f.; Frey, »Selbstbestimmungsrecht, Sezession und Gewaltverbot«, a.a.O. ; H. G. Espiell, »Der Begriff des Selbstbestimmungsrechts der Völker in heutiger Sicht«, in: *Vereinte Nationen* 2 (1982); O. Kimmenich, »Probleme der internationalen Gerechtigkeit. Eine völkerrechtliche Perspektive«, in: K. G. Ballestrem und B. Sulor (Hg.), *Probleme der internationalen Gerechtigkeit*, München 1993, S. 69 ff.; D. Georgiev, »Politics or Rule of Law: Deconstruction and Legitimacy in International Law«, in: *European Journal of International Law* 4 (1993) 1, S. 10 f.

abstrakte Begriff der Volkssouveränität, wie Rousseau und Kant ihn entwickelt haben. Ein weltbürgerlicher Paradigmenwechsel *im* Selbstbestimmungsrecht der Völker könnte sich in den folgenden *vier Schritten* vollziehen. Die ersten drei führen zu Kant zurück, der vierte über ihn hinaus. Der KSZE-Prozeß ist nach dem ersten steckengeblieben.

Im *ersten Schritt* muß das falsche Apriori einer kriterienlosen Identifikation von *Staats-* und *Volkssouveränität* aufgegeben werden. Das hat menschenrechtliche Konsequenzen: Verbrechen gegen die Unverletzlichkeit von Staatsgrenzen müssen scharf unterschieden werden von Verbrechen gegen deren Bevölkerung. Autoren wie Michael Walzer – in seinem Buch *Just and Unjust War* – bestreiten das, von wenigen unzweideutigen Ausnahmen *vollständig* delegitimierter Regimes oder Verbrechen wie Völkermord abgesehen.[27] In seiner Kritik an Walzer hat David Luban die schwache Stelle dieser seinerzeit heftig diskutierten Verteidigung des Nichteinmischungsparadigmas mit einem Satz bloßgelegt: »Wars are not fought by states, but men and women«.[28] Man darf Staaten eben nicht mit Personen verwechseln. Die kategoriale Differenz ist rechtlich gesehen die, daß das moderne positive Recht jeden Zugriff auf die Motive von Personen ausschließt, aber bei Staaten geht das nicht, denn sie sind bereits rechtlich organisierte Verbände, so daß es einen wesentlichen Unterschied macht, ob die innere mit der äußeren Verfassung des Staatsrechts übereinstimmt oder nicht. Ein republikanisches Staatsvolk von Teufeln ist wenigsten denkbar, ein republikanischer Bund von Despotien ist es nicht. Es gilt deshalb: Keine externe ohne interne Selbstbestimmung. Daß daraus noch lange keine Erlaubnis zur Aggression gegen Diktaturen folgt, sollte klar sein. Aber es ist ebenso klar, daß dieser Gedanke nicht nur in den britischen Kolonien Nordamerikas und im Paris des acht-

27 M. Walzer, *Just and Injust War*, New York 1977; zur Kritik und Diskussion: D. Luban, »Just War ... and Human Rights«, in: *Philosophy and Public Affairs* 2 (1980), S. 160 ff.; G. Doppelt, »Walzer's Theory of Morality in International Relations«, in: *Philosophy and Public Affairs* 1/1978, S. 3 ff.; M. Walzer, »The Moral Standing of States: A. Response to Four Critics«, in: *Philosophy and Public Affairs* 3 (1980), S. 209 ff.; C. Gould, *Rethinking Democracy*, Cambridge 1988, S. 307 ff.

28 Luban, »Just War ... and Human Rights«, a.a.O., S. 166

zehnten Jahrhunderts revolutionär wirken mußte. Er ist es auch noch angesichts der inneren Verfassung der Mehrzahl unter den Mitgliedsstaaten der Vereinten Nationen.[29] Jedenfalls ist nicht selbstverständlich, und es folgt auch aus keiner Geschichte und keinem höheren Geschick, daß *Staaten* und *Bevölkerungen* – egal, welche Verfassung erstere haben – zusammengehören. Genau das ist Kants Punkt.

»Daß ein Volk sagt: ›es soll unter uns kein Krieg sein; denn wir wollen uns einen Staat formieren, d. i. uns selbst eine oberste gesetzgebende, regierende und richtende Gewalt setzen, die unsere Streitigkeiten friedlich ausgleicht‹ – das läßt sich verstehen. – Wenn aber dieser Staat sagt: ›es soll kein Krieg zwischen mir und anderen Staaten sein, obgleich ich keine oberste gesetzgebende Gewalt kenne, die mir mein, und der ich ihr Recht sichere‹, so ist es gar nicht zu verstehen, worauf ich dann das Vertrauen zu meinem Rechte gründen wolle.«[30]

Kant unterscheidet hier wie anderenorts die »bloß usurpierte« Souveränität des Staates im *provisorischen* Rechtszustand von der gesetzgebenden Souveränität, die nur vom Volk ausgehen kann. Das Volk, das er dem Staat entgegensetzt, könnte man mit Christoph Gusy ein »Staatsvolk im Werden« nennen.[31] Erst dem peremptorischen Rechtszustand Kants würde der Begriff des eigentlichen »Staatsvolks« entsprechen. Das Selbstbestimmungsrecht der Völker betrifft dann nur »Staatsvölker im Werden«. Bevor vom »Staatsvolk« die Rede sein kann, muß jedoch in zwei weiteren Schritten erst einmal der Begriff des Volkes als des möglichen Trägers von Souveränität und Selbstbestimmungsrecht geklärt werden.

Zum *zweiten Schritt*: Rousseau, Sièyes und Kant waren der Auffassung, daß die Bevölkerung eines Landes dann und nur dann zu einem Staatsvolk *wird*, wenn sie einen gemeinsamen politischen Willen in Form von Verfassungen, Rechten und Gesetzen zum Ausdruck bringt. Dieser Gedanke des politisch-voluntaristisch bestimmten Staatsvolkes ist mit dem der Republik gleichursprünglich. Der Kantische Konstruktivismus beseitigt auf einer zunächst noch höchst abstrakten Ebene die tödliche Ambivalenz, die bis heute die meisten Appelle ans Selbstbestimmungsrecht der Völker prägt. Für Völker im ethnischen oder

29 Oeter, »The Right of Self Determination in Transition«, a.a.O., S. 164
30 Kant, *Zum ewigen Frieden*, in: *Werke*, a.a.O., Bd. XI, S. 212.
31 Vgl. Gusy, »Selbstbestimmung im Wandel«, a.a.O.

kulturellen Verständnis, Kant spricht von »Völkerschaften«[32], gibt es kein Recht auf Selbstbestimmung. Ethnien oder geschichtlich gewachsene »Schicksalsgemeinschaften« welcher Art auch immer fallen nicht unter den Begriff des Rechts, sie bilden Lebensgemeinschaften, Biotope, aber keine Rechtsgenossenschaften. Mit Herderschen Kulturnationen, so wichtig sie für unser *Leben* sind, ist kein politisch autonomes Volk zu haben und kein demokratischer Rechtsstaat zu machen.[33]

Damit komme ich zum *dritten Schritt.* Der Grundwiderspruch, der die ganze trostlose Elendsgeschichte nationaler Selbstbestimmung zumindest im Europa dieses Jahrhunderts durchzieht, ist, daß die Selbstbestimmung der einen die Unterdrückung der anderen ist.[34] Es genügt deshalb nicht, den ethnischen Begriff der Nation zugunsten eines politisch-voluntaristischen zu verabschieden. Das hat Carl Schmitt, gegen die politische Romantik im Recht, in seiner »Verfassungslehre« getan.[35] Aber die zugleich gegen die Theorien des achtzehnten Jahrhunderts und alle positivistischen Verfahrenslehren gerichtete Irrationalisierung des Willensbegriffs verwandelt den unpolitischen Substantialismus der

32 I. Kant, *Metaphysik der Sitten*, a.a.O., Rechtslehre § 53, S. 466.

33 Einen differenzierten Herderschen Aktualisierungsversuch unternimmt H. Münkler, »Die Nation als Modell politischer Ordnung«, in: *Staatswissenschaften und Staatspraxis* 3 (1994), S. 367 ff. Zur Kritik an den gröberen Versuchen des Bundesverfassungsgerichts und seiner Richter-Professoren, dem Grundgesetz ein volksdemokratisches Modell Carl Schmittschen Zuschnitts anzupassen, vgl. die kritische Studie von B.-O. Bryde, »Die bundesrepublikanische Volksdemokratie als Irrweg der Demokratietheorie«, in: *Staatswissenschaften und Staatspraxis* 3 (1994), S. 305 ff.; hingegen affirmativ: P. Kirchhoff, »Verfassungsrechtlicher Schutz und internationaler Schutz der Menschenrechte: Konkurrenz oder Ergänzung?« in: *EuGRZ* 1994, S. 16 ff.; H. A. Stöcker, »Nationales Selbstbestimmungsrecht und Ausländerwahlrecht«, in: *Der Staat* 28 (1989), S. 71 ff.; dazugehörige BVG-Urteile: E 83, 60, II, Nr. 3, 4; E 89, 155, II, Nr. 17.

34 Oeter, »The Right of Self Determination in Transition«, a. a. O., S. 151 ff.; vgl. auch N. Berman, »A Perilous Ambivalence: Nationalist Desire, Legal Autonomy, and the Limits of the Interwar Framework«, in: *Harvard International Law Journal* 2 (1992), S. 353 ff.

35 C. Schmitt, *Verfassungslehre*, Berlin 1989; vgl. auch H. Brunkhorst, »Gesetzesethik und demokratische Willensbildung«, in: *Babylon* 13/14 (1994), S. 151 ff.

geschichtlichen Herkunfts- und Abstammungsgemeinschaft bloß in einen um nichts besseren politischen Substantialismus des manipulativ erzeugten homogenen Volkskörpers.

Wenn Intellektuelle aus dem ehemaligen Jugoslawien in bester Übereinstimmung mit deutschen Historikern und Staatsrechtlern die Idee der zivilen Gesellschaft zurückweisen, weil sie glauben, die Demokratie erfordere »wenigstens in groben Umrissen Homogenisierung auf einem bestimmten Territorium«, dann haben sie deren eigentliches Prinzip nicht verstanden.[36] Denn *ohne* eine manipulierte, entmachtete und majoritär domierte Öffentlichkeit und *ohne* die Etablierung einer hegemonialen »affirmativen Kultur« (Marcuse) ist politisch erzeugte Homogenität nicht zu haben. Es gilt: Je homogener die Gesellschaft, desto schwächer ihre demokratische Legitimation.

Zu einer republikanischen Verfassung, deren ganzer Witz allein in dem komplexen Arrangement von Verfahren besteht, die eine Integration von *ratio* und *voluntas* ermöglichen sollen – deshalb ist der Organisationsteil dem Grundrechtsteil einer Verfassungsurkunde in nichts nachrangig[37] –, schon zum Begriff einer solchen republikanischen Verfassung paßt weder ein ethnischer noch ein politischer Substantialismus von Volk und Volkswillen. Denn letzterer, wie man übrigens schon im *Contrat social* nachlesen kann, *kann* sich nur individuell bilden.[38]

»Volkssouveränität« setzt in ihrem Vollzug voraus, daß sich jede von einem Gesetz betroffene Person mit ihrer *eigenen* Stimme äußern und aus *eigener* Überlegung entscheiden kann, und das kann nur in einem wohlgeordneten Verfahren geschehen. Die revisionsoffenen Verfahrensnormen, an die die Bürger sich selbst binden, sollen unter Bedingungen positiven Rechts, also unter Bedingungen wechselseitiger Willkürfreiheit eine *inhaltlich uneingeschränkte* Willensbildung möglich machen. Das Fehlen *jeder* inhaltlichen Vorgabe ist alles, was man vom Begriff der Souveränität für die Demokratie braucht.[39] Dieses Moment

36 V. Jalusic, »Die Friedensbewegung ist tot. Es lebe …«, in: *Frankfurter Rundschau*, 29. Dez. 1994, S. 20.

37 Vgl. dazu I. Maus, *Bürgerliche Rechtstheorie und Faschismus*, München 1980.

38 Vgl. H. Brunkhorst, *Demokratie und Differenz*, Frankfurt am Main 1994.

39 Vgl. Maus, *Zur Aufklärung der Demokratietheorie*, a.a.O.

ist allerdings unverzichtbar, um einen *vernünftigen* Willen ohne staatsautoritären, herrschaftlichen Zwang oder manipulierte Öffentlichkeit zustande zu bringen. Die für die Effektivität des Rechts notwendige substantielle Kraft gewinnt ein so gebildeter Volkswille durch die Schranken von Raum und Zeit, durch seine Bindung an ein Territorium und durch Institutionen, die dem Recht über den Rechtsbruch hinaus Dauer verleihen. Diese Schranken, die Recht faktisch, nicht a priori ermöglichen, nennt Habermas »Faktizität«.[40]

So weit – ungefähr – kommt man mit Kant bei der Suche nach einem Selbstbestimmungsrecht der Völker, das die republikanische Basis einer aktiven Menschenrechtspolitik sein könnte. Dieser Begriff des Selbstbestimmungsrechts setzt keinen homogenen Träger mehr voraus. Er ist *politisch*, *voluntaristisch* und *prozedural*. Aber, und das ist die Schwäche, die bleibt, er kennt nur ein Staatsvolk, das entsteht, das unter Bedingungen des provisorischen Rechtszustands *im Werden* ist, und ein Staatsvolk, das im peremptorischen Zustand angekommen *ist*, um sich dann nicht mehr zu rühren. An der Unterscheidung des *peremptorischen* Rechts und seinen Trägern, den »Staatsvölkern«, vom *provisorischen* Recht und seinen Dissidenten, den »Staatsvölkern im Werden«, haftet, so ließe sich mit Rorty oder Rawls einwenden, ein Rest Metaphysik. Freilich braucht man eine ähnliche Unterscheidung, wenn man sich nicht mit der Verewigung des provisorischen Rechts und der Marginalisierung der Demokratie im Weltrecht abfinden will.

Damit komme ich zum *vierten Schritt*. Die Geschichte läßt auch den halbwegs republikanisch verfaßten Staaten keine Ruhe. Indem Weltrecht, internationale Organisationen und die Dauerkonferenz der Staaten – für Kant noch eine vage Utopie – längst Wirklichkeit und zum Alltag gestreßter Politiker geworden sind, löst der globale Verrechtlichungsschub die äußere Souveränität der Staaten Zug um Zug auf und im Innern das Staatsvolk wieder vom Staat ab. Aber das Volk darf dabei nicht in den Zustand des *Werdens* zurückfallen, es muß sich vielmehr zu einem »Staatsvolk *im Wandel*« entsubjektivieren oder – postmodern gesprochen – zu einem »Staatsvolk in permanenter Transgression«. Nur ein *transgressives Staatsvolk* kommt als desubstantialisierter Träger

40 J. Habermas, *Faktizität und Geltung*, Frankfurt am Main 1992.

der dritten demokratischen Transformation in Betracht. Im Zeitalter internationaler und regionaler Organisationen und der immer engeren Verschlingung von Völkerverkehrsrecht und internationalem Organisationsrecht muß der Träger demokratischer Selbstbestimmung beweglich werden, doppelte und multiple Staatsbürgerschaften annehmen, Ausländern in den Angelegenheiten, die sie betreffen, das Wahlrecht verleihen, die *uneingeschränkte* Gesetzgebungskompetenz des Volkes auf viele Ebenen verteilen, weil ja, was alle angeht, sehr verschieden ist, je nachdem, *wer* jeweils *alle* Betroffenen sind. Insofern ist – wenigstens im Prinzip – eine Stufung von Volkssouveränität und Selbstbestimmung nicht nur mit Kants Begriff der Volkssouveränität vereinbar. Sie wäre überhaupt erst dessen angemessene Verwirklichung; zumal wenn auch das Repräsentationssystem nach dem Prinzip der Repräsentation *jeder* jeweils betroffenen Gruppe – auf der Basis rein individueller Rechte natürlich – reorganisiert würde.[41] Unter John Deweys Stichwort eines »demokratischen Experimentalismus« ließe sich dann auch an eine »Ergänzung des Parlamentarismus um Plebeszitäre und dezentrale Gesetzgebungsverfahren« denken, in denen über Sachen, nicht über Bürgermeister entschieden wird.[42] Das könnte, wo es klappt, die Parlamente sogar stärken und sie für ihre wichtigste Aufgabe, die »prozeduralen Rechtssetzungskompetenzen«, frei machen.[43]

Die Demokratisierung muß nach unten *und* nach oben, am besten von unten nach oben vorangetrieben werden. Denken ließe sich an völkerrechtliche Teilrechtsfähigkeiten von »Regionen in Staaten«, zum Beispiel im Vertragsverkehr zwischen den Regionen verschiedener Staaten, wie sie zum Teil schon im Umweltbereich und im Wirtschaftsrecht bestehen oder an die gleich-

41 Vgl. Ely, *Democracy and Distrust*, a.a.O.; vgl. auch mit stärker demokratietheoretischem Akzent: Bryde, »Die bundesrepublikanische Volksdemokratie als Irrweg der Demokratietheorie«, a.a.O.; zur Verschlingung von globalen und regionalen Ebenen siehe auch Czempiel, »Konturen einer Gesellschaftswelt«, in: *Merkur* 500 (1990), S. 835-51.

42 I. Maus, »Basisdemokratische Aktivitäten und rechtsstaatliche Verfassung. Zum Verhältnis von institutionalisierter und nicht-institutionalisierter Volkssouveränität«, in: Th. Kreuder (Hg.), *Der orientierungslose Leviathan*, Marburg 1992.

43 Ebd.

berechtigte Teilnahme solcher Regionen an der Willensbildung der internationalen Organisationen.[44] Aber nicht nur Regionen, auch NGOs könnte ein ähnlicher Rechtsstatus zuwachsen, jedenfalls einer, der ihnen ungehinderten Zugang zu allen möglicherweise von Menschenrechtsverletzungen, Kriegs- und Bürgerkriegsfolgen, Hungersnöten und Katastrophen aller Art betroffenen Gebieten und Personen sichert.[45] Soll das unabhängig von der Gnade der jeweiligen Machthaber geschehen, bedarf es global bindender Entscheidungen, und für diese alle Bürger dieser Welt betreffenden Entscheidungen bedürfte es dann auch einer zentralen Gesetzgebungskompetenz und Gerichtsbarkeit. Das wäre kein Weltstaat, wohl aber *ein* Moment globaler Staatlichkeit. Irgendwo und irgendwann muß auch in Fragen, die die Menschenrechte, aber auch das Weltsystem der Banken und des Kapitals und die Ungleichheit des Reichtums zwischen den Weltregionen betreffen, *soft law* in *hard law* umgewandelt werden. Denn auf die Dauer – »peremptorisch« – ist »soft law« ein Recht, das die Schwachen nicht wirksam vor den Starken schützen kann, und insofern kein Recht.

Die Unterscheidung von *soft* und *hard law* gibt mir das Stichwort für eine kurze Schlußbemerkung zum Problem der humanitären Intervention.

IV

Die heutige Weltsituation läßt sich nicht mehr mit der Zeit des spanischen Bürgerkriegs vergleichen. Das übersehen Autoren wie Nathaniel Berman, wenn sie Spanien 1936 mit Bosnien 1994 vergleichen, um daraus ein Argument für die *hard power* der militärischen Intervention zu machen.[46] An sich wäre eine solche Intervention angesichts der massiven Menschenrechtsver-

44 Vgl. Gusy, »Selbstbestimmung im Wandel«, a.a.O.; Schreuer, »The Waning of the Sovereign State: Towards a New Paradigm for International Law?«, a.a.O.

45 Vgl. H. Spiecker, »Ziele und Problematik der Leistung humanitärer Hilfe durch NGOs und Staaten in Osteuropa – aus völkerrechtlicher Sicht«, hektographiertes Manuskript, Bochum 1995.

46 Berman, »Between ›Alliance‹ and ›Localization‹: Nationalism and the New Oscilationism«, a.a.O.

letzungen zwar gerechtfertigt, aber es sprechen nicht nur die sehr plausiblen militärtechnischen Bedenken und das fehlende Interesse der großen Mächte dagegen. Es gibt auch prinzipielle Gründe, die an den Bedingungen republikanischer, ziviler und menschenrechtlicher Machtentfaltung haften.

Meine These ist: Was wir brauchen, ist weniger Militär und mehr Polizei. Die Polizei ist eine *zivile* Macht. Im weitesten Sinne ihres Begriffs ist sie *soft power*, während der Panzer und der Flugzeugträger die Stereotypen der *hard power* sind.[47] Man sollte Militäreinsätze nicht zu Polizeiaktionen verniedlichen. An durchaus legitimen Akten kollektiver Selbstverteidigung wie dem Golfkrieg läßt sich die Strukturschwäche des bloß provisorischen Völkerrechts gut beobachten. Effektive Militäreinsätze beruhen nämlich immer auf der unglücklichen Kombination von *soft law* und *hard power*. Militäreinsätze *können* sich selbst nur in geringerem Maße ans Recht binden, sie sind deshalb fast immer *unverhältnismäßig*. Und – schon aus Gründen ihrer immensen Kosten und der Gefährdung der eigenen Soldaten – müssen sie *selektiv* und *parteilich* zum Zuge kommen. *Soft Law* wird in der Regel nur effektiv, wenn es den handfesten Interessen der *Hard-power*-Mächte entgegenkommt. Das macht aus Recht nicht Unrecht, führt aber regelmäßig zum Absturz der Rechtssicherheit. Mit den Grundsätzen der Gleichbehandlung, der Verhältnismäßigkeit und der Rechtssicherheit sind ausschließlich

47 Der Unterschied zwischen Polizei und Militär ist natürlich komplex und setzt viel Theorie, Politik- und Rechtswissenschaft voraus. Auch die Polizei kann Panzer einsetzen. Aber man kann sich den Unterschied leicht an Fällen klarmachen. In Brokdorf wurde Polizei eingesetzt, und nun stelle man sich vor, was passiert wäre, wenn es zu einem Militäreinsatz gekommen wäre. Oder weniger fiktiv: In der Bundesrepublik ist die Polizei für »Terrorismus« zuständig, in Mexiko und anderenorts das Militär. Da hat man den Unterschied ums Ganze. Es gehört nämlich zum Begriff des Militärs, daß sein effektiver Einsatz, wo er (um bestimmter Ziele willen) notwendig ist, den Rahmen liberaler Rechtsstaatlichkeit – wie Verhältnismäßigkeit, strikte Gesetzesbindung usw. – zwangsläufig sprengt. Die deutschen Notstandsgesetze sind ein Musterbeispiel dafür, Notstände ohne Überschreitung der Grenze von der Polizei zum Militär rechtlich zu regeln. Das Überschreiten dieser Grenze ist Carl Schmitts »Ausnahmezustand«, und das *ist* der rechtlose »Rechtszustand« des Faschismus.

polizeiliche oder polizeiähnliche *Peace-keeping*-Aktionen verträglich.

Wie die Erfahrungen der Briten in Nordirland und (negativ) die der Amerikaner in Somalia gezeigt haben, ist »wider peace keeping« nur erreichbar, wenn konsequent auf »peace enforcement« verzichtet wird. Von »peace enforcement« unterscheidet sich das »Wider-peace-keeping«-Konzept durch eine strikte Neutralität, die Beschränkung von Gewalt ausschließlich auf Selbstverteidigung und ein breites Instrumentarium von Verhandlungsstrategien, indirektem Druck und Verzögerungstaktiken, Pazifizierung durch bloße Präsenz der Truppen in umkämpften Zonen und andere »soft powers«.[48] Der Verzicht auf die gewaltsame Erzwingung des Friedens macht »wider peace keeping« zu einer auf *neutrale* Polizeifunktionen beschränkten Zivilgewalt und ist so gesehen ein wichtiger Schritt zur Transformation staatssouveräner Außen- in territorial ungebundene *Weltinnenpolitik*. Die polizeiähnlichen »Peace-keeping«-Aktionen (mit einer hierfür, und nicht für militärische Groß- oder Guerilla-Aktionen ausgebildeten Truppe) müssen freilich um eine öffentliche Nachbehandlung des geschehenen Unrechts durch eine zumindest exemplarisch *wirksame Rechtspflege* unbedingt ergänzt werden. Soviel Not- und Verstandesstaat braucht die Welt eines vielleicht doch noch kommenden Weltbürgerrechts. Solange das nicht da ist, bedarf es – das versteht sich von selbst – der Existenz einer militärischen Deckungsreserve, die aber nur im äußersten Fall zum Schutz der Polizei mobil gemacht werden dürfte.

Die Richtung, die die UNO im Jugoslawien-Konflikt eingeschlagen hat, ist deshalb *richtig – aber* es fehlen die Mittel, die breite öffentliche Unterstützung, eine UNO-eigene, polizeiähnliche Truppe, ein permanent tagender Gerichtshof und vieles andere.

Vor allem ist die Strategie des »*wider* peace keeping« nicht konsequent durchgeführt worden. Bis heute schwankt die Staatengemeinschaft, schwanken vor allem die UNO-Resolutionen und Aufträge zwischen »peace keeping« und »peace enforcement« hin und her. Statt ständig mit Luftangriffen zu drohen und

48 Vgl. Wolfgang Biermann, »Was ist machbar und erreichbar in einer Welt, so wie sie ist«, in: *Frankfurter Rundschau* vom 21. April 1994, S. 12. Hier finden sich auch sehr erhellende Beispiele.

sie dann doch nicht durchzuführen, hätte von Anfang an die Bodentruppe massiv verstärkt werden müssen. Auch Schutzzonen könnten *im* Rahmen des »wider peace keeping« verteidigt werden, ohne den Grundsatz der Verhandlungspriorität und der Beschränkung der Gewalt auf Selbstverteidigung zu verletzen. Es fehlt in der Welt des bloß provisorischen Weltbürgerrechts an *beidem*, an *hard law* und *soft power*.

Axel Honneth
Universalismus als moralische Falle?
Bedingungen und Grenzen einer Politik der Menschenrechte

Vor sechs Jahren, als in einer Welle von friedlichen Umstürzen der sowjetische Machtblock wie ein Kartenhaus in sich zusammenstürzte, war die internationale Welt dem Kantischen Projekt eines ewigen Friedens offenbar ein erhebliches Stück näher gerückt; mit dem Ende des Ost-West-Konflikts schien der Augenblick erreicht, an dem die Staaten gemeinsam den Naturzustand verlassen und in den gesellschaftlichen Zustand einer moralisch geregelten Kooperation eintreten konnten. Unter den Bedingungen der militärischen Konfrontation zwischen den beiden Supermächten hatte als das adäquate Paradigma der internationalen Beziehungen beinahe wie selbstverständlich die Hobbesche Lehre des Naturzustands gegolten: so wie darin die Individuen, so sollten sich auch die Staaten in einem Verhältnis des potentiellen Krieges aller gegen alle gegenüberstehen, weil sie in Unkenntnis der Absichten des jeweils anderen ihre Selbsterhaltung nur sichern können, wenn sie durch präventive Machtsteigerung ihre Überlegenheit im Ernstfall zu garantieren wissen.[1] Mit dem Ende des Ost-West-Konflikts aber war scheinbar die Bedingung entfallen, die Hobbes hatte voraussetzen müssen, um die permanente Konfliktbereitschaft aller einzelnen überhaupt erklären zu können: die Unmöglichkeit der elementaren Vertrauensbildung zwischen den Individuen oder eben den Einzelstaaten. Einer Anwendung des Kantischen Paradigmas der internationalen Beziehungen auf die weltpolitische Situation schien daher kein

1 Die erste Anregung, die Kantische Friedensschrift dem eigenen Modell internationaler Beziehungen entgegenzusetzen, das sich aus einer Verallgemeinerung von Hobbes ergibt, habe ich durch einen Aufsatz von Hans Joas erhalten: ders., »Der Traum von einer gewaltfreien Moderne«, in: *Sinn und Form*, Heft 2, 1994, S. 309 ff. – Zur Entgegensetzung beider Modelle vgl. vor allem Janna Thompson, *Justice and World Order. A Philosophical Inquiry*, London und New York: Routledge 1992, Kapitel 1 und 2.

Hindernis mehr im Wege zu stehen: die Staaten sollten dazu in der Lage sein, »aus dem gesetzlosen Zustand, der lauter Krieg enthält, herauszukommen«, indem sie, »ebenso wie einzelne Menschen, ihre wilde (gesetzlose) Freiheit aufgeben, sich zu öffentlichen Zwangsgesetzen bequemen, und so einen (freilich immer wachsenden) Völkerstaat ... bilden«.[2] Kant, der aus politisch-praktischen Gründen der Natur gerne die Absicht einer moralischen Besserung des Menschen unterstellen wollte, hätte in den dramatischen Vorgängen der späten achtziger Jahre unschwer ihr pädagogisches Meisterstück erblicken können: der langwierige, oft gefährliche Ost-West-Konflikt wäre von ihr gleichsam nur inszeniert worden, um an dessen abrupten Ende alle beteiligten Regierungen definitiv wissen zu lassen, daß allein die moralisch geregelte Kooperation internationale Sicherheit und gesellschaftlichen Wohlstand schaffen kann.

Den weitgesetzten Hoffnungen, die sich mit der Erinnerung an die Kantische Friedensschrift verknüpften, folgten schnell auch die ersten Schritte praktischer Taten: nach 45 Jahren der internen Stagnation und Blockierung übernahm der Sicherheitsrat der Vereinten Nationen zum ersten Mal aktiv die Rolle, die ihm ursprünglich zugedacht worden war, als er im Jahre 1945 als ein internationales Organ der Sicherung des Friedens und des Schutzes der Menschenrechte eingerichtet wurde. Die Genehmigung des Gewalteinsatzes gegen den Irak bildete den Auftakt zu einer Phase, in der die UNO mit stets überwältigender Mehrheit eine Vielzahl von humanitären oder friedenssichernden Maßnahmen beschloß; deren Summe übersteigt mittlerweile bereits diejenige all der Eingriffe, die in den vorangegangenen Jahrzehnten vereinbart worden waren. Je größer freilich die Menge internationaler Schutzmaßnahmen wurde, desto massiver schien sich die weltpolitische Situation gerade in die entgegengesetzte Richtung zu verwandeln; jeder Eingriff an einem Konfliktherd löste offenbar wie in einer Kettenreaktion eine Reihe neuer Bürgerkriege und Gewaltausbrüche aus, jede humanitäre Hilfsaktion wurde begleitet von schockierenden Informationen über Hungerkatastrophen und Gemetzel an anderen Orten der Welt. Statt friedlicher Kooperation im Geiste eines wiederbelebten Völkerrechts

2 Immanuel Kant, *Zum ewigen Frieden*, in: *Werke*, hg. von Wilhelm Weischedel, Bd. XI, Frankfurt am Main: Suhrkamp 1964, S. 191 ff., hier: S. 212.

breitete sich schnell Krieg und Schrecken zwischen den Völkern aus. Inzwischen bestimmen die Bilder von bewaffneten Banden, von ethnischen Säuberungen und fundamentalistischen Terroraktionen, von Flüchtlingsströmen und Hungerleidenden so sehr den Blick auf die internationale Situation, daß die bloße Erinnerung an das Kantische Projekt für viele wie bloßer Zynismus klingen muß; sechs Jahre nachdem sich den Staaten die Chance eines Eintritts in den Gesellschaftszustand eröffnete, scheinen sie nur um so tiefer und aussichtsloser in den Naturzustand verstrickt.

Nicht wenige sehen in dieser neuen Lage der Weltpolitik genügend Gründe angelegt, um für die Rückkehr zu einer modifizierten Form der Realpolitik zu plädieren; diesmal soll die Orientierung am Hobbeschen Paradigma nicht die militärische Aufrüstung, sondern die Abkehr vom Universalismus der Menschenrechte legitimieren. Sicherheitspolitik nach innen, moralische Abschottung nach außen, so läßt sich in einer Formel die Schlußfolgerung derer zusammenfassen, die angesichts der Vervielfältigung und Brutalisierung sozialer Konflikte jeden Rückgriff auf das Kantische Modell für puren Idealismus halten. Demgegenüber verweisen diejenigen, die auch weiterhin entschieden am Projekt einer Moralisierung der Weltpolitik festhalten wollen, auf die gewachsenen Einflußchancen eines »demokratischen Internationalismus«[3]: weil durch das Ende des Ost-West-Konflikts die Möglichkeiten einer internationalen Konsensbildung stark zugenommen haben, weil sich weltweit neue, demokratische Bewegungen herausgebildet haben und somit eine Vielzahl ziviler Akteure das weltpolitische Geschehen mitbestimmen, bieten sich erst heute einer Politik der Menschenrechte die lange vermißten Handlungsspielräume an; Außenpolitik als aktive Friedenssicherung durch internationale Durchsetzung von Menschenrechten, so lassen sich in einer Formel die Vorstellungen derer zusammenfassen, die auch angesichts der jüngsten Entwicklungen für das Kantische Modell der internationalen Beziehungen plädieren. Zwischen den beiden Lagern ist somit vor allem umstritten, in welchem Umfang gegenwärtig die Menschenrechte zu einem operativen Bezugspunkt der Außenpoliti-

3 Vgl. dazu Alan Gilbert, »Must Global Politics Constrain Democracy? Realism, Regimes, and Democratic Internationalism«, in: *Political Theory* 20 (1992) 1, S. 8 ff.

ken werden sollen; eine Entscheidung zugunsten einer der streitenden Parteien fällt aber schon deswegen nicht leicht, weil bereits Uneinigkeit darüber herrscht, wie die weltpolitische Situation unserer Tage angemessen bestimmt werden soll. In einem ersten Schritt möchte ich daher zwei entgegengesetzte Deutungen der weltpolitischen Lage gegenüberstellen, um zu zeigen, daß beide in spezifischer Weise mit politisch-philosophischen Paradigmen verschmolzen sind; es kann, so lautet die These, keine bloß empirische, gewissermaßen »reine« Darstellung unserer Situation geben, weil es stets schon vorgreifende Interpretationen über ihren praktisch-politischen Stellenwert gibt, die unsere Wahrnehmungen leiten (I). In einem zweiten Schritt will ich dann vorführen, welche Konsequenzen sich für die Frage der Menschenrechte aus den beiden Deutungen ergeben, die ich hier als das Hobbesche und das Kantische Paradigma gegenüberstelle (II). In einem letzten, nur kurzen Schritt möchte ich schließlich erläutern, inwiefern dem Kantischen Paradigma heute auch bestimmte realpolitische Zwänge entsprechen; möglicherweise haben wir unter den gegenwärtigen Bedingungen gar keine andere Chance, als der Kantischen Idee einer Verrechtlichung der internationalen Beziehungen zu folgen (III).

I

In seinen »Reflexionen zur Klassentheorie«, die in den Jahren der Arbeit an der *Dialektik der Aufklärung* entstanden, stellt Adorno Vermutungen über die Zukunft des sozialen Konflikts im hochentwickelten Kapitalismus an; seine Überlegungen münden in der These, daß es unter dem Druck der ökonomischen Barbarisierung am Ende nicht mehr soziale Klassen sein werden, die sich im Kampf gegenüberstehen, sondern »Gangs und Rackets«. Die Geschichte der Klassenkämpfe wird in Zukunft zu dem, so Adornos wie immer dialektische Schlußfolgerung, was sie von Anfang an war, nämlich eine »Geschichte von Bandenkämpfen«.[4] Als habe er sich von dieser spekulativen Prognose inspirieren lassen, eröffnet Hans Magnus Enzensberger seine Streitschrift gegen den Universalismus der Menschenrechte mit dem Schrek-

4 Theodor W. Adorno, »Reflexionen zur Klassentheorie«, in: *Gesammelte Schriften*, Bd. 8, Frankfurt am Main: Suhrkamp 1972, S. 373 ff.

kensbild »marodierender Banden«: Überall auf der Welt, so lautet die Quintessenz seiner Interpretation der aktuellen Lage, befinden sich heute Banditengruppen und Verbrechercliquen in einem Krieg, dessen alleiniges Mittel die rohe Gewalt und dessen einziges Ziel »Raub, Mord und Plünderung« sind.[5] Zur Entgrenzung einer solchen neuen Form des Bürgerkrieges ist es gekommen, weil der Zerfall der bipolaren Weltordnung zwangsläufig zu einer Entmoralisierung der sozialen Beziehungen hat führen müssen: Solange nämlich die Ost-West-Konfrontation noch dafür Sorge trug, daß lokale Konflikte stets in ein ideologisches Deutungsschema übertragbar blieben und dadurch schnell auf einer internationalen Ebene politisch bearbeitbar wurden, konnte ein bestimmtes Maß an menschlicher Aggression dauerhaft unter staatlicher Kontrolle gehalten werden; mit dem Zusammenbruch der Sowjetunion aber ist diese ideologische Einhegung des Bürgerkrieges gleichsam über Nacht verlorengegangen, so daß sich die lange unterdrückten Motive des Hasses und der Wut explosionsartig Ausdruck verschaffen konnten. Die neuen Formen enthemmter Brutalität sind für Enzensberger so wenig an bestimmte Konfliktanlässe gebunden, daß er keine Mühe hat, auch in der Zunahme von direkter Gewalt in den westlichen Metropolen noch ihre Spuren wiederzuentdecken: ob Drogengangs oder Neonazis, ob Hooligans oder Amokläufer, stets handelt es sich für ihn um die Äußerung einer Aggression, die mangels ideologischer Bindung gleichsam zweckfrei und ziellos geworden ist. So entsteht zunächst einmal ein weltpolitisches Horrorszenarium, dessen Suggestionskraft sich einer Darstellung verdankt, in der die Fernsehbilder aus Somalia oder Bosnien-Herzegowina mit grellen Fetzen aus amerikanischen Science-fiction-Filmen unmerklich zu verschwimmen beginnen: durch die Trümmerlandschaften amerikanischer Großstädte oder über die Hügelketten der afrikanischen Wüste ziehen versprengte Gruppen von schwerbewaffneten Rambos, die nur nach der nächsten Möglichkeit suchen, um den ehemaligen Nachbarn oder die vormaligen Stammesgenossen auszurauben und zu ermorden.

Eine große Nähe zu solchen Bildern weisen auch die Eindrücke auf, die Michael Ignatieff auf seinen Reisen an die Fronten der

5 Hans Magnus Enzensberger, *Aussichten auf den Bürgerkrieg*, Frankfurt am Main: Suhrkamp 1993.

internationalen Konfliktzonen gesammelt hat.[6] Mit Enzensberger teilt er die Überzeugung, daß durch den Zerfall der Sowjetunion eine neue Epoche von Bürgerkriegen eingeleitet worden ist, deren zentrale Eigenschaft ein bisher unbekanntes Maß an moralisch ungebremster Aggression ausmacht; und beide sind sich darüber hinaus in der Beobachtung einig, daß in den kriegführenden Banden und Cliquen ein Typ des jugendlichen Gewalttäters die Führungsrolle innehat, der in der Geschichte des modernen Europa ohne jedes Vorbild ist. Enzensberger stützt sich auf die Totalitarismusanalyse von Hannah Arendt, um die Eigenschaften zu umreißen, durch die die neuen Kriegsherren charakterisiert sein sollen: Ohne jeden Halt in einer politisch-moralischen Überzeugung, sind sie in ihren haßerfüllten Aktionen so weit autistisch, daß sie zwischen Zerstörung und Selbstzerstörung nicht mehr zu unterscheiden vermögen. Bei Ignatieff ist es hingegen der mittelalterliche »warlord«, der als historisches Muster für den Persönlichkeitstyp herhalten muß, den er in den Bandenchefs und Kriegsherren unserer Tage anzutreffen glaubt: »Sie erscheinen überall dort, wo Nationalstaaten zerfallen: im Libanon, in Somalia, im Norden Indiens, in Armenien, Georgien, Ossetien, Kambodscha, im ehemaligen Jugoslawien. Mit ihren Autotelefonen, Faxgeräten und exquisiten Waffen scheinen sie der Postmoderne anzugehören, in Wirklichkeit aber leben sie im frühen Mittelalter.«[7]

Aus Beobachtungen solcher Art ziehen die Autoren nun theoretische Schlüsse, die den Strukturwandel der Weltpolitik im ganzen betreffen; dabei scheuen beide nicht, Enzensberger noch weniger als Ignatieff, vor anthropologischen Spekulationen zurück, die durch ihre deskriptiv gehaltenen Analysen in nichts gedeckt sein können. In den Bürgerkriegen der jüngsten Zeit, so wird suggeriert, tritt etwas von der rohen Natur des Menschen in Erscheinung, die Hobbes geahnt haben mag, als er sich an die hypothetische Konstruktion des Naturzustandes machte; darin kommt nämlich zum Ausdruck, daß die sozialen Beziehungen in dem Augenblick die Form einer aggressiven Feindschaft zwischen benachbarten Gruppen annehmen müssen, in dem sie nicht länger in ein übergreifendes Ordnungssystem eingebunden

6 Michael Ignatieff, *Reisen in den neuen Nationalismus*, Frankfurt am Main: Insel Verlag 1994.

7 Ebd., S. 52.

sind, das ihnen Halt und klare Orientierungen verleiht. Hier soll dahingestellt bleiben, ob diese Interpretation des Naturzustandes tatsächlich mit den Absichten von Hobbes in Übereinstimmung gebracht werden kann; von Bedeutung ist allein, daß weder Enzensberger noch Ignatieff zögern, in den ethnischen Konflikten und Stammeskriegen unserer Tage einen weltpolitischen Zustand zu erblicken, in dem sich die aggressive Natur des Menschen auf unkontrollierbare, ja archaische Weise ihr Recht verschafft. Eine solche Form des geradezu mythologisch gewendeten Hobbesianismus muß natürlich dazu verleiten, an den lokalen Kämpfen und Kriegen nicht mehr die Vorgeschichte sozialer Spannungen wahrzunehmen, sondern nur noch den Atavismus einer Wiederkehr vorgeschichtlicher Gewalten; als habe es keine weit zurückreichende Vergangenheit von religiösen und ethnischen Konflikten gegeben, die durch die ideologische Ordnungsfunktion der beiden Supermächte zwar unter Kontrolle gehalten, aber nicht aufgelöst werden konnten, wird die Nachkriegsgeschichte auf ein einziges Ereignis zusammengedrängt: mit dem Untergang des Sowjetimperiums bricht in Gestalt der hochgerüsteten Kriegsherren und Bandenchefs in die zivile Ordnung der Welt wieder der heillose Zustand eines Krieges aller gegen alle ein. An den Bürgerkriegen, die seither weltweit herrschen, sollen wir lernen, was wir längst hätten wissen müssen: daß der Mensch seiner ganzen Anlage nach auf eine zerstörerische Aggression angelegt ist, die nur dann unschädlich gemacht werden kann, wenn sie ideologisch auf Bilder räumlich weit entfernter Feinde fixiert wird.[8]

In einem gänzlich anderen Licht erscheinen die weltpolitischen Umbrüche der letzten Jahre hingegen, wenn sie nicht im anthropologischen Sinn eines kruden Hobbesianismus als Folgen einer späten Wiederkehr des Naturzustands, sondern im hypothetischen Sinn der Kantischen Geschichtsphilosophie als Schritte im mühsamen Prozeß der Etablierung menschlicher Freiheit gedeutet werden. Für Kant hatte sich bekanntlich die Notwendigkeit,

8 Zum weiteren Kontext dieser Verlagerung bei Enzensberger vgl. Andreas Kuhlmann, »Saddam Hussein ist überall. Die neuen Szenarien der Gewalt und die Etablierung einer schwarzen Anthropologie«, in: Hans-Martin Lohmann (Hg.), *Extremismus der Mitte. Vom rechten Verständnis deutscher Nation*, Frankfurt am Main: Fischer 1994, S. 219 ff.

der empirischen Geschichte des Menschen den Sinn einer moralischen Besserung zu unterstellen, aus internen Schwierigkeiten seiner Konzeption der Moral ergeben. Wenn zwischen der moralischen Pflicht und der äußeren Wirklichkeit eine so starke Kluft existiert, wie es die *Kritik der praktischen Vernunft* zunächst umrissen hat, dann müssen überhaupt die empirischen Zwecke aus dem Blick geraten, die dem Pflichtbewußtsein den Stoff zur innerweltlichen Umsetzung geben können. Aus dieser Mißlichkeit sucht Kant den Ausweg mit jener hypothetischen Konstruktion von natürlichen Zwecken, die er in der *Kritik der Urteilskraft* zu entwickeln versucht: danach dürfen wir aus einem Interesse der Vernunft an sich selber der Natur nicht nur bestimmte Gesetze und organische Funktionsabläufe unterstellen, sondern können ihr auch noch die Absicht einer moralischen Besserung des Menschengeschlechts zumuten. Eine solche moralische Teleologie, so ist Kants Überzeugung, gibt vom empirischen Verlauf des Geschichtsprozesses eine Darstellung, die es den leibhaftigen Subjekten erlaubt, für ihre aus Pflicht motivierten Handlungen in der konkreten Welt angemessene Zwecke zu finden: die begründete Aussicht, bei aller Schlechtigkeit in der Welt gleichwohl zur Realisierung des moralisch Guten beizutragen, motiviert zwar nicht den Handelnden, aber verleiht seinen moralischen Motiven doch den notwendigen Gehalt in der empirischen Welt. Nun ist diese Konstruktion aber deswegen noch recht brüchig, weil sie für die hypothetische Behauptung eines zivilisatorischen Fortschritts nicht mehr zu bieten hat als die These, daß die Vernunft aus praktischen Gründen eines gewissen Rückhalts in der geschichtlichen Welt bedarf; ob es sich dabei um eine bloße Projektion oder um eine wie auch immer schwach begründete Theorie handelt, ist noch vollkommen unausgemacht.

Es ist Aufgabe von Kants geschichtstheoretischen Abhandlungen, diese Erklärungslücke zwischen der moralischen Teleologie und der empirischen Wirklichkeit ein Stück weit zu schließen; der Weg, auf dem sie das leisten sollen, besteht in der Erprobung von verschiedenen Ansätzen, die schwache Beweise für einen faktischen Fortschritt in der menschlichen Geschichte liefern können. Außer Frage steht heute wohl, daß Kant bei seinen Versuchen immer dort gescheitert ist, wo er der Idee der Naturabsicht einen empirischen Sinn zu geben versucht: so etwa die Lehre vom Krieg als einem natürlichen Mechanismus der moralischen Besserung, die er in seiner *Idee zu einer allgemeinen Geschichte in weltbürgerlicher Absicht* entwickelt, so nicht minder die ebenfalls dort vorgestellte These, daß alle menschlichen Naturanlagen im Laufe der Geschichte in der Gattung insgesamt zur Entfaltung kommen müßten. Derartige Vorschläge Kants sind schon deswegen ausgesprochen problematisch, weil sie den Zielsetzungen eigentümlich zuwiderlaufen, die er mit dem hypothetischen Entwurf eines zivilisatorischen Fortschritts verknüpft hatte: statt moralisches Handeln durch den Aufweis von Erfolgsaussichten an politische Zwecke zu binden, so hat Larry Krasnoff jetzt gezeigt[9], machen seine Spekulationen über natürliche Mechanismen und empirische Zwänge jede Moralität im Grunde genommen überflüssig. Wenn diese Beweisstücke der Kantischen Geschichtsphilosophie also zum Scheitern verurteilt sind, so bleibt am Ende nur die Überlegung, die er in der zweiten Abhandlung zum *Streit der Fakultäten* entwickelt hat: dort interpretiert Kant die enthusiastische Reaktion des zuschauenden Publikums angesichts der Französischen Revolution als eine »Teilnehmung dem Wunsche nach«, die empirisch verrät, daß eine »moralische Anlage im Menschengeschlecht« vorhanden ist.[10] Auch ein solcher Vorschlag ist natürlich nicht frei von Schwierigkeiten, weil er einen großen Interpretationsspielraum darüber beläßt, ab wann eine affektive Zustimmung zu welchen Vorgängen als Zeichen eines Fortschritts in moralischen Orientierungen zu werten ist; für Kant steht im Zentrum seiner Deutung wohl die Uneigennützigkeit und der Mut, den derartige Reaktionsmuster dadurch offenbaren, daß sie ohne Chancen eigener Verbesserungen oder Gewinne in Konfrontation mit der politischen Obrigkeit öffentlich geäußert werden. Wenn wir diese untergründigen Überlegungen zusammenfassen, so könnten wir wiederum mit Larry Krasnoff schließen[11], daß Kant in der enthusiastischen Reaktion in derselben Weise ein »Faktum der Politik« angelegt sieht, in der er im Rahmen seiner *Kritik der praktischen Vernunft* von einem »Faktum der Vernunft« gespro-

9 Vgl. Larry Krasnoff, »The Fact of Politics: History and Teleology in Kant«, in: *European Journal of Philosophy* 2 (1994) 1, S. 22 ff.

10 Immanuel Kant, »Der Streit der Fakultäten«, in: *Werke* XI, a.a.O., S. 261 ff., hier: S. 358.

11 Vgl. Krasnoff, »The Fact of Politics: History and Teleology in Kant«, a.a.O., S. 32 f.

chen hat: die zustimmende Reaktion des unbeteiligten Publikums auf die Revolutionsvorgänge in Frankreich soll belegen, daß in der empirischen Wirklichkeit jene Ziele einer republikanischen Erneuerung des Staatswesens tatsächlich anzutreffen sind, von der die moralische Teleologie nur behauptet hat, daß wir sie hypothetisch dem Gang der Geschichte unterstellen sollen.

Nur in einem solchen abgeschwächten Sinn läßt sich die Kantische Geschichtsphilosophie heute als eine Art von theoretischer Folie benutzen, um von den gegenwärtigen Umbrüchen in der Weltpolitik hypothetisch eine andere Deutung zu geben, als sie im neuen Hobbesianismus angelegt ist. Als Versuch der empirischen Rechtfertigung einer solchen Perspektive lassen sich die Untersuchungen begreifen, die Ernst-Otto Czempiel in jüngster Zeit unternommen hat; bei ihm übernehmen die Aktivitäten, mit denen zivile Organisationen in Reaktion auf 1989 die weltpolitische Bühne betreten haben, gleichsam dieselbe Funktion eines geschichtlichen Zeichens, das Kant in der enthusiastischen Reaktion des unbeteiligten Publikums auf 1789 erblickt hatte.[12] Selbstverständlich will auch Czempiel nicht leugnen, daß wir es heute in einigen Regionen der Welt mit einer erschreckenden Zunahme an ethnisch oder religiös bedingten Konflikten zu tun haben, die in einem ursächlichen Zusammenhang mit dem Wegfall der Ordnungsfunktion der Sowjetunion zu stehen scheinen; aber er kann diesem Zerfallsprozeß doch einen ganz anderen Stellenwert beimessen, weil er den Blick auf eine Reihe von historisch-politischen Vorgängen lenkt, die weder Enzensberger noch Ignatieff überhaupt zur Kenntnis nehmen. Schon die Herauskehrung allein der destabilisierenden Folgen, die mit dem Ende des Ost-West-Konfliktes einhergegangen sind, enthält ja eine Einseitigkeit, die angesichts der historischen Ereignisse in keiner Weise gerechtfertigt ist: zum Untergang der Sowjetunion ist es gekommen, wie Czempiel noch einmal deutlich macht, weil in den meisten Ländern Osteuropas der demokratische Widerstand gegen die Unterdrückung und Fremdherrschaft so stark wurde, daß sich kaum eines der kommunistischen Regime am Ende noch halten konnte. Was in der von Hobbes inspirierten Deutung bloß als Zerfall eines politisch ideologischen Ordnungsrahmens in Erscheinung tritt, bildet für Czempiel daher zunächst den

12 Ernst-Otto Czempiel, *Weltpoltik im Umbruch. Das internationale System nach dem Ende des Ost-West-Konflikts*, München: Beck 1993.

historischen Auftakt für einen welthistorisch beinahe einzigartigen Demokratisierungsprozeß. In kürzester Zeit hat sich im Herrschaftsbereich der ehemaligen Sowjetunion ein dramatischer Strukturwandel vollzogen, der der Bevölkerung im ganzen zu einem enormen Zugewinn an liberalen Freiheiten und politischen Rechten verhalf: allein

»in der ersten Hälfte des Jahres 1990 fanden in der Sowjetunion in dreizehn der insgesamt fünfzehn Republiken Wahlen statt ... In Ungarn, der Tschechoslowakei und Polen – etwas weniger stark ausgeprägt in Bulgarien und Rumänien – wurden ebenfalls im ersten Halbjahr 1990 Wahlen abgehalten, die zumindest in der Tschechoslowakei und in Ungarn, aber auch in Polen, frei gewählte Regierungen an die Macht brachten. Der Bund der Kommunisten Jugoslawiens gab im Januar 1990 seine Führungsrolle auf; der sich anschließende Zerfallsprozeß muß – der Wirren und Opfer ungeachtet – als elementarer Ausfluß von Selbstbestimmungs- und Mitbestimmungsprozessen gedeutet werden. Selbst Albaniens KP erlaubte im Dezember 1990 die Zulassung unabhängiger Parteien.«[13]

Mit diesen innerhalb von nur einem Jahr vollzogenen Transformationsprozessen haben sich die Länder eines politischen Kontinents, in dem bislang weder Rechtsstaatlichkeit noch Partizipationschancen vorhanden waren, auf den schwierigen Weg der Etablierung liberaler Demokratien gemacht; sie sind dabei, dem Kreis derjenigen politischen Gemeinwesen beizutreten, die John Rawls als »well-ordered liberal democracies« bezeichnet hat.[14] Daß ein solcher von innen heraus vollzogener Prozeß, gerade weil er die zivilen Kräfte eines Landes freisetzt und damit allen Interessen und Meinungen politische Artikulationsmöglichkeiten verschafft, zu sozialen Spannungen, ja Bürgerkriegen führen kann, ist aus der Geschichte der Herausbildung der westlichen Demokratien bekannt; insofern mag die Brutalisierung sozialer Beziehungen im osteuropäischen Bereich, so mitleidslos das auch klingen muß, der Preis nicht für den Zerfall der Ordnungsmacht, sondern für den Aufbau von demokratischen Institutionen sein.

Derselbe Zusammenhang zwischen einer Freisetzung der zivilen Öffentlichkeit und der Zunahme von gesellschaftlichen Kon-

13 Ebd., S. 108.
14 John Rawls, »The Law of Peoples«, in: Stephen Shute und Susan Hurley (Hg.), *On Human Rights. The Oxford Amnesty Lectures 1993*, New York: Basic Books 1993, S. 41 ff.

flikten läßt sich auch für jene Regionen der Dritten Welt beobachten, auf die die Demokratisierung Osteuropas eine Art von Signalwirkung ausgeübt hat. Vor allem in den Entwicklungsländern Afrikas gingen von dem Umsturz der Sowjetunion insofern befreiende Effekte aus, als für die herrschenden Cliquen nunmehr die Chance entfiel, zu Legitimationszwecken auf den diktatorischen Charakter jener Macht zu verweisen, die die Existenz eines antikapitalistischen Lagers zu garantieren schien; kaum war dieser Weg der ideologischen Rechtfertigung versperrt, setzte auch hier eine Welle der Ausweitung politischer Mitbestimmungsmöglichkeiten ein, die bis heute nicht zum Stillstand gekommen ist. Allein innerhalb des Jahres 1990 stieg, wie Czempiel überzeugend belegt, »die Zahl der Staaten Schwarzafrikas, die sich auf die Demokratie zubewegten oder Tendenzen dahin deutlich erkennen lassen, von vier auf über zwanzig«.[15] Nicht anders als in einigen Regionen Osteuropas ging auch in einer Reihe von Ländern des afrikanischen Kontinents mit der Demokratisierung schnell der Ausbruch von brutalen Bürgerkriegen einher; die Öffnung der politischen Institutionen für die Partizipation der Bevölkerung setzte Stammesfehden oder religiöse Konflikte frei, die häufig deswegen in kürzester Zeit eskalierten, weil sie über Jahrzehnte hinweg von den autokratischen Machthabern unterdrückt worden waren. Aber wie im Herrschaftsbereich der ehemaligen Sowjetunion ist auch hier der kausale Zusammenhang ein anderer, als das Bild vom Rückfall in den Naturzustand suggeriert: nicht der plötzliche Verfall vormals stabiler Ordnungsmächte war es, der zum Ausbruch sozialer Kämpfe führte, sondern die Einbeziehung der zivilen Öffentlichkeit in den Prozeß der politischen Willensbildung.

Wenn sich auch nicht in allen Regionen der Welt in diesem Zeitraum ein vergleichbarer Strukturwandel vollzogen hat, so machen vermehrte Demonstrationen und Proteste zugunsten der Demokratie und Menschenrechte doch kenntlich, daß auch dort die Signale von Osteuropa nicht unerhört geblieben sind; in Südkorea oder Taiwan etwa gehören derartige Kundgebungen inzwischen zur Tagesordnung, in der Volksrepublik China oder jüngst in Kuba werden sie mit Mitteln der Gewalt nur mühsam unterdrückt. Aus alldem zieht Czempiel nun den Schluß, daß das

15 Vgl. Ernst-Otto Czempiel, *Weltpolitik im Umbruch. Das internationale System nach dem Ende des Ost-West-Konflikts*, a.a.O., S. 110.

Jahr 1989 einen weltpolitischen Umbruch markiert, der zunächst und vor allem in einem globalen Machtzuwachs der zivilen Gesellschaft gegenüber der staatlichen Herrschaftsgewalt besteht: infolge der demokratischen Revolutionen in Osteuropa haben sich international gesellschaftliche Kräfte, ob es nun Bürgerbewegungen, religiöse Gruppierungen, Umweltschutzorganisationen oder Kirchenverbände sind, so weit von den Zwängen staatlicher Ordnung befreit, daß sie zunehmend als eigenständige Akteure auf der weltpolitischen Bühne aufzutreten vermögen und hier ihre Interessen zur Geltung bringen können. Als Ursachen für diesen Prozeß einer Demokratisierung der Weltpolitik sieht Czempiel zwei kulturelle Entwicklungen an, die epochalen Charakter besitzen: mit der Internationalisierung der gesellschaftlichen Kommunikation durch die Massenmedien, vor allem dem Radio, hat sich einerseits die Chance drastisch erhöht, daß die im Westen vorherrschenden Praktiken der demokratischen Willensbildung selbst an den entferntesten Orten der Welt zur Kenntnis gelangen können; durch den internationalen Anstieg des Bildungsniveaus andererseits erwirbt eine stetig wachsende Zahl von Individuen die Möglichkeit, die entsprechenden Informationen zu verarbeiten und auf die politische Situation des eigenen Landes anzuwenden; einen weiteren Beitrag mag auch, so läßt sich hinzufügen, der Massentourismus erfüllen, durch den weltumspannend auf unauffällige Weise eine wechselseitige Aufklärung über Regierungsformen und Herrschaftspraktiken geleistet wird.

Wird eine solche Interpretationsperspektive gewählt, in der ein historisch beispielloser Demokratisierungsschub im Vordergrund steht, so erhalten die weltpolitischen Ereignisse der letzten fünf Jahre eine vollkommen andere Bedeutung, als in dem von Enzensberger und Ignatieff vertretenen Deutungsansatz vorausgesetzt: der massive Anstieg von Bürgerkriegen und gewaltsamen Spannungen in vielen Regionen der Welt ist dann nicht das historische Zeichen eines Rückfalls in den menschlichen Naturzustand, sondern die soziale Folge der Wertkonflikte und Interessengegensätze, die heute mit dem rapiden Machtzuwachs der zivilen Gesellschaft zum erstenmal überhaupt in Erscheinung treten können. Gegenüber dem Versuch, die neuen Formen der Gewalt auf die brutale Natur des Menschen zurückzuführen, ist diese zweite Interpretationsperspektive wesentlich sparsamer, ja geradezu bescheiden im Erklärungsziel; denn zwischen dem Anwachsen von physischer Gewalt in den westlichen Metropolen und den entsetzlichen Massakern in Bosnien-Herzegowina kann sie keine plausible Verbindung herstellen, weil ihr der vermittelnde Glaube an anthropologische Konstanten fehlt. Aber sie hat nicht nur eine Reihe von empirischen Indikatoren auf ihrer Seite, die deutlich einen weltweiten Prozeß der Demokratisierung belegen, der in das eindimensionale Bild einer plötzlichen Barbarisierung der Weltpolitik gar nicht paßt. Was vor allem für sie spricht, ist der Vorteil einer politischen Orientierung, den sie mit dem Kantischen Projekt einer Geschichtsphilosophie in praktischer Absicht teilt: wird nämlich die weltpolitische Entwicklung in all ihrer Ambivalenz an dem hypothetischen Leitfaden rekonstruiert, den die Idee eines Fortschritts in der Autonomie des Menschen bereitstellt, so eröffnen sich dadurch politisch eine Reihe von freiheitserweiternden Handlungsmöglichkeiten, die anderenfalls unentdeckt oder verschlossen bleiben müßten – kurz, es handele sich dabei nicht um einen rein empirisch, sondern um einen normativ, praktisch-politisch begründeten Optimismus. Was sich daraus für die gegenwärtige Lage ergibt, läßt sich an den unterschiedlichen Konsequenzen überprüfen, die mit den beiden konkurrierenden Deutungsansätzen in Hinblick auf die Frage der Menschenrechte verknüpft sind.

II

Mit einer hobbesianischen Auffassung der internationalen Beziehungen war intern stets die Vorstellung verbunden, daß die Politik eines Staates vernünftigerweise auf die präventive Sicherung seiner militärisch-strategischen Überlegenheit gerichtet sein muß; über viele Jahre hinweg hat diese Doktrin daher auch den beiden Supermächten der USA und der Sowjetunion als Legitimationsgrundlage gedient, um die Durchführung militärischer Interventionen zu rechtfertigen, mit denen die Loyalität geopolitisch wichtiger Staaten entweder vorbeugend garantiert oder nachträglich wiederhergestellt werden sollte. Von einem solchen Konzept der aggressiven Sicherheitspolitik ist Enzensberger, obwohl er ja eine Art von weltpolitischem Hobbesianismus vertritt, denkbar weit entfernt; sein Plädoyer gilt vielmehr einer Form der

Außenpolitik, die auf die Beeinflussung anderer Staaten nicht nur zugunsten der eigenen Interessenlagen, sondern auch zugunsten einer Durchsetzung von Menschenrechten gänzlich Verzicht leisten soll. Der Unterschied zum klassischen Hobbesianismus, der den ersten Teil dieser Empfehlung erklärt, ergibt sich schon aus dem andersartigen Bild, das Enzensberger vom weltpolitischen Naturzustand offeriert hatte: weil sich nach dem Ende des Ost-West-Konfliktes der weltumspannende Krieg aller gegen alle weitgehend zwischen kollektiven Akteuren vollzieht, die sich wie die mafiosen Banden oder die fundamentalistischen Bewegungen bereits jeder staatlichen Kontrolle entzogen haben, muß auch die Außenpolitik der Regierungen nicht mehr vordringlich am Ziel der militärischen Überlegenheit gegenüber anderen Staaten orientiert sein; was die entwickelten Länder des Westens hingegen benötigen, sind sicherheitspolitische Maßnahmen, die die nationalen Grenzen gegenüber dem internationalen Banditentum auf effektive Weise abzuriegeln vermögen. Im Gegensatz zu dieser Schlußfolgerung ergibt sich der zweite Teil der Empfehlung von Enzensberger, also der Vorschlag eines Verzichts auf jede Form von Menschenrechtspolitik, nicht mehr ohne weiteres aus dem neuartigen Bild des weltpolitischen Naturzustandes; denn warum sollte es nicht etwa sinnvoll sein, die elementaren Rechte von Minderheiten in einem bestimmten Land durch diplomatischen und ökonomischen Druck zu stärken, um der Ausweitung des internationalen Terrorismus gezielt vorzubeugen? Um zu begründen, daß eine solche Form des »sanften« Interventionalismus unter gegenwärtigen Bedingungen falsch ist, muß Enzensberger daher Argumente mobilisieren, die allein durch seine empirische Ausgangshypothese gar nicht hinreichend gedeckt sind; er stützt sich zu diesem Zweck auf eine Kritik am menschenrechtlichen Universalismus, die zwar zum antiquierten Erbe der Gegenaufklärung gehört, heute aber wieder in wachsendem Maße Parteigänger findet. Ihr zentrales Argument besteht in der suggestiven Behauptung, daß die moralischen Verpflichtungen des Universalismus sowohl die Einzelsubjekte als auch die Staaten maßlos überfordern.

Die Idee, daß allen Menschen eine Reihe von »unveräußerlichen« oder elementaren Rechten zukommt, die unabhängig von der positiven Rechtsordnung eines Gemeinwesens universale Gültigkeit besitzen soll, geht auf die Tradition des christlichen

Humanismus zurück; darin wurde auf der Basis der Überzeugung, daß jedes menschliche Wesen Gott ebenbildlich sei, dem einzelnen eine spezifische Würde verliehen, die ihn mit einem vorstaatlichen Anspruch auf Respektierung seiner Person versah.[16] Schon an dieser frühen Stelle, an der es um die religiösen Wurzeln des Universalismus der Menschenrechte geht, setzt ein erster Vorbehalt von Enzensberger ein, der freilich nur als grobes Mißverständnis gedeutet werden kann. Der begründende Rückgriff auf die Gottebenbildlichkeit, so merkt Enzensberger an, enthalte bereits indirekt einen Hinweis darauf, welche Überforderung für das einzelne Individuum mit der Idee der Menschenrechte verknüpft sei; denn von jedem zu verlangen, »für alle verantwortlich« zu sein, kann nur unter der maßlosen Aufforderung als sinnvoll erscheinen, »Gott ähnlich« werden zu sollen.[17] Im christlichen Humanismus aber verläuft die Begründung des moralischen Universalismus natürlich in genau die entgegengesetzte Richtung, als von Enzensberger unterstellt: Weil alle Menschen unabhängig von besonderen Merkmalen Gott ebenbildlich sein sollen, kommen jedem von ihnen unveräußerliche Rechte zu, denen individuelle Pflichten nur so weit korrespondieren, wie sie in die zumutbaren Möglichkeiten des einzelnen fallen. Aus der religiösen Voraussetzung einer Ähnlichkeit mit Gott wurden also, vermittelt durch den Gedanken einer allgemeinen Menschenwürde, zunächst rechtliche Befugnisse oder Ansprüche jedes einzelnen Individuums abgeleitet, während die Frage nach dem primären Subjekt der Verantwortung noch weitgehend im unklaren gelassen wurde.

Das änderte sich erst, als mit der Idee des Naturrechts eine neue, nachreligiöse Form der Begründung von Menschenrechten entstand, die den Inhalt der universellen Rechtsansprüche im Sinne des aufkommenden Liberalismus präzisierte, auch wenn sie ihrerseits nun weitere Unklarheiten aufwarf. An die Stelle des begründenden Konzepts einer Gottebenbildlichkeit trat jetzt die Vorstellung, daß jeder Mensch von Natur aus mit bestimmten Rechten ausgestattet sei, die ihn vor staatlichen Eingriffen in sei-

16 Zu dieser Tradition vgl. vor allem Wolfgang Huber, »Menschenrechte/Menschenwürde«, in: *Theologische Realenzyklopädie*, Band XXII, Berlin/New York 1992, S. 577 ff.

17 Hans Magnus Enzensberger, *Aussichten auf den Bürgerkrieg*, a.a.O., S. 74.

nen individuellen Freiheitsspielraum zu schützen hatten; diesen individuellen Abwehrrechten korrespondierte mithin klarerweise eine Pflicht des Staates, dafür Sorge zu tragen, daß der einzelne in seiner Handlungsautonomie ungestört bleiben konnte. Abgesehen von der Frage, ob den subjektiven Grundrechten nicht auch entsprechende Pflichten der Individuen entsprechen sollten, ließ die neue Konzeption vor allem unbeantwortet, wie die Quelle der rechtlichen Ausstattung des Menschen zu denken sei; denn es ergab doch offenbar nur wenig Sinn, die Natur selbst als eine Größe vorzustellen, die nicht anders als zuvor die Person Gottes allen Individuen eine Reihe von unveräußerlichen Rechten verliehen haben sollte.

Es war der Druck dieser ungeklärten Probleme, der auch nach dem Abebben des Naturrechtsgedankens die Versuche einer Begründung der Menschenrechte nicht mehr abbrechen ließ. Vom Vernunftrecht der Aufklärung über die Wiederkehr theologischer Ansätze bis hin zum moralischen Universalismus unserer Tage verlief der Prozeß, in dem der Sinn der Behauptung weiter aufgehellt werden sollte, daß dem Menschen unabhängig von jeder institutionalisierten Rechtsordnung eine bestimmte Menge von elementaren Rechten zukommen muß; zugleich mit dem Einblick in den Umfang, den solche universellen Rechtsansprüche des Menschen besitzen sollen, wuchs im Zuge dieser Denkgeschichte auch das Bewußtsein darum, welche Rolle sie im Gesamt der moralischen Praxis zu übernehmen haben.[18] Heute werden unter Menschenrechten im allgemeinen diejenigen Ansprüche verstanden, die die menschlichen Subjekte sich wechselseitig einräumen, um einander ein Leben zu garantieren, das notwendigen Bedingungen der »Würde« oder der Achtung entspricht; der leitende Gesichtspunkt dabei ist, daß es zu den minimalen Anforderungen an eine Moral des gesellschaftlichen Zusammenlebens gehört, jeden anderen gleichermaßen in die Lage zu versetzen, eine menschliche Existenz zu führen. Wie immer auch die weitere Begründung im einzelnen beschaffen ist, ob auf die Notwendigkeit der Selbstachtung, die Struktur der wechsel-

18 Ich stütze mich im folgenden vor allem auf Hugo A. Bedau, »International Human Rights«, in: T. Regan und D. van de Veer (Hg.), *And Justice for All*, Totowa (USA) 1982, S. 207 ff.; Ernst Tugendhat, *Vorlesungen über Ethik*, Frankfurt am Main: Suhrkamp 1993, 17. Vorlesung.

seitigen Anerkennung oder das Resultat eines fiktiven Vertrages verwiesen wird, fast immer steht mittlerweile außer Frage, daß es nicht mehr des Bezuges auf die legitimierende Instanz eines Gottes, der Natur oder der Vernunft bedarf; vielmehr wird den Menschen selbst die Fähigkeit unterstellt, sich wechselseitig jene universellen Rechte zu verleihen, die ihnen den Vollzug eines menschenwürdigen Lebens garantieren sollen. Welche Rechte es nun sind, die diese moralische Schutz- oder Garantiefunktion übernehmen können sollen, hängt natürlich auch von der Beschaffenheit der jeweiligen Begründung ab; unstrittig zwischen den verschiedenen Ansätzen aber ist inzwischen wohl, daß zumindest die liberalen Freiheitsrechte, darüber hinaus gewisse Rechte auf politische Partizipation und schließlich die sogenannten Sozialrechte dazugehören müssen. Je nachdem, welcher Typ von Menschenrechten nun gemeint ist, verändert sich auch der primäre Träger der komplementären Verpflichtung; zwar sind alle diese Rechte so zu verstehen, daß sie aufgrund ihres intersubjektiven Charakters gegenüber allen anderen Menschen bestehen und also dementsprechend individuelle Pflichten nach sich ziehen; aber deren Erfüllung ist in den meisten Fällen nur zu leisten, wenn sie auf das gemeinsam konstituierte Organ des Staates übertragen werden. Mithin müssen als die primären Adressaten, an die die Ansprüche ergehen, die aus den Menschenrechten erwachsen, wohl vor allem die einzelstaatlichen Regierungen angesehen werden.

Schon dieser knappe Überblick gibt zu erkennen, daß Enzensberger sich durch seine polemische Deutung der Idee der Gottebenbildlichkeit auf die falsche Fährte bringen läßt; denn in Verlängerung der Einwände, die er bereits gegen den christlichen Humanismus vorgebracht hatte, lautet sein erstes Argument gegen den moralischen Universalismus der Menschenrechte nun, daß durch ihn das einzelne Subjekt in seinen Handlungsmöglichkeiten restlos überfordert werde. Nicht orginell oder gar neu ist der Vorwurf, denn er findet sich in ähnlicher Form schon bei Arnold Gehlen; in seinem Buch *Moral und Hypermoral* hatte dieser in einem Ton, der in vielem Enzensbergers Kritik vorwegnimmt, von der anthropologischen Überforderung des Menschen durch die »Tyrannei der Moralhypertrophie«[19] gespro-

19 Arnold Gehlen, *Moral und Hypermoral. Eine pluralistische Ethik*, Frankfurt am Main: Athenäum 1969, vor allem Kapitel 10 und 11.

chen. Wie in bloßer Aktualisierung solcher Polemik spricht auch Enzensberger davon, daß der Glaube an den universalistischen Gehalt der Menschenrechte diejenigen überlastet, die die täglich ausgestrahlten Fernsehbilder von Massakern oder Hungerkatastrophen über sich ergehen lassen müssen: »Wen der Terror der Bilder nicht zum Terroristen macht, den macht er zum Voyeur. Jeder von uns sieht sich auf diese Weise einer permanenten Erpressung ausgesetzt. Denn nur wer zum Augenzeugen gemacht wird, taugt als Adressat der vorwurfsvollen Frage, was er denn gegen das, was ihm gezeigt wird, unternehme. So erhebt sich das korrupteste aller Medien, das Fernsehen, zur moralischen Instanz.«[20] Nun ist es zwar richtig, daß die ununterbrochene Wahrnehmung der medial übermittelten Kriegsszenarien beim normal sensiblen Zuschauer nicht etwa zur Abstumpfung führt, sondern stets wieder aufs neue ein schwer erträgliches Gefühl des Mitleids oder der Empörung auslöst, das nach direktem, persönlichem Einsatz verlangt; solche spontanen Gefühlsreaktionen, wie sie in unverstellter Weise vor allem bei Kindern auftreten, die von Menschenrechten ja noch gar keine Kenntnis besitzen können, mögen sogar ein Indikator dafür sein, daß unsere Empfindungsnatur den Forderungen des moralischen Universalismus ihrerseits entgegenkommt. Wer sich aber auch nach Überdenken seiner ersten Reaktionen weiterhin als den Adressaten der stummen Aufforderungen begreift, die von den Gesichtern der Kriegsopfer, Hungerleidenden oder Entrechteten ausgehen, versteht schlicht den Sinn der Institution der Menschenrechte falsch; denn diese verpflichten keinesfalls das einzelne Individuum zum moralischen Engagement vor Ort, sondern fordern es als Bürger oder Bürgerin eines Staatswesens auf, bei der eigenen Regierung gemäß individueller Möglichkeiten für praktische Abhilfe einzutreten. Freilich setzt eine solche Form der »normativen Arbeitsteilung«[21], wie sie angesichts des eingeschränkten Könnens der Individuen gefordert ist, die Orientierung an einer der weiteren Prämissen voraus, die Enzensberger in seiner Kritik gerade anzuzweifeln versucht: daß nämlich wenn nicht primär

20 Hans Magnus Enzensberger, *Aussichten auf den Bürgerkrieg*, a.a.O., S. 76.

21 Vgl. zu diesem Begriff und seinen moralphilosophischen Voraussetzungen: Thomas Nagel, *Der Blick von nirgendwo*, Frankfurt am Main: Suhrkamp 1992, Kapitel X.

die einzelnen Subjekte, so doch die Staaten gemeinsam die Verpflichtung tragen, die Menschenrechte weltweit zu schützen und gegebenenfalls auch durchzusetzen. Gegen diese moralische Prämisse mobilisiert Enzensberger nun die zweite Überforderungsthese, die zum antiquierten Erbe der Gegenaufklärung gehört.

Bis zu dem historischen Augenblick, an dem in Verarbeitung der Erfahrungen vor allem mit dem deutschen Faschismus die Vereinten Nationen gegründet wurden, lag es allein in den moralischen Möglichkeiten der Einzelstaaten, sich außenpolitisch für die Erhaltung der Menschenrechte einzusetzen. Zwar hatten die liberalen Demokratien des Westens die Substanz der Menschenrechte schon weitgehend im Grundrechtskatalog ihrer Verfassungen aufgenommen, so daß sie nach innen zu ihrer Erhaltung verpflichtet waren; aber jenseits der nationalstaatlichen Grenzen gab es schon wegen des völkerrechtlichen Verbots, in die Souveränitätssphäre anderer Staaten einzugreifen, keine rechtlichen Mittel und Wege, gegen offensichtliche Verletzungen der Menschenrechte vorzugehen. Mit der gemeinsamen Erklärung der Menschenrechte durch die Generalversammlung der Vereinten Nationen im Jahre 1948 änderte sich diese Situation insofern erheblich, als den einzelstaatlich kodifizierten Grundrechten eine Ebene der völkerrechtlich kodifizierten Verbote und Gebote übergeordnet wurde; der Prozeß, der damit in Gang gekommen war, besteht in dem bis heute nicht abgerissenen Versuch, den universellen Rechten des Menschen dadurch den Status legaler Rechte zu verleihen, daß international anerkannte Instrumentarien der Beschwerde, Kontrolle und Sanktion geschaffen werden.[22] Daß dieses schwierige Unternehmen einer schrittweisen Legalisierung der Menschenrechte als Umsetzung der weitgesetzten Erwartung zu verstehen ist, die von Anfang an mit ihnen verbunden waren, läßt sich schon an der bahnbrechenden Entscheidung erkennen, die menschliche Einzelperson als Subjekt des Völkerrechts anzuerkennen: der rechtlich garantierte Weg der Beschwerde oder Klage soll der Idee nach allen Individuen offenstehen, weil sie als Träger entsprechender Rechte gelten,

22 Vgl. die entsprechenden Artikel in: Rüdiger Wolfrum (Hg.), *Handbuch Vereinte Nationen*, München 1991; sympathisch ist der persönlich gehaltene Bericht von Karl Josef Partsch, *Hoffen auf Menschenrechte. Rückbesinnung auf eine internationale Entwicklung*, Zürich: Edition Interfrom 1994.

während als Adressaten der komplementären Verpflichtungen weiterhin die Einzelstaaten angesehen werden. Heute stehen natürlich jene Probleme, die mit dem Universalitätsanspruch der völkerrechtlich fixierten Menschenrechte zusammenhängen, im Zentrum der internationalen Aufmerksamkeit; nicht nur von seiten der Entwicklungsländer oder anderer, nicht-westlicher Rechtstraditionen, sondern in jüngster Zeit auch von seiten der Frauenbewegung werden mit guten Gründen Einwände vorgebracht, die darauf hinweisen sollen, daß nicht alle Interessenlagen in gleicher Weise Berücksichtigung gefunden haben.[23] Aber es sind nicht interne Probleme dieser Art, die Enzensberger im zweiten Schritt seiner Kritik an den Menschenrechten vor Augen hat; er scheint überhaupt zu bezweifeln, daß eine internationale Verantwortung für Rechtsverletzungen an verschiedensten Orten der Welt gegenwärtig sinnvoll ist.

Wieder vermischen sich in dieser Kritik, nicht anders als schon bei Gehlen, wilde Polemik und sachhaltige Einwände bis zur Unkenntlichkeit. Der »ethische Universalismus«, womit hier die Idee der universellen Menschenrechte gemeint ist, wird für die heillose Überlastung verantwortlich gemacht, der sich die internationale Staatengemeinschaft heute angesichts immer neuer Interventionsforderungen gegenübersieht; jeder Einsatz an einem Ort der extremen Notlage zieht wie in einer Spirale den nächsten nach sich, weil alle betroffenen Gruppen im Glauben an die ihnen aufoktroyierte Doktrin der Gleichbehandlung ebenfalls einen Anspruch auf Hilfeleistung geltend machen. Schon dieser erste Gedanke verrät freilich, daß Enzensberger in seiner Argumentation nur den einen Typ des internationalen Eingriffs vor Augen hat, der dem Schutz und der Rettung von durch Tod oder Leid bedrohten Bevölkerungsgruppen dient; solche humanitären Interventionen, deren grenzüberschreitender Charakter völkerrechtlich bislang umstritten war, heute aber durch eine extensive Auslegung des Kapitels VII der UN-Charta weitgehend gerechtfertigt wird[24], haben inzwischen tatsächlich ein Ausmaß ange-

23 Zur Diskussion vgl. Wolfgang Schmale (Hg.), *Human Rights and Cultural Diversity*, Eddbach 1993; Karen Engle, »International Human Rights and Feminism: When Discourses Meet«, in: *Michigan Journal of International Law* 13 (1992) 3, S. 517 ff.

24 Dazu: Christopher Greenwood, »Gibt es ein Recht auf humanitäre Intervention?«, in: *Europa-Archiv*, Folge 4/1993, S. 93 ff.

nommen, das Fragen der legitimen Verteilung oder Abstufung aufwirft.

Die Ursachen für den rapide gewachsenen Interventionsbedarf sind aber nicht allein in den sich ausweitenden Bürgerkriegen noch etwa im ideologischen Einfluß des Universalismus zu suchen, sondern in der veränderten Form der moralischen Beziehung zwischen Staaten und zivilen Akteuren: Die Welt ist durch die dichter gewordenen Kommunikationsbeziehungen nun so sehr zu einer moralischen Gemeinschaft zusammengewachsen, daß es nach dem Ende des Ost-West-Konflikts für die Regierungen der reichen Länder keinen legitimen Grund mehr gibt, dem Hilferuf einer bedrohten Bevölkerungsgruppe an irgendeinem Ort der Welt nicht durch gemeinsame Anstrengungen nachzukommen. Nicht immer ist in einem solchen Fall die militärische Intervention oder die Entsendung von Friedenstruppen, wie es im Irak, in Liberia und in Somalia geschah, das angemessene Mittel des humanitären Beistandes, weil die notwendigen Kenntnisse der internen Lage ebenso fehlen wie der Kontakt mit der Zivilbevölkerung; in Zukunft wären die Vereinten Nationen daher wohl häufig besser damit beraten, von ihrer Seite aus die Kooperation mit zivilen Kräften und nicht-staatlichen Hilfsorganisationen zu suchen, um auf dem indirekten Weg der finanziellen und logistischen Unterstützung Hilfeleistung zu gewähren. Aber alle diese verschiedenen Maßnahmen setzen bereits die Anerkennung einer internationalen Verantwortung voraus, die angesichts der rapiden Verkürzung der zwischenstaatlichen Kommunikationswege nicht mehr sinnvoll nach dem Schema von räumlicher Nähe und Ferne aufzuteilen ist; wenn heute eine Bevölkerungsgruppe an einem entfernten Ort der Welt in die Situation der Bedrohung von Leib und Leben gerät, so erreicht ihr Hilfsbegehren mit derselben Dringlichkeit in kürzester Zeit die Weltöffentlichkeit, wie noch vor wenigen Jahrzehnten allein die Beistandsforderungen von gefährdeten Gruppen in den hochzivilisierten Ländern.

Schon Kant hat diese Globalisierung der moralischen Verantwortung weitsichtig vorausgesehen, als er aus der Tatsache des Zusammenwachsens der »Völker der Erde« zu einer Gemeinschaft geschlossen hat, »daß die Rechtsverletzung an einem Platz der Erde an allen geführt wird«.[25] Auch die Idee, nach Gra-

25 Kant, *Zum ewigen Frieden*, a.a.O., S. 216.

den der Sympathie mit den Betroffenen die humanitäre Hilfe zu verteilen, führt hier nicht weiter; denn wer soll unter der Voraussetzung, daß nur international der angemessene Beistand zu erbringen ist, im Namen aller anderen Staaten die Entscheidung darüber fällen, welches Maß der affektiven Nähe zu bestimmten Bevölkerungskreisen gerade einmal vorliegen soll. So setzen im Grunde genommen selbst die Vorschläge, die Enzensberger am Ende präsentiert, um das von ihm aufgerollte Dilemma zu lösen, immer schon die Geltung der moralischen Normen voraus, deren Geltung von ihm doch gerade bestritten wird: bei jeder Form einer geplanten Abstufung von humanitären Interventionen handelt es sich nämlich, wenn sie nicht in bloßer Willkür, sondern mit öffentlich einsehbaren Gründen erfolgen soll, um den schwierigen Versuch einer Anwendung der Menschenrechte, nicht aber um deren irgendwie geartete Aufhebung. Es ist der mit Gehlen geteilte Affekt gegen den moralischen Universalismus, der Enzensberger dazu bewegt, ein faktisches Problem der sich allmählich herausbildenden Weltgesellschaft als bloße Folge einer überspannten Orientierung an den Menschenrechten abzutun; für die Bewältigung der neuentstandenen Lage aber wird es keine Lösung geben, die nicht vorweg allen Bevölkerungsgruppen dieser Erde das elementare Recht zugesteht, im Fall der extremen Bedrohung von Leib und Leben den Beistand der internationalen Gemeinschaft zu verdienen.

Daß es sich bei diesem Umstand nicht um Allmachtsphantasien der westlichen Staaten, sondern um das Resultat eines historisch wohl unumkehrbaren Prozesses der Moralisierung der internationalen Beziehungen handelt, wäre Enzensberger wohl nicht so leicht verborgen geblieben, hätte er seinen Blick auch auf andere Formen einer Politik der Menschenrechte gerichtet; aber der Affekt gegen den moralischen Universalismus wütet in ihm so stark, daß er sich ganz in der Absicht des Nachweises einer bedrohlichen Überforderung allein auf den Fall der humanitären Intervention beschränkt. Kein Wort findet sich in seinen Betrachtungen zu jenen internationalen Maßnahmen, die nicht die Rettung von bedrohten Gruppen, sondern die Verhinderung und Sanktion von rechtlichen Diskriminierungen bewirken sollen; keine Zeile ist bei ihm zu lesen, die sich mit den rechtlichen, diplomatischen und ökonomischen Druckmitteln beschäftigt, durch die die Anerkennung der Menschenrechte auf Wegen der Verwendung »sanfter Gewalt« erzwungen werden soll.[26] Erst die Berücksichtigung solcher Fälle hätte Enzensberger klarmachen können, daß eine Politik der Menschenrechte heute nicht nur im Sinne des moralischen Universalismus, sondern auch im Sinne einer Realpolitik wünschbar, ja mittlerweile zwingend ist.

III

Kant hat in seiner berühmten Schrift die Möglichkeit eines ewigen Friedens an die Voraussetzung der Existenz von rechtsstaatlich verfaßten Republiken geknüpft; die Tendenz der Staaten zur Anwendung militärischer Gewalt wird sich legen, so war sein zentrales Argument, sobald die Bürger an der politischen Willensbildung partizipieren können, weil sie in der Antizipation der möglichen Entbehrungen und Gefahren gegen jede Form des Krieges votieren werden. Die Erfahrung, daß die liberalen Demokratien des Westens nie gezögert haben, bei der Eroberung und Niederhaltung von Kolonien in brutaler Weise militärische Gewalt einzusetzen, hat dieser Erwartung Kants von Anfang an Hohn gesprochen; daher konnte seine Schrift stets mit großer Zustimmung als ein Produkt des weltpolitischen Idealismus bezeichnet werden. Nach dem Ende des kolonialistischen Zeitalters fällt eine Bilanz der Prognose Kants freilich um einiges günstiger aus: zwischen demokratisch verfaßten Staaten ist seit ihrem Bestehen keine irgendwie geartete Form des militärischen Krieges ausgebrochen[27]; darüber hinaus sind in dem politischen Gravitationszentrum der Welt inzwischen multilaterale Sicherheitsbündnisse entstanden, in denen die »Erwartungsverläßlichkeit« der rechtsstaatlichen Demokratien dafür Sorge trägt, daß die Androhung oder Anwendung von Gewalt undenkbar geworden ist.[28]

26 Vgl. Joseph S. Nye, Jr., »Soft Power«, in: *Foreign Policy*, Nr. 80, 1990, S. 153 ff.

27 Eindrucksvoll dazu: Michael W. Doyle, »Kant, Liberal Legacies, and Foreign Affairs«, in: *Philosophy and Public Affairs* 12 (1983) 3, S. 205 ff., und 12 (1983) 4, S. 323 ff.

28 Hierzu und zum folgenden: Dieter Senghaas, »Internationale Gerechtigkeit. Überlegungen im Lichte des zivilisatorischen Hexagons«, in: Karl Graf Ballestrem und Bernhard Sutor (Hg.), *Probleme*

Freilich macht schon diese Formulierung deutlich, daß Kant sich in den Gründen der Friedensfähigkeit von Republiken stark getäuscht hat: es sind nicht, wie er unterstellt hat, die materiellen Interessen der Bevölkerung[29], sondern der Reflexionsdruck und die Transparenz der Entscheidungsprozesse, die bei Verfahren demokratischer Willensbildung der Bereitschaft zum Kriegseintritt zuwiderlaufen. Für diejenigen Staaten, die der relativ zivilisierten Region der Weltpolitik angehören, stellt die seit fünf Jahren anhaltende Demokratisierungswelle eine gänzlich neue Herausforderung dar: nach dem Zusammenbruch der Sowjetunion sind eine Reihe von weiteren Staaten dem Kreis der liberalen Demokratien beigetreten und sind also Anwärter für eine Erweiterung der friedensstiftenden Bündniszusammenhänge geworden; mit der Ausweitung von Demokratisierungsprozessen auch in den peripheren Weltregionen sind zivile Kräfte freigesetzt worden, die von nun an auf der Bühne der internationalen Politik eine zunehmend eigenständige Rolle spielen werden; und mit der Entstaatlichung von bislang autoritär regierten Räumen werden nicht zuletzt neue Formen des Bürgerkriegs ins Leben gerufen, die die weltpolitische Situation auf Jahre hin mitprägen werden. In dieser komplizierten und vielschichtigen Lage stellt eine aktive Politik der Menschenrechte das einzige Mittel dar, mit dem die westlichen Demokratien in ihrem eigenen Interesse versuchen können, das von Kant anvisierte Projekt einer Zivilisierung der Weltpolitik fortzusetzen; denn ganz im Gegensatz zu dem, was Enzensberger im Geiste seines neuen Realismus behauptet, wird nur eine breit angelegte, aber gewaltfreie Intervention zugunsten der Durchsetzung von elementaren Rechten den geographischen Radius der politischen Zivilität so zu erweitern vermögen, daß die Entstehungsherde der neuen Gewalt durch international vernetzte Aktivitäten eingedämmt und bekämpft werden können. Freilich wird eine solche ihrerseits »realistisch« orientierte Politik der Menschenrechte allein dann erfolgreich sein, wenn sie dem moralischen Strukturwandel gerecht wird, durch den gegenwärtig die Weltpolitik gekennzeichnet ist.

Schon immer hat eine wohlverstandene Politik der Menschen-

der Internationalen Gerechtigkeit, München: R. Oldenbourg 1993, S. 48 ff.

29 Immanuel Kant, *Zum ewigen Frieden*, a.a.O., S. 205 f.

rechte nicht von außen auf die rechtlichen Verhältnisse in einem anderen Land einzuwirken versucht, sondern ist dem Ziel einer Kooperation mit internen Kräften der politischen und sozialen Reform gefolgt. Dem kam bereits seit Jahren der Umstand entgegen, daß die Ideen des moralischen Universalismus durch die Intensivierung des intellektuellen Austauschs auch auf fremde Kulturen auszustrahlen vermochten und hier im wachsenden Maße politische Fürsprecher gefunden haben; kaum eine Region ist heute auf der Welt noch zu finden, in der nicht organisierte Gruppen, kirchliche Verbände oder versprengte Intellektuelle politische Unterstützung von außen einfordern, um bei dem Kampf um Menschenrechte behilflich zu sein. Mit den weltpolitischen Umbrüchen seit 1989 hat sich diese Situation insofern aber noch zugespitzt, als der rapide Verfall staatlicher Machtzentren in vielen Regionen die zivilen Kräfte mit einem Legitimationspotential ausgestattet hat, das sie zu Verhandlungen auf internationaler Basis in die Lage versetzt; waren die Vorläufer einer solchen Entwicklung die Solidarność-Bewegung in Polen oder die Partei des ANC in Südafrika, so sind in den letzten fünf Jahren weltweit eine Reihe von weiteren Organisationen oder Bewegungen entstanden, die sich über nationalstaatliche Grenzen hinweg mit großem Rückhalt in der Zivilbevölkerung für eine Verwirklichung der Menschenrechte einsetzen. Dieser Emanzipation der zivilen Gesellschaft gegenüber dem internationalen Staatensystem, wie Czempiel es nennt, hat die Außenpolitik der westlichen Demokratien Rechnung zu tragen, indem sie ihr Interaktionsfeld und ihre Operationsbasis erheblich erweitert: nicht mehr nur durch diplomatische Einflußnahme oder ökonomischen Druck auf bestimmte Staaten, sondern in direkter Kooperation mit den international agierenden Zivilbewegungen läßt sich heute das Ziel verfolgen, einer weltweiten Anerkennung der Menschenrechte mit gewaltlosen Mitteln den Weg zu bereiten.

Der Einbeziehung von zivilen Kräften in das Aktionsfeld der Außenpolitik muß umgekehrt natürlich der Vorsatz entsprechen, jenen hier beheimateten Organisationen ein größeres Gewicht beizumessen, die sich ohne staatliche Macht für eine Verwirklichung der Menschenrechte einsetzen. Wie die gesellschaftlichen Bewegungen in den peripheren Weltregionen, so besitzen auch diese nicht-staatlichen Organisationen des Westens häufig die besseren Kenntnisse über die interne Situation eines Landes, genießen ein weitaus größeres Vertrauen bei der Zivilbevölkerung und verfügen über flexiblere Strategien der politisch-diplomatischen Einflußnahme; daher gibt es heute keinen Grund mehr, sie nicht kooperativ in die Arbeit der Vereinten Nationen oder die Gestaltung der staatlichen Außenpolitik miteinzubeziehen. Die Aufgabe einer solchen Erweiterung der internationalen Kooperationsbeziehungen wäre es, schrittweise stabile Zonen der politischen Zivilisiertheit herauszubilden, die langfristig zu den Knotenpunkten eines weltumspannenden Netzes von multilateralen Sicherheitsbündnissen werden könnten; nur ein derartig dichtes, sowohl Staaten als auch gesellschaftliche Organisationen einschließendes System von Bündnissen wäre wohl dazu in der Lage, die ethnisch oder religiös motivierte Gewalt effektiv einzudämmen, die heute die Kehrseite der weltweiten Demokratisierungsprozesse darzustellen scheint. Der Zusammenhang, der zwischen diesen sicherheitspolitischen Erwägungen und einer aktiven Politik der Menschenrechte besteht, ergibt sich aus einer späten Rechtfertigung jener kantischen Prognose, die Dieter Senghaas in einem einzigen Satz aktualisiert hat: Nur solche politische Gemeinwesen, die sich als demokratische Rechtsstaaten verstehen, bieten gegenwärtig eine gewisse Gewähr dafür, daß Konflikte auf einem friedlichen Weg geregelt werden.

Von einer so umrissenen Form der Politik der Menschenrechte ist die Bundesrepublik, wie schon der Erfolg des Essays von Enzensberger zeigt, weiter entfernt als jedes andere Mitglied der westlichen Demokratien. Nie hat sich hier eine politische Kultur herausgebildet, deren moralische Sensibilität für das Schicksal anderer Völker oder Länder so stark gewesen wäre, daß die internationale Lage der Menschenrechte zum öffentlichen Thema hätte werden können; weder der Kampf gegen die Apartheid in Südafrika, der täglich ganze Seiten der Zeitungen in England füllte, noch der Kampf von Solidarność in Polen, der in Frankreich große Teile der Bevölkerung in Atem hielt, haben bei uns je stärkere Aufmerksamkeit erregt. Was heute überhaupt an öffentlichen Überlegungen auf die Verteidigung der Menschenrechte verwandt wird, bleibt auf die Frage der Legitimität von Bundeswehr-Einsätzen beschränkt; noch immer ist die politische Fantasie im normativen Horizont eines Hobbesianismus befangen, der durch einen unbefragten Vorrang des Militärischen gekennzeichnet ist.[30] Eine andere, bessere Form der Normalisierung der vereinigten Bundesrepublik wäre es daher, sie würde jene Lektion über die internationale Bedeutung der Menschenrechte nachzuholen versuchen, die in anderen Demokratien des Westens längst fruchtbare Wurzeln geschlagen hat.

30 Dazu Ulrich Albrecht, »Weltordnung und Vereinte Nationen«, in: *Prokla. Zeitschrift für kritische Sozialwissenschaft* 24 (1994), Heft 2, S. 242 ff.

Ernst-Otto Czempiel
Kants Theorem und die zeitgenössische Theorie der internationalen Beziehungen

»Wenn, (wie es in dieser Verfassung nicht anders sein kann) die Beistimmung der Staatsbürger dazu erfordert wird, um zu beschließen, ob Krieg sein solle, oder nicht, so ist nichts natürlicher, als das, da sie alle Drangsale des Krieges über sich selbst beschließen müßten (als da sind: selbst zu fechten; die Kosten des Krieges aus ihrer eigenen Habe herzugeben; die Verwüstung, die er hinter sich läßt, kümmerlich zu verbessern; zum Übermaße des Übels endlich noch eine, den Frieden selbst verbitternde nie [wegen naher immer neuer Kriege] zu tilgende Schuldenlast selbst zu übernehmen), sie sich sehr bedenken werden, ein so schlimmes Spiel anzufangen: Dahingegen in einer Verfassung, wo der Untertan nicht Staatsbürger, die also nicht republikanisch ist, es die unbedenklichste Sache von der Welt ist, weil das Oberhaupt nicht Staatsgenosse, sondern Staatseigentümer ist, an seinen Tafeln, Jagden, Lustschlössern, Hoffesten u. dgl. durch den Krieg nicht das Mindeste einbüßt, diesen also wie eine Art von Lustpartie aus unbedeutenden Ursachen beschließen, und der Anständigkeit wegen dem dazu allezeit fertigen diplomatischen Corps die Rechtfertigung desselben gleichgültig überlassen kann.«[1]

I

Das berühmte, wenngleich wenig bekannte Zitat steht im Zentrum von Kants Theorem. Der Krieg wird in dem Moment aufhören, in dem diejenigen, die unter ihm zu leiden haben, über ihn beschließen können. Kant hat noch eine zweite Bedingung hinzugefügt, den »Friedensbund«, den foedus pacificum, von dem später gesprochen werden muß. Die gesellschaftliche und herrschaftliche Friedensursache steht in diesem Ersten Definitivartikel. Die zahlreichen Kontroversen über Kants Staatstheorie bei-

1 Kant 1795, S. 351.

seite (Maus 1990), er drückt in dieser Sentenz das elementare Charakteristikum der modernen Demokratie aus: die adäquate Umwandlung gesellschaftlicher Anforderungen in Entscheidungen des politischen Systems (Easton 1965). Der Befund ist nicht normativ, sondern analytisch, beruht allerdings auf der Prämisse, daß der Besitzbürger kriegsabgeneigt ist, wenn und weil er in diesem Krieg sein Leben und seine Habe verlieren kann. Die Prämisse ist plausibel, muß aber nicht immer zutreffen. Im Falle des Verteidigungskrieges bleibt sie unwirksam; sie kann auch, wie zu zeigen sein wird, durch Interpretationsvorgaben des politischen Systems und durch Informationsvorgaben der Medien neutralisiert werden. Freilich verliert sie dadurch nicht an Plausibilität. Der rational handelnde Besitzbürger muß, ausgenommen im Fall der Selbstverteidigung, gewaltavers sein. Wird dieses sein politisches Interesse uneingeschränkt über die politischen Entscheidungsprozesse zum politischen System transferiert und von diesem zweckentsprechend umgesetzt, so geht von einer bürgerlichen Demokratie keine Gewaltanwendung mehr aus. Die These, daß Demokratien friedlich sind, findet ihre Stütze in diesem soziopolitischen Zusammenhang.

Er ist übrigens nicht von Kant zum ersten Mal entdeckt worden. Schon Machiavelli hatte auf die Friedensneigung von Republiken hingewiesen und ihre Ursache in der Gleichverteilung von Werten zur ausreichenden Bedürfnisbefriedigung für alle lokalisiert, so daß Republiken dieser Art von sich aus keine Gewalt nach außen emittieren.[2] Mit einer ähnlichen Argumentation hatte Montesquieu als den »Geist der Republik« Friede und Maßhalten beschrieben. Aber keiner dieser Vorläufer hat so wie Kant die Interessenlage der bürgerlichen Gesellschaft als Friedensursache verortet und den demokratischen-republikanischen Entscheidungsprozeß als den Mechanismus genannt, der diese Grundlage in außenpolitische Entscheidungen übersetzt. Daß Kant die Demokratie als despotisch einschätzt und ihr die Republik gegenüberstellt, hat mit dem Sprachgebrauch seiner Zeit und mit Kants Abneigung gegen Rousseaus Gesellschaftstheorie zu tun.[3] Mit der »Beistimmung« der Staatsbürger in seinem Zentrum entspricht der Kantsche Republikbegriff dem heutigen liberal-demokratischen Demokratieverständnis.

2 Czempiel 1986, S. 117.
3 Kersting 1995, S. 101.

Kant ist daher der erste, der den Zusammenhang von Demokratie und Frieden, genauer: den Zusammenhang von Demokratie und Gewaltverzicht in der Außenpolitik thematisiert und begründet hat. Er ist während des neunzehnten Jahrhunderts lebhaft diskutiert, von zahlreichen Autoren aufgegriffen und zum Leitmotiv der europäischen Einigungsbewegung im neunzehnten Jahrhundert gemacht worden. »Si vis pacem, para libertatem et iustitiam«, schrieb die Internationale Friedens- und Freiheitsliga 1885. Der Gedanke ging nicht wieder verloren, taucht bei Woodrow Wilson auf, ging in die Formation des Konflikts zwischen der Sowjetunion und den westeuropäischen Demokratien ein. Dort wurde er allerdings in den sechziger Jahren durch die Rüstungsdynamik und den Rüstungswettlauf überlagert.

Dafür nahm sich die internationale Politikwissenschaft dieser Thematik an, anfangs mit der Frage nach dem Zusammenhang zwischen Herrschaftssystem und auswärtiger Politik, dann seit den siebziger Jahren wieder als Überprüfung der traditionellen These vom Zusammenhang zwischen Demokratie und Frieden. Sie griff dabei gelegentlich auch auf Kant zurück (Doyle 1983; Hurrell 1990), bezog aber ihr eigentliches Forschungsmaterial aus den empirischen Daten über das Außenverhalten der Staaten, das seit dem schon legendären Handbuch von Singer und Small (1972) in immer raffinierterer Weise erhoben worden ist. Kants Theorem ist weitgehend unbekannt geblieben, obwohl sein Objekt seit Jahren zum Gegenstand zahlreicher empirischer Arbeiten in der Disziplin der internationalen Beziehungen geworden ist (Russett 1993; Risse-Kappen 1994). Sie haben darauf verzichtet, dieses Theorem als erkenntnisleitenden Wegweiser ihrer Forschungen zu benutzen.

2

Die wissenschaftliche Kontroverse ist daher nicht nur so groß wie die Differenz zwischen den Ergebnissen der Datenanalysen; sie ist auch theoretisch uninformiert geblieben, vertieft sich in immer neue Datensätze, statt zunächst verfeinerte Forschungshypothesen zu entwickeln. Dementsprechend ist die Aussagekraft dieser Arbeiten nicht sehr groß. Small und Singer (1976) fanden anhand ihrer eigenen Daten heraus, daß Demokratien genauso viele Kriege angefangen haben wie autoritäre Staaten. Auch Chan (1984) und Weede teilten diese Einschätzung, ebenso noch Maoz und Russett (1993).

Im Unterschied zu autoritären Regimen haben aber Demokratien eine spezifische Abweichung aufzuweisen. Gegeneinander haben sie bisher niemals Krieg geführt.[4] Unter Benutzung modernster statistischer Methoden haben Maoz und Russett (1993), die nicht nur Kriege, sondern auch »militarisierte zwischenstaatliche Streitigkeiten« (MID) berücksichtigten, 36.162 Dyaden-Jahre seit 1945 untersucht. Ihr »robustes« Ergebnis: das Phänomen des demokratischen Friedens, die relativ geringe Anzahl von Konflikten und das vollständige Fehlen des Krieges zwischen Demokratien ist wahrscheinlich kein unechtes Ergebnis. Der Typ des (demokratischen) Regimes ist von dauerndem mäßigenden Einfluß auf das Konfliktverhalten. »Reziproke Demokratie unterstützt so die meisten Merkmale einer Friedensgemeinschaft«, schreibt Michael Zielinski.[5] In dieser Frage ist sich die internationale Diskussion weitgehend einig (Risse-Kappen 1994). Sie gibt auch die Gründe dafür an: Normative Orientierungen und strukturelle Barrieren, die in der Gewaltenteilung und im Entscheidungsprozeß der Demokratien verankert sind, sorgen für den Gewaltverzicht.

Sie kann aber den Widerspruch nicht erklären. Wenn sich Demokratien gegenüber Nicht-Demokratien genauso wie jene verhalten, kann das »robuste Ergebnis« nur eine begrenzte Plausibilität besitzen. Ein Rettungsversuch bemüht sich um Entschuldigung: In der Konfrontation mit autoritär-diktatorialen Regimen sind die Demokratien gezwungen, deren Strategien, Mittel und Instrumente ebenfalls anzuwenden. Das überzeugt nicht. Denn wenn die Außenpolitik von Demokratien über ihre Normen und über ihre Entscheidungsprozesse gesteuert wird, dann muß sie kontextunabhängig wirken. Natürlich muß sie sich, wenn sie sich einem aggressiven Gegner gegenübersieht, ihrer Haut wehren, notfalls verteidigen. Selbst dabei müßten sich aber die normativen Orientierungen und die strukturellen Barrieren bemerkbar machen. Wenn das, wie die statistischen Analysen ausweisen, nicht der Fall ist, wird der erwiesene Zusammenhang von Demokratie und Friede sehr brüchig. Wenn

4 Hagan 1994, S. 185 ff.
5 Zielinski 1994, S. 327, 1995a und b.

Demokratien nicht durchgängig gewaltabgeneigt sind, stimmt entweder die Hypothese nicht, oder die Demokratien sind (noch) keine Demokratien.

Kants Theorem hätte hier weiterhelfen können. Es verweist auf die eigentliche Friedensursache, die demokratische Mitbestimmung. Ihr gegenüber sind statistische Analysen vermutlich an ihr Ende gekommen. Sie können ohnehin nur Korrelationen, nicht Verursachungen nachweisen. Man wird sich daher besser qualitativen Analysen zuwenden, die die Außenpolitik eines Staates über mehrere Zeitintervalle mit sich selbst vergleichen. Schon der oberflächliche Blick auf die Außenpolitik der USA zeigt dann, daß die demokratischen Normen und institutionellen Barrieren auch gegenüber der Herausforderung durch die Sowjetunion wirksam waren, aber die Mitbestimmung nicht richtig funktionierte. Er zeigt aber auch die Veränderung des amerikanischen Herrschaftssystems während dieser vierzig Jahre, also den Reflex der Interaktion im Konflikt.

Wer sich von Kants Theorem zu einer genaueren Fragestellung führen lassen will, muß die Interaktionen ausschalten, sich also auf das analytische Niveau der Außenpolitik konzentrieren. Dafür kann er die »black box« des Staates öffnen und an die Stelle dieses egalisierenden und die Binnenstruktur kaschierenden Ausdrucks einen dynamischen Begriff setzen, der die gesellschaftlichen Anforderungen, die sie verarbeitenden Entscheidungsprozesse und die sie umsetzenden Zuweisungen der politischen Systeme en detail zeigt. David Easton hat das Modell dazu entwickelt; es muß nur differenziert und auf die Außenpolitik hin entwickelt werden. Mit dieser Ausstattung kann man die Außenpolitik demokratischer Staaten sehr viel besser darauf befragen, warum sie so doppelbödig ist. Entweder ist das Herrschaftssystem nicht demokratisch, oder das Herrschaftssystem stellt nicht diejenige Variable dar, die über das Außenverhalten entscheidet, oder eben, drittens, die Doppelbödigkeit ist nur scheinbar, der zwischendemokratische Friede nur ein zufälliges Nebenergebnis. Demokratische Außenpolitik unterschiede sich in den beiden letztgenannten Fällen nicht von der Außenpolitik anderer Herrschaftssysteme.

Die Ambivalenz der empirischen Ergebnisse und die Möglichkeit, sie durch politische Argumentation schlicht in Frage zu stellen (Layne 1994), ist auf eine Doppelschwäche der bisherigen Forschung zurückzuführen. Sie liegt einmal in den verwendeten Daten, vor allem in der Verwendung eines nicht-selektiven Demokratiebegriffs, in der Vernachlässigung von Kants Theorem. Davon gleich. Sie wird aber auch durch den Verzicht auf die Einbettung in übergreifende theoretische Erörterungen gebildet. Außenpolitik findet ja nicht im luftleeren Raum, sondern in einem Kontext statt, der durch das Ineinanderwirken zahlreicher Faktoren zu einer komplexen Umgebung gestaltet wird. Sie vermag durchaus zu erklären, warum Demokratien – vorausgesetzt, sie sind im strengen Sinn des Begriffs demokratisch – zur Gewalt greifen.

Die Theorie des Realismus, wie sie von Morgenthau (1960) und vor allem von Kenneth N. Waltz (1979) entwickelt worden ist, verortet die einzig wirksame Gewaltursache im internationalen System überhaupt nicht in den Staaten, sondern in der anarchischen Struktur des Systems selbst. Sie zwingt den Staaten ein ganz bestimmtes Verhalten auf, nämlich durch die Selbsthilfe für ihre eigene Sicherheit zu sorgen. Diese Systemstruktur ist gegenüber Variationen des Herrschaftssystems völlig immun. Und umgekehrt: Das Herrschaftssystem ist in der Sicht des Realismus für die Erklärung des Außenverhaltens der Staaten völlig irrelevant, weil es eben nicht von der staatlichen Herrschaftsordnung, sondern von der Systemstruktur abhängig ist.

Ob man dieser eindimensionalen Analyse in allen Punkten folgt oder nicht: Auch liberale Theorien der internationalen Politik messen der anarchischen Struktur des internationalen Systems große Erklärungskraft zu. Diese Struktur erschafft, indem sie die Staaten zur Sicherheitsvorsorge durch Verteidigungsaufrüstung zwingt, das »Sicherheitsdilemma«. Die Verteidigungsvorsorge des einen wird vom anderen Staat als Offensivvorbereitung gedeutet werden, daraus folgen Rüstungswettläufe und gegebenenfalls Kriege. Das von der Systemstruktur erzwungene Verhalten erzeugt also gerade erst die Gefahr, gegen die es sich schützen wollte. Das ist das unaufhebbare Dilemma, dem auch Demokratien unterliegen. Es könnte eine breite Varianz des außenpolitischen Verhaltens erklären. Aus der Anarchie des Systems resultiert auch die Machtverteilung darin, ebenfalls eine vom Realismus hervorgehobene Verursachung von Gewalt.

Die moderne Forschung hat noch andere Gewaltverursachungen herausgefunden. Sie liegen in der Eigendynamik der Interaktion großer Kollektive, deren Steuerung dem außenpolitischen Akteur Kenntnisse und Fähigkeiten abverlangt, für die er in keiner Weise ausgebildet ist. Die strategische Inkompetenz der außenpolitischen Akteure führt also häufig dazu, daß Interaktionen fehlgesteuert werden, so daß sich in ihnen Möglichkeiten der Gewalteskalation noch potenzieren. Der amerikanische Vietnamkrieg war, wie nach dem Außenminister Dean Rusk auch der damalige US-Verteidigungsminister McNamara (1995) eingeräumt hat, »ein Fehler«.

Allen vier Gewaltursachen unterliegen selbstverständlich auch Demokratien; alle vier Ursachen müßten also berücksichtigt werden bei dem Versuch, das Faktum der Gewaltanwendung durch demokratische Staaten zu erklären. In erster Linie müßte aber genauer bestimmt werden, durch welche Kriterien eine Demokratie definiert wird. Gerade die liberale Theorie, die den Realismus wegen seines exogenen Determinismus kritisiert und mit Recht darauf verweist, daß es von der internen Organisation der Staaten abhängt, wie sie auf äußere Herausforderungen reagieren, müßte strenge Kriterien anlegen, um Demokratien von Nicht-Demokratien zu unterscheiden. Kant hat das Wichtigste genannt: die Mitbestimmung der Bürger.

Damit werden alle statistischen Analysen diskriminiert, die mit ihren Untersuchungen 1815 beginnen. Während des 19. Jahrhunderts gab es keinen einzigen Staat, der dem modernen Demokratieverständnis und der Mitbestimmungsforderung von Immanuel Kant entsprach. Die Ergebnisse dieser Forschung sagen deshalb über dessen Objekt nichts aus. James Mill (1944) hatte schon 1824 darauf hingewiesen, daß Demokratien nicht nur unter mangelnder Mitbestimmung der Betroffenen, sondern auch unter privilegierter Mitsprache partikularer Interessengruppen leiden. Dieser Gedanke ist bei Kant schon angelegt, wenn er mit dem Hinweis auf die Hoffeste auch auf die Kamarilla deutet, die den Monarchen umstand und anleitete. So erklärt sich der Kolonialismus, so noch heute etwa die Unterstützung des Sturzes Allendes in Chile durch den amerikanischen Geheimdienst.

Der privilegierte Zugang von partikularen Interessengruppen zum Gewaltmonopol des politischen Systems, der alle westlichen Demokratien nach wie vor kennzeichnet, kann leider nicht als Rest eines historischen Ballastes verstanden werden, der sich im Laufe der Zeit von selbst verliert. Er deutet vielmehr darauf hin, daß die westlichen Demokratien zwar schon einen beachtlichen, keineswegs aber zureichenden Entwicklungsgrad erreicht haben. Es ist nur wenig übertrieben, sie als kollektivierte Monarchien zu bezeichnen. Sie haben nämlich die Zentralisierung der Macht und die abgestufte Einflußnahme auf die Entscheidungen des politischen Systems beibehalten, die für das feudal-monarchistische System kennzeichnend gewesen waren. Beide sind jedenfalls durch das System der repräsentativen Demokratie, durch Parteienstaat und/oder Präsidialdemokratie nicht beseitigt worden. Es kann nicht davon gesprochen werden, daß Kants Forderung in den westlichen Demokratien eingelöst worden sei. Die, die die Last des Krieges zu tragen haben, werden an der Entscheidung nicht beteiligt, und die, die sie treffen, haben unter deren Folgen nicht zu leiden.

Ein scharf gefaßtes Selektionskriterium bei der Auswahl demokratischer Staaten müßte dem eigentlich Rechnung tragen. Diese Einsicht beginnt sich langsam durchzusetzen. Small und Singer bezeichneten einen Staat bereits dann als Demokratie, wenn 10 Prozent der erwachsenen Bevölkerung das Wahlrecht besaßen. Doyle (1983) war zufrieden, wenn 30 Prozent aller männlichen Bürger dieses Recht besaßen. Alle kommunistisches Diktaturen des früheren Ostblocks erfüllten diese Anforderung.

Die von Gurr, Jaggers und Moore (1989) entwickelten Kriterien, die von den neueren Forschungen durchweg benutzt werden, sind schon etwas anspruchsvoller. Maoz und Russett[6] begannen ihre Analysen erst nach 1945, weil es vorher keine Demokratien gegeben habe. Regierung und Parlament müssen in freien Wahlen bestellt werden und das Parlament einigermaßen effektiv arbeiten. In der neueren deutschen Forschung verlangt Zielinski (1994) Gewaltenteilung, Rechtsstaatlichkeit, Pluralismus und eine demokratische politische Kultur. Diese Kataloge sind schon sehr viel umfangreicher, treffen aber den schon von Kant genannten Kern des demokratischen Herrschaftssystems, nämlich die gesellschaftliche Mitbestimmung, nicht. Mit Recht haben Risse-

6 Russett 1993, S. 629.

Kappen[7] und vor allem Hagan (1994) kritisiert, daß die von der internationalen Politikwissenschaft geführte Demokratiediskussion von der Teilwissenschaft der Internationalen Beziehungen bei ihrer Definition von Demokratie außer acht gelassen wird. Hagan versucht, diese Lücke zu füllen, indem er die politologische Literatur über Regierung und Opposition benutzt.

Um voranzukommen, muß man zunächst einen Schritt zurückgehen und das Modell eines modernen demokratischen Staates benutzen, das David Easton, wie erwähnt, entwickelt hat. Politik besteht dann in der autoritativen oder anderweitig zwingenden Umwandlung gesellschaftlicher Anforderungen in Wertzuweisungen durch das politische System (bzw. gesellschaftliche Akteure). Das Modell lenkt von vornherein den Blick auf den zentralen Vorgang, der Kants Theorem zugrunde liegt, den Transfer gesellschaftlicher Zielvorgaben in Entscheidungen des politischen Systems.

In diesem Modell können alle Herrschaftssysteme aller Staaten abgebildet werden. Es zeigt sich dann, wo und wie sich demokratische von nicht-demokratischen Herrschaftssystemen unterscheiden, formal wie institutionell. Eine Demokratie weist nicht nur das allgemeine Wahlrecht, freie und offene Wahlen, Versammlungs- und Redefreiheit und die widerrufliche Bestellung von Amtsträgern auf Zeit auf. Die Gewaltenteilung muß funktionieren, auch wenn im modernen Parteienstaat die Kontrollfunktion nicht mehr beim Parlament insgesamt, sondern bei den Angehörigen der Oppositionsfraktionen liegt. Die Beziehung zwischen Parlament und Gesellschaft muß aktiv sein, die Rolle und Effektivität der Parteien als Torhüter des politischen Systems, als Vermittler zwischen ihm und den gesellschaftlichen Bedürfnissen und Anforderungen. Ebenso stellt sich die Kompetenzverteilung zwischen Exekutive und Legislative dar, die zum Beispiel in den USA ganz anders aussieht als in der Bundesrepublik. Die Bürokratie kommt zum Vorschein als Träger der Routineentscheidung, aber auch als Ansatzpunkt für den Einfluß der Interessenten und der Interessierten. Die Medien sind mit ihrer Bedeutung als Zulieferer von Informationen und Interpretationen zunehmend wichtig.

Bildet man anhand eines solchen Modells die Entscheidungsprozesse eines konkreten Staates ab, so stößt man in analytische

7 Risse-Kappen 1994, S. 377.

Tiefenschichten vor, in denen sich Kants Theorem überhaupt erst sichtbar machen und überprüfen läßt. Gibt es gesellschaftliche Anforderungen nach einer auf militärische Gewalt verzichtenden Außenpolitik? Werden diese Anforderungen formuliert und in das politische System zur Bearbeitung transferiert? Werden diese Anforderungen dabei auch verändert, etwa durch Zuflüsse inoffizieller, der Öffentlichkeit entzogener Interessengruppen? Jetzt erst kann man fragen, ob die Gesellschaften Kontrollmöglichkeiten besitzen, um die Ausführung ihrer Anforderungen zu überwachen und Verstöße dagegen zu sanktionieren.

Natürlich kann die Gesellschaft die Politik der Exekutive nicht feinsteuern. Das politische System verfügt über zahlreiche Möglichkeiten, im Prozeß der Implementierung Teilziele einzubauen, die als solche zwar konsensual sind, in der Kombination aber gegen die Interessen der Gesellschaft verstoßen. Dann muß sie die Möglichkeit haben, diese Politik zu revozieren. Der amerikanische Präsident George Bush unterlag bei seiner Wahlniederlage 1992 einem solchen Verdikt der Wähler, deren Teilzustimmung zum Golfkrieg er gesamtpolitisch falsch eingeschätzt hatte.

Wer sich von Kants Theorem anleiten läßt, wird also dazu veranlaßt, sehr viel präzisere Fragen zu stellen, als sie die Forschung bisher formuliert hat. Damit sich das Theorem auswirken kann, müssen in einer Gesellschaft mehrere Vorausetzungen gegeben sein. Die wichtigsten sind:

- Die Gesellschaft muß ständig und unmißverständlich eine gewaltfreie Außenpolitik fordern.
- Ein Staat muß ein demokratisches Herrschaftssystem besitzen, das die Anforderungen der Gesellschaft ausführt und ihr eine zureichend große Kontrollmöglichkeit einräumt.
- Diese Anforderungen dürfen auf ihrem Weg durch den außenpolitischen Entscheidungsprozeß nicht substantiell verändert und schon gar nicht durch die Intervention von Interessengruppen, die den Prozeß umgehen, verzerrt werden.
- Das politische System muß im Ausführungsprozeß die anfallenden Belastungen gleichmäßig unter den Mitgliedern der Gesellschaft verteilen.

Die noch komplizierteren Aspekte der gerechten Lastenverteilung in einem Staat und seiner Beziehung zum Frieden als der zwischenstaatlichen Gerechtigkeit (Rawls 1993; Rinderle 1994) können, weil philosophisch, unberücksichtigt bleiben. Es geht nur darum, die institutionellen Kriterien, die in der Literatur zur Bestimmung von Demokratie herangezogen werden, auf den Stand der politikwissenschaftlichen Diskussion zu bringen. Nur dann läßt sich Kants Theorem überprüfen. Eine Gesellschaft muß zunächst einmal die gewaltfreie Außenpolitik fordern, was nur bei hochentwickelten, reifen Demokratien der Fall ist, deren Bürger die Entfaltung ihrer Existenz durch eigenes wirtschaftliches Handeln besorgen können. Diese Anforderung muß vom politischen System rezipiert und aufgenommen werden. Sie muß dann den komplexen außenpolitischen Entscheidungsprozeß unbeschädigt durchlaufen, darf darin insbesondere nicht von privilegierten Interessengruppen gehindert werden. Schließlich muß das politische System Mittel und Instrumente finden, um diese Anforderungen problemadäquat in Außenpolitik umsetzen zu können und in der Interaktion aufrechtzuerhalten.

Kants Theorem müßte auf die hochentwickelte bürgerliche Gesellschaft voll zutreffen. Welches Interesse sollte das einzelne Mitglied dieser Gesellschaft an einer Politik haben, die sein Leben und sein Vermögen im Kriege aufs Spiel setzt? Die Ausnahme bildet der reine Verteidigungskrieg, der im Zeitalter von Interdependenz und Massenvernichtungswaffen selten auftreten dürfte. Daß jede militärische Aktion von der Politik als verteidigungs- oder sicherheitsbezogen dargestellt wird, unterstreicht den Begründungsnotstand, in den die politischen Systeme bürgerlicher Industriegesellschaften schon geraten sind. Er bestätigt Kants Annahme: Der privat wirtschaftende Besitzbürger ist an Krieg und außenpolitischer Gewaltanwendung nicht interessiert, muß daran über den Bezug zu seiner Sicherheit künstlich motiviert werden.

Hier lauern viele Klippen. Da der Bürger sich über außenpolitische Vorgänge nicht selbst informieren kann, ist er darauf angewiesen, vom politischen System und von den Medien adäquat unterrichtet zu werden. Das trifft bei den westlichen Demokratien im wesentlichen, aber nicht immer zu. Präsident Johnson konnte die amerikanische Gesellschaft, wenn auch mühsam, dazu überreden, elf Jahre lang in Vietnam Krieg zu führen. CNN konnte politisches System und Gesellschaft der USA davon überzeugen, daß eine militärische Intervention in Somalia nützlich und hilfreich sein würde. Viele amerikanische Präsidenten nach dem Zweiten Weltkrieg sind der Versuchung erlegen, ihre Wahlkampagnen mit dem hypertrophierten Hinweis auf außenpolitische Bedrohungen abzustützen (Oneal und Lian 1992).

Die politischen Systeme haben darüber hinaus, wie wiederum anhand der amerikanischen Präsidentschaft gezeigt werden kann, die Möglichkeit, außenpolitische Verpflichtungen einzugehen, die sich, zeitlich verzögert, später als außenpolitischer Handlungszwang zusammenstellen lassen. So verfuhr die »imperial presidency«, der der amerikanische Kongreß mit der National Commitment Resolution und dem War Powers Act von 1974 ein Ende bereitete. Kleinere politische Systeme, wie das der Bundesrepublik, haben es noch leichter. Sie können, um ihren Entscheidungen den Charakter unabdingbarer Reaktionen zu verleihen, »Bündnisverpflichtungen«, Erwartungen ihrer Partner oder die »Solidarität« mit ihnen zitieren, die der Bürger nicht nachprüfen kann.

Allerdings ist der Bürger in der entwickelten Industriegesellschaft des Westens diesen Manipulationen der Exekutive nicht hilflos ausgesetzt. Wenn die Parlamente ihre Kontrollfunktion ausüben und dazu durch zureichend große Forschungsapparate auch imstande sind, können sie korrigierend einwirken. Eine emanzipierte Presse und eine leistungsfähige Politikwissenschaft bieten dem Bürger alternative, aber verläßliche Informationsmöglichkeiten. Allerdings verlangt Kants Theorem auch, daß der Bürger die Außenpolitik nicht am Ende seiner Aufmerksamkeitsskala ansiedelt, wie das für bürgerliche Industriegesellschaften eigentlich charakteristisch ist. Wie in der Innenpolitik, deren Interessen- und Politikabhängigkeit der Bürger besser übersieht, muß er auch in der Außenpolitik begreifen, daß hier kein blindes Schicksal (in Gestalt eines Gegners oder einer Allianz) lauert, sondern politische Kräfte am Werk sind, die seine Interessen bedienen oder ausnutzen.

Das geschieht sowohl bei der Bestimmung der außenpolitischen Ziele wie vor allem im entscheidungspolitischen Bearbeitungsprozeß außenpolitischer Anforderungen. In diesem Prozeß werden die gesellschaftlichen Anforderungen politisch transferiert, mit anderen Anforderungen gebündelt und so hergerichtet, daß sie außenpolitisch durchsetzbar und innenpolitisch konsensual sind (Hanrieder 1965). Es ist die Komplexität und Unüberschaubarkeit dieses Prozesses, die dem politischen System die meisten Gestaltungsmöglichkeiten eröffnet. Präsident Johnson mußte 1968 auf seine erneute Nominierung als amerikanischer Präsident verzichten, weil ihm die amerikanische Gesellschaft den Konsens im Vietnamkrieg aufgekündigt hatte. Präsident Nixon, der seinen Wahlkampf mit dem Versprechen geführt hatte, diesen Krieg einzustellen, sah sich imstande, ihn noch sieben Jahre lang weiterzuführen.

In den zahlreichen Windungen dieses Entscheidungsprozesses können auch die partikularen Interessengruppen zugreifen. Sie dienen durchaus der politischen Willensbildung, indem sie ebenfalls gesellschaftliche Anforderungen an das politische System vermitteln, ohne allerdings den notwendigen politischen Klärungsprozeß zu durchlaufen. Vielmehr treten sie als Angebot von Sachverstand auf, auch als Vermittler zwischen Außen- und Wirtschaftspolitik. Was in der Innenpolitik als Neokorporatismus bekannt ist, findet sich auch in der Außenpolitik, wird allerdings nur ganz selten untersucht (Forndran 1983).

Schließlich macht sich auch noch die mangelnde strategische Kompetenz der Akteure als Faktor bemerkbar, der die Umsetzung der auf Frieden gerichteten gesellschaftlichen Anforderungen verzerren kann. Nicht nur der Vietnamkrieg war ein Fehler. In die gleiche Kategorie gehören die Schweinebucht-Invasion von 1961 und der militärische Interventionsversuch im Libanon von 1982. Die Ausstattung der amerikanisch-strategischen Raketen mit Mehrfachsprengköpfen war, wie der damalige Außenminister Kissinger einräumt, ein Fehler. Die von der Bundesrepublik gegen den Widerstand ihrer EG-Partner durchgesetzte bedingungslose Anerkennung Kroatiens war ebenfalls ein Fehler. Fehler sind menschlich, menschliche Fehler sind unvermeidbar. Bei kollektiven Akteuren, wie es die politischen Akteure sind, trifft diese Entschuldigung nicht zu. Sie sollten über die notwendigen Fähigkeiten und über Kontrollmechanismen verfügen, die absehbaren Konsequenzen ihrer Handlungen richtig einzuschätzen.

Damit Kants Theorem wirken kann, muß noch eine dritte Voraussetzung gegeben sein: die gleiche Lastenverteilung unter allen Bürgern. Nur wer direkt betroffen ist, wendet sich gegen Gewalt und Krieg. Wer gezwungen ist, »selbst zu fechten«, die Kosten des Krieges aus seiner »eigenen Habe herauszugeben«, die Verwüstungen wieder zu beseitigen und schließlich auch noch die Kriegsschulden »selbst zu übernehmen« – der ist gegen den

Krieg. Für die Staatseigentümer, die Könige und die Adligen, die durch den Krieg nicht »das mindeste« einbüßen, ist er nur »eine Art von Lustpartie«. Hier, in dem von Kant handfest empirisch-soziologisch beschriebenen Sachverhalt, steckt der eigentliche Antrieb des Gewaltverzichts. Damit er wirken kann, dürfen Entscheidungskompetenz und Belastung durch den Krieg nicht entkoppelt werden.

Genau dies ist aber auch in den westlichen Demokratien nur zu häufig der Fall. Über die Dimensionierung des Krieges, das Rekrutierungssystem der Streitkräfte und über das Steuersystem haben die Regierungen die Möglichkeit, Lasten ganz ungleich zu verteilen. Sie zerschneiden damit diese Verbindung zwischen Interesse und Belastung, die Kants Theorem zugrunde liegt. In den Vereinigten Staaten nahm in den letzten Jahrzehnten knapp die Hälfte der Bevölkerung an den Präsidentschaftswahlen teil, und zwar die obere Hälfte. In den Streitkräften hingegen finden sich nach der Aufhebung der allgemeinen Wehrpflicht Freiwillige, die vornehmlich der unteren Hälfte der amerikanischen Gesellschaft entstammen. Nur als es noch die allgemeine Wehrpflicht gab, spiegelte die soziale Zusammensetzung der Streitkräfte das Bild der amerikanischen Gesellschaft einigermaßen wider, obwohl selbst zu dieser Zeit die Hälfte der in Vietnam dienenden Soldaten aus den unteren Bevölkerungsschichten stammte.[8]

Während des Vietnamkrieges, in dessen Verlauf auch die Söhne der amerikanischen Oberschicht eingezogen wurden, wirkte hingegen Kants Theorem sehr kräftig; es war die Gesellschaft, die über ihre im Kongreß präsentierten Anforderungen das politische System der USA zwang, diesen Vietnamkrieg abzubrechen. Die Lehren davon wirken bis in die Mitte der neunziger Jahre. Voraussetzung für einen amerikanischen Militäreinsatz heute ist dessen Kürze und Armut an amerikanischen Verlusten. Die Präsidenten setzen alles daran, auf diese Weise Kants Theorem gar nicht erst wirksam werden zu lassen.

Sie können auch versuchen, diese Belastungen dem Nachfolger weiterzugeben. Präsident Johnson wagte es nicht, die Kosten des Vietnamkrieges durch Steuererhöhungen dem Bürger aufzubürden. Als dann die Zeit kam, in der die Bürger »die Kosten des Krieges aus ihrer eigenen Habe herzugeben« (Kant) hatten, war Johnson gar nicht mehr im Amt. Präsident Reagan verdoppelte

8 Useem 1973, S. 143.

das Verteidigungsbudget und senkte die Steuern um 30 Prozent, eskalierte also die Instrumente der Gewaltpolitik bei gleichzeitiger Umverteilung der Belastungen von oben nach unten. Das Congressional Budget Office berechnete 1991, daß in den Jahren von 1977 bis 1989 das Einkommen des obersten Prozent aller amerikanischen Familien um 102 Prozent stieg, während das des mittleren Fünftels um 5,2 Prozent und das des untersten Fünftels um 10,4 Prozent fiel (IHT 1992). Zum Abbau des unter Reagan und Bush enorm angestiegenen Haushaltsbudgets wurden nicht Steuererhöhungen für die Besserverdienenden vorgenommen, sondern die Sozialleistungen gekürzt, also die unteren Einkommensschichten herangezogen.

Werden die nichtaktiven Teile einer Gesellschaft mit dem Militärdienst und den wirtschaftlichen Folgen einer Kriegs- bzw. Gewaltpolitik vornehmlich belastet, während die aktiven und reichen Stimmbürger davor bewahrt werden, wird Kants Theorem außer Kraft gesetzt. Der Besitzbürger wird gegen den Einsatz von Berufsarmeen so lange nichts einzuwenden haben, wie er dessen Kosten weder am eigenen Leibe noch an seiner Brieftasche verspürt. Der Zusammenhang von Besitz und Frieden läßt sich also entkoppeln. Der von den statistischen Analysen erhobene, aber nicht erklärte Befund, daß Demokratien im Verhältnis zu Nicht-Demokratien genauso viel militärische Gewalt anwenden, findet in den hier erörterten Zusammenhängen eine plausible Erklärung.

4

Ihr ist noch eine weitere hinzuzufügen. Die bisher besprochenen empirischen Fälle traten durchweg im Verhältnis zu der (früher sogenannten) Dritten Welt auf, dienten in dieser Tradition vornehmlich der Realisierung partikularer Interessen. Sie waren an der Entstehung des Ost-West-Konflikts überhaupt nicht und bei seiner Weiterentwicklung höchstens marginal wirksam. Welche Kräfte haben dann die Konfliktbeteiligung der westlichen Demokratien gesteuert?

Kann der Beginn dieses Konfliktes durch den Zerfall des Kriegsbündnisses und die alsbald einsetzende brutale Unterdrückung Osteuropas durch die Sowjetunion Stalins erklärt werden, die eine Reaktion des Westens verlangten, so müssen für die sich daran anschließenden 35 Jahre von 1955 bis 1990 andere Gründe gesucht werden. Der in der Mitte der sechziger Jahre einsetzende vom Westen wie vom Warschauer Pakt gleichermaßen geschürte Rüstungswettlauf verlangt ebenso eine Erklärung wie der seit 1956 zu beobachtende Konfrontationsverzicht beider Seiten. Bei ihm kann man Kants Theorem anwenden: die strategischen Kernwaffen kennen keine Etappe, die Entscheidungsträger in Moskau und Washington hätten also alle »Drangsale des (Nuklear-) Krieges über sich selbst beschließen müssen«. Ein nuklearer Holocaust wäre keine »Art von Lustpartie« mehr gewesen. Deswegen wirkte die wechselseitige nukleare Abschreckung, überwand sie die Schwächen des Gleichgewichtsdenkens, das ihr zugrunde lag.

Aber warum gelangten beide Seiten, trotz klarer Einsicht in diese Zusammenhänge, nicht über die Rüstungskontrolle hinaus, bauten sie nicht den Konflikt ab, dessen Wurzeln politisch-ideologischer Natur waren und nicht einer Aggressionsabsicht entstammten? Die Ursache muß in der anarchischen Struktur des internationalen Systems gesucht werden, die das Sicherheitsdilemma heraufführt. Ihm unterliegen, wie die Theorie des Realismus zu Recht argumentiert, alle Staaten unabhängig von ihrem Herrschaftssystem. Es ist zwar theoretisch denkbar, daß das demokratische Herrschaftssystem, weil es die entscheidende Variable ist, auch den Zwängen des Sicherheitsdilemmas Widerstand entgegensetzen könnte. Alexander Wendt (1992) hat das nachgewiesen und dargelegt, daß die Systemanarchie keine exogene deterministische Größe darstellt, sondern von Perzeptionen und Evaluierungen abhängig ist, die auch vom Herrschaftssystem beeinflußt werden. Aber auch Demokratien müssen sich mit dem Sicherheitsdilemma auseinandersetzen, unterliegen der von ihm ausgehenden Unsicherheit und Ungewißheit, der Versuchung, auf Rüstung mit Gegenrüstung zu antworten, in den Kategorien des »worst case« zu denken und damit zur Konfliktdynamik beizutragen. Das daraus entstehende Aktions-Reaktions-Syndrom entfernt sich von den Konfliktursachen und erlaubt, indem es sich verselbständigt, auch den Zugriff partikularer Interessengruppen wie der des *military industrial complex*. Es ist jedoch nicht die unabhängige, den Konflikt vorantreibende Variable, sondern die abhängige Variable, die zu ihrer Fortexistenz auf den Konflikt, jedenfalls auf das Sicherheitsdilemma, angewiesen ist. Seine Wirkung ist daher sehr hoch zu veranschlagen.

Kants Theorem gerät damit von einer Seite in Gefahr, die er zwar gesehen, der er aber in der Schrift *Zum ewigen Frieden* nur beiläufig Rechnung getragen hat. Kant fordert in seinem Zweiten Definitivartikel, daß das »Völkerrecht … auf einen Föderalism freier Staaten gegründet sein« soll. Im Kontext der Erörterung wird aus der Norm dann ein Befund: Der Friedensbund (foedus pacificum) entwickelt sich dadurch, daß eine Republik durch ihr Vorbild andere Staaten dazu anreizt, sich ebenso zu organisieren. Sie gibt einen »Mittelpunkt der föderativen Vereinigung für andere Staaten ab, um sich an sie anzuschließen und so den Freiheitszustand der Staaten, gemäß der Idee des Völkerrechts, zu sichern, und sich durch mehrere Verbindungen dieser Art nach und nach immer weiter auszubreiten«.

Auf den Widerspruch zwischen der normativen und der politologischen Begründung für den Friedensbund hat schon Hurrell (1990), der auch andere Schriften Kants herangezogen hat, hingewiesen. Kants normative Begründung, die den seit langem präsenten Gedanken des Weltreichs im Zeichen des Völkerrechts säkularisiert, aber leider überhaupt nicht präzisiert, ist weniger interessant als sein eingestreuter politischer Hinweis, daß der Bund »lediglich auf Erhaltung und Sicherung der Freiheit eines Staates, für sich selbst und zugleich anderer verbündeter Staaten« gerichtet sein darf. Kant war damals – und die Philosophen sind es noch heute (exemplarisch Höffe 1995) – überfordert mit der Aufgabe, die politische Umsetzung der von ihnen stipulierten Verhaltensnormen zu skizzieren. Sie sehen offenbar auch nicht, welche Gewaltursachen die Norm beseitigen soll. Kant hat aber richtig beschrieben, daß die wechselseitige Existenzgarantie zum ewigen Frieden, zum Frieden als Struktur, beitragen kann.

Dazu reicht eine internationale Organisation durchaus aus; der Gedanke, sie einzurichten, taucht erstmals im fünfzehnten Jahrhundert auf und wurde schon Anfang des achtzehnten Jahrhunderts von Abbé de Saint-Pierre als Mittel gegen die Wirkungen des Sicherheitsdilemmas genannt. Zwar fehlte der Begriff, doch wurde die Abhilfe in Gestalt der wechselseitigen Sicherheitsgarantie aller Staaten im Rahmen einer internationalen Organisation sehr treffend benannt.

Man wußte schon damals, daß Ungewißheit und Unsicherheit,

eben die Eigenschaften der anarchischen Struktur des internationalen Systems, ein häufiger Kriegsgrund gewesen sind. Deswegen hat der Abbé de Saint Pierre die internationale Organisation als Mittel vorgeschlagen, das mit Hilfe der Institutionalisierung der Kooperation die Ungewißheit verringern, sie so weit abbauen kann, daß das Sicherheitsdilemma entscheidend reduziert wird. Deswegen hat die politische Diskussion des neunzehnten Jahrhunderts an diesem Konzept festgehalten und es erstmals 1919, dann 1945 verwirklicht. Es ist kaum vorstellbar, daß Kant von diesem Konzept, das durch den »Auszug aus dem Plan des Ewigen Friedens des Herrn Abbé de Saint-Pierre« von Jean-Jacques Rousseau 1761 europaweit verbreitet wurde, nichts gewußt haben soll. Es ist allerdings auch wenig bedeutungsvoll. Denn mit seinem Vorschlag eines foedus pacificum will Kant nur eine Organisation errichten, die imstande ist, das Sicherheitsdilemma abzubauen. Wie sie aussehen soll, hat er offengelassen, nur auf die Freiheit verwiesen, die sie erhalten soll.

Kants Theorem hat also zwei Teile. Entscheidend ist die demokratische Mitbestimmung der Bürger an der Außenpolitik ihres Staates; nicht weniger wichtig aber ist der Zusammenschluß der demokratischen Staaten in einer Organisation, mit deren Hilfe die zweite Gewaltursache beseitigt und die zweite Friedensursache gestiftet werden kann. Beide zusammen erst ermöglichen den »demokratischen Frieden«, der in der Tat seit 1945 zwischen den westlichen Demokratien beobachtet werden kann. Sie befanden sich, wenn auch mit ganz anderen Absichten, stets in einem Verband, sei es dem der OECD, der Europäischen Gemeinschaft für Kohle und Stahl und später dem der Europäischen Gemeinschaft. Zusammen mit der entscheidenden Demokratisierung der Herrschaftssysteme der Mitgliedsstaaten entstand so der »OECD-Friede«.[9]

Er kann, legt man Kants Maßstäbe an, nicht als »Ewiger Friede« gelten. Die Demokratisierung der Herrschaft ist noch keineswegs ausreichend; daß der Einfluß der Interessengruppen im OECD-Bereich nicht zur Gewalt führt, liegt an den von der Interdependenz gestifteten, sehr viel erfolgreicheren Einwirkungsmöglichkeiten, die diesen Gruppen zur Verfügung stehen (Czempiel 1995a). Immerhin bleibt zu beachten, daß die OECD keine internationale Organisation mit Binnenregelungskompe-

9 Senghaas/Senghaas 1992, S. 5.

tenzen ist; es muß abgewartet werden, wie sich die Beziehungen zwischen ihnen weiter entwickeln.

Aufmerksamkeit ist sogar gegenüber den Staaten der Europäischen Union angebracht, obwohl sie den Kooperationsgrad der internationalen Organisation weit hinter sich gelassen und die Phase der Integration zu einem föderal strukturierten Bundesstaat, dem »Völkerbund« Kants, schon begonnen hat. Solange die Wirtschafts-, Währungs- und politische Union nicht vollendet worden sind, sind Rückschläge und Rückwege möglich. Hinter den Kantschen foedus pacificum aber werden die Zwölf kaum zurückfallen, so daß der »EU-Friede« als gesichert gelten kann. Der Grad der Demokratisierung ist hoch, die Ausbildung der Binnenorganisation groß, die Interdependenz tief genug, um dem Friedenswunsch der Gesellschaften politisches Gehör zu verschaffen und das Sicherheitsdilemma verstummen zu lassen.

5

Daß aufgrund der Demokratisierung und mit Hilfe der internationalen Organisation der Friede im EU- und auch schon im OECD-Bereich Bestand hat, ist nicht nur eine grandiose Bestätigung der beiden Grundansichten Kants. Der Befund enthält auch einen wichtigen Hinweis auf die Strategie, die die Außenpolitik der Friedenssicherung verfolgen muß. Wer ein internationales Subsystem befrieden will, muß die Herrschaftssysteme der Staaten demokratisieren und zwischen ihnen eine internationale Organisation errichten. So sind global sogar die UN verfahren, die die friedliebenden Staaten der Welt (Art. 4.1 UN-Charta) in einer internationalen Organisation zusammenfassen. So waren die USA 1948 gegenüber Westeuropa verfahren. Die Bedingungen des Marshallplans waren auf die Verfestigung der Demokratie gerichtet, OEEC zwang die Empfängerstaaten in eine internationale Organisation. Die Kooperation wurde alsbald durch die NATO, allerdings nur eine Militärallianz, verstärkt.

Obwohl sich diese nicht an Kant ausgerichtete, aber seinen Einsichten entsprechende Strategie außerordentlich bewährt hat, will sie der Westen gegenüber den früheren Warschauer-Pakt-Staaten nicht einsetzen. Hatten Präsident Clinton und sein Sicherheitsberater Anthony Lake die amerikanische Außenpolitik anfänglich richtig auf die Ausbreitung von Demokratie und Marktwirtschaft gegründet (Clinton 1993) und auch ihre Politik gegenüber Osteuropa und der GUS darauf abgestellt, so rückten sie seit dem Spätsommer davon ab und setzen statt dessen auf die Ausbreitung der Militärallianz NATO auf ausgewählte Staaten Osteuropas. Von dieser Selektivität abgesehen: die NATO kann weder als Instrument der Demokratisierung noch der Binnenorganisation gelten. Richtig im Sinne Kants – aber auch der politikwissenschaftlichen Theorie – wäre die Erweiterung der Europäischen Union und die Aktivierung der OSZE als der alle Staaten der atlantischen Union umfassenden Organisation gewesen (Czempiel 1995b).

Kants Theorem hat also nicht nur philosophiegeschichtliche und politiktheoretische Bedeutung; es ist auch strategisch aktuell. Es faßt zwei Einsichten, die vor ihm entstanden und verbreitet waren, in einer neuartigen, klugen und mit dem richtigen Titel versehenen Weise zusammen. Demokratisierung und internationale Organisation sind die beiden Strategien, mit denen sich die Hauptquellen der internationalen Gewaltanwendung, die Anarchie des internationalen Systems und die undemokratische Qualität nationaler Herrschaftssysteme, verschließen lassen. Allen »Realpolitikern« von heute sei es gesagt.

Zusammenfassung

Kants Theorem, das eine demokratisch verfaßte – und wirtschaftlich entwickelte – Demokratie, eine gewaltfreie Außenpolitik emittiert, ist von zahlreichen Analysen der Wissenschaft von den internationalen Beziehungen als empirisch richtig nachgewiesen worden. Die Gleichung zwischen Demokratie und gewaltfreier Außenpolitik besteht. Als die wichtigste Voraussetzung für das Prozeßmuster des Friedens in einem internationalen System muß daher die demokratische Verfassung der Herrschaftssysteme der beteiligten Staaten angesehen werden. Dieser Befund ist nicht nur wissenschaftlich, sondern auch politisch-strategisch von außerordentlich großer Bedeutung. Er weist die Demokratisierung der Herrschaftssysteme der Staaten des früheren Warschauer Paktes als wichtigste Voraussetzung für eine europäische Friedensordnung und den westlichen Beitrag dazu als wichtigste Strategie der Atlantischen Gemeinschaft aus. Kants Theorem mag daher nicht nur die wissenschaftliche Erkenntnis bereichern, sondern vermag auch die außenpolitische Strategie zu modernisieren.

Erklärungsbedürftig blieb die Gewaltanwendung durch Demokratien gegenüber nicht-demokratischen Staaten. Daß deren außenpolitische Mittel und Instrumente von den Demokratien in diesem Fall einfach übernommen werden, muß als wenig überzeugend gelten. Die normativen Orientierungen einer Demokratie und ihre im Entscheidungsprozeß enthaltenen strukturellen Barrieren müssen eigentlich als immun gegen solche Verzerrungen gelten.

Die Gewaltanwendung von Demokratien gegenüber Nicht-Demokratien wird in diesem Beitrag doppelt erklärt:

- durch die zahlreichen Verzerrungen, denen die gesellschaftliche Anforderung nach Frieden und gewaltloser Außenpolitik auf ihrem Gang durch den außenpolitischen Entscheidungsprozeß auch bei Demokratien begegnet, beschleunigt und verstärkt vor allem durch den nach wie vor existierenden Einfluß partikularer Interessengruppen, aber auch durch das außenpolitische Gestaltungsvermögen der Exekutive, durch die Informations- und Interpretationstätigkeit der Medien;
- durch die Einwirkung des Sicherheitsdilemmas auf die Beziehung zu anderen Großmächten. Es ließ sich im Verlauf des Ost-West-Konflikts deutlich nachweisen. Es manifestiert sich in der Mitte der neunziger Jahre beispielsweise schon wieder zwischen Japan und China; es macht sich aber auch im Verhältnis zwischen den Vereinigten Staaten und Rußland unüberhörbar bemerkbar.
- Daß es zwischen den Vereinigten Staaten und Westeuropa und innerhalb Westeuropas nicht auftrat, ist nicht nur auf die starke demokratische Verfassung der betreffenden Herrschaftssysteme, sondern auch darauf zurückzuführen, daß das Sicherheitsdilemma durch den organisatorischen Zusammenschluß dieser Staaten bis auf Reste eliminiert wurde. Fehlt dieser organisatorische Zusammenschluß, werden auch Demokratien durch das Sicherheitsdilemma dazu gebracht, ein Standardverhalten an den Tag zu legen.

Kants Theorem kann also durchaus als bestätigt gelten. Empirische Nachweise haben erbracht, daß Demokratien in der Tat gewaltabgeneigt sind. Theoretische Ergebnisse der Internationalen Beziehungen lassen erkennen, worauf die Abweichungen von diesem Verhalten zurückzuführen sind: Einerseits auf den noch immer nicht ausreichenden Grad von Demokratisierung, wodurch die unverfälschte Transmission der gesellschaftlichen Anforderungen in außenpolitische Entscheidungen in Frage gestellt wird; andererseits durch die Einwirkung des Sicherheitsdilemmas auf Demokratien, solange und wenn sie mit den Interaktionspartnern nicht in einer internationalen Organisation verbunden sind. Kant hatte diesen Aspekt nur angedeutet, wohl aber berücksichtigt. Vor ihm hatte das Projekt des Abbé de Saint Pierre die Bedeutung der internationalen Organisation für die Reduzierung des Sicherheitsdilemmas herausgearbeitet.

Die Bedeutung seines Theorems liegt darin, daß Immanuel Kant den Zusammenhang zwischen der republikanischen Verfassung eines Staates (der Demokratie) und dessen Außenpolitik ausführlich aufgezeigt und politologisch begründet hat. Mit dem Hinweis auf den foedus pacificum, die internationale Organisation, hat er die zweite Bedingung genannt, die erforderlich ist, um den Frieden, erstanden als permanente Absenz des Krieges und kontinuierliche gewaltfreie Bearbeitung aller Konflikte durch entsprechende Verfahren, zu verwirklichen. Aus dem Ergebnis der wissenschaftlichen Diskussion läßt sich auch eine Anleitung für die in der Mitte der neunziger Jahre laufende Diskussion um die Neuordnung Europas destillieren: Dessen Herrschaftssysteme müssen demokratisch organisiert und alle Staaten müssen in einer internationalen Organisation zusammengefaßt sein. Demokratie und *foedus pacificum* – darauf deutet Kants Theorem.

Literatur

Chan, Steve (1984), »Mirror on the Wall ... Are Freer Countries More Pacific?«, in: *Journal of Conflict Resolution* 28, S. 617-648.

Clinton, Bill (1993), »Clinton Warns of Perils Ahead Despite Cold War's End. Address to U.N. General Assembly«, in: *USPIT*, Nr. 099, September 29, S. 3-7.

Czempiel, Ernst-Otto (1986), *Systemwandel durch internationale Organisationen, Demokratisierung und Wirtschaft*, Paderborn: Schöningh.

– (1995a), »Are Democracies peaceful? Not Quite Yet«, in: *PRIF-Report*, Nr. 37, Frankfurt am Main, S. 20-21.
– (1995b), »NATO erweitern oder OSZE stärken?«, in: *HSFK-Standpunkte* 4, Juni 1995.
Doyle, Michael W. (1983), »Kant, Liberal Legacies and Foreign Affairs«, in: *Philosophy and Public Affairs* 12, S. 205-235.
Easton, David (1965), *A Systems Analysis of Political Life*, New York: John Wiley & Sons.
Forndran, Erhard (1983), »Interessenvermittlung und internationale Beziehungen. Zur Relevanz von Neokorporatismus in der internationalen Politik«, in: Ulrich von Alemann und Erhard Forndran (Hg.), *Interessenvermittlung und Politik*, Opladen: Westdeutscher Verlag, S. 143-176.
Gurr, Ted Robert, u. a. (1989), *Polity II Handbook*, Boulder: University of Colorado Press.
Hagan, Joe D. (1994), »Domestic Political Systems and War Proneness«, in: *Mershon International Studies Review* 38, S. 183-207.
Hanrieder, Wolfram F. (1965), »Actors Objectives and International Systems«, in: *Journal of Politics* 27, Februar, S. 109-132.
Höffe, Otfried (1995), »Ausblick: Die Vereinten Nationen im Lichte Kants«, in: ders. (Hg), *Immanuel Kant, Zum ewigen Frieden*, Berlin, S. 245-271.
Hurrel, Andrew (1990), »Kant and the Kantian Paradigm in International Relations«, in: *Review of International Studies* 16, 3, S. 183-205.
International Herald Tribune (1992), 20./21. Juni, S. 9.
Kant, Immanuel (1795), *Zum ewigen Frieden. Ein philosophischer Entwurf*, in: *Werke*, Akademie-Ausgabe, Bd. VIII, Neuauflage Berlin: de Gruyter 1968, S. 341-386.
Kersting, Wolfgang (1995), »Die bürgerliche Verfassung in jedem Staate soll republikanisch sein«, in: Otfried Höffe (Hg.), *Immanuel Kant, Zum ewigen Frieden*, Berlin.
Layne, Christopher (1994), »Kant or Cant – The Myth of Democratic Peace«, in: *International Security* 19, 2, S. 5-49.
Maoz, Zeev, und Bruce Russett (1993), »Normative and Structural Causes of Democratic Peace«, 1946-1986, in: *American Political Science Review* 87,3, S. 336 ff.
Maus, Ingeborg (1990), »Zur Theorie der Institutionalisierung bei Kant«, in: Gerhard Göhler u. a. (Hg.), *Politische Institutionen im gesellschaftlichen Umbruch*, Opladen: Westdeutscher Verlag.
Mill, James (1944), »Essays«, in: Klaus E. Knorr (Hg.), *British Colonial Theories* 1570-1850, Toronto: University of Toronto Press.
Oneal, J. R., und B. Lian (1992), »A Reexamination of the Domestic and International Influences on the President's Use of Force«. Paper presented at the APSA Convention, Chicago.

Rawls, John (1993), »The Law of Peoples«, in: *Critical Inquiry* 20, S. 36 bis 68.

Rindeile, Peter (1994), »Die Idee einer wohlgeordneten Staatengemeinde«, in: *Politische Vierteljahresschrift* 35, 4, Dezember, S. 658-698.

Risse-Kappen, Thomas (1994), »Wie weiter mit dem ›demokratischen Frieden‹?«, in: *Zeitschrift für Internationale Beziehungen* I, 2, S. 376.

Russett, Bruce (1993), *Grasping the Democratic Peace. Principles for a Post-Cold War World*, Princeton: Princeton University Press.

Senghaas, Dieter, und Eva Senghaas (1992), »Si vis pacem, para pacem«, in: *Leviathan* 20, 2, S. 1-19

Singer, David J., und Melvin Small (1972), »The Wages of War 1816-1965«, in: *A Statistical Handbook*, New York: John Wiley & Sons.

Useem, M. (1973), *Conscription, Protest and Social Conflict*, New York: John Wiley & Sons.

Waltz, Kenneth N. (1979), *Theory of International Politics*, Reading, Mass.: Addison-Wesley.

Wendt, Alexander (1992), »Anarchy is What States Make of it: The Social Construction of Power Politics«, in: *International Organization* 46, 2, S. 391-425.

Zielinski, Michael (1994/1995), »Der Idealtypus einer Friedensgemeinschaft«.Teil I: »Die Bedeutung der demokratischen Verfaßtheit ihrer Mitglider«, in: Link/Schütt-Wetschky/Schwan (Hg.), *Jahrbuch für Politik/Yearbook of Politics*, Nr. 2 (1994); Teil II: »Die Bedeutung des internationalen Systems«, in: *Jahrbuch für Politik/Yearbook of Politics* 1 (1995) (beide Artikel im Rahmen des Projekts »Friedensursachen. Genese und konstituierende Bedingungen von Friedensgemeinschaften am Beispiel der Bundesrepublik Deutschland und der Entwicklung ihrer Beziehungen zu den USA, Frankreich und den Niederlanden«).

Kenneth Baynes
Kommunitaristische und kosmopolitische Kritik an Kants Konzept des Weltfriedens

In der folgenden Abhandlung erwäge ich einige der gegenwärtigen Einwände, die sowohl von kommunitaristischer (oder partikularistischer) als auch kosmopolitischer (oder universalistischer) Seite gegen Kants Entwurf für das Projekt eines weltweiten Friedens erhoben wurden. Ich räume ein, daß Kants Theorie in der Tat Revision und Veränderung, vor allem in seiner zu einheitlichen oder zu wenig differenzierten Konzeption politischer Souveränität benötigt; ich halte jedoch daran fest, daß diese Theorie nach wie vor normative Bedeutung für uns besitzt.

1. Kants Republikanismus und sein Konzept des Weltfriedens

Bekanntlich stellte sich Kant einen Zustand internationalen Friedens vor, in dem freie und unabhängige Nationalstaaten freiwillig einem Vertrag zustimmen, durch den jeder Staat nicht nur das Ende eines bestimmten Krieges, sondern des Krieges überhaupt erklärt. Er nahm damit Abstand von dem, was er an anderer Stelle als die »in thesi richtige« (S. 357) Idee eines vereinigten Weltstaates oder einer Weltrepublik nannte, als einer praktisch unhaltbaren Vorstellung, deren Verwirklichung einen »seelenlosen Despotismus« (S. 367) hervorbringen würde, unter dem sich die Bürger nicht länger an das Recht ihres eigenen Staates gebunden fühlten.[1] Ganz im Gegensatz zu einigen seiner Interpretationen beinhaltete daher Kants Entwurf einer Weltordnung, die fortwährenden Frieden sichern würde, nicht eine einzige Weltregierung, sondern nur eine vage vorgestellte Föderation – eine

1 Immanuel Kant, *Zum ewigen Frieden*, in: *Kant's Gesammelte Schriften*, hg. von der Königlich Preußischen Akademie der Wissenschaften, Bd. VIII, S. 367. Seitenangaben im Text beziehen sich auf diese Ausgabe.

Art internationaler Gesellschaft (F. H. Hinsley) republikanischer Nationalstaaten, die auf der freiwilligen Akzeptanz der Rechtsordnung und des wechselseitigen Respekts der (inneren und äußeren) Souveränität des anderen gründet.[2]

Im Kern der Kantischen Argumentation für dieses Konzept steht seine Behauptung, daß der Weltfrieden nur möglich sei, wenn Staaten zunächst republikanisch geworden sind, da nur in einer politischen Ordnung, in der die Rechte der Individuen durch Gewaltenteilung, Rechtsstaatlichkeit und repräsentative Regierung garantiert sind, es möglich erscheint, daß das kriegslüsterne Streben der Monarchen wirksam im Zaum gehalten werden könne.[3] Außerdem wird nur eine Republik, in der die Bürger frei sind, mitzuentscheiden und ihrer Meinung über die öffentliche Politik Ausdruck zu verleihen – die also dem entspricht, was Kant das »transzendentale Prinzip der Publizität« nennt –, jene Art von internen oder inländischen Bedingungen sicherstellen, die für die Verwirklichung internationalen Friedens notwendig sind.

Trotzdem kann die republikanische Regierungsform allein, obwohl sie sich nach dem Prinzip der Publizität richtet, das eine *notwendige* Bedingung des Weltfriedens darstellt, nicht die Verwirklichung des Friedens garantieren. In den »Zusätzen« zu den Definitivartikeln *Zum ewigen Frieden* gibt sich Kant ein wenig einer spekulativen Geschichtsphilosophie und Mutmaßungen darüber hin, daß die »Natur«, die einen »verborgenen Plan« verfolge, mittels der »ungeselligen Geselligkeit« des Menschengeschlechtes und des »Handelsgeistes« ebenfalls für die Erhaltung des Friedens arbeite.[4] Kant zufolge arbeitet daher die Natur oder

2 Vgl. F. H. Hinsley, *Power and the Pursuit of Peace,* New York: Cambridge University Press 1963, S. 68; eine entgegengesetzte Interpretation, die Kants frühere Bemerkungen über eine Weltregierung in *Idee zu einer allgemeinen Geschichte in weltbürgerlicher Absicht* hervorhebt, bietet Hedley Bull, *The Anarchical Society,* New York: Columbia University Press 1977, S. 253 und S. 262.

3 Vgl. Leslie Mulholland, »Kant on War and International Justice«, in: *Kantstudien* 78 (1987), S. 25-41.

4 Zu einer aktuellen Beschäftigung mit Kants Perspektive vgl. Susan Shell, »Kant's Idea of History«, in: *History and the Idea of Progress,* hg. von Arthur M. Melzer, Jerry Weinberger, and M. Richard Zinman, Ithaca, New York: Cornell University Press 1995, S. 75-96.

die Vorsehung sogar gegen den Willen der Individuen daran, einen Zustand sicherzustellen, den alle als eine moralische Pflicht anstreben, nämlich einen Bund unabhängiger Nationalstaaten.

Obwohl unter dem Strich also zu Teilen eine Analogie gezogen werden kann zwischen Kants Idee des Gesellschaftsvertrages und der Bildung einer bürgerlichen Verfassung, in der die Individuen ihre »gesetzlose Freiheit« aufgeben, um einen Staat zu formieren, auf der einen Seite und der moralischen Verpflichtung, den internationalen Naturzustand zu verlassen und einen weltbürgerlichen Frieden anzustreben auf der anderen Seite, treibt Kant (zumindest im *Ewigen Frieden*) diese Analogie nicht so weit, daß er auf der Errichtung einer Weltrepublik bestünde. Auch der Staat ist eine »moralische Person«, die Anspruch auf Freiheit oder Unabhängigkeit besitzt, aber er ist nicht in gleicher Weise verpflichtet, seine wahre Freiheit in der Schaffung eines Weltstaates zu finden. Der Naturzustand zwischen den Nationen mag kein Hobbesscher Kriegszustand sein, aber seine Verfaßtheit wird durch die Abwesenheit einer höchsten Autorität bestimmt, die Auseinandersetzungen schlichten könnte. Kant zieht daraus jedoch nicht den Schluß, daß die Staaten diesen Stand der Freiheit aufgeben sollten, um ihre provisorischen Rechte in zwingende zu verwandeln. Vielmehr ist nur eine freiwillige Zustimmung zu einer internationalen Rechtsordnung, in der Staaten auf Krieg verzichten, mit dem Prinzip der Souveränität verträglich, an dem Kant festhält. Kurzum, Kant scheint die Vorstellung eines Weltstaates oder einer Weltrepublik genau deshalb zu verwerfen, weil sie die gleichen Gewalten der Souveränität erhalten müßte, die er dem Nationalstaat als unabhängiger moralisch-rechtlicher Person zuerkennt.

In den zweihundert Jahren, die seit seiner Unterbreitung vergangen sind, wurde Kants Vorschlag aus einer Vielzahl von Richtungen kritisiert. In der Gegenwart haben Kommunitaristen und andere »Partikularisten« die Auffassung vertreten, daß Kants prozeduraler Liberalismus – mit seiner scharfen Trennung des Richtigen vom Guten – unfähig sei, jene Art republikanischen Geistes sicherzustellen, der, auch in Kants eigener Begrifflichkeit, eine Bedingung des Weltfriedens darstellt. Umgekehrt haben diejenigen, die stärkere kosmopolitische oder »universalistische« Positionen vertreten, behauptet, daß Kant zu sehr der Idee des Nationalstaates verhaftet bleibe und daher über keine geeigneten Mittel verfüge, auf das Wiedererstarken des Nationalismus oder des »neuen Tribalismus« zu antworten, das sowohl die Menschenrechte als auch den Weltfrieden bedroht. In den folgenden Bemerkungen werde ich diese beiden Arten von Einwänden erörtern.

II. Die kommunitaristische Kritik am »prozeduralen Liberalismus«

In einer Reihe aktueller Aufsätze und Bücher hat Charles Taylor seine tiefe Skepsis zum Ausdruck gebracht gegenüber der Fähigkeit des Liberalismus, die allgemeinen notwendigen Bedingungen einer widerstandsfähigen demokratischen Politik, oder in seinen Worten, der republikanischen Selbstregierung[5] bereitzustellen. Ein »Unbehagen an der Moderne«, die Taylor mit Atomismus, instrumenteller Vernunft und dem »Verlust von Bedeutung und Freiheit« in der modernen Welt verbindet, wurde vom prozeduralen Liberalismus und von einer Politik der Neutralität begleitet, die nicht in der Lage ist, die erforderlichen Loyalitäten und Motivationen hervorzubringen, die für eine starke demokratische und republikanische Politik benötigt werden. Folgt man Kants eigenem Hinweis, könnte man ferner behaupten, daß die Unfähigkeit, auf dauerhafte Weise international Frieden und Gerechtigkeit zu erreichen, mit der Unfähigkeit verbunden ist, einen wahrhaften Republikanismus im Inland zu verwirklichen. Außerdem können die Faktoren, welche zum »Unbehagen an der Moderne« beitragen – etwa die Kultur des Besitzindividualismus, ungezügelte Märkte und Konsumismus sowie der nicht in Frage gestellte Glaube an die Segnungen wissenschaftlicher und technologischer Innovationen –, auch direkt die Verwirklichung des internationalen Friedens verhindern. Prozeduraler Liberalismus tendiere von daher zu einem »seelenlosen Despotismus«

5 Charles Taylor, »Aneinander vorbei: Die Debatte zwischen Liberalismus und Kommunitarismus«, in: Axel Honneth (Hg.), *Kommunitarismus. Eine Debatte über die moralischen Grundlagen moderner Gesellschaften*, Frankfurt am Main: Fischer 1993, S. 126 (Original: »Cross-Purposes: The Liberal-Communitarian Debate«, in: *Liberalism and the Moral Life*, hg. von Nancy Rosenblum, Cambridge: Harvard University Press 1989, S. 179.

(S. 367) im eigenen Land und sei unfähig, die notwendigen Bedingungen des Weltfriedens hervorzubringen.

Taylor bietet zwei Überlegungen, die diese Position unterstützen sollen. Erstens erfordern die politischen Freiheiten und Tugenden, die für republikanische oder »bürgerlich-humanistische« Politik benötigt werden, ein ziemlich hohes Maß an Selbstdisziplin und Bindung an ein von allen geteiltes »unmittelbar gemeinsames Gut«.[6] Unter einem nichtdespotischen Regime bestehe der einzig akzeptable Grund einer solchen Disziplin in der Selbstverpflichtung des Bürgers oder der »freiwilligen Identifizierung mit der Polis«.[7] Taylor nennt diese Verbindung von politischer Freiheit (oder Selbstregierung) und Patriotismus die »Grundthese der republikanisch-humanistischen Tradition«: Der Sachverhalt, daß Bürger über eine solche Form der patriotischen Identifikation verfügen, stellt eine »wesentliche Bedingung eines freien (nichtdespotischen) Regimes« dar.[8] Taylor zufolge ist es jedoch unwahrscheinlich, daß dieser erforderliche Patriotismus innerhalb einer liberalen oder »prozeduralen Republik« zu finden ist, weil diese Art von politischen Verhältnissen nicht die angemessenen politischen Tugenden und Freiheiten fördert und nicht die erforderliche »Liebe des Besonderen« oder die gemeinsame Treue zu einer bestimmten historischen Gemeinschaft« stützt.[9]

Zweitens stellt Taylor die eng mit der ersten Überlegung verknüpfte Behauptung auf, daß Liberalismus und republikanischer Humanismus zwei »inkommensurable« Vorstellungen über Staatsbürgerschaft und die Fähigkeiten von Bürgern zugrunde liegen.[10] Der Liberalismus vertrete die Modellvorstellung eines

6 Ebd., S. 114 (»Cross-Purposes«, 168 f.). Taylor unterscheidet hier zwischen einem »konvergent« gemeinsamen Gut, das einzelne Mitglieder einer Gemeinschaft teilen können (Wunsch nach sauberer Luft, militärischem Schutz etc.), und einem »unmittelbar gemeinsamen Gut«, das ein Wesensmerkmal einer konkreten geteilten oder gemeinsamen Identität darstellt.

7 Ebd., S. 110 (»Cross-Purposes«, S. 165).

8 Ebd., S. 116 (»Cross-Purposes«, S. 170).

9 Ebd., S. 123 (»Cross-Purposes«, S. 176).

10 Ebd., S. 127 (»Cross-Purposes«, S. 179). Ein vergleichbarer Kontrast zwischen diesen beiden Vorstellungen des Bürgers und den Fähigkeiten der Bürger findet sich in: »Alternative Futures: Legitimacy, Identity and Alienation in Late Twentieth Century Canada«, in: *Constitu-*

Bürgers, der vor allem daran interessiert sei, seine Rechte zu sichern, und den Staat vorrangig als ein Instrument oder Mittel betrachte, um seine eigenen Ziele zu verfolgen. Der republikanische Humanist definiere dagegen Staatsbürgerschaft in Begriffen der politischen Freiheit und des Vermögens, an der Selbstregierung teilzuhaben.[11] Diesem Modell zufolge betrachten die Bürger die politischen Institutionen als »Ausdruck ihrer selbst« und teilen eine tiefere »gemeinsame Identifikation« mit ihrem Gemeinwesen als einer besonderen historischen Gemeinschaft, die zu ehren und zu verteidigen sie bereit sind. Noch einmal soll betont werden, daß nur die letztere Auffassung vom Bürger das Schwergewicht auf das Vermögen der Selbstregierung legt, weil es geeignet ist, jenes Maß an Patriotismus zu erzeugen und zu erhalten, das für eine wahrhaft republikanische Politik erforderlich ist.

Die erste Reaktion auf Taylors Argumentation könnte einfach in dem Verlangen nach einer genaueren Klärung jener politischen Tugenden bestehen, die mit seiner Sicht des bürgerlichen Humanismus verbunden sind, und der Form des Patriotismus oder der »republikanischen Solidarität«, die sie hervorbringen. Bringt Patriotismus eine bestimmte Folge politischer Tugenden mit sich, die allgemeiner oder eher kontextbezogener sind als etwa jene, die Rawls unlängst als notwendige Bedingungen »fairer sozialer

tionalism. Citizenship and Society in Canada, hg. von A. Cairns und C. Williams, Toronto: University of Toronto Press 1985, S. 209 f. In dieser früheren Abhandlung behauptet Taylor jedoch nicht, daß diese beiden Modelle inkommensurabel seien, sondern nur, daß eine große Spannung zwischen ihnen bestehe. Für eine noch stärkere Behauptung der These, daß Patriotismus die Identifikation mit einer partikularen historischen Gemeinschaft erfordere, siehe A. MacIntyre, *Is Patriotism A Virtue?, The Lindley Lecture,* Kansas: University of Kansas 1984.

11 Michael Walzer bietet einen ähnlichen Kontrast zwischen zwei Vorstellungen des Bürgers, dem aktiven Teilnehmer und dem passiven Empfänger. Anders als Taylor betrachtet er sie jedoch nicht als »inkommensurabel«, sondern als zwei (idealtypische) Extreme, die sich möglicherweise immer in Spannung befinden. Vgl. Walzer, »Citizenship«, in: *Political Innovation and Conceptual Change*, hg. von T. Ball, J. Farr und R. Hanson, New York: Cambridge University Press 1989, S. 216; vgl. auch »The Problem of Citizenship«, in: *Obligations,* Cambridge: Harvard University Press 1970.

Kooperation« (zum Beispiel Höflichkeit, Toleranz, Vernünftigkeit und ein Sinn für Fairneß) ausgemacht hat?[12] Schließt er solche Tugenden ein wie den Respekt für grundlegende demokratische Normen und jene Art von gegenseitigem Respekt, der mit attraktiveren Interpretationen liberaler Neutralität verknüpft ist, die sich etwa bei Kant oder Rawls finden? Offensichtlich ist eine Antwort auf diese Fragen nötig, bevor die Tragweite des Taylorschen Einwandes abgeschätzt werden kann, wonach die beiden Konzeptionen des Bürgers wirklich »inkommensurabel« sind und nicht einfach sich ergänzende Aspekte eines allgemeineren Begriffs von Bürgerschaft darstellen. Duldung und gegenseitiger Respekt scheinen genausowenig wie die Verpflichtung zur Fairneß die traditionelleren republikanischen Tugenden auszuschließen, wenigstens nicht so lange, wie Konkurrenten der Überzeugung sind, daß ihre Ansprüche fair und unter Bedingungen, die Gleichheit der Anliegen und Interessen sicherstellen, verfolgt werden können.

Trotz dieser Mehrdeutigkeit, die Taylors Modell der Staatsbürgerschaft anhaftet, gibt es dennoch zwei Vorbehalte, die ihm gegenüber erhoben werden können. Erstens verteidigt Taylor, zum mindesten in dem Aufsatz, auf den ich eingegangen bin, eine äußerst unvermittelte Vorstellung des öffentlichen Lebens: Die bereitwillige Identifikation des Bürgers oder der Bürgerin bezieht sich direkt auf die politische Gemeinschaft als ganze und erscheint nicht durch seine oder ihre Mitgliedschaft in freiwilligen oder untergeordneten Vereinigungen vermittelt. Hier sind die Unterschiede zwischen Taylor und Michael Walzer am auffälligsten. In Walzers Modell des liberalen Pluralismus bestehen die Loyalitäten der Bürger vorrangig gegenüber den verschiedenen überkommenen und freiwilligen Vereinigungen, denen sie

12 Siehe »The Priority of the Right and Ideas of the Good«, *Philosophy and Public Affairs* 17 (1988), S. 263 (deutsch in: *Die Idee des politischen Liberalismus. Aufsätze 1978-1989*, hg. von W. Hinsch, Frankfurt am Main: Suhrkamp 1994, S. 389). Taylor würde wahrscheinlich Rawls' Liste für unangemessen halten, insofern sie nicht eigens das aufführt, was er ›teilnehmende Selbstregierung‹ nennt. Doch dieser Ausdruck ist selbst vage und bezieht sich möglicherweise nicht einmal auf eine einzige Tugend, wie Taylors Identifikation von »Patriotismus« und »republikanischer Solidarität« nahelegt (siehe unten).

angehören, und nur auf vermittelte Weise gegenüber dem neutralen Staat, der diese Vereinigungen schützt, indem er allgemeine Bedingungen gegenseitigen Respekts befördert.[13] Staatsbürgerschaft wird nach diesem Modell nicht als »unschätzbares Gut an sich« betrachtet noch für ein Bestandteil einer überwölbenden Konzeption des guten Lebens gehalten, die der Staat legitimerweise befördern könnte.[14] Überdies ist Patriotismus nicht als »freiwillige Identifizierung« des Bürgers mit der politischen Gemeinschaft als ganzer definiert. Vielmehr besteht das Kennzeichen des Patriotismus im Rahmen dieses liberalen pluralistischen Modells eher darin, ob die Bürger in der Lage sind, einer »gesellschaftlichen Vielfalt zuzustimmen als einer ›einzigen und unteilbaren Republik‹ die Treue zu schwören«.[15] Schließlich werden politische Macht- und Willensbildungsprozesse, obwohl sie ein notwendiges Tätigkeitsfeld bilden, nicht als »geistig getragene Handlungen« empfunden, zumindest nicht von der Mehrheit der Bürger. Im Rahmen des pluralistischen Modells gibt es, um es anders und vielleicht besser auszudrücken, einen Bedarf, dasjenige, was als politische Tätigkeit bezeichnet wird, neu zu bedenken, da die meisten Individuen politisch aktiv werden durch die Teilnahme an verschiedenen untergeordneten Vereinigungen, deren Mitglieder sie freiwillig werden. Daher scheint der Liberalismus im Hinblick auf jedes dieser Themen – Staatsbürgerschaft, Patriotismus und politische Aktivität – ein passendes Modell des öffentlichen Lebens und einen abstrakteren oder »reflektierten Patriotismus« (Tocqueville) zu bieten, in dem die politischen Tugenden, die für gegenseitigen Respekt erforderlich sind, gewährleistet werden können, ohne daß sie auf jene Art von bürgerlichem Humanismus angewiesen sind, für den sich Taylor stark macht.[16]

13 Michael Walzer, »The Communitarian Critique of Liberalism«, in: *Political Theory* 18 (1990), S. 6-23, und »What Does It Mean to be an American«, in: *Social Research* 57 (1990), S. 591-614.
14 Ebd., S. 603.
15 Ebd.
16 Vgl. auch Rawls' Kritik an Taylor in »The Priority of the Right and Ideas of the Good«, a.a.O., S. 272, und Walzers Bevorzugung der Rawlsschen Position gegenüber einem stärkeren bürgerlichen Republikanismus: »The Communitarian Critique of Liberalism«, a.a.O., S. 19 f.

Zweitens ist es schwierig, eine Schlußfolgerung zu vermeiden, die Taylor auf eine Weise anstellt, die geradezu moralische Erwartungen an seine Bürger stellt: die Erwartung nämlich, daß Bürger die Bindung an eine einzige, übergreifende Vorstellung des Gutes des öffentlichen Lebens (»das höchste politische Gut«) teilen und daß sie gewillt sind, ihre eigenen Privatinteressen diesem gemeinsamen Gut unterzuordnen.[17] Im Gegensatz zu dieser Position, welche die Bedingungen republikanischer Politik fast ausschließlich an das moralische Leistungsvermögen der Bürger bindet, kann nach Wegen gesucht werden, diese Erwartungen zu mildern und in einigen Fällen durch eine institutionelle Konstruktion zu ersetzen.

An anderer Stelle habe ich einige Vorschläge für eine alternative institutionelle Konstruktion unterbreitet, die auf eine im stärkeren Maße republikanische und deliberative Politik zielt – unter Einschluß von Institutionen, die dazu bestimmt sind, Präferenzen zu reinigen oder zu filtern, wechselseitigen Respekt unter verschiedenen Standpunkten zu befördern und eine weitere und öffentlichere Meinungsbildung und Entscheidungsfindung zu garantieren.[18] Ich möchte in diesem Zusammenhang hinzufügen, daß diese Vorschläge auch als Beiträge zur sogenannten Differenzierung der inneren Souveränität verstanden werden können.[19] Es ist nicht nur so, wie es Walzers Überlegungen nahelegen, daß nun die Loyalitäten innerhalb eines allgemeiner gewordenen Rahmens zum Schutz der Individualrechte weiter gestreut werden; vielmehr werden auch verschiedene Gewalten und Verantwortlichkeiten, die herkömmlicherweise mit dem politischen Souverän verknüpft waren, mit anderen Institutionen und Vereinigungen innerhalb der bürgerlichen Gesellschaft geteilt. Eine solche Differenzierung der Souveränität ist bereits in den Prinzipien des Föderalismus enthalten, welche die amerikanische

17 Vgl. »Aneinander vorbei«, a.a.O., S. 125 (»Cross-Purposes«, S. 178), und »Alternative Futures«, a.a.O., S. 213.

18 Vgl. meinen Aufsatz »Liberal Neutrality, Pluralism, and Deliberative Politics«, in: *Praxis International* 12 (1992), S. 50-69.

19 Zur begrifflichen Unterscheidung zwischen ›innerer‹ und ›äußerer‹ Souveränität sowie zur Befürwortung ihrer stärkeren Differenzierung siehe Charles Beitz, »Sovereignity and Morality in International Affairs«, in: *Political Theory Today*, hg. von David Held, Stanford: Stanford University Press 1991, S. 236-254.

Verfassung prägen; sie kann jedoch noch durch veränderte Verhältnisbestimmungen der verschiedenen in Frage kommenden Gruppen und Vereinigungen weiter getrieben werden. Ich denke hier zum Beispiel an einige Vorschläge für ein neokorporatistisches Demokratiemodell, wie sie Schmitter, Cohen, Rogers und andere unterbreitet haben, oder an andere Positionen, die alternative Modelle der Repräsentation vorschlagen.[20] Ein zentrales Anliegen all dieser Stellungnahmen besteht darin, sicherzustellen, daß alle wichtigen Gruppen eine wirkliche Gelegenheit zur Teilhabe an der Bildung und, in einigen Fällen, an der Verwirklichung politischer Entscheidung besitzen und daß angemessene Wege der Verteilung von Verantwortlichkeiten beibehalten werden. Bei alledem führt eine Strategie der Bildung von Institutionen, die einer solchen Absicht folgt, nicht zu einer Zurückweisung des Kantischen Liberalismus, sondern vielmehr zur Veränderung seiner zugrundeliegenden Konzeption von Souveränität – dies ist ein Punkt, auf den ich noch einmal zu sprechen kommen werde.

III. Die kosmopolitische Ablehnung des »Weltstaates«

Im Gegensatz zu dieser kommunitaristischen oder »partikularistischen« Kritik an Kant ist die Angemessenheit seines Entwurfs eines internationalen Friedens auch durch eine stärker kosmopolitische oder »universalistische« Position in Frage gestellt worden. Diese gegenwärtigen Verfechter des Kosmopolitismus halten es, zum Teil durch das Wiederemporkommen der verschiedenen Nationalismen und nationalistischen Bewegungen motiviert, für fragwürdig, ob ein allzu starkes Beharren auf den Grenzen des Nationalstaates noch moralischen Wert oder Bedeutung besitzt.[21] Für einige von ihnen zeigt Kants Zurückwei-

20 Vgl. zum Beispiel das Symposium über Joshua Cohen und Joel Rogers, »Secondary Associations and Democratic Governance«, in: *Politics and Society* 20 (1992), und Ian McLean, »Forms of Representation and Systems of Voting«, in: *Political Theory Today*, S. 172-196.

21 Vgl. zum Beispiel Kai Nielsen, »World Government, Security, and Global Justice«, in: *Problems of International Justice*, hg. von Steven Luper-Foy, Boulder, Colo.: Westview Press 1988, und Veit Bader,

sung einer Weltrepublik schlicht, daß es ihm nicht gelinge, mit der tieferen Motivation für seine eigenen moralischen und politischen Prinzipien konsistent zu bleiben. Für andere zeigt die Tatsache, daß das »Gleichgewicht der Kräfte« und das System der Nationalstaaten historisch daran gescheitert sind, Frieden und Gerechtigkeit zu sichern und mit anderen drängenden Problemen (Umweltkatastrophe etc.) fertig zu werden, daß der Nationalstaat »obsolet« geworden sei und ein stärkerer »globaler Konstitutionalismus« (Falk) vorangetrieben werden müsse.[22] Schließlich legen die zu Tage tretenden weniger attraktiven Aspekte und Erscheinungsformen des Nationalismus nahe, Kants Einschätzung für zu optimistisch zu halten, wonach aus der sprachlichen und religiösen Verschiedenheit ein Gleichgewicht der Macht zwischen den Nationalstaaten erwachsen könnte (vgl. *Zum ewigen Frieden*, S. 367 f.); Kant scheint nicht ernsthaft genug in Betracht gezogen zu haben, daß die Tendenz nationalistischer Empfindungen jene Art republikanischer Bedingungen untergräbt, die er für die Sicherstellung des Zustandes eines internationalen Friedens für notwendig hielt.

Der neue Kosmopolitismus oder Universalismus hat selbst unterschiedliche Formen angenommen (nicht alle von ihnen sind gleichermaßen feindlich gegenüber dem Nationalstaat, obwohl alle seinen Anspruch auf ungeteilte innere und äußere Souveränität bestreiten würden). Eine Form ist ein erneuertes Beharren auf dem Respekt der Menschenrechte, der nationale Grenzen und Interessen überschreitet – dies zeigt sich beispielsweise in der Erneuerung des Interesses an Theorien internationaler Gerechtigkeit.[23] Eine andere Form artikuliert sich in dem Ruf nach einer »neuen Weltordnung«, in der größere Macht an internationale Körperschaften mit Regierungsvollmacht, wie etwa die Vereinten Nationen delegiert wäre. Schließlich treten andere immer noch

»Citizenship and Exclusion«, in: *Political Theory* 23 (1995), S. 211 bis 246.

22 Vgl. *The Constitutional Foundations of World Peace*, hg. von Richard Falk, Robert Johansen und Samuel Kim, Albany, New York: State University of New York Press 1993.

23 Charles Beitz, *Political Theory and International Relations*, Princeton: Princeton University Press 1979, und R. J. Vincent, *Human Rights and International Relations*, New York: Cambridge University Press 1986.

für einen »globalen Konstitutionalismus« ein, in dem Macht und Autorität zwischen den drei Systemen der Nationalstaaten, den internationalen staatlichen Institutionen und den nichtstaatlichen Organisationen und Bürgervereinigungen der verschiedenen Art geteilt würde.[24]

Ohne daß ich mich ausschließlich mit einem dieser spezielleren Vorschläge identifiziere, möchte ich einen alternativen Weg erkunden, auf einige der tieferen Besorgnisse, durch die diese Einwände motiviert sind, einzugehen – ein Weg, der dem Geist des Kantischen Kosmopolitismus verpflichtet bleibt, indem er dem Nationalstaat noch eine Rolle zuerkennt, während zugleich der in dieser Theorie in Anspruch genommene Begriff der Souveränität in Frage gestellt wird. Ich möchte, um es anders auszudrükken, keinen Übergang vom Nationalstaat zum Weltstaat vornehmen, bei dem die zugrundeliegende Vorstellung von Souveränität unangetastet bliebe; ich will vielmehr die Möglichkeit einer differenzierteren Konzeption der äußeren Souveränität ausloten, die eine Parallele zu jener differenzierteren Konzeption der inneren Souveränität bildete, die oben als Antwort auf den kommunitaristischen Einwand entwickelt wurde.

In seiner Auseinandersetzung mit Kant in *Power and the Pursuit of Peace* hat F. H. Hinsley die zentrale Bedeutung des Begriffs der Souveränität für Kants Erörterung des internationalen Friedens richtig wahrgenommen: »Kant besteht darauf, daß irgend eine andere Lösung [als die Weltregierung] vorhanden sein muß – daß der internationale Frieden auf der Freiheit des Staates beruhen und durch sie erhalten werden muß –, weil er die Lehre von der staatlichen Souveränität und Autonomie zu ihrer logischen Schlußfolgerung führte«.[25] Im Gegensatz zu Kants Position möchte ich daher die Möglichkeit einer differenzierteren und ausgedehnteren Konzeption von Souveränität erwägen, die zwar an einem gewissen Element »rechtlicher Souveränität« für Staaten festhält (und auf diese Weise deren moralisch-rechtliche Personalität bewahrt), ohne dabei jedoch jede Form von Macht und Autorität zu akzeptieren, die, zumindest herkömmlicherweise, mit der Vorstellung der Souveränität verbunden ist.[26]

24 Vor allem die Aufsätze in: *The Constitutional Foundations of World Peace*, a.a.O.

25 Hinsley, *Power and the Pursuit of Peace*, a.a.O., S. 67.

26 Ähnliche Vorschläge finden sich bei: Charles Beitz, »Sovereignity

Wie David Held in seinem lehrreichen Aufsatz »Democracy and the Global System« gezeigt hat, arbeitet die moderne republikanische Theorie, inklusive der gegenwärtigen Demokratietheorie, im allgemeinen mit einer unhinterfragten Konzeption politischer Souveränität, in welcher der Staat gedacht wird als eine »umschriebene Machtstruktur mit höchster Jurisdiktion über ein Territorium, das einer bestimmten Bürgerschaft zugerechnet werden kann«.[27] Besonders die Demokratietheorie arbeitet mit einer auffällig einheitlichen Vorstellung von Souveränität, indem sie, wie Held es ausdrückt, an einer »symmetrischen« und »kongruenten« Beziehung zwischen politischen Entscheidungsträgern und den Betroffenen politischer Entscheidungen festhält: »In der Tat werden Symmetrie und Kongruenz an zwei entscheidenden Punkten unterstellt: erstens zwischen den wahlberechtigten Bürgern und den Entscheidungsträgern, die sie, im Prinzip, zur Verantwortung ziehen können, und zweitens zwischen dem ›Output‹ (Entscheidungen, politischen Maßnahmen etc.) der Entscheidungsträger und ihren Wählern – letztlich ›dem Volk‹ in einem abgegrenzten Territorium«.[28] Der Begriff politischer Souveränität verstärkt vermutlich diese allgemeine Vorstellung von Demokratie, indem er sowohl Macht und Autorität in einer einzigen handelnden Instanz lokalisiert, die von der Bürgerschaft zur Verantwortung gezogen werden kann, als auch durch die Definition der maßgebenden Gruppe, für die der Souverän verantwortlich und rechenschaftspflichtig ist durch territoriale Grenzziehung. Die Konzeption innerer und äußerer Souveränität und diese übliche Interpretation der Demokratie greifen daher gut ineinander.

Diese Konzeption von Souveränität ist jedoch, wie Held und viele andere gezeigt haben, in der gegenwärtigen Weltlage kaum zu finden. Tendenzen zu einer »weltweiten Vernetzung« haben die Ausübung von Souveränität sowohl modifiziert als auch

and Morality in International Affairs«, in: David Held (Hg.), *Political Theory Today*; Veit Bader, »Citizenship and Exclusion«, a.a.O., und Thomas Pogge, »Cosmopolitanism and Sovereignity«, in: *Ethics* 103 (1992), S. 48-75.

27 Held, »Democracy and the Global System«, in: *Political Theory Today*, hg. von D. Held, Stanford: Stanford University Press 1991, S. 223.

28 Ebd., S. 198.

beschränkt und die Annahmen über Symmetrie und Kongruenz in Frage gezogen. Prozesse der Globalisierung haben nicht nur Strukturen der Entscheidungsfindung hervorgebracht, die mit der Gesetzgebung und Rechtsprechung des Nationalstaates weniger verbunden und ihm daher weniger verantwortlich sind; diese Entscheidungen, die im weitesten immer noch innerhalb des Rechtssystems des Nationalstaates getroffen werden, haben zugleich Konsequenzen, die weit über nationale Grenzen hinausgehen.

Um diese Behauptung, welche die gewachsenen Beschränkungen nicht nur der faktischen Autonomie, sondern auch der Souveränität des Staates in Betracht zieht, zu stützen, weist Held auf den strukturellen Wandel innerhalb der nationalen politischen Ökonomien und auf die wachsende Macht und Einflußmöglichkeiten der multinationalen Körperschaften, auf gegenwärtige Entwicklungen im internationalen Recht und auf die Entstehung hegemonialer Gewalten und Machtblöcke (wie die Europäische Gemeinschaft und die Nato) hin, die es den unabhängigen Nationalstaaten erschweren, politische Ziele ausschließlich mit ihren eigenen Mitteln zu verfolgen. Held folgert daher:

»Diese Prozesse allein rechtfertigen die Behauptung, daß das Handeln der Staaten in einem immer komplexeren internationalen System sowohl ihre Autonomie begrenzt als auch im wachsenden Maße ihre Souveränität verletzt. Jede Konzeption von Souveränität, die sie als eine unbegrenzbare und unteilbare Form der öffentlichen Macht deutet, wird untergraben. Souveränität selbst muß heute als bereits auf eine Vielzahl von Wirkungsträgern – nationalen, regionalen und internationalen – verteilt und als durch diese Pluralität begrenzt gedacht werden.«[29]

Der Anregung von Hedley Bull folgend, beschreibt Held die Ergebnisse dieser Trends zur Globalisierung als eine Art »neumittelalterlicher internationaler Ordnung – ein modernes und säkulares Gegenstück jener politischen Organisation, die im christlichen Europa des Mittelalters existierte, dessen Wesensmerkmal im ›System einer übergreifenden Autorität und vielfacher Loyalität‹ bestand«.[30] Im Gegensatz zu Bull, dessen Position der von Kant näher kommt, ist Held jedoch der Auffassung, daß das Model der »übergreifenden Autorität und kreuz und

29 Ebd., S. 222.
30 Ebd., S. 223.

quer laufenden Loyalitäten« doch einige normativ ansprechende Charakteristiken bereithalte.

Diese Entwicklungstrends haben natürlich nicht, wie Held ebenso betont, den Nationalstaat irrelevant und obsolet gemacht; diese Trends sind zudem höchst ambivalent, insofern sie die Werte weltweiter Gerechtigkeit, des Friedens und – vielleicht besonders – demokratischer Herrschaft betreffen. Trotzdem weisen sie jedoch auf der normativen Ebene auf die Möglichkeit hin, kreativ über globalen Konstitutionalismus nachzudenken, ohne von der Einheitsvorstellung äußerer Souveränität (wie sie von Kant und von so vielen der gegenwärtigen Demokratietheoretiker vorausgesetzt wird) Gebrauch zu machen. Um ein Beispiel zu nennen: Obwohl die gleichzeitige Demokratisierung und Stärkung der Macht der Vereinten Nationen in der Welt nach dem Ende des Kalten Krieges eine offensichtliche Option bleibt, stellt die Vorstellung einer zentralisierten Weltregierung mit zwingender Polizeigewalt nicht die einzige Alternative zum bestehenden System der Nationalstaaten dar. Es können noch andere Möglichkeiten des globalen Konstitutionalismus erkundet werden, die auf demokratisch kreative Weise das bestehende System der Staaten mit internationalen Regierungsorganisationen und einer globalen bürgerlichen Gesellschaft, die eine Vielzahl von nichtstaatlichen Organisationen und Vereinigungen umfaßt, zusammenschließen könnte.

Ein solcher Entwurf des globalen Konstitutionalismus bringt natürlich schwierige Fragen der Zurechenbarkeit und der demokratischen Legitimation mit sich. Wie die entsprechende Differenzierung der inneren Souveränität, so müßte die Differenzierung der äußeren Souveränität auf eine Weise voranschreiten, die gewährleistet, daß die Handlungen der verschiedenen staatlichen Autoritäten gegenüber denjenigen Gruppen verantwortbar bleiben, die durch sie betroffen werden. Solche Autoritäten müßten zudem auf eine Weise konstituiert werden, die mit den grundlegenden Individualrechten und den Prinzipien demokratischer Legitimation in Einklang gebracht werden kann. Ich habe in dieser Hinsicht keine besonderen Empfehlungen zu geben, außer wiederum auf einige Vorschläge des demokratischen Neokorporatismus hinzuweisen. Die Konzeption einer differenzierten inneren und äußeren Souveränität würde zumindest eine entsprechende kosmopolitische und pluralistische Öffentlichkeit erfordern, die in der Lage ist, auf verschiedene Weise und auf unterschiedlichen Ebenen Probleme und Themen aufzugreifen, die auf die Bildung der internationalen Politik einwirken.

IV. Schlußfolgerung: Politische Identität und kulturelle Verschiedenheit

Diese Bezugnahme auf das Bedürfnis nach einer stabilen, pluralistischen und dynamischen Öffentlichkeit als einer notwendigen Bedingung für einen wahrhaften Republikanismus im Sinne Kants *und* für eine weltbürgerliche Gesellschaft führt zurück zur Frage nach der angemessenen Rechtfertigung für jede bindende politische Autorität in einer solch pluralistischen Gesellschaft. Angesichts der Tatsache, daß in einem nichtdespotischen Regime eine solche bindende Autorität nur auf der Grundlage eines freien oder willentlichen Konsenses erwachsen kann, ist genauer zu fragen, worin die normativen Orientierungen bestehen, die Mitglieder eines Staatswesens teilen müssen, um eine deliberative Politik zu ermöglichen. Es ist zu beachten, daß diese letzte Frage auf einem etwas abstrakteren Niveau weitgehend jenes Anliegen neu formuliert, das Taylors oben dargelegte »republikanische These« leitete.

Obwohl die gegenwärtige Liberalismus-Kommunitarismus-Debatte einen nützlichen Kontext geschaffen hat, in dem viele strittige Punkte, die zur Beantwortung jener Fragen relevant sind, von neuem aufgegriffen werden können, glaube ich nicht, daß eine der Seiten eine angemessene Lösung angeboten hat. Auf der einen Seite kann der Kommunitarismus wegen seiner ausschließenden und/oder assimilierenden Tendenzen kritisiert werden.[31] Auf der einen Seite wurde der Liberalismus oft kritisiert, weil er überhaupt kein Konzept von Gemeinschaft gutheiße und/oder nicht in der Lage sei, die »normalisierenden« Auswirkungen von Bürokratisierung, Verrechtlichung und wachsendem Konsum auf das Alltagsleben ernst genug zu neh-

31 Vgl. zum Beispiel Amy Gutmann, »Communitarian Critics of Liberalism«, in: *Philosophy and Public Affairs* 14 (1985), S. 308-322; Don Herzog, »Some Questions for Republicans«, in: *Political Theory* 14 (1986), und Williams Conolly, »Identity and Difference in Liberalism«, in: *Liberalism and the Good,* a.a.O., S. 78.

men.[32] Obwohl ich nicht davon ausgehe, die vielen spannungsreichen Beziehungen zwischen Universalismus und Partikularismus, die durch diese Streitfragen hervorgerufen werden, in angemessener Weise behandeln zu können, möchte ich dennoch drei Beobachtungen mitteilen, die helfen können, den Boden für die weitere Diskussion zu bereiten.

Erstens ist es heute wichtig, trotz einiger konzeptueller und praktischer Schwierigkeiten, die damit verbunden sind, weiterhin auf der Unterscheidung zwischen politischer Gemeinschaft (oder Staatswesen) und ethnischer oder kultureller Gemeinschaft zu beharren.[33] Obwohl diese beiden Vorstellungen von Gemeinschaft in der klassischen Bestimmung der *polis* möglicherweise nicht klar genug unterschieden wurden und später für eine bestimmte Weile in der Idee des Nationalstaates vereinigt waren, enthalten sie doch Ideale und Werte, die im wachsenden Maße in Konflikt miteinander geraten.[34] Die eine Vorstellung bezieht sich auf universalistische Rechte und weiß sich Verfassungsprinzipien verpflichtet, während die andere möglicherweise notwendig partikularistisch ist und durch verschiedene Weisen eines sozialen Ausschlusses (durch Sprache, Religion, ethnische Zugehörigkeit etc.) definiert ist. Im Gegensatz zu den Argumenten von Taylor, MacIntyre und anderen Kommunitaristen habe ich vorgebracht, daß ein republikanisches Gemeinwesen nicht erfordert, daß seine Mitglieder die Bindung an eine gemeinsame kulturelle Tradition oder eine überwölbende Konzeption des Guten teilen. Vielmehr ist vor allem jene Einstellung erforderlich, die Habermas »Verfassungspatriotismus« genannt hat, eine Loyalität gegenüber abstrakteren Prinzipien und Verfahren, die mit der Universalisierung demokratischer Normen und der Menschenrechte verbunden sind.[35]

32 Vgl. W. Connolly, »Identity and Difference in Liberalism«, a.a.O., S. 74 f., sowie fast jeder der vielen Kritiker, die die Moderne entweder aus einer neokonservativen oder einer postmodernen Perspektive kritisieren.

33 Vgl. W. Kymlicka, *Liberalism, Community and Culture,* New York: Oxford University Press 1989, S. 135.

34 Vgl. zum Beispiel die Bemerkungen von Habermas in »Historical Consciousness and Post-traditional Identity«, in: *The New Conservatism,* Cambridge: MIT Press 1989.

35 Ebd., S. 261 f. – Habermas' Vorstellung scheint dem nahezukommen, was Tocqueville »reflektierter Patriotismus« genannt hat; siehe

Zweitens bedeutet die Idee des »Verfassungspatriotismus« jedoch nicht, daß kein Bedarf bestünde, einige der Vorstellungen, die traditionell mit der liberalen Verfassung verknüpft waren, zu revidieren. »Verfassungsmäßige Grenzen müssen kreativ neu definiert und durch politischen Druck erweitert werden, um neuen Verhältnissen zu entsprechen.«[36] Entsprechend darf der »Bereich des Politischen« nicht statisch bestimmt oder durch Appelle an den Gemeinsinn oder an grundlegenden Intuitionen, die in der liberal-bourgeoisen Gesellschaft latent sind, ungebührlich eingeschränkt werden; er sollte vielmehr dynamischer gefaßt werden im Sinne einer reflexiven und selbstkritischen Anwendung der Idee der vernünftigen Verständigung zwischen freien und gleichen Personen. Genauer betrachtet scheint es nun notwendig, Marshalls dreifaches Schema der Ausdehnung der staatsbürgerlichen Rechte – liberale Abwehrrechte, politische Teilnahmerechte, soziale Teilhaberechte – so zu verbessern, daß es die verschiedenen Rechte kultureller Mitgliedschaft einschließt. Dies würde nicht nur bedeuten, daß Bürger das Recht freier Vereinigung besitzen, sondern auch »Minderheitskulturen« innerhalb einer politischen Gemeinschaft oder Staatswesen ein Recht auf eine bestimmte Art von Schutz und Unterstützung geltend machen könnten.[37]

Natürlich ist es leicht möglich, daß die erste Kategorie der traditionellen liberalen Grundrechte mit der letzten Art von Rechten zuzeiten in Konflikt geraten kann (wie es bei Versuchen, die Integrität einer bestimmten Minderheitskultur zu bewahren, geschehen kann). Aber diese Spannung zwischen Universalismus und Partikularismus innerhalb des Bereichs der staatsbürgerlichen Rechte entsteht nicht nur im Hinblick auf Fragen kultureller/politischer Identität. Sie entsteht, wo immer sich vielfältige und »überdeterminierte« Identitäten einer Person kreuzen (zum Beispiel zwischen dem öffentlichen und dem nichtöffentlichen

Mary Dietz, »Patriotismus«, in: *Political Innovation and Conceptual Change*, a.a.O., S. 177-193.

36 Connolly, »Identity and Difference in Liberalism«, a.a.O., S. 75.

37 Siehe W. Kymlicka, *Liberalism, Community and Culture*, a.a.O., Kapitel 7-9, in denen er darlegt, daß die Anerkennung einer bestimmten Gruppe oder kollektiver Rechte für Kulturen von Minderheiten (etwa die eingeborener Völker) nicht unvereinbar mit dem Liberalismus ist.

Selbst, zwischen verschiedenen Weisen eines nichtöffentlichen Selbst und zwischen verschieden Weisen eines öffentlichen Selbst).[38] Hier müssen die Liberalen einräumen, daß es vielleicht keine mögliche Welt ohne ethischen Verlust gibt.[39] Ein vergleichbares Problem entsteht auch in umgekehrter Hinsicht, wenn man den Blick von den staatsbürgerlichen Rechten zu den internationalen Menschenrechten wendet: Obwohl aus einer universalistischen Perspektive jede »nationale Grenze« moralisch willkürlich und kontingent erscheint, würde ein vollständiges Fehlschlagen des Versuches, mit solchen nationalen Eingrenzungen irgendeine moralische Bedeutung zu verbinden, als eine Aushöhlung der Wirksamkeit jedes staatsbürgerlichen Rechtes überhaupt erscheinen.[40] Von daher scheint, noch einmal, eine Welt ohne ethischen Verlust nicht möglich.

Schließlich kann weder der Verfassungspatriotismus allein noch die Anerkennung des Wertes der Rechte auf kulturelle Mitgliedschaft jene Art politischer Kultur garantieren, die erforderlich ist, damit wahrhaft republikanische und deliberative Politik wirksam werden kann. Es ist nicht nur der Respekt für Rechte und demokratische Normen, sondern die kulturelle Anerkennung des Wertes der kulturellen Differenz, die eine notwendige Bedingung wirksamer deliberativer Politik darstellt. Die Schaffung und Erhaltung dieser Art politischer Kultur ist sicherlich keine leichte Aufgabe. Sie verlangt die permanente Kritik dessen,

38 Diese Spannung ist daher analog zu dem, was Connolly das »Paradox der Politik« nennt; siehe »Identity and Difference in Liberalism«, a.a.O., S. 82.

39 Siehe Rawls, »The Priority of the Right and the Ideas of the Good«, S. 265 f.; Isiah Berlin, *Concepts and Categories,* New York: Oxford University Press 1980.

40 Zu dieser Spannung zwischen Universalismus und Partikularismus siehe Charles Beitz, »Cosmopolitan Ideals and National Sentiment«, in: *Journal of Philosophy* 80 (1983), S. 591-600. Zu einer gegensätzlichen Interpretation der moralischen Bedeutung nationaler Grenzen siehe David Miller, »The Ethical Significance of Nationality«, in: *Ethics* 98 (1988), S. 647-662; Robert Goodin, »What Is So Special About Our Fellow Countrymen?«, in: *Ethics* 98 (1988), S. 663-686; Joseph Carens, »Aliens and Citizens: The Case of Open Borders«, in: *The Review of Politics* 49 (1987), S. 251-272, und Onora O'Neill, »Justice, Gender, and International Boundaries«, in: *British Journal of Political Science* (1990), S. 439-459.

was Marcuse die »repressive Toleranz« einer »affirmativen Kultur« nannte – im Namen einer starken Form des gegenseitigen Respekts. Kants Mahnung, daß eine republikanische Regierung und eine kritische Öffentlichkeit notwendige, aber nicht hinreichende Bedingungen des Weltfriedens bilden, ist daher in diesem Kontext von Bedeutung. Diese Art der politischen Kultur – mit ihrer Zentrierung auf kosmopolitische oder weltumfassende Werte – ist jedoch nicht nur ein rein utopisches Ideal, sondern wird bereits in den alltäglichen Formen kommunikativer Praxis vorweggenommen und kann, mit Unterstützung globaler wie nationaler institutioneller Gebilde, die auf den Ideen der »intelligenten Selbstbegrenzung« und der differenzierten Souveränität gründen, eine umfassendere Realität innerhalb unserer hochkomplexen, differenzierten und pluralistischen Gesellschaften erhalten.[41]

Übersetzt von Thomas M. Schmidt

41 Siehe J. Habermas, *Moralbewußtsein und kommunikatives Handeln*, Frankfurt am Main 1983, und Thomas Nagel, »What Makes Political Theory Utopian?«, in: *Social Research* 56 (1989), S. 903-920.

Hinweise zu den Autoren

Hans Michael Baumgartner, Professor für Philosophie an der Rheinischen Wilhelms-Universität, Bonn.
Kenneth Baynes, Professor für Philosophie an der State University of New York at Stony Brook, New York City.
James Bohman, Professor für Philosophie an der Saint Louis University, St. Louis, Missouri.
Hauke Brunkhorst, Privatdozent an der Johann Wolfgang Goethe-Universität, Frankfurt am Main.
Michael Bothe, Professor für Öffentliches Recht an der Johann Wolfgang Goethe-Universität, Frankfurt am Main.
Ernst-Otto Czempiel, Professor em. für Internationale Politik und Außenpolitik an der Johann Wolfgang Goethe-Universität, Frankfurt am Main.
Richard Falk, Professor für Internationales Recht an der Princeton University in Princeton, New Jersey.
Jürgen Habermas, Professor em. für Philosophie an der Johann Wolfgang Goethe-Universität, Frankfurt am Main.
David Held, Professor für Politik und Soziologie an der Open University, Cambridge/UK.
Axel Honneth, Professor für Philosophie an der Johann Wolfgang Goethe-Universität, Frankfurt am Main.
Friedrich Kambartel, Professor für Philosophie an der Johann Wolfgang Goethe-Universität, Frankfurt am Main.
Matthias Lutz-Bachmann, Professor für Philosophie an der Johann Wolfgang Goethe-Universität, Frankfurt am Main.
Thomas McCarthy, Professor für Philosophie an der Northwestern University, Evanston, Illinois.
Martha C. Nussbaum, Professorin für Recht und Ethik an der University of Chicago, Chicago, Illinois.
Alfred Schmidt, Professor für Philosophie an der Johann Wolfgang Goethe-Universität, Frankfurt am Main.
Heinhard Steiger, Professor für Öffentliches Recht, insbesondere Europarecht und Völkerrecht an der Justus-Liebig-Universität, Gießen.